广播影视新视角丛书

电视文化新论

陈　龙　吴卫华　著

国防工业出版社

·北京·

内 容 简 介

本书立足于传播学研究三大流派的理论基础,结合电视文化的现实现状,深入分析了电视文化的形态变迁与社会影响。从理论上,重点分析了从早期的马克思主义理论到当代的后现代主义理论对电视文化的研究;从范围上,涵盖了从电视文化的内涵研究到电视文化的形式研究;从研究对象上,关注了从传统的电视媒介到网络时代的数字电视等不同时代背景下的电视文化。

本书融合了理论研究与现实分析,在对电视文化研究进行理论关照的同时,分析了电视文化在当代社会的变化、表现与社会影响,做到了深入与浅出的结合。并且采用了大量案例,使得相关研究理论能够更加形象与直观,以利于读者理解。

本书可作为高等院校广播电视学、新闻学、传播学等专业的教材,也可供新闻与传播工作者学习与使用。

图书在版编目(CIP)数据

电视文化新论/陈龙,吴卫华著. —北京:国防工业出版社,
2016.3
ISBN 978-7-118-10734-0

Ⅰ.①电... Ⅱ.①陈...②吴... Ⅲ.①电视文化 –
研究 Ⅳ.①G220

中国版本图书馆 CIP 数据核字(2016)第 039565 号

电视文化新论

出版发行 国防工业出版社
责任编辑 丁福志
地址邮编 北京市海淀区紫竹院南路23号 100048
经 售 新华书店
印 刷 三河市众誉天成印务有限公司印刷
开 本 710×1000 1/16
印 张 17¾
字 数 318千字
版印次 2016年3月第1版第1次印刷
印 数 1–4000册
定 价 45.00元

(本书如有印装错误,我社负责调换)

国防书店:(010)88540777 投稿电话:(010)88540632
发行邮购:(010)88540776 发行业务:(010)88540717

"广播影视新视角丛书"编委会

"广播影视新视角丛书"总序

胡正荣 孙宜君

　　20 世纪末以来,数字技术、互联网技术及现代通信技术的飞速发展,给广播影视等传媒带来巨大的影响,传媒和科技都呈几何级数发展速度变化与增长。年龄稍长的人,可能都经历了电视的视图从黑白到彩色,广电技术从模拟信号到数字信号,节目从单调到越来越丰富的过程。如今广播影视传播的数字化、网络化、互动化已经成为现实。就通信而言,20 年前,传呼机还是新潮的通信工具,现如今手机已经非常普及并开始进入 3G 时代。手机向着微型计算机的方向快速延展,其功能之强大已现端倪。当然,近 10 年来互联网对人们社会生活的影响就更大、更为深远,其中网络电视、网络音视频等视听新媒体也起到了重要作用。广播影视需要技术作为支撑,技术的进步必将给广播影视的存在形态与发展模式带来新的嬗变因素。可以预见,在媒介融合趋势的主导下,广播影视事业必将获得更快的进步,其中既有机遇,也有挑战。

　　对广播影视事业另一个至关重要的影响来自体制改革与媒介管理层面。自 20 世纪 90 年代中期以来,国家出台了一系列广播影视事业的管理办法,有力推动了广电体制改革,鼓励人们探索、实践新的媒介经营与管理模式。外资的进入、民营影视机构的准入、电影院线制的实施、电视节目"制播分离"制度的浮现,都有效繁荣了广播影视市场,并促使中国的广播影视事业迈上国际化的道路。于是我们有了国产大片,有了许多叫好又叫座的电视节目,更为重要、也更为内在的是广播影视机构的专业人士在经营与管理方面逐渐获得了自我意识。2011 年 10 月举行的中共十七届六中全会对文化产业予以了高度重视,全会提出了"推动文化产业成为国民经济支柱性产业"的战略发展目标,广播影视事业作为国家文化产业的重要组成部分,必定会在这一大背景下受到积极的引导与激励,从而获得健康的、长足的发展。

　　所有这些,都使得广播影视在技术、产业、文化等方面不断出现新现象、新问题、新态势、新思潮、新理念。从广播影视学术研究与教学的角度来看,则出现了许多新案例与新的研究对象。传统的广播影视研究的内容、方法与范式面临挑战。在此形势下,广播影视学者理应把握住时代脉搏,将广播影视传播实践中所发生的巨大变化——从技术到产业、从理论到实践、从现象到文化——注入教学内容之中,从而让广播影视教学能够"与时俱进"。在这前提下,孙宜君、陈龙教授任总主编的"广播影视新视角丛书"的意义很自然地就凸显了出来。这套丛书很明确地将自己定位在"新视角"上。所谓"新视角",不仅意味着丛书会瞄准广播影视业界出现的新现象、新问题、新态势、新思潮,突出新案例、新材料,也意味着丛书会吸收学术界的新观点、新思维。其总体脉络则是广播影视在技术进步与体制改革背景下的发展趋势。这一点充分体现出丛书编委在编写这套教材时的新理念。

在"新视角"的主导下,这套即将陆续推出30多本的丛书全方位地建构了广播影视本科教学的教材体系。广播电视新闻、广播电视编导、影视艺术、广告学等方面的内容悉数涵盖,涉及新闻传播学、艺术学两个学科。在编写思路上则以满足广播影视的本科教学为目标,充分体现教学特点,兼顾学理性与实用性。在体系上也较为完备,从技术(比如《影视数字制作技术》、《电视新闻摄影教程》、《电视摄像技术与艺术》等)到美学(比如《影视艺术概论》、《影视美学》等)、从理论(比如《影视传播导论》、《影视文化概论》、《广告传播概论》)到实务(比如《广播电视实务》、《广播电视经营与管理》等),涉及的课程较为全面,构架则较为严谨。所设课程尽管较多,却都不出广播影视之大范畴,这在一定程度上确保了这套丛书在选题上的集中性、在特色上的鲜明性。

求"新"并不意味着一味地赶时髦,唯新潮之马首是瞻。一味地求"新"而无视传统,必将使所谓的"新"成为无源之水,最终失去生命力,徒留空洞的外壳。唯有推陈,方能出新;唯有继往,方能开来,这是"发展"之辩证法。对广播影视的学术研究与教学来说,求"新"并非是将传统理论弃之如敝屣,实际上,新现象、新问题并没有颠覆原来的理论观点,而是对之进行了充实和发展,或者是将原来的理论观点拓展到一个更大的范畴,从而使之具有当代适用性。总之,本丛书的编写理念遵循了唯物辩证法的发展规律,求新而不忘本、追求新视角却注意保持与传统的内在贯通,将"新"建立在深入理解传统的基础上。惟其如此,丛书所彰显出来的新观念和新思维,方能做到言之有据、顺理成章。

"广播影视新视角丛书"编委成员都是来自教学一线的学者。他们具有丰富的教学经验;同时又在广播影视学的不同学术分支里潜心治学,可谓术业有专攻。前者保证了这套丛书的教学针对性和实用性,后者则保证了其著述的学理性与科学性。

作为这套丛书的学术顾问与主编,我们非常期待这套教材、专著能够积极、有效地推动中国广播影视教学与研究的发展。谨以之为序。

目录 Contents

绪 论 从媒介研究到电视文化研究

　　21 世纪以来,不断变革的媒介生态已深深影响了媒介研究者的研究取向。在现今情况下,即便是极小型的媒介市场,媒介的竞争也是日趋白热化。不论是广播、电视、报纸和杂志,都致力于发展最具吸引力的产品,以增强竞争力。在竞争激烈的媒介市场中,为了能有的放矢地制作受欢迎的作品、制定有效的政策法规,投资媒介研究的机构逐渐增多。现代化的媒体经营者已将研究视为经营过程中的一个组成部分,绝大多数的决策也借由研究来辅助完成。大众媒介研究的重要性,已逐步为人们所认知。它的发展有一定的阶段性。不同的媒介研究所走过的道路大体是相同的。通常在第一阶段,主要是研究媒介本身:媒介是什么? 如何运作? 应用了什么技术? 与我们已有的媒介有哪些相似点和不同点? 具有什么功用? 等等。一旦媒介已经发展,研究工作就进入第二阶段。在这一阶段,研究工作主要围绕着媒介的使用及使用媒介的人进行:人们在现实生活中如何使用媒介? 他们使用媒介干什么,是获取信息还是为了娱乐? 儿童如何使用媒介? 早期设定的关于媒介功效的观点是否正确? 等等。第三阶段主要关注媒介对人类心灵的影响。通过社会调查,了解人们每天花在媒介上的时间是多少? 它们能否改变人们对事物的看法? 受众希望听到、看到什么节目? 使用媒介会不会产生有害影响? 媒介怎样在人们的生活中帮助他们又怎样危害他们? 等等。第四阶段研究包括媒介如何在运作中借助技术辅助而发展。通常要解决的问题有:媒介是否能为更多不同类型的受众提供讯息或娱乐节目? 新科技如何应用于媒介以改进其视听效果? 是否有使节目更具有价值或娱乐性的方法? 等等。媒介研究兴起于 20 世纪 60 年代初期,在大学心理学系和社会学系首先开展起来。由于大众媒介的历史本身并不长,所以来自传播学界的学者很少,但这种状况已有改变。在 60 年代,美国大学中传播学系迅速成长,这一研究领域已不再被来自其他相关学科的学者所独占。事实上还出现了大众传播学者邀请社会学家、心理学家和政治学家共同研究传播学课题的趋势。由于传播媒介的普及,来自各不相同学术背景的学者正积极探索,试图解答大众传播媒介中的若干问题。近年来,大众传媒研究已进入了崭新的阶段,研究领域大为扩展。这包括媒介中的各种心理学和社会学问题,如研究人们对于电视节目、广告和电台播放的音乐的生理反应。此外,经由电脑设计的问卷和复杂的电脑分析在媒介分析已很常见。过去被认为是徒劳无益的大众媒介分析,现在已取得相当的学术地位。

媒介研究可以分为两个层面:学术研究与私人研究,或称基础研究和应用研究。所谓的学术研究常常由大学和学术机构的学者进行,它运用的是学院派的研究理论和方法。其研究结果用来解释传播媒介及其对个人的影响。一般理论研究内容包括媒介的作用和其他各种与媒介有关的问题。私人研究由非政府部门的商业机构或他们的研究顾问承担,一般是应用研究,其研究结果主要用于经营决策。私人研究的主要内容有:媒介内容的分析和受众的兴趣爱好,研究决定是否购买其他产业和设备、销售预测、公共关系研究和公司形象研究等。

接下来要谈一谈媒介研究程序和方法。

任何问题的科学评价过程,都必须按照一定的步骤进行,以增加相关信息产生的机会。媒介研究通常的步骤有:①确立研究论题;②确定与论题相关的问题;③文献探讨;④拟订研究假设与研究问题;⑤调查与实验设计;⑥调查代理机构和外勤服务机构;⑦资料分析和解释;⑧调查成果的呈现;⑨重复实验;⑩关于发生率和研究方法的讨论;⑪摘要。通常使用的方法有田野调查方法,主要用于受众调查研究;另外应用较多的方法是内容分析方法。以上所论是关于媒介研究的社会学方法。这是媒介研究的经验传统。另一种类型方法,即批评学派方法则是从人文研究发展而来,媒介研究基本包含在文化研究之中,是文化研究的主要内容。

文化研究所使用最多的是符号学、语言学方法、精神分析方法、读者导向批评、叙事理论以及西方马克思主义分析方法等,运用最多的是意识形态分析。批判研究在20世纪70年代以后开始吸收社会学实证方法,特别是莫利以社会学学者身份进行受众研究,推出了著名的《全国观众》(Nationwide Audience)之后,改变了媒介研究空口说白话的印象,初步实现了媒介研究方法的融合,当费斯克将英国研究传统从英国带到澳大利亚,又从澳大利亚带到美国,以致使得美国实证方法开始转型。媒介研究也开始向纵深方向发展。20世纪30年代以来,媒介研究集中在对报纸、电视、广播的阅读和收视效果调查上,各种学术的研究、私人的研究层出不穷,使人们误以为媒介研究就是传播研究的全部。但媒介与观众关系研究偏向自然和物理科学的模式。"科学方法"的应用是应早期从事媒介研究的学者的需求而赢得学术地位的,例如,拉扎斯菲尔德使媒介研究合法化。但是,这一传统在新形势下遭遇到挑战。

电视研究是媒介研究的主要方面之一。电视文化研究正是在媒介研究遭遇挑战的情况下产生的。电视文化的本体是人传播和接受电视行为的问题。用传统研究模式很难解释它的复杂性。不管大众传播研究多么成功地解释了我们和电视的关系,然而以统计学和计量方法为基础、以实验科学为引导的媒介研究模式,显然没有留下多少可供理性阐述、批评的空间。内容分析有助于为一些方式提出引证,在这些方法中,电视节目不论是虚构还是非虚构的,都只是世界的再现,而非真实的反映。例如,内容分析有助于呈现电视新闻不感兴趣的其他事件。然而,内容分析固守在实证科学的领域中,限制了我们对电视复杂网络与细微深处的探索。我们无从体验情境喜剧或肥皂剧被进行一串计量数据与资料分析。那样活生生的材料就被搞得非常枯燥。人与虚构的丰富的电视节目之间有趣的互动,怎能用数据来解释? 于是有学者指出,必须还电视文化研究一个自由的空间,既然电视文化是关乎人的行为的,那么何不按照人学研究的套路来展开研究呢? 在这一背景下,电视文化研究方面的新观念、新方法开始大量出现,成为媒介研究一道亮丽的景观。

值得一提的是,我国的电视研究现状并不十分理想。最突出的问题是缺乏学理化的研究。大量的研究著作还停留在对电视基础知识的介绍上。有一些著作开始系地来研究电视文化的有关问题,但又没有理论的支撑,也缺少方法论的引导。这使得很多著述者对电视的研究还是以感性的认识来理解、来阐述,因而皮相之论较多,深层研究较少。造成这一现象的原因很多,最主要的一点是长期以来学术界对电视文化缺乏正确的认识,总认为它是"下里巴人",大多数学者宁可研究一些与社会现实隔得较远的学术问题,也不愿去从事这一领域的研究,剩下只有滥竽充数的人来研究电视这一重要的社会课题了。粗浅之作自然也就多起来了。

由此看来,当务之急是要从观念上改变人们对电视文化的看法,使这一领域得到应有的重视,除此之外,还应当加强电视文化的学理化进程。西方的东西诸如概念、理论、学说等面临一个消化吸收的问题,完全照搬西方的一套会走向另一个极端,造成学术的变调。中国化的电视文化学理应是诞生在本民族的文化土壤之中。

第一章 电视文化的内涵及其历史考察

第一节 电视文化的内涵

如果我们把德国匠人古腾堡发明机械印刷术看作人类历史上第一次信息革命,那么电视的产生则标志着第二次信息革命的到来。电视这一电子媒介,以其独特的动态文化形式超越了传统静态文化形式的文字印刷媒介,把人类带入了一个新天地。电视是一种全息化的信息传播技术,全息技术是光学技术的产物,原本指通过光线迭加和反射再现被摄物体的空间特征。"全息"的目的是为了获得更加完美、更加全面的光学信息。实际上,如果我们纵向地考察媒介发展历史,就不难发现,传播媒介的变革实际上就是一个追求全息化的过程。人们依赖语言符号只能进入一个想象的世界,当印刷术发明的时候,人们的想象世界并没有得到多大的拓展,而当广播媒介发明后,人们得到的信息清晰度大为提高,想象与实际的声音信息结合起来使人民对世界的感知更为具体。虽然电影解决了对世界的视觉运动的感知方式,但它存在的缺陷也是明显的,电影不能随时随地传达有效信息,只能让三维世界在二维平面上展现出来,可以说它在时间和空间上都受到很大的局限。而电视则解决了电影无法克服的时间、空间限制,展现出全息化特征。网络的出现则解决了电视在接收终端、接收环境以及存储条件的局限,使得全息化特征进一步加强。可以预见,不管人类社会如何发展,未来的新媒介必然是对"全息化"这一媒介特征的深化。

实际上,真正所谓的电视全息化是有技术难度的,我们所说的全息化,是指对现实的逼真再现,而不是纯光学意义上的概念。所谓的身临其境之感是人们在观看电影和电视时都会有的感觉,如果全息化的参照只是看对物质影像还原的程度,就此而言,电影的清晰度是很高的,仅次于照片,但是电影全息化的影像目的知识为了营造更为逼真的、更为感人的梦幻空间,经典的电影蒙太奇手段和近些年兴起的电脑编辑技术不仅可以虚拟时空,而且可以虚拟历史真实。因此电影视觉符号的"全息化"从本质上说只是一个全息幻觉,这个也许根本就不存在的幻觉当然也不可能是对社会生活的全息反映。

电视则大不相同,电视传递的"全息化"的信息,不仅仅体现在其运用声、画、运动、现场直播等手段上全息地复制出物质现实的影像,更体现于它记录的影像的内容。全息的参照是社会生活原貌,电影与其他艺术形式一样注重的是借助艺术手段对现实生活进行再现,往往比较重视表现手段。最主要的是,在时效性上无法实现对现实的同步实况再现。电视除具有电影的特征之外,还有其他一些电影所不具有的特点,它更多的是真实记录社会生活而不是把艺术性放在首要地位。占据电视节目很大比重的新闻节目就是对现实生活的真实再现。电视新闻中的内容都是生活中正在发生的事件。因此,电视可以做到与现实时间同步。电视与电影相比还有一个特点,那就是它的高参与性。麦克卢汉在他的《理解媒介》一书中将媒介按照清晰度和参与程度分为"冷媒介"和"热媒介",这种所谓"冷""热"之分,主要是取决于媒介的接受形式。如果观众的接受形式是单一而稳定的,则是高清晰度;如果观众的接受是零乱而不稳定的,那么,则是低清晰度的。电影就观赏环境和观赏过程而言,具有前者的特点,显然是高清晰度的,而电视的观赏环境是家庭,其观赏过程则是在家庭中进行,人们在看电视时会不断被其他事情所打断,手中的遥控器也会不停地切换频道,收看到的节目是片段化的和随意的,因此是低清晰度的。再者,电影所营造全息幻觉往往是在努力引导观众进入单一的视觉体验状态,沉浸在电影的声光影的世界里,观众在忘我的状态中放弃自己的思考能力,只有接受而无参与,这也正是好莱坞梦幻工厂影片吸引观众的玄机所在。电视的制作流程与投入均不能与电影相比,它直接反映现实问题的做法决定了它不可能是好莱坞梦幻工厂的模式,电视拥有种类繁多的节目,观众可以任意选择,他的优越感是明显的,因而在接受电视节目的同时会保持一种主体和游戏态度介入到电视事件中。这一点特别明显地表现在对电视娱乐节目的接受上。因此既然观众不能像观看电影时那样具有信息接受的稳定性和确定性,那么,电视"冷"特点也就自然而然形成了。电视接受"冷"的特点和接受的格局渐渐使得电视观众形成了对电视的期待和挑剔,参与意识逐步增强。例如,中国中央电视台的"春节联欢晚会"虽然节目水平大大超过80年代但现在的观众却越来越不容易满足,总觉得节目的质量存在很大的问题,这正说明观众的参与意识加强了。在一些谈话节目和竞赛类节目中观众往往会在节目现场观众所营造的气氛中而一起参与到节目中去,在中国有许多节目的成功正是利用了观众的这一特点,例如各大卫视的选秀节目。许多电视台针对观众这一特点,利用"互联网+"思维,还开设了"微信摇一摇""客户端参与"的互动模式,这使得观众的参与更深入了一层。这显然是电视的长处,也是其冷媒介的特性造成的。

随着电视的普及,越来越多的人认识到电视文化的社会影响是多么的巨大。电视使我们仿佛参加了世界历史的进程,它构筑了一种新的现实。在这一媒介面前,我们与看到和听到的一切仍然保持距离,我们还要经过自身对内容的重新组合才可能构成深刻印象。对这些媒体来说,这种状态造成媒体冲击力减弱。媒体对我们来说依然是个"他者"。但电视最终使这一距离感消失。看一本畅销书或看一份很有影响力的报纸,无论内容多么惊心动魄我们都会泰然处之。但电视使观众无法平静,它调动一切感官,诱使人们介入与参与。电视作为大众传媒的作用极好地说明了"工业社会"的特点。它制造了可以无穷复制的所谓类像供人们消费,在电视面前不再有像绘画、雕塑这样的原创性的艺术,有的只是模式化、复制化的快餐文化,电视传播的这种快餐文化传递速度极快,以流行的形式很快控制人们的意识形态。我们从电视中所看到的"现实世界"其实不是真正的世界原貌,而是世界的"影子"和"形象"。我们无法事事都亲身实践,我们只有依赖电视,电视的背后并不是一台客观中立的无所不在、有闻必录的摄像机,而是一个巨型的文化机器在运作。每一个电视节目背后都有其自身的意识形态,都包含着对观众个体的一次次召唤过程。可以说电视是意识形态国家机器的连续体,它使我们对它无限依赖,把它当作自己的精神伴侣,完全认同它所虚构的世界。

对电视文化我们需要从本体论角度来加以认识。研究人类社会的是社会存在本体论或人类历史本体论,研究文学艺术本性的是文艺本体论,那么研究电视文化本性的自然就是电视文化本体论。它们虽然处于不同的层面,但有一个共同的特点,即都以探讨对象的根本性质为宗旨。而且,虽然世间万事万物有其自身的特殊规律,但在事物的各个层面之间统治着共同的规律。因此,只要深入下去追问宇宙、人生的本质,就都会遇到人类社会所面对的共同规律。可见,电视文化不是孤立的,要把它放入到社会大系统中加以考察。

电视文化在其构成上包含了两个层次的含义。其一是作为"形象文化"的电视文化,其二是作为"消费文化"的电视文化。

从一般意义上讲,电视是一种光电转换的技术,即将活动着的声像转换为电脉冲信号,再将这些信号转换为亮度不断的光,使图像伴随声音得以还原,因此,有人将电视定义为:通过电子技术传送的伴有声音的活动画面。这一定义是有道理的。但它只涉及电视的技术层面,电视技术是电视文化的一个组成部分,可以说是其物质条件或基础。但是电视文化所包容的广袤世界是无法在物质层面说清楚的。电视文化的第一个层面需要讨论的是关于作为"形象文化"的特性。这种电视文化首先表现为文本性。作为文本的电视文化，它又有三个层面的内容：第一是电视声与影的组织方式、文本形态；第二是经济基础和社会机构在电视中的反映；第三是电视所创造的虚构世界与真实世界的关系。第一个层面的讨论，已无须多废口舌，因为关于这方面的著述学术界已是洋洋大观了，而且西方 30 年前就有较系统的论述，我国学术界近些年进展不大的主要原因正在于对这一层面过于看重，对其他层面不是很注意，因而难以深入，造成谈影视的声画内容过于泛滥的局面。正因如此，探讨第二、三个层面就显得十分迫切。当我们把电视文化看成是纯粹文本的时候，研究的取向通常是将电视视为复杂的符号系统，透过这一系统我们体验并认识世界，也许我们可以更精确地说，电视相当于符号系统中一个变幻无穷的辐轴点。早期这方面的观点是由符号学的先驱索绪尔（Ferdinand de Saussure）和皮尔斯（Charles Sanders Peirce）所提出，符号学的学者们试图研究这些符号系统的运作与其之间的相互关系，以及这个系统在我们对世界的认知过程中所产生的决定性影响。在我们解读电视的过程中，意义、趣味是如何产生的？虽然我们对电视内容司空见惯，不存在阅读上的障碍，然而我们却经不起深层次的追问，我们与电视的关系本质是不清楚的。电视如同电影、绘画和摄影一样，不仅以某种直接或间接的方式在反映世界，而且更以复杂的成规为基础，建构对世界的"再现"体系——这些成规的运作却被其透明性所隐藏。这样，电视文化的真实性问题也就变成电视的再现体系的问题，再现的真实与现实世界真实是一个什么样的关系，已是不争的话题。再者，表面上我们好像都理解电视，事实上这正是我们都学会了电视成规的表现，这种电视所在我们大脑中建构的成规实际上已成为我们意识形态的一部分。英国学者库勒（J. Culler）指出，"假如想要了解我们的社会和文化，我们所要思考的不是独立的物体，而是符号的结构，也就是使物体和行为产生意义而创造人类宇宙的关系系统"。①对结构和系统的强调造成了当代电视研究模式的转型，即从一般的单独文本延伸到符码和成规，这些符码和成规运作在作品之中，并将作品与其他作品和符号系统连接起来。换句话说，作品已不再是自足的、独立的东西。罗伯特·艾伦指出，"这并非意味着解读单一的作品（如小说、电影或电视节目），容易被外在原有的符码、成规和资料的再排列组合，更延伸地说，是透过读者或观者的经验得来。无论作者如何特殊，都是一些已经存在的符码、成规和资料的再组合

---

① Jonathan Culler, *The Pursuit of Signs: Semiotics Literature and Deconstruction*[M]. London: Routledge and Kegan Paul, 1981.

和排列组合。"①我们所拥有的电视经验不是一些单独的作品,而是多义性的文本紧密连接组成的,我们知道在传播的两头都是人,人是有自己主体性的,因而,这就决定了电视的创作活动和接受活动都是复杂的,所以不可能存在一个绝对一成不变的文本。每个传播者所进行的创作、每个观众所作的解读都是迥然不同的。然而,媒介运作的经济学决定了传播者的电视文本必须与观众的潜在文本趋同。由于商业电视的经济学是建立在如何在最长的时段拥有最大的观众群,因此电视流程的运作是不鼓励观众从一连串单独且不相干的节目流程中去思索的。事实上,电视台也将大量的精力用于填补广告时间的缝隙,然后连接每个片段从而形成庞大的节目流程。

如何界定电视文化的作者?事实上每个作品的意义已经不可避免地涉入复杂的传播网的符码、成规、优势和期望之中,甚至连作者也无法控制。所以,我们无法确认电视所反映的内容哪些是真实的哪些是不真实的。关于电视文化的批评经常环绕在"真实"与"非真实"的主题上。电视节目的完成不是个人的作品而是集体的创作,集体是社会的成员,社会中的每一个人不管他是否具有理性,都始终受社会主流的意识形态的影响,而他又把从社会中习得的成规不知不觉地渗透进电视文本的创作中,真实与否对于电视文化来说其实意义并不重要,重要的是,占统治地位的意识形态是什么。作者们都了解电视机构的本质,即电视节目不是为了电视节目本身的创作而存在,而是为了广告而存在的,电视节目的好坏决定了广告的利润的大小。所以很久以前,拉扎斯菲尔德就提醒他的读者:"美国的广播为的是出售货物,它的大部分其他可能影响潜藏在一种奇特的社会机制中,这种机制使商业效果得到最强烈的表现。"②在美国,商业电视是电视的主流体制,它生存的机制是将大众的注意力转换成商品,卖给广告商。正如批判研究学者吉特林(T. Gitlin)在他的《黄金时段的内幕》一书中所说,电视节目策划对于作者(编导)而言,"最重要的任务是如何使节目吸引更多的观众。就广告商而言,最多的观众是吸引最大的金额来源,而广告商的金钱正是电视网经营的主要目的。节目品质与明确的意识形态是不值钱的。"他引用一位电视网副总裁的话说:"对正面的社会价值我不感兴趣。我唯一感兴趣是人们是否在观看节目。这就是我界定好与坏的标准。"③所以,从这一情况来看,作者不是文学意义上的作者,而是社会大众的代言人,在他身上,没有个性,没有丰富的符号象征,没有高远的意境追求,一切都属于大众,这正是其大众文化特征之一。

---

① (美)罗伯特·艾伦.电视与当代批评理论[M].牟岭,译.北京:北京大学出版社,2008.
② 殷晓蓉.传播学方法论的第一次冲突及其后果[J].新闻与传播研究,2002(4):59-69.
③ Todd Gitlin, *Inside Prime Time*[M]. New York:Pantheon,1985.

在商业化社会电视不是一连串的自主作品,它呈现无作者状态,而且也没有一般伟大艺术作品的本质,也不查询观者的需求,由于广告经常中断节目,这提醒我们,节目只是电视真正内容的"前述本文",而广告信息才是电视的真正内容。这样,电视文化的文本形态就显得有点复杂。早期符号学的学者试图以电视节目为电视文本来加以研究,结果对意义的把握偏差很大。如同接受理论所争论的,意义不存在于一个节目或电视屏幕上的一个点,而是来自观者与画面、读者与本文之间的对话。这些对话的经验时常且自然地发生,以至于我们很少察觉,而且它们都发生在特殊的历史、文化和机构的脉络中,也即制约意义产物的脉络。由此我们不难理解,作为形象的文化,电视文化的文本性受制于电视的经营性质。

作为"消费文化"的电视文化,包含在观众全部的接受过程中:接受心理、接受习惯、接受环境以及电视对观众的行为、心理的影响特别是对儿童、青少年的影响等,也都表现为一种文化特征。电视对社会大众的影响到底是一种什么状态?过去多少年有许多人想十分清楚地解答这个问题,批判学派从意识形态角度来加以分析,但几十年来的学术进展并不大;经验学派的研究死守实证调查得来的数据,也未彻底说清楚。电视在社会进程中到底扮演什么角色,发挥什么功能?我们不能武断地认为电视的功能就一定是积极的、影响巨大的。例如,对社会的民主化进程的影响、对青少年产生的负面影响等。

欧洲许多传播学者对此进行了深入研究,例如,法国学者皮埃尔·布厄迪尔《关于电视》一书就是一本具有代表性的著作。在布厄迪尔的这本书中,他回答了两个问题:其一,电视作为大众传播媒介,它是否如以前学者所说具有推动社会民主化的功能;其二,电视作为大众传媒,它的运作规律是怎样的。布厄迪尔并没有重复法兰克福学者的观点,而是合理地继承前辈学者的批判传统,他吸收了符号学理论站在法兰克福学派学者的肩膀上使自己的认识向前迈进了一步。我们可以看出布厄迪尔理论的中介环节是哈贝马斯的公共领域理论。哈贝马斯在《公共领域的结构转型》中指出,从封建专制

皮埃尔·布尔迪厄
(1930—2002)

社会向资本主义社会的转变,出现了公共权威和市民社会。公共权威涉及国家、政府诸如司法体制和暴力手段使用的合法化等;而市民社会则是一个在公共权威保护下的私有经济关系领域。它不仅发展出经济关系,同时也培养了不断脱离经济活动的人际关系。于是,在公共权威和市民社会的私人领域之间,便出现了一个新的公共领域。一些资产阶级的文人雅士成为这一领域的最初主体,他

们以理性论争的方式讨论封建时代禁忌的话题,并对国家和权威进行批判。这一传统一直保留下来,从 17 世纪到 19 世纪这个原来仅限于文学领域的传统被推广到大众传播和政治论争领域。虽然公共领域的范围较小,但在哈贝马斯看来极具重要意义,因为在不同于私人领域的公共领域中通过理性讨论形成公共意见(public opinion),进而构成一种他所说的"公共性"原则。哈贝马斯发现,这种公共原则在资本主义社会成了一个乌托邦。特别是大众传播的商业化和舆论技术的出现,限制甚至从根本上改变了公共领域的性质和特征。传播媒介的内容由于商业化最终走向非政治化、个人化和煽情,并以此为促销的手段。另外,大众传播过程中管理技术的发展,强调个人是独立的公民而非消费者,但却把这个观念运用于某些利益集团的偏私目的。这样一来,资产阶级公共领域名存实亡,舆论管理新技术被用来赋予公共权威以某种魅力和特权,这与封建时代宫廷所享有的特权别无二致。所以,哈贝马斯指出,在大众传播和舆论管理新技术背景下公共领域实际被"重新封建化"了。其结果是公众被改造成一种可管理资源。

布厄迪尔正是循着这两个方向进一步追问的。电视到底是不是民主的推进器?过去的观点认为,作为大众传播媒介,电视有利于促进民主。布厄迪尔则持相反的意见。他认为,电视在当代社会并不是一种民主工具,而是带有压制民主的强暴性质、工具性质。布氏的观点虽然有些偏激,但不能不说是切中要害的。从他的观点中我们可以了解到电视在社会化进程中的地位和功能到底是正面的还是负面的,等等。从日常生活角度来看,观众长期接触电视以后他们的个性习惯、世界观、价值观会发生哪些变化?美国、日本等国的受众研究都有负面的报道,仅美国 20 世纪 50 年代以来相关的研究已超过了 3000 次,证明观众尤其年轻的观众受电视影响很大,新型的价值观、世界观形成了他们的新型人格。关于电视文化对接受者的影响研究基本上与大众传播的受众研究路线是差不多的。本书在后面的章节中有详尽的阐述。

第二节　电视文化与通俗文化、大众文化的关系

电视文化的产生与发展是一个社会化过程。根据社会大众的阶级构成来划分文化的类型,文化研究派早期曾经做过,但很快便被推翻了。大众文化属于社会全体成员,不是贵族阶级就不食人间烟火,平民阶层就只接受低俗的文化。但是依据生产形式文化可以划分为不同的类型。现行的文化划分种类有高雅文化、通俗文化、品位文化、大众文化、严肃文化、低俗文化等。我们很难找出它们

之间的相互联系和相互对应关系。如果我们要按照文化特有的规定性来加以衡量，就会发现，高雅文化是一种在创造过程与其他文化迥异的文化类型，往往需要创造主体自身有较高的文化修养，它在内容上往往追求高远，凝结着较高的思想和哲学命意，在形式上它有个性和追求，在接受上对接受者的文化水准也有严格的要求，它的形式感是其主要特色也是一般普罗大众的接受障碍，这使得高雅文化的受众群体很受限制。通俗文化是农业社会中诞生的文化类型，常常相对于高雅文化而言。通俗文化不包含任何功利目的，既不是为金钱也不是为其他政治目的，而是一些"言情、言志"的东西，是人们社会生活过程中情感思想的自然流露。品位文化是西方学者针对西方消费文化中的某些倾向而提出的，与时尚有很大的关联。严肃文化是宣传文化的另一种代称，与之相对的只有低俗文化。低俗文化是一个贬义词，通常指那些不健康的文化，但与严肃文化相对的低俗文化并不一定就是按照社会道德伦理准则审定的低俗文化。

电视文化不是农业文化的产物，更不是真情实性的表露，电视所播放的流行歌曲，虽然具有通俗性，但它的情感、品性都带有强烈的商业动机，收视率、发行量意味着商业利润，因此，那种情感、思想的虚伪性也就不言而喻了，这与古代的山歌、民谣的性质有着本质的差异。电视文化也不是高雅文化，这是因为，高雅文化首先具有独创性、不可复制性等特点，经典的交响乐、芭蕾舞甚至连它的接受空间都有严格的限制；梵高的绘画、瓦格纳的歌剧都是世间的绝响，复制品还能说是作品本身吗？电视文化如何看待独创？对于电视媒体的经营者而言，没有独创的概念，独创属于个人主观灵感的产物，电视只有"原创"的概念，不过已大异其趣了，这里所说的"原创"是娱乐界通用的说法，它不是创造，而是编导者面对大众，成为大众的代言人后的产物，它的声音属于大众而不属于个人。对电视来说，什么有观众市场就上演什么，不管是否是原创还是复制。中央电视台有《焦点访谈》，地方台就会有《社会调查》一类的节目；一个电视台的娱乐节目火爆起来，导致各个卫视趋之若鹜，克隆现象非常明显。而这一切都是法兰克福学派的学者早就批判过的"文化工业"的特征。由此看来，与电视文化相对应的就只有大众文化了。这里我们有必要将大众文化的特性作一基本的了解。

我们不妨把大众文化（mass culture）定义为大众社会中大众传播媒介所负载、传递的文化材料。这个定义与"通俗文化"（popular culture）的差异，在于"通俗文化"包含非大众社会时期及不在大众媒介上的文化内容，例如古代章回小说和现代流行民歌、小调。不过，现代常把"大众文化"和"通俗文化"视为同义语。

大众文化遭受批评，是因为其具有下列性质：

（1）大众文化的社会条件是政治民主和平民教育普及。上层阶级的文化垄断一旦中止,文化市场需求激增,生产技术一再翻新,大量而廉价的书籍、报纸、唱片相继推出以满足市场需求。

(2) 大众文化源自传统文化艺术,从中吸取养分,但极少反哺,故与传统"高级文化"显得格格不入。

(3) 大众文化有通俗文化的一面,它或多或少地承袭了民族艺术,但民族艺术是民间日常生活的产物,由下而上滋长;大众文化却是商业机构由上而下向民间倾泻,以获取利润,消费者是被动的,选择是有限度的。

(4) 大众文化产品标准化、规格化,多数是为满足感官刺激而设计的肤浅内容,消费者不需耗费心力,可能一方面伤害高级文化,一方面腐蚀人心。

最后一点,最受批评家注意,从托克维尔(Alexis de Tocqueille)开始,不断有人大声疾呼"高级文化"面临威胁。这里面牵涉的问题极广,观点也颇有出入。人文学者重视文化生产,社会科学者重视大众传播媒介及其制度。其次,他们对大众社会和大众文化的基本性质看法不一,也是聚讼纷纭的另一个原因。批评者的意见很多,他们有时针对大众传播媒介本身,有时针对媒介上的文化内容,但都环绕在大众文化这个问题上。个别例子不必列举,1957 年美国罗文索(Lowenthal)对各界批评作了如下的归纳:

(1) 大众文化取代了民俗艺术或"高级艺术"。大众文化产品无一具有真正艺术特色,但媒介上的大众文化,却有"如假包换"的真正特征:标准化、固定印象、保守、虚伪粉饰、经过刻意摆布的消费形式。

(2) 广告是促使民众接受大众文化的主要力量,大众文化必会带有广告性质。

(3) 民众的审美标准,总是低俗不雅,偏爱低级趣味,结果是劣币逐良币,打击高级文化。

(4) 大众传播媒介一味提供娱乐消遣,使人更加愿意逃避现实世界。①

这张大众文化的"负面清单"当然还可以继续加长。例如,拉扎斯菲尔德和墨顿(Lazarsfeld and Merton,1948)就曾提出"麻醉负功能"(the narcotizing dysfunction),认为大众传播媒介大体限于报道社会上无关痛痒的社会问题,没有发挥应有力量,是一种"肤浅的关怀"。新闻增加,使人误以为"知道了"就是"做了",原为积极参与,现在却成为消极知悉,久而久之,难免麻木不仁。负面的报道可能还会产生某些对社会的负面认识。不过他们也提到大众媒介的三个正功能:授予地位(conferring status)、加强社会规范(enforcing social norms)和维持现状(affirming the status quo)而非促成变迁。拉扎斯菲尔德此后继续为大众媒介

---

① 陈世敏. 大众传播与社会变迁[M]. 台北:三民书局,1983.

辩护,认为暴力节目诚然品位不高,但内心有暴力倾向的人,观看暴力节目可以得到宣泄而免于实际诉诸暴力行动。这一观点来源于亚里士多德的美学,原指文学接受的功能,德弗勒将其引入传播领域,他认为受众接受电视暴力的情况与文学接受基本相似,从社会稳定角度来看,"宣泄作用"或许也算是一种正功能。随着社会的发展,学界对这一问题的研究也更为深入,日本传播学者中野牧在其1980年出版的《现代人的信息行为》中提出"容器人"的概念,精准地诠释了社会个体在集体无意识中的"媒介依存症"特征,他认为,在大众传播特别是以电视为主的媒介环境中成长起来的现代日本人的内心世界类似于一种"罐状"的容器,这个容器是孤立的、封闭的;"容器人"为了摆脱孤独状态也希望与他人接触,但这种接触只是一种容器外壁的碰撞,不能深入到对方的内部。这极易导致电视媒介环境下的人际沟通障碍。

除此之外下面四种作用,甚难分辨是正功能还是负功能,但对大众社会或大众文化却有特殊意义,值得加以注意。

第一是"同质化"功能(the homogenizing effects)。在国际上,指各国大众传播媒介尤其是电视——内容大同小异;在大众文化方面,指媒介为了争取大量消费者,力求内容"家庭共赏",致使年龄界限模糊,成人接触儿童的材料,儿童则越过自然的心智发展阶段接受成人的材料。

第二是"显富心态的消费"功能(conspicuous consumption)。系指精英分子的休闲或其他文化活动,原用以炫耀特殊社会地位,但工人阶层一旦手头宽裕,便会刻意模仿,以炫耀身份。电视刚刚开始作为商品在市场上销售时,只有上层社会能够买得起,人们为了显示财富往往节衣缩食,添置电视机,甚至20世纪50年代在美国还有人因买不起电视机怕别人看不起自己而先树电视天线的笑话。罗文索研究1901年以后40年间美国通俗杂志传记体文章,发现前期"英雄人物"多赖自己的才智和努力获得成功,后期人物则靠侥幸行险,分野年代正是1929年经济大萧条,那几份杂志的文章开始教人如何消费而非如何生产。

第三是"社会整合"功能(social integration)。传统社会通过初级传播通道整合社会,大众社会却必须通过次级传播通道(如大众传播媒介)和次级关系(如职业团体)来整合社会。

第四是"动员"功能(mobilizing)。大众媒介在社会遭遇重大变故时,可直接诉求,要求民众依照传播媒介所建议的方式采取行动。

细看以上这些功能(和反功能),可知大众媒介及其文化内容,具有复杂而且相互冲突的功能,可能不像批评者所指控的那么单纯。从社会学观点,我们还需要知道大众媒介和大众文化对生活在这个特定社会的人有什么功能、如何使用、由谁生产、给谁消费、产生何种效果。换句话说,社会结构和社会关系可能决定大众媒介和大众文化是否具有某种功能,是正功能还是反功能。此外,功能也会随着社会情境变迁而改变,不能加以忽略。

电视文化首先是借助于电视这种大众媒介传播的,这就具备了大众文化的第一个特点,即大众媒介化;其次,电视文化具有非个性化、模式化等特点;再次,电视文化的接受者是难以胜数的社会大众,他们以家庭为单位观看电视,而且所面临的问题是"同质化"倾向,特别是青少年的成人化倾向;最后,由于电视的观众面很广、影响力很大,自然也就具有了社会号召力和社会整合力,在情境合并方面发挥很大的作用。这些决定了电视文化的大众文化属性。

第三节　电视与当代文化的关系

电视文化是伴随着传播科技的产生而产生的。它的发展则是完全在当代文化环境中进一步成型的。那么电视与当代文化的关系到底是怎样的呢?

首先,当代文化是一种信息文化。当人类发展到20世纪中叶,以1957年苏联发射第一颗地球人造卫星为发端,各种电子通信设备如雨后春笋不断涌现。信息的加工、储存、传递和创造成为人类普遍和主要的实践活动。人类社会进入了信息化社会。而电视,正是伴随着人类进入信息时代的足音而产生的。21世纪以来互联网的普及虽然对传统电视媒体造成一定冲击,比如广告商的流失、收视率的下降、年青受众的流失等,但借助于媒介融合的发展趋势,电视也开始以新的媒介形态迅猛发展。比如,在三网融合背景下发展起来的有线电视;结合互联网技术发展起来的网络电视、手机电视,等等。

麦克卢汉认为传播媒介是人体的延伸,"电视是人的听觉和视觉的同时延伸"。电视的传播因兼备了视觉信息与听觉信息两类传递通道,因而提供的信息符号是大容量的,多侧面的。这种视听兼备的传播形式为人类接收信息、获知信息提供了更为便捷有利的途径。研究表明:由电视、电话、电脑三位一体组合技术而成的集成信息和通信系统,是现代社会最为高效、全方位的信息媒介。如今,网络电视、有线电视、卫星电视的出现又使电视在同一时间内可以运载更多更丰富的信息。它不仅改变了人们的信息接收方式,而且改变了人类的社会行为,这一切充分表明:电视是推动当代信息文化发展的有力杠杆。

其次,当代文化是一种时空同步的文化,在电视出现之前,不论是语言、文字、印刷等传播方式,都无法使人类获取时间与空间上的异地经历,时空的离散在很大程度上成了束缚人类社会活动的障碍。而在当代,以电视为主的影像传播揭开了文化的新篇章:人类终于幸福地拥有了时空同步文化。视听兼备的电视以无形的电波载体冲破了时空对人类文化交流的束缚。人们足不出户便能从咫尺屏幕上知晓天下大事。例如,2012 年 6 月 16 日,"神舟九号"飞天与"天宫一号"载人交会的日子,女航天飞行员刘洋所做的一系列科学实验正是通过电视媒体的直播让亿万观众收看到,对启发广大青少年的科学思维,引导他们的科学兴趣起到了不可估量的作用,而这一切都必须借助于电视媒体的力量,其他媒体的表现方式很难起到类似效果。再如 2014 年轰动全世界的马航 MH370 事件中,全球各大媒体进行了不间断的实况报道,全世界的人在差不多同步时间了解这一重大新闻事件的全过程,美国的国家地理频道随后制作了专题纪录片来记录这起轰动全球的事件,电视报道声画结合,观众无不牵肠挂肚,这种前所未有的时空同步文化是其他传媒所无法比拟的,对当代文化产生着深刻的影响。难怪德国美学家鲁道夫·阿恩海姆在高度评价电视推动当代文化向时空文化发展的作用时说:"在人类追求知识的历史上,这是第一次能够亲身经历同时性,而不再是把同时发生的事前事后加以并列。我们行动迟缓的身体和近视的眼睛不再是我们的一个障碍。"

再次,当代文化是一种全球性文化。从区域性文化走向全球文化,这是当代文化嬗变的大趋势,口头传播与文字传播时代产生并继承的乡土文化和民族意识在当代文化进程中日益为人改变,在这一过程中导致全球信息一体化的电视起了重要的推动作用。

正如麦克卢汉和奈斯比特所说,电视的出现,同步地球卫星的传送,使地球成了一个村落。在这个"地球村"的时代,先前那种由各个国家和民族分割的时代传统艺术文化已形成为人类社会的整合时代的全球性文化。全球电视网的建立使人类文化交流异常迅速广泛,民族化与世界化、国家意识与全球意识在立体化交流中寻求对话。全球性文化的出现使整个人类变得更加相互了解,更加相互依赖。世界就在尺幅之间,天下大事一览无遗。外在信息通过荧屏拓宽了人们的视野,人们很快意识到自身的差距与处境,开始渴求取长补短,而且新奇的信息诱发了人们的想象力与创造性。电视给人类提供了一个观察世界的异文化背景,由此激发了人们越来越超越自己的民族和国家而从全球协调发展的高度来思考问题,促进了各个国家、各个民族的文化交流与融合。我们在看到电视文化的全球化的有利一面的同时,还不能忘记由于电视事业是一种高技术、高投入的传播形式,因此,对于落后的国家来说,对发达国家的技术和电视文化产品依赖也就势所必然。而这必然造成"文化霸权主义"的盛行。西方资本、技术和文化产品的侵入,势必带来本民族文化的衰退。这已经引起各国政府的高度重视。

最后,当代文化的主体是大众文化。从传统社会向大众社会的转变是现代社会的主要标志,其主要表现为教育普及、经济繁荣、公众闲暇增多以及消费观念流行等。伴随着这一转变进程,传统的以精英文化为主导的文化也在逐步转变为以大众文化为主体的现代文化。电视在文化转型中发挥着极其重要的作用,无论是塑造人格还是营造社会风气都发挥着举足轻重的作用。

电视文化的内涵可以说无所不包。从时间的角度来看,它包括了传统文化、现实文化和理想文化。人类历史上积淀下来的优秀文化遗产都可以成为电视传播的内容,一方面,电视作为一种大众媒介,它传播最新的新闻信息,同时还紧跟时代风尚,体现现代科技所带来的现代性,反映时代的要求和民众愿望;另一方面,电视又立足于传统的文化土壤之中,必然要反映传统文化的价值,这样,电视文化就将现实和历史有机地连接起来了。从空间的角度来看,电视文化包括世界文化和民族文化。电视借助于通信卫星和其他传播技术实现了本国文化与其他异域文化的交流,使人们了解到千里万里之外的消息,增长了见识,扩大了视野,丰富了本民族的文化。可以说,在当今社会,人们越来越离不开电视,越来越离不开电视文化。

第二章 西方的电视文化研究

西方的电视文化研究可以追溯至早期的媒介批判研究。批判是一种理性的价值判断,它并不简单地等同于否定的评价,它是理性的独立的思考,并在客观事实分析的基础上体现出一定的价值立场,批判思维的形成有很多途径,其中理论的学习是形成批判思维的一种方式,是培养理性的土壤。基于批判立场的传播研究早在20世纪30年代就已经出现了。其中最猛烈的批评来自于德国法兰克福学派的文化工业批判,他们认为媒介已经被资本主义国家机器和利益集团所操纵,沦为意识形态的文化工厂,他们一开始以流行音乐之类的大众文化为批判对象,第二次世界大战后电视开始在西方国家普及,也被他们列入庸俗的文化工业的行列。法兰克福学派的文化工业理论由于存在观点的偏颇和理论的缺陷,20世纪60年代以后渐渐被他们的第二代掌门人哈贝马斯的公共领域理论所取代。与此同时,在文化工业理论的启发下,文化研究作为一种新的媒介研究理论在英国兴起,与文化工业理论不同,在文化研究理论看来,传媒不仅是文化工业的一部分,也是民众借以建造自己文化的公共空间,普罗大众不仅是主动的,而且具有批判能力。在研究方法上,文化研究吸收了文化社会学、符号学等多种研究方法,其中包括文本分析的方法。其代表人物是约翰·费斯克。他毫不掩饰地表达对大众文化的喜爱,当然他对于媒介文化的负面功能也是有认识的,他认为对于大众文化,仅仅是抵抗的姿态是不够的,大众应该积极地创造属于自己的消费文本,并享受大众文化带来的快感,这样才能与主导意识形态操纵的文化工业相抗衡。跟文本分析相关的另一条理论脉络是法国的结构主义和后现代主义。结构主义的一个贡献是发展了非常精致的符号学理论,符号学理论被人们比喻为显微镜,用这种方法对一些电视文本进行分析,很多被人忽视的污点都会暴露无遗。紧随结构主义之后的则是后结构主义,其代表人物鲍德里亚认为当代社会已经是一个没有实在性的符号体系,在符号繁衍扩张的时代,仿真成为社会生活与文化秩序的主导形式,人们实际上生活在一种由各种符号和文本构成的超真实的世界里,所谓现实反而成为对这种超真实的模范。鲍德里亚有一个惊世骇俗的说法,在20世纪90年代海湾战争爆发之前,他说战争不会发生;海湾战争爆发之后,他还说战争没有发生;海湾战争打完了,他还说战争从来没有发生。他认为民众靠电视等传播媒介来了解外面的世界的这种认识方式是超真实的,受众没办法确定电视等媒体报道的事情是否真正地发生过,这种超近距离接触的技术特征反而让人对其真实性产生了怀疑,更不用说其中的政治倾向了。

第一节　法兰克福学派的媒介批判传统

　　法兰克福学派作为早期的批判学派,一直保持对于大众媒介尤其是电子媒介的关注和研究。老法兰克福学派的学者早在20世纪30年代就十分关注电影这一在当时欧洲十分流行的大众媒介,本雅明是最早注意到艺术与科学相互渗透这一文化现象的重要理论家之一,他的著名论文《机械复制时代的艺术作品》(1935)以电影为具体个案,揭示了复制品使高雅精神、心灵上的沟通受到排斥,使艺术不再是本来意义上的艺术,而只是一种大众交流手段这一社会学现象。霍克海默、阿多诺的早期研究则主要集中在报刊、广播的研究和批判上,但20世纪60年代以来研究的对象已发生了转移,在马尔库塞、哈贝马斯的研究著作中,电视已成为讨论的主要大众媒介。以马尔库塞、哈贝马斯为代表的法兰克福学派更注重以电视文化为代表的大众文化作形而上学的外部研究。他们认为,传统学派将大众传播的"内容和质量排除在外",单纯重视效果研究,既不能对传播效果说出什么合理的见解,"也根本无法决定什么应该传播,什么不应该传播"。因此,他们主张从批判的立场来研究包括电视在内的大众媒介,这种批判又是通过对大众传播媒介意识形态本质的揭示来完成的。

　　在老法兰克福的学者们看来,资本主义社会的大众传播媒介在形式上虽然是企业,但其本质却是为现存的社会制度辩护的"意识形态国家机器"。他们认为"广播系统是一种私人的企业,但是它已经代表了整个国家权力……切斯特农场不过是国家烟草供给地,而无线电广播电台则是国家的话筒"。马尔库塞指出:"发达工业社会的显著特点是,它有效地窒息了那些要求解放的需求——也是从可容忍的、报偿性的和舒适的东西中解放出来——同时它维护和开脱富裕社会的破坏力和压制性功能。"在压制性总体统治下,自由可以成为一种统治工具。个人虽然有选择的自由,但并不意味着真正的自由,在这里"人民本身会感觉到并满足那些现在强加给他们的需求。这一异议忽视了要害问题:这种预先决定作用并不是随着广播和电视的大众生产、它们的集中控制而开始的。……在这里所谓的阶级差别平等化显示了它的意识形态功能。如果工人和他的老板享受同样的电视节目并游览同样的娱乐场所……那么这种同化并不意味着阶级的消失，而是表明那些用来维护现存制度的需求和满足在何种程度上被下层人民所分享。""社会需求向个人需求的移植是非常有效的，以致它们之间的差别看起来纯粹是理论的。人们真的能把作为信息和娱乐工具的大众媒介同作为操纵和灌输力量的大众媒介区别开来吗?"整个大众传播媒介的运转方式便是根据"决策者"的意识形态目标来制作的，"大众传播媒介的专家们传播着必要的价值标准。他们提供了效率、意志、人格、愿望和冒险等方面的完整的训练"大众传播手段以及"娱乐和信息工业不可抵抗的输出，都带有了规定的态度和习惯"，这种价值标准和被规定的意志、人格、态度和愿望，便是统治阶级的意识形态,按照马尔库塞的说法,在发达的晚期资本主义社会,"政治的制造者和他们的大众信息供应商系统助长了单向度的思索。"

以电视、广播为代表的文化工业以"标准化"(standardization)和"伪个人化"(pseudo-individualization)的方式，破坏了艺术与文化的自主性。大众文化的"大众性"并不意味着文化大众的主人翁地位,相反,"大众性从来不被大众直接所决定","大众性包含着无限制地把人们调节成娱乐工业所期望成为的那类人"正是在标准化的、大量生产的文化工业产品过滤了不合时尚的观点,复制了现存的社会关系,而且以休闲娱乐麻痹大众意识,满足虚假的需要。面对标准化的文化产品,受众放弃了作为主体的思维语言乃至主体的思想。大众文化褫夺了作为主体的这些主观能动性因素,取而代之的是感性化、同质化和简易化倾向。

一方面,法兰克福学派早期先驱们认为,重感性就忽略理性,行为常显现出多变与短暂,诸如听摇滚乐、看足球赛等带有感官刺激的成分,这种被夸大的热爱意识,实际上都是说不清、道不明的集体无意识在起作用。同质化是在人类失去审美能力之后的一种相互模仿所造成的文化特征。人的媒介化则以媒介所展示的意象为样板导致思想、行动等方面的趋同,这包含了儿童向成人世界的趋同。"同一是现实,人人都在同一的现实中被异化。"大众文化诸如肥皂剧、情节剧等一切都是按照模式化的简单原则来处理,人们的天才、创造力往往显得多余。据此,大众文化提供人们以代理经验的世界。社会大众在这种文化面前被异化是不可避免的。

另一方面,老法兰克福的学者们认为,文化工业也有利于资本主义社会体系的维护和发展。阿多诺分析了电视连续剧得出结论,个人或家庭的命运并不是以个人意志为转移的,个人只有向宰制的社会屈服,并在社会活动中不断调适自已,这种服从社会、屈服于命运的社会大众心理趋向,符合资本主义的意识形态的需要,大众文化"表明了资本主义的统一力量。就是说不用公开的镇压,大众文化把广大居民的意识与政治状况的命令连接起来"。即使某些"工业化的文化可以像民族文化一样,对资本主义制度发泄愤怒"也不能从根本上威胁资本主义制度。

法兰克福学派的学者们虽没有电视文化方面的专论,但从有关材料来看,特别是 20 世纪 50 年代以来的研究著作中均把电视作为文化工业中的一分子加以研究,实际上准确地说是对电视文化进行形而上研究。法兰克福学派的哲学研究倾向以及他们对文化工业所持的批判和排斥态度致使他们未能心平气和地转向实践的领域,不能正确地看取电视这一媒介及其文化的正面积极功能。由于法兰克福学派继承马克思主义对资本主义制度进行批判,所以他们的着眼点一开始就是十分宏观的,也正因为这一着眼点使该学派对电视以及电视文化研究具有了某种独特性。

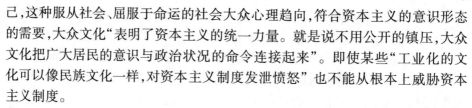

第二节　英国文化研究派的传统

作为批判学派的一个重要分支,英国文化研究派对于电视文化的研究值得人们为之注目。提起文化研究,人们或许认为它不具有什么特殊意义,但在西方它却有着特殊的指称。文化研究(culture studies)特指第二次世界大战以后在英国形成的知识传统。第二次世界大战结束后帝国的旗帜沉落了,整个西方社会面临着全面调整,从生产关系、政治民主、文化结构等方面都开始了前所未有的剧变,英国成了这一时代最典型的代表。在英国,社会结构的转变通常被表述为"现代化"概念,由工业资本主义现代化转变而来的社会形态又通常被表述为后工业晚期资本主义社会(late capitalism)。英国的晚期资本主义在文化上受到了美国文化的入侵,流行音乐、麦当劳式的大众文化充斥了英国社会。传播科技特别是电视、录像等制作的资本化、理性化,使得文化工业生产的味道填满了美国文化的每一个毛孔,大量人口首次被吸引到这一文化领域,给资本家带来了大量的商业利润。"美国化"的危机确确实实威胁到了原有的英国本土文化,正如法兰克福学派所意识到的那样,这些冲击英国本土文化的大众文化潜藏着意识形态功能,它直接导致了工人阶级文化的瓦解,使文化促进民主化的进程放慢。关注文化现象逐渐成了左翼知识分子研究的焦点,也是文化研究产生的历史条件之一。

新左派关切的问题十分广泛,如英国社会逐渐面对的重要结构、历史性问题:晚期资本主义的特性;经济及政治殖民主义:帝国主义的新形式;在各种形式的权力关系中,文化及意识形态所扮演的角色;等等。文化研究的出现也正是源于社会客观条件的召唤,是知识分子对第二次世界大战后英国社会的全面性反思。文化研究一开始就与英国社会现实紧密结合,可以说是知识分子对社会的文化政治层面的介入。

与以往历史上文化运动不同的是,20世纪50年代这场文化研究运动并没有作为一门独立的学科兴起,却很快成为一种学术潮流,并迅速走向学院化。1964年,在伯明翰大学成立了"当代文化研究中心(Center for Contemporary Culture Studies,CCCS)。随之,社会文化研究学派也渐成气候。文化研究学派的发展初期是以辩论的方式出现的。霍加特(Richard Hoggart)、威廉士(Raymond Williams)及汤普森等社会主义支持者的人道主义(socialist humanism)与新左派的观点直接挑战马克思主义的经济化约论,强调具有创造力行动主体的重要性以及文化生产的决定性力量。文化研究派虽然以学院派的面目出现,但却反对传统学院派在文学与历史研究中那些精英化、贵族化姿态,反对那种高高在上将工人阶级文化排斥在外的做法。早期文化研究工作就把普通人的具体生活经验与文化产品作为自己的主要研究领域。

20世纪60年代末70年代初,文化研究派逐渐形成了文化主义立场,并与阿尔都塞的结构马克思主义、反人道主义展开论战。在这场论战中,伯明翰文化研究派的理论立场逐渐成形,融合了文化主义与结构主义的解释力,推动文化研究向前发展。此时的文化研究派被霍尔称为政治上的人道主义、理论上的反人道主义。20世纪70年代中期,文化研究通过重读葛兰西(A. Gramsci)关于霸权的分析架构,将文化主义与结构主义相结合,与后结构主义的话语理论展开论战。一拨人阐述话语理论,将阿尔都塞的意识形态理论通过德里达的解构策略,导致了文化研究的一个极端,即认为文化形式、经验及阶级地位之间,没有任何必要的对应关系;另一拨人以《荧屏》(Screen)杂志为阵地,将阿尔都塞与拉康(J. Lacon)的精神分析相结合,通过电影文化的分析来解剖意识形态的实践。文化研究派认为这些理论将社会认同的问题化约成预先已经决定的文化"利必多"(Libido)过程。另一方面,话语理论质疑文化研究派坚持人道主义的立场以及将阶级认同及经验本质论,使其无法解释主体性及主体位置的生产。虽然文化研究派视意识形态为不断变化的过程,在这一过程中,认同在社会差异性中被给予意义,但是却无法说明这个过程的性质及运作的机制。因此,从某种意义上说,文化研究派如同哈贝马斯一样发现了"精神殖民化"现象的存在。由此,他们找到了社会大众进行文化反抗的空间,但同时却又感到困惑。在新的资本运作关系中,工人阶级的反抗向度不知何时已与新的权力关系达成默契,特别是在敏感的种族问题与性别问题上。法兰克福学者哈贝马斯提出沟通理论,认为人们在交往领域所作的努力和摆脱生活社会殖民化现象。很明显文化研究派在论战中还不能提出如此的策略。

20世纪80年代中期以后,文化研究派又遭遇到后现代主义的挑战。在福柯、利奥塔、德勒兹等后现代的健将的对话中,新一代的年轻学者如贺蒂葛(D. Hebdige)、钱布斯(I. Chanbers)、格罗丝柏格(L. Grossberg)等均得到了锻炼。他们将批判理论与后现代主义的批判成分加以融合、创新,提出本土、性别、种族、阶层在文化发展中抗争的重要性,以坚持其左派知识分子的立场,规避后现代性中的虚无、投机的因子。

总之,文化研究派既带有一贯的莫利所说的"英格兰"传统学院派传统,又具有强烈的入世成分,典型地体现了左派知识分子的个性;试图以文化研究介入社会运动,以期改变既有的权力形式和关系,这是一种积极的文化研究方向。

英国文化研究派对于电视的研究,以"当代文化研究中心"的"媒介研究小组"所做贡献为最大。1970年以后,文化研究的"文本研究"倾向日益明显,研究者们试图从媒介本文中探讨政治与意识形态意义。因此大量采集媒介文本作为研究素材是这一时期媒介研究的特点。在这样的背景下,1975—1977年间,媒介研究小组布朗斯顿和莫利等人对英国BBC公司的电视王牌节目《全国观众》作了重点的研究分析。《全国观众》是英国电视杂志性节目的旗帜,拥有很高的收视率,这一电视节目值得研究之处在于,它不是一种严肃的、精英化的制作,但却很丰富,很富有平民化色彩。媒介研究小组通过深入研究发现,该节目除独特地强调"日常生活"的稀奇古怪、变幻奇趣以外,人们事实上可以看出,它所传递的政治价值观念相当明确而且浓厚,其手法正是通过"稀疏平常"的凡人小事,关注平民所关注的焦点问题。节目主持人似乎站在普通老百姓的立场,替普通老百姓讲话,然而,所有的政治议题却没有什么独特的、批判性的新论点,均是常识性表述,这些看似婆婆妈妈的常识性表述却极为有效,百姓在这种家长里短的故事中找到了自己想要听、想要看的东西,并产生了强烈的共鸣。

媒介研究小组要解决的问题是,《全国观众》这样的电视节目如何为观众建构一个政治世界观。布朗斯顿和莫利等人认为,这样一个节目把许多复杂的现象制作成简单自然的形式,在这种简单的形式下,它们试图为观众界定"常识",因为"常识"似乎与政治无关,但只有透过这些无关乎政治的东西才能使观众了解"政客与官僚"的古怪行径。这种久而久之培养起来的常识观,后来就成了观众品评任何新闻事件的标杆,也就是说,常识性的表述在观众心目中培植起了一种价值评判体系。常识的建构过程也是意识形态形成的过程。观众收看《全国观众》等媒介节目时,意识形态就自然而然地发挥作用。因此,媒介研究小组得出的结论是,这些标榜与政治无关的媒介节目、讯息,其实并非如此,就此展开分析,对于解析任何政治文化都是非常重要的。

不同的理论与学术根源,引发对大众传播不同的研究兴趣。正如费斯克(J. Fiske)所说,英国的文化研究派属于研究意义产生和交换的"符号学派"。符号学理论强调连接微观的符号意义建构与宏观的社会权力运作,因此对符号学基本内容的研究是传播批判研究深入的必要过程,也是建构批判观点的传播理论的基础。对于英国文化研究派而言,符号学的探讨具有方法论意义。

在传播研究中,符号学派的注目焦点在于"符号化"过程,也即"意指过程",而不在信息传递过程。因此,符号学派对于"意义"的产生、表达和阐释等问题,予以前所未有的重视。符号学派这一基本的立场,决定了他们对符号、符码、文本以及相关文化问题十分关注。而费斯克所说的"过程学派"则通常只将上述对象视作传播过程中传受双方所必须涉及的相关要素,并未予以特别的注意。这可以看作是符号学派与过程学派的主要差别之一。符号学特定的研究视角和研究领域,特别是其对"意义"的基本认识,决定了它在传播研究中对接收者角色予以特别的关注。在符号学派看来,接收者在交流中充当着比过程学派所能意识到的更为积极重要的角色。符号学派的研究工作着重在阅读文本,因此更喜欢用"读者"代替"接收者"。读者正是以将他自己的经验、态度和情感、意志带入文本的方式帮助"创造"出文本的意义的。符号学派对传播过程中的"文本""读者""阅读过程"格外重视。其文本研究传统显然来自于结构主义。

令人惋惜的是,伯明翰大学当代文化研究中心却于 20 世纪 80 年代与社会学系合并,并被改称为文化研究与社会学系,这意味着文化研究派从鼎盛开始走向衰落。更令人震惊的是,2002 年 6 月 27 日,伯明翰大学文化研究与社会学系被撤销。曾经辉煌一时的"文化研究"的发源地,至此消失了。这也从一个侧面折射了批判学派的命运。作为一个研究机构,文化研究派虽然湮灭在历史长河中,但它的硕硕学术成果,依然在世界各地开枝散叶,吸引着无数学术人士,散发着迷人的学术魅力。

一、霍尔与电视阅读理论

英国文化研究派将"阅读文本"研究中的符号学方法引入媒介研究,最有代表性的是对电视文本分析。这一工作包括两个基本步骤,一是探讨符号如何在文化体系中产生意义;二是符号学的终极关怀——意义所依据的意识形态。这一方面霍尔的研究值得一提。

斯图亚特·霍尔（Stuart Hall）是欧洲批判研究尤其是媒介批判研究领域的大师级人物。其理论核心架构是马克思主义政治经济学关于政治与文化之间的关系理论。法兰克福学派结构马克思主义以及阿尔都塞和葛兰西的学说，整体思想体系已有别于经典马克思主义。从方法论上说，霍尔以符号学、语义学为方法架构来从事媒介文化研究及其理论思辩。

斯图亚特·霍尔（1932—2014）

按照默多克（G. Murdock）的说法，当代文化研究阵营的主要人物，其学术的最初背景，都是文学批评与人文科学。因此，他们主要的关怀重点是种类不一的文本；与此对照，整体来看他们容易运用美学方法，容易提及马克思主义，但却对经济学（尤其是媒介经济学）、社会学缺乏应有的学术修养和兴趣。但霍尔是个例外，他把符号学、语义学研究与政治经济有机结合起来，同时他也规避了一般人文科学出身的学者的通病，不再进行封闭的文本研究。

首先，霍尔认为意义及其制造，这些构成文化的要素与社会结构密不可分，而且只能以社会结构及其历史加以解释。同样，社会结构是由文化所制造的意义加以定位，霍尔指出："一组社会关系显然需要意义和架构来予以支持与定位。"这些意义不只是社会经验的意义，同时也是自我的意义，换言之，就是人们在工业资本主义社会中，对社会认同的建立，使得他们可以获得自我以及社会关系的意义，也即经验的意义和经验主体的意义，终究是同一文化过程的一部分。

其次，霍尔从葛兰西的"意识形态霸权理论"（Ideological hegemony）出发认为，文化接受过程中存在一种"优势意识形态"。在意识形态不断运作过程中，人们会被形塑为符合优势集团利益的意识形态主体，优势阶级以媒介文化产品赢得弱势阶级的认同，使后者的隶属地位更加确立。与法兰克福学派的观点相似，弱势阶级即普通社会大众在优势阶级制造的传达他们意识的文化形塑、改造之下，反抗的意识一天比一天淡薄。但是根据霸权理论，意识形态和弱势阶级的社会经验反差很大，常常产生矛盾，以致不可避免地产生意识形态的斗争。媒介文化是有权者与无权者经常斗争的场域，但这种斗争又不是有权者通过强迫手段进行的。霍尔的名篇《电视话语中的编码与解码》被视为英国文化研究的转折点的标志性文章，在这篇文章中他指出，优势意识形态在通俗电视节目中不着痕迹地被复制。他认为，电视节目中隐含的意义不是单一的，而是一种开放的文本，不同的观众可以作出不同的理解，人们所处的社会情境和他们从电视节目衍生而来的意义之间存在某种互动关系。因此，他推测，优势社会形态的本文脉络和观众的社会情境之间可能会产生某种强力，观众的社会情境促使他们和优势意识形态冲突,也就是说,观众收看电视的行为正是他们的思想与本文意义之间相互对话的过程,也是协商的过程,协商(negotiation)一词暗含有利益、冲突需要调适,同时它也暗示,在解读电视的过程中,观众是主动寻找意义的创造者,而非被动的接受者。费斯克在论及霍尔的"编码与解码"模式时,认为其理论价值在于它的分析重点,从文本转向了读者,认为读者才是意义生发的场所。

最后,霍尔指出不同社会立场的人会有三种不同的解读方式。这就是其著名的"偏好理论"(preferred reading)。霍尔指出接受者在解码过程中同样存在意识形态抗争的可能性。有三种可能的解码:偏好的解读,指的是接受者不加质疑地接受媒体所企图传递的有利于优势集团的意识形态;第二种是商榷的解读(negotiated reading),是指解读包含了各种不同意见和声音,需作适应性的调适。第三种是对立的解读(oppositional reading),是指接受者保持清醒的反抗意识,有意识地解构媒介文化中宰制性的霸权符号,通常这种解读活动发生在政治抗争较强烈的时候,许多商榷性解读此时也可能转换成较明确的反对态度,变成对立解读。霍尔的这一偏好阅读理论认为,电视节目大致上偏向持有优势意识形态的意义,但是这些意义无法硬塞给观众,只能任由他们的好恶取舍。如果一个人的社会处境要求他拒绝全部或部分的优势意识形态,那么他在收看电视时就必定会以这种社会取向来阅读节目。

霍尔作为英国文化研究派的创始人,他的理论在20世纪70年代产生了很大的影响,格拉斯哥(Glasgow)的媒介研究小组、《银屏》作者群等媒介文化研究流派都深受其影响。20世纪80年代以来他的"编码/解码"理论、"三种电视解读理论"都受到学界的质疑。例如,莫利通过调查发现,霍尔过度强调阶级在制造符号差异中的角色,而低估了多种阅读的可能性。这些阅读显示,不同阶级却能形成广泛相似性的阅读。莫利认为霍尔的三种阅读分类过于简单,阅读的范围之广,是阶级的分类方式难以概括的。

二、莫利与批判的受众研究

大卫·莫利对于电视文化是最有发言权的人物之一,他曾参与经营英国国内第一家互动媒体出版机构,美国电视第四频道开播之前也曾做过策划性工作。他既参与媒介活动,也从事学术研究和教学工作。他所作的关于英国电视节目《全国观众》《家庭电视》的受众研究在西方学术界具有广泛的影响。在整个英国文化研究传统中,莫利走的是与文化研究阵营中的核心人物截然不同的路子。也正因为这个缘故,当文化研究人文学主流盛行时,莫利总感觉自己是一个边缘分子,无法进入由文化主义者、结构主义者、心理分析主义者、后结构主义或后现代主义者构成的文化研究中心。

莫利出身社会学界,所以他的研究始终坚持其社会学立场。在他的《电视、观众与文化研究》这一著作中他十分赞同默多克的观点,认为文化研究的首要课题是将文化的物质与符号部分相互联系。他引用默多克的话说,如果意欲发展和精炼任何一种形式的文化研究,应"将各种传播过程均涉及的两个部分——具体的物质部分与曲折的符号论述(话语)部分、经济的与文化的——打从构思阶段,就要让它们产生关联,而不是一面倒向任何一个部分。"他从伯恩斯坦(B. Bernstein)、罗森(H. Rosen)等人的教育社会学、社会语言学以及巴赫金(F. Parkin)、曼恩(M. Mann)等人的文化社会学中得到灵感、获得启发,从受众角度来研究媒介文化。因此,莫利的电视文化研究,与其说是电视符号学不如说是地道的电视社会学。他不赞同麦克卢汉等人的"本质论",认为电视不是一成不变的物质,而是随着观众的使用状态而变。他说:"我关心的是,在不同时空下,身处不同脉络的人,他们在收看不同种类的节目时,电视对于他们有什么意义?……我们重视将电视置放于较为完整的范围内,看它与其他资讯及传播科技的关系,我们也将电视的观看,置放于家庭内其他多种消费的面向中,合并考察。"

莫利的电视文化研究在整个英国文化研究派中具有独树一帜的特点,其独特性正在于其社会学研究方法与文本研究方法的结合。

莫利对法兰克福学派的权力与影响力范式、美国传统的说服效果范式、内容分析范式、使用与满足范式、阶级与符码互动范式等均有深入的研究,他看到了当代文化研究中心学者重文本分析而轻以受众为中心的外部研究的弊端,所以他指出:"我们必须明白,文本的意义必须放置在特定的环境中考察,然后想一想,他(她)接触了哪些其他论述(话语),并再评价,这个接触又会如何重新解构该文本的意义,以及那些论述的意义。阅听人具有哪些论述能力(知识、偏见、抵抗等),他(她)又如何运用这些能力理解文本,决定了文本意义的建构方式,而阅听人具有哪些论述能力,则又是影响阅听人/主体与文本接触,将以何种面貌出现的紧要因素。"《全国观众》《家庭电视》没有陷入传统学派量化研究的窠臼,而是将量化研究与质化研究统一起来,以"心理分析理论"为主要理论框架,剖析文本、读者与主体之间的关系,分析意义产生过程中的两种压力类型:一是文本/讯息/节目的内在结构与机制,这些结构与机制引来某些解读方式,但却阻碍了其他方式的解读,符号学可以阐明这一部分的问题;二是读者/接受者/观众的文化背景,这部分必须用社会学的方法来加以研究。

莫利的研究集中体现在《全国观众》项目中,这一研究项目的第一阶段是对《全国观众》这一节目进行内容分析,找出这一节目重复出现的主题与呈现的形式,同时详细地分析该节目某特定剧集的特定文本结构。通过节目文本特定结构的分析,以及不同团体对于相同节目材料的不同诠释的经验性调查,试图弄清楚观众与节目互动的本质。莫利检验了霍尔的"偏好阅读理论",他先将一则他和布朗斯顿所做的文化分析的电视节目给一些小团体人员观看,然后再与这些小团体成员进行观后感和节目意义的讨论。莫利之所以选择群体而不是个人作为研究对象,主要是因为他对共享的社会阅读层面较有兴趣。这些群体大多以职业来划分,如教师、银行职员、学生、工会会员等,因为这些职业是构成社会阶层的指标。在霍尔的理论中,阶级是造成社会区别,同时也是造成不同阅读的主要关键。在《全国观众》的研究中莫利先回答了霍尔所提出的第一个问题:媒介霸权何以能持续存在? 然后再以经验性证明一个特定的节目如何表现致使它能"偏好"某种事件或意义;其次,他又回答第二个问题,即不同团体对于这一节目,究竟采取什么形式的"商榷"与"对立",霸权化的观念究竟在多大程度内已为电视观众吸纳并接受,在潜移默化中对观众的思维产生影响,又在哪些条件下反霸权或对立的意义,会在该节目所引发的传播交换过程中出现。这一研究计划的目的,还包括以经验性方式,找出潜在的霸权意义是经过哪些特定的渠道表现出来。莫利的具体做法是,找来社会背景差异极大的一些团体,让他们观看两集《全国观众》的电视节目,然后访问他们,找出其诠释节目的类型。

莫利的研究设计与方法脱胎于意大利符号学家艾科(Umberto Eco)的大纲,具体如下。

(1)厘清所使用的各种方法与概念。

(2)分析讯息的目的,在于阐明讯息所指涉意义的基本符码,在于弄清楚讯息的再现类型与结构,在于找出讯息所依附的概念与类型到底隐藏了什么意识形态。

(3)透过野外调查访谈,则可以知道先前分析的讯息,事实上是否已为不同结构位置的媒介接受者,以自身各自的方式加以接收与诠释。

(4)在收齐了这些讯息后将它与此前对讯息所作的分析,确认讯息意义是否完全出乎我们先前分析的意料之外,不同意义的"能见度"与受访者的社会经济地位,关系如何? 不同部分的受众到底在多大程度内,以不同方式诠释讯息,而他们又有多大空间可以自由地将他们本身想要的意义加之于讯息?

莫利的观众调查,指涉了符号学的研究领域、文本的有效性观念、表意实践的特殊性等方面。根据研究目标的不同采取焦点访谈和团体访谈等不同的访谈方式先后访问了29个团体,主要分为经理人员、学生、学徒、工会人员四种类型。他所关注的问题是,在多大程度上,个人对这些节目的诠释,将因为个人不同的社会文化背景而产生系统性变异。莫利发现,霍尔过度强调阶级在制造符号差异中的角色,而低估了多种阅读的可能性。这些阅读显示不同阶级阅读的相似处。莫利的调查推翻了霍尔的结论。他发现尽管银行经理和学徒的阶级不同,却能广泛地形成相似的阅读,一些大学生和工会代表也会产生类似情形。对于各种反常现象,莫利的解释是,银行经理和学徒均被塑造成资本主义社会中的意识形态主体,投入优势体系中,并在各自的生存与奋斗过程中共享利益。至于大学生和工会代表,则因其所处的机构提供其批评优势体系的方向而产生比较对立的阅读。莫利的研究指出,霍尔的对阅读行为的三种划分方法过于简单,以阅读的广大范围与社会阶层为分类方式,彼此相互交叉,不能完全概括。因此,他主张以"话语理论"取代霍尔的分类,"话语"是在社会中产生的理论或思考方式。他由提取意义的社会经验领域和从中取得意义的社会场所,以及意义借以形成与流通的语言所界定。电视在报道新闻事件中针对不同社会阶层所使用的不同字眼,其中都包含了一种社会定位,话语正是从社会经验的重要领域中提取意义。

在莫利看来,电视的本文也是一种话语,读者的意识存在于许多话语之中,从中他们认知其各自社会经验的意义。他认为阅读电视本文正是读者话语与本文话语接触的时刻,于是霍尔所说的商榷性阅读就这样形成了,阅读成为电视节目认知与异质观众经验意义间的商榷过程,这种商榷属于话语性质。莫利将电视本文和观看电视本文的活动综合起来考察,把它们看作是一种不断在相似及差异间游移的动态活动:相似面是建构在节目形式里的优势意识形态,而且对喜爱该节目的观众而言,它们十分通俗;差异面则是着重于节目观众群中的多种团体,这些团体均以个别途径和优势意识形态连成一气,而这些途径将因他们所产生的不同阅读,而相互平行。这种在相似及差异间游移的动态活动是体验霸权和抵制冲突的一种方式。

莫利这种强调话语与读者关系的理论,减弱了当代文化研究中重文本研究倾向,文本不再是一个充分自足的实体以其自身的意义,对所有的读者施以相同的影响,相反,文本成为可由许多方式激起各种潜在意义,这些潜在意义仍有一定范围并非毫无限制。文本意义不脱离各种团体产生阅读商榷的领域,这种话语的商榷,意味着文本的界限是流动且不稳定的。莫利出版于20世纪90年代初的著作《电视、观众与文化研究》一书,系统而全面地总结他几十年研究历程。他不同意将自己的研究归入传统经验学派的受众研究,他认为自己的研究"最先笔者从社会语言学与教育社会学汲取养料,晚近则又加入了家庭研究、人类学与地理学。……正是这些不同学科的交互作用,才最能够恒久地得到最好的研究成果。"应当看到,莫利的贡献其实并不在他为电视文化研究提供了许多新的结论,而在于他大胆地将经验主义方法包括内容分析、使用与满足、人类学与符号学方法、结构主义理论加以综合应用,创立了一种新的研究范式。费斯克、哈特利等人的研究都直接受其影响。

三、费斯克的集大成理论

约翰·费斯克是英国文化研究派的一员健将,他的电视文化研究承继霍尔、莫利的传统,也十分注重文本研究,即注重运用符号学方法研究电视文本以及电视文化在意识形态中的霸权建构关系。原任教于澳大利亚,后又转至美国威斯康星和马里兰大学任教,这使他有机会将欧洲的符号学研究传统与北美的过程学派方法加以比较。他在《传播研究导论》一书中认为,过程学派关注传播者和接受者如何进行编码和译码,以及传播者如何使用传播媒介进行传播,他探讨传播效果和正确性问题,他视传播为某人影响他人行为或心理状态的过程。过程学派将社会学和心理学结合起来,将传播定位为一种行为;符号学派视传播为意义的生产与交换。他关注的是讯息以及文本如何与人们互动并产生意义,即关注文本的文化角色。因此对符号学派而言,传播研究就是文化与文本研究。符号学派将语言学、符号学、艺术理论结合起来,将传播定位为一种作品。费斯克将两种批评方法融合起来的做法,得益于他20世纪70年代对于以霍尔为代表的文化研究派电视文化研究整体上的了解,对当时文化研究中的人文学倾向的利弊有所调查,但是尽管如此,他的《解读电视》和《电视文化》均是从文化观点来解释电视的。在费斯克的这些著作中,符号学方法是最常见的方法,费斯克认为符号学是揭示接受者接受信息认识途径的有效方法。接受者如何解读电视文本是电视文化研究的重点。在电视文化的接受过程中形成不同的互动关系。总体来说,费斯克电视文化研究的主要贡献体现在以下几个方面。

(一) 电视的功能:行吟诗人

费斯克虽然深受结构主义影响,但他又能广泛吸收后结构主义和后现代主义的一些观点。他反对以接受者的个人心理反应来看待电视的影响力。他认为"个人内在的心理状态,并非电视讯息传播过程中的主要因素。我们每个人,都曾经从自己所处的社会里,学得了一套既定文化风俗的符码。这套符码,不但是我们用以解释电视讯息的共同准则,也同样限制规范了制作这些讯息的人。由此看来,电视的运作之道就如同社会礼俗一般,泯没了个别成员的差异,以求达到与全体沟通的效果"。为了说明电视塑造集体文化的特性,费斯克用"行吟诗人"(bard)来类比电视在当代社会中扮演的角色。"中古世纪的游唱诗人,利用既有的语言,把当时社会的生活作息,整理组织出一套又一套的故事或讯息,并强化肯定了听者对自己以及对自己文化的感受。"费斯克所说的电视"吟咏功能"（bardic function）包括了以下的一些内容：

首先，传统的行吟诗人所吟唱的内容，大多是根据听众所处的文化需要而组织，而与其本人以及"作品"本身内在的需求毫无关系。叙述者在此担任的功能，纯粹只是"传讯中介"（mediator）；他吟唱的技巧可能很高超，但绝对谈不上个人创作的天才。电视是非个人化的"作品"，它从现有语言文化结构资源中，不断拼贴、组合，变戏法般地制造出看似新鲜，实是司空见惯的货色，只不过是把当时人们所关切及所理解的事物呈现出来。电视也正是运用既有的语言资源，建构日常生活中的共识和社会事实。

其次，电视与行吟诗人都占据着时代文化的中心。电视在多元化的社会中是一种难得的集中化手段，这不是商业独霸或政治管制的结果，而是社会自觉地寻求中心点的需要。此外，行吟者的吟咏是口语的，非文学的，这一点与电视也很相似。文学上使用的精致符码极不符合电视传递。

再次，行吟诗人与电视在抓住受众这一点也是相通的，叙述的内容必须与听众相关，即使是介绍大自然的节目，也往往以人为中心，强调自然界似人之处，拟人化的表现往往就是听众中心文化使然。另一方面，如果故事中的人物无法被"抓回"（claw back）到听众文化中心，那么，这个故事就与时代格格不入，电视媒介不可能在低收视率情况下作赔本买卖，修正其叙述内容就势在必行。

最后，吟咏的内容与"神话传说"有着很大的关系。神话传说的意义，常常是隐晦的，含蓄的，它存在于人们的潜意识之中，受众在不知不觉中就接受了神话中的思想观念。电视正具备了这一特点，电视文化的出现与存在，基于一种先验的假设，那就是接受现状，电视的"因袭成规"，塑造了受众崇尚某事某物的神话，实际却建构以某一社会中心为架构的差异体系。对受众来说，电视传达某些讯息，其中隐含了某些意识形态的东西。正如同行吟诗人叙述中神话作用于人的机制。肯定既有文化体系的神话或意识形态，能够实际解决现有问题，并应付不可知的世界。

费斯克这里所说的吟唱功能，实际上就是一种"浓缩的仪式"，也就是将抽象的意念化为表象世界。宗教信仰将宗教理念具象为仪式活动。电视也是将一些主导性社会关系理念，具象为多姿多彩的节目，这其中包括了新闻、广告、戏剧、综艺等。例如，新闻节目中反对运动的报道，通常的倾向是以现行的社会秩序为价值标准进行是非评判；广告中对于厨房或卫生清洁用品的宣传，通常把女性设定为天生的从事家务劳动的角色。电视的"行吟诗人"功能，实质就是充当创造种种文化神话的媒介。

（二）受众观念：“读者的权利”

费斯克的早期研究如同英国文化研究派的其他成员一样，十分看重文本的价值，20世纪80年代以前的电视文化研究均是在探讨文本内的意义。后来他受罗兰·巴特的影响，主张将“作品”与“本文”加以区分，探究本文的开放程度，费斯克沿用巴特的观点，他指出，作品是许多“能指词”（signifier）建构出的物理的东西，只有在人阅读之时，作品才成为文本。从这样的角度看电视文化，本文也就不可能是一个一成不变的东西。文本的意义取决于读者的阅读行为，所以他说：“就人的经验来说，不存在这个可供触摸的对象……我们现在已经混同了“文本”与“接受者”，

约翰·费斯克（1939— ）

不再认为它们有些什么差别……没有所谓的文本，没有所谓的受众，有的只是收看的过程。”他认为霍尔的“编码/译码”模式的价值在于其分析的重点从文本转向了读者。他与哈特利参考了帕金（Parkin）的分类，将接受者在意识形态中的接受行为分为控制式解读（dominant - hegemonic decoding）即接受者按照传播者所希望的方式加以理解，符合传播者霸权主控的利益，类似于霍尔的“偏好的阅读”；协商的解读（negotiated decoding），即接受者的解读一部分符合传播控制势力的立场，但在某些细节或某些时刻的特殊情况下，观众的解读往往充满矛盾，有部分意见与主控意见相左；对立的解读（oppositional decoding），即观众的解读与主流意见截然不同，此时意义的政治性最为明显，也是符号所指成为抗争形式的表现。费斯克的这种划分方法与霍尔不谋而合，他是对文本中心论的一种反驳。

费斯克的研究发现，意识形态研究固然揭示了媒体的文化社会意涵，但是其以文本分析为主的策略，忽略了观众可能对“意义”作不同的解读；同时面对日益庞大的电视文化工业，意识形态分析似乎也无法解释电视为什么会这么“流行”，看的人这么多，看的时间这么长，电视的吸引力这么大，以至于成为人们日常生活中不可或缺的部分。费斯克指出，电视文化之所以流行，其读者必定是看到该文本中有社会应用价值，因此文本意义必须是开放的。从文本分析固然可以诠释部分意义，如霍尔所强调的文本主导意义，或偏好意义，但“意义”必须从读者实际的社会情景来理解。费斯克运用后结构主义与后现代主义的一些观点，试图解释所谓的“电视的多义性”。对于多义性这个概念，文化研究界很少注意文本的质性与结构。费斯克认为，电视文化多义性不仅是指“文本建构时必然的庞杂性，也是指不同社会区位的观众必然会发动不同的解释”。在他看

来,多义性的观念可进一步解释大众文化"流行"的现象。在《电视文化》一书中,费斯克指出,电视固然有其意识形态复制的效果,但电视阅听人也可自行从文本中寻找意义,并从中得到愉悦。电视之所以能如此"流行",也许正是因为电视能让不同观众寻找到自己所需要的内容。人们在现实生活中有许多意见需要发表,却没有发表的空间,电视节目"娱乐"的构成因素,往往是"打破既定的规则",呈现出一片新的天地,它为观众提供各种各样的代言,在"娱乐"中或讽刺或调侃或虚拟,观众掌握着现实生活中没有的"文化权力",尽情发泄自己的怨恨、忧郁、欢乐,表达自己的愿望、理想。一般人认为"游戏"是一种"逃避现实"的做法,是"虚构的幻象",而且是一种"女人的弱点"。费斯克对此持不同的看法,因为"幻想"固然是一种人的内在经验,但是不可否认的是,这也是一种经验,它不但代表着一个外在权力无法渗透的领域,而且这种符号经验与其他"真实"的符号经验本质上并没有太大的区别。通常来说,观众的内在经验往往来自其所处的社会,是一种大众普遍心态,因此隐藏在娱乐文化之下的大众心态,实际上是一种潜在的社会反抗。

总体来看,费斯克对于"电视多义性"的解释,包含了他的受众观念。他在承认观众主体的受制性的前提下,强调它的能动性。首先,他强调观众的社会性主体和文本性主体之间的区别。观众是社会的人,因此它首先是"社会性主体",然后才是观众,也就是"文本性主体",前者不能代替后者,后者也不能代替前者。观众构成的复杂性以及错综的社会关系,本身就决定他们潜在的社会主体性,社会主体性是观众对文本作出反应和解释的认识视野和感情基础。"文本性主体"则不同,它是文本在建构时为观众造就和预备的主体位置。这些主体位置是大众媒介的传播者设想出来的,与观众的社会性主体位置不可能完全一致。所以费斯克认为"一种文本和具有社会性的观众之间的妥协阅读"是电视观众与电视文本之间的最常见关系"。在这一基础上,他把观众放回到社会政治环境中去,从民众主体特点来认识观众主体特性。费斯克从两种主体特性来定义"大众"(mass)这个基本概念:大众是一种"集体性对抗主体"和"流动主体"。首先,大众是一种"下层族类"身份,所以自然而然也就处在社会权力结构的弱者一端。大众的下层性社会处境决定了民众必然会有反抗意识,尽管这种意识是时发性的和非稳定性的。其次,大众是一群乌合之众,布鲁默曾对其作过四层描述:第一,分布广泛,差别很多;第二,他是一个不知名的群体,由不知名的芸芸众生组成;第三,互不来往,很少沟通,谁也不知道别人的存在;第四,他们独来独往,很难采取一致的行动。大众间的关系复杂多变,具体人群之间的和相对统治集团统一的利害关系趋向,总是处在一种不稳定状态中。虽然社会大众的下层性决定了他们天生的反抗意识,但民众之间各自为政,错综复杂的利益与价值取向,抵消了应有的反抗力,同时错综复杂的亲疏利害关系,却使这种反抗表现为不同的主体位置 。与阿多诺、霍克海姆等法兰克福学派学者不同的是,费斯克和英国文化研究派的理论家认为现代社会中的大众,包括电视观众,他们不是无头脑、无个性的被动消费者,而是赋予他们以灵魂和个性,赋予他们以主体地位,他们可以能动地运用电视文化产品来交流创造他们需要的意义,他们既受意识形态的控制,接受意识形态的塑造,另一方面,他们的阅读行为又隐藏了反抗的成分。

值得一提的是约翰·费斯克、约翰·哈特利、洪宜安等人的受众研究方法。

长期以来,受众研究的传统一直为量化的经验性探索所困扰,在实证主义支配下的研究者,总是企图孤立传播过程所涉及的因素,他们认为在不同情况下,这些因素对于不同团体产生了一些效果,是生效的。多年以来,学者已经习惯性地认为,如此众多的研究成果,充其量只是就影响力的基本问题,提出差强人意的答案。费斯克的研究在英国文化研究派中颇具代表性,具体地说是将符号学方法与民族志(人种学)学研究方法结合起来,当然这也可以看出,文化研究派受阿尔都塞和葛兰西意识形态理论和国家/民间社会理论影响的影子。

民族志学研究方法注重通过观察与访问获得第一手资料描述受众的行为。研究者通常以一段相当长的时间,参与研究对象的生活,"他们眼观发生了什么事,耳听说了什么,也问些问题,事实上他们什么资料都收集,只要这些资料有助于厘清他或她所关心的议题。"访谈可能是全方位的,因为那些信息中可能隐含了某些可供解读他们意识形态的成分。在那种所谓的焦点访谈(focused interview)中受访者可能对直接提出的问题作出直言不讳的回答,但却不一定对研究内容具有价值。民族志受众研究过程近些年来的最重要的一项突破,便是逐渐承认"收讯脉络"的重要性。尤其对电视研究来说,家庭脉络的重要性更是与日俱增。虽然我们对电视和家庭常常出现道德恐慌,但是我们仍然不知道家庭与个人之间的差异,即他们如何在日常生活中使用电视或与电视互动,以及如何介入这些互动规则所限定的活动。但是毕竟家庭生活或家庭环境是家庭消费的最基本形态,也是电视意义生产和消费的最适当探索的自然场景脉络。

如果电视观看活动是一项由规则控制的过程,那么民族志研究者最关心的是,如何延伸并阐述这个过程和促进规则。按照文化研究派学者的观点,假如观看电视的行为与晚餐同时进行,那么研究者就可以规则控制的角度,分析晚餐的饮食习惯,所观察的范围包括吃饭的规矩,谁做饭,谁负责端菜,谁洗碗。另一方面,约翰·古德曼(I. Goodman)的论点是,由于电视在大多数家庭中占居核心地位,我们可以如法炮制,对电视观看的控制规则进行研究。也就是说,了解在整个电视观看过程中,座位如何安排、有谁会看、看什么节目、和谁一起看、由谁选定节目,等等。收集这些自然环境的资料,了解受众接受行为受不同场景的制约的规则与使用逻辑,才能够了解电视如何吸纳和动员这个逐渐为个人所分割拥有的世界。要了解电视在家庭生活中的位置,其先决条件便是了解家庭生活动力、每日生活结构和家庭系统。

按照哈特利等人的说法,民族志学的基本取向的基本要求便是,对家庭观看的复杂情形,提供足够的"丰厚"描述。他的任务便是"走向田野"。透过观察和访谈,以每日活动的第一手观察为基础,尝试描述及诠释某个文化脉络中主体的实践行为。哈姆斯莱(M. Hammersley)和阿特金森(P. Atkinson)指出,民族志学"绝对无法逃脱一般调查常识和方法。所有社会调查的基础,便在于人类参与观察的能力",研究者在研究过程中扮演主动者的角色,也是"最突出的研究工具",我们不应该"介入并试图消减研究者者的'效果',而应该了解他们"。这样民族志学的本质就在于如何了解其他人生活的真实。民族志学所遭遇的问题,包括描述与了解等问题,也是整体社会研究的问题。从自然主义的角度来说,参与观察法的目标在于,学习被研究者的"文化"规则,根据这些规则去诠释这些事件和行为。这种针对不同文化进行不同的诠释和描述的方法,是马林诺夫斯基时代的传统,近些年来在欧美学术界受到广泛的质疑。学术界争论的焦点乃是"唯我知识论"与"道德/政治"问题。有人指出,民族志学研究之所以有失去效力的危险,是因为"我造"色彩太浓。这一"我造"色彩,正是当年马林诺夫斯基在新几内亚丛林遭遇土著部落时所欢呼的。费斯克在谈到观察者与被观察者之间的关系,以及民族志学者是否有权传达他人的文化经验时认为,"民族志学者完全一副帝国主义行径,进入丛林时是白人面貌,回到白人世界时更是不折不扣的白人。而这些原始生活的'意义'则完全无法由真正生活在其中的人表达出来。"唯我知识论的逻辑推演,使被访者的文化着上了他者的影子,成了一种典型的"他者话语"。而政治上的原因则是另一性质的问题。受众民族志学的"政治"是什么?宜安表示,从事研究工作本身就是一种话语实践,透过研究者和被访对象之间的话语交往过程,产生出对历史层面与文化层面相关的特定知识。按照他的观点,研究是从某个特定立场诠释甚至是建构真实的工作。

后结构主义的民族志学研究自成一格,然而,后结构主义者的想法是解构了他者,他者又变成了民族志学家主观之情的生产物,而这一主观之情,反过来却又可以被解构成话语的生产物。在这个解构过程中,他者这个事实俱在的存在,已被消解化作民族志学家的符号建构物。萨达尔(E. Said)在他的《东方主义》中也强调必须针对"东方主义"(Orientalism)的过程,进行更具反思性的分析。所谓东方主义,便是一种经由想象的地理过程,生产出一个虚构的"他者",而且这个他者已经成为异国学术的知识客体。其他的评论者如马科斯(G. Marcus)、费希(M. Fischer)也曾提到"意义"再现过程的危机性。在这些学术讨论中,批判客体是一种经验主义的纯真形式,抑或是民族志学写实主义,不仅对反思性的问题相当迟钝,更预设再现过程的透明性,以及"经验"问题架构范畴的中介性。对于许多研究者来说,第一个需要解决的问题是有没有先知先觉、全知全解的先知,这样一来,媒介研究首先必须弄清楚,由谁写、写下关于谁的什么事、从什么知识与权力立场来写等关键问题。

后现代主义和后结构主义者对"民族志 + 符号学"(费斯克称其为种族符号学)的研究一直持怀疑态度,对"洗礼式"的民族志学、民族志学的诚恳性和民族志学研究的正确性均持一种合理的批判观点,他们希望"政治和知识论的自我意识"、主观设想等不会导致民族志学的自我陶醉。这一论调以吉尔兹(C. Geertz)的评论最具代表性,他说,如果"民族志学的书写方式和说故事有关连"恐怕难免会"混淆了想象与假想,虚构与错误,了解事情与捏造事实"之间的界限。

民族志学对于电视文化的研究,其价值在于,它能帮助我们进入量化研究不能描述的世界,它能够帮助我们了解到电视的观看行为的某些真实情形,这是所谓质化研究的优势。但是,它从一开始就遭遇两种可能的质疑,一是普遍性问题,民族志学研究擅长长期蹲点,甚至动用某些高科技的测量观测手段来进行受众分析,但毕竟不是全体,也不是科学抽样出来的样本,而是部分族群,他们能否代表整体?二是学术界经济批评的主观性问题,民族志学研究者在他们的调查科目、设计的问题及提问方式、内容分析等环节中均渗透着自己的主观色彩,那种知识者的优势不时会显现出来,因此这种情形会不会也出现在电视观众的研究中呢?答案是肯定的,"民族志学 + 符号学"的描述某种程度上揭示了意识形态与观众的关系,但"他者话语"的存在,这种关系保不准就是被夸大的或缩小的,这一问题从技术上讲是难以克服的,这是方法论使然。

第三节 北美学术圈的研究传统

北美(主要是美国)现今的媒介研究开始呈现多元态势,实证计量与质化论述并重。然而 20 世纪 70 年代以前传播研究领域占据主导地位的是传统的效果研究。在电视研究领域,20 世纪 70 年代中期,人们仍沿用电影批评,特别是美学研究方法把电视视为艺术作品来加以研究,霍拉斯·纽康(H. Newcomb)1974年出版的《电视:最大众化的艺术》、1976 年出版的《电视:批判的观点》是这一严肃批评倾向的代表。其时,麦克卢汉将电视看作一种科技,进而探索它的本质与行而上的"效果",麦克卢汉未来学风格的媒介研究持续了十多年,但他的那些极具启发性的分析却很少涉及真正的电视实力与电视文本。

如果说欧洲的电视研究是由文学、艺术、哲学界学者推动的话,那么美国的电视研究则是由新闻学界来推行的。传统的文本批评并没有把美国的商业电视纳入自己的批评世界,他们认为商业电视不是一连串的自主作品,它呈现无作者状态,而且也没有一般伟大艺术作品的品质,且不查询观者的需求,因此似乎没有什么能留给批评家去诠释。再者,商业电视也不将自己伪装成艺术;由于广告经常中断节目,因此节目只是电视真正内容的"前述文本"(Pre-test),而广告内容才是电视的真正内容。自 20 世纪 20 年代后期开始,广播被视为广告工具,而非艺术的形式,所以广播和听众关系的研究取向偏向于社会学而非美学。30年代左右,广播成为全国性的广告媒体,这使得广播的人口统计和行销的研究蓬勃开展。研究者试图对此进行美学研究,但所提问题最后仍以社会调查的方式完成。例如,1941 年鲁道夫·阿恩海姆(Rudolph Arnheim)对广播肥皂剧的研究,其中关于人物形象的分析,也是借助内容分析来进行的。

广播广告同时也刺激了广播讯息在听众态度和行为上的效果研究。效果研究的需求在第二次世界大战时高涨。到了 20 世纪 50 年代,由于电视业的飞速发展,成为主要的大众娱乐媒体,这就使得传播研究的重点转移到了电视观众的效果研究和观看电视的功能上。而其中人们特别关注的:一是儿童、女性观看电视对其行为与态度的影响。近年来,电视研究被纳入美国传播学研究的传统轨道,焦点在于研究电视观众和节目之间关系的影响;二是电视内容中的色情和暴力对人的行为和态度的影响;三是电视如何描述少数族群、女性与其他族群;等等,这些已成为目前美国传播研究的热门话题。

自传播学研究在美国兴起之后,媒介与受众关系的研究就偏向实证研究的模式。一方面,拉扎斯菲尔德的应用社会学方法很快在媒介研究中取得了权威地位,并使之成为理所当然的传统。另一方面,自 20 世纪 30 年代起,广播机构赞助许多早期媒介与观众的研究,要求其研究结论必须可靠,这就自然认同社会调查的"科学""客观"的方法,然而却很少关注其他非社会学研究学者的观点。因此,媒介研究思潮中不成文的提倡与反对,使得社会学研究方法成为正宗的方法。为了降低假设的结果对整个研究过程的影响,于是调查研究的过程试图将现象转换成一组有限变量来作研究,设定一个自变项和一个应变项,探讨二者之间的关系,找到其中的规律,最后将结果以计量的术语呈现出来。

在过去的几十年中,过程学派试图解释受众与电视关系的复杂本质。20 世纪 50 年代,电视几乎侵入了所有的美国家庭,也改变了美国人的生活方式,尤其是影响了他们休闲的活动以及使用其他媒介的时间。电视最大的效果还在于对儿童生活的影响。这促使了施拉姆、莱尔(J. Lyle)和帕克(E. Parker)对这一课题加以研究。他们发现,电视确实对"有些"儿童"有些"影响,这个结论符合了当时较为盛行的有限效果论。施拉姆与其合作者将研究结果于1962年公之于众。自此以后,电视与儿童的研究如雨后春笋,仅70年代10年间就有2500多部(篇)研究论著发表。但是这一研究后来逐渐受到人们的质疑,一些学者认为,化学或生物研究的程序并不适用于社会和美学现象的研究;他们发现这样的现象是无法转换、简化成实验调查的,科学家们深信其科学性、客观性,不掺杂主观价值判断的态度实际上是虚幻的。当然,也有学者反驳这样的说法,仍然坚持计量和统计分析方法。不管过程学派的研究多么成功地解释了我们和电视的关系,然而这种以统计学和计量方法为基础、以实验科学目标为引导的媒介研究模式,显然没有留下多少可供分析的空间。内容分析作为其常见的方法。按照伯纳德·贝雷尔森(B. Berelson)1952年对内容分析的定义是,"它是一种客观的、系统的量化叙述传播明显内容的研究方法",它有助于为一些方式提出引证,在这些方法中,电视节目不论是虚构或非虚构的都只是世界的再现,而非真实的反映。内容分析只是将意义描述转变为数字描述的一种方法,已有60多年历史,然而由于这一方法固守在实验科学领域中,限制了对电视复杂网络与细微深处的探索。研究者无从体验媒介内容作用于人心的过程,也无从体验情境喜剧或肥皂剧可以用数字加以表述,当研究者把意义分析转化为数据资料时,人们有权怀疑,这些是否还是真正的情境喜剧或肥皂剧内容研究。

一、格伯纳的培养理论

乔治·格伯纳(George Gerbner)及其同事们于1967年在全国暴力成因及预防委员会(National Communication on the Causes and Prevention of Violence)的资助下,于美国的宾西法尼亚大学的安南堡传播学院开始了他们一系列有关电视内容的研究。安南堡的媒介研究群,有许多也参与20世纪60年代末、70年代初由美国卫生部所资助为"国家公共卫生局局长电视与社会行为的科学顾问委员会"(Surgeon General's Scientist Advisory Committee on Television and Social Behavior)所作的研究计划,这项计划主要也是因为美国大众对于呈现于电视内容中日渐残暴的内容忧心忡忡而成立的。媒介与暴力是一项大的工程,由美国著名学者担纲。其中第三部分主要是关于电视娱乐内容与暴力。最重要的部分由安南堡的研究小组承担。其研究内容包括:①黄金时段节目中描述暴力的内容分析;②有关美国

乔治·格伯纳
(1919—2005)

人暴力经验的全国性调查。一旦研究完成,便可将两个世界的暴力加以比较,而评估电视的正确性如何。

安南堡的研究小组不仅关心电视节目中暴力的量,也关心它的质。换句话说,暴力是如何描述的? 谁杀谁? 暴力被描述成正当或不正当的? 侵犯者是受到奖赏还是处罚? 这些都是重要的问题,为此,研究小组请格伯纳负责内容分析。

格伯纳内容分析的时间,定在 1967—1968 年的 10 月 1 日至 7 日两个星期。电视的时段则是每日下午 4 时到 10 时,以及星期六早上 8 时到 11 时,分析是由一群受过专业训练的登录员根据电视和提供的录像带进行的,分析标准则是一定的规则。格伯纳等人的研究目的是:"提供客观及可信度高的分析,工作小组可借此推论观众获取的暴力讯息。"因为不同的观众对同样的内容会有不同的看法,所以从内容并不能直接推论媒介的效果。不过内容分析却是研究媒介效果的起点。如果同样的讯息不断重复,则可能影响部分的现象。研究者们对构成暴力行为的范围并无一致的看法,因此内容分析所持的唯一定义就很重要。例如,许多观众同意杀人是一种暴力行为,而许多人也会将此感念推至口语的攻击。在格伯纳的研究中,暴力被简单地定义为"有意伤害或杀害的公然武力表现"。格伯纳由此还发展出所谓暴力指标(Violence Index)的概念来,这使得电视暴力内容可以被量化。

研究发现,1967 年和 1968 年的黄金时段电视节目充满了暴力。大约 80%以上的节目包含一次或一次以上的暴力事件。格伯纳等人研究了哥伦比亚广播公司电视台(CBS)、美国广播公司电视台(ABC)和全美广播公司电视台(NBC),比较之后发现三家电视台的暴力节目在两年间并未减少,百分比最高(90.9%)的节目出现在 1968 年的 ABC 电视台,该电视台 1967 年的暴力比例也最高(88.6%),而 CBS 电视台则是出现暴力内容最少的电视台,但它的观众仍免不了会碰上暴力镜头。研究者还发现各种节目中的暴力在形式和程度上皆有差异。比如,有些节目中的暴力镜头或许不算很多,却非常残酷。为此,研究者将娱乐节目分成三类,一类是西部片,一类是喜剧片,还有一类是卡通片。西部冒险犯罪题材的娱乐片是出现暴力打斗内容最多的节目,占到 96.6%;卡通片的暴力内容比例也很高,达到 93.5%;喜剧片则包括最少暴力,却也有 66.3%,所以暴力倾向内容是无所不在的。研究小组共分析了 183 个节目,节目包括 455 个主要人物,其中有半数是暴力的,约为 241 个。此外,研究者记录了 1215 个暴力冲突,很显然暴力内容在电视上随处可见,而且难以避免。

从 1969 年开始,格伯纳及其同事除了内容分析外,也试着针对电视对受众的影响进行研究,在这次研究过程中,格伯纳收获很大,他提出了"培养理论"

（Cultivated Theory）。这一理论的核心内容是：电视文化可以培养、建构受众的世界观。为了测量"培养效果"，格伯纳等设计了多看组（heavy viewers）和少看组（lighter viewers），"多看组"指的是每天观赏电视 4 小时以上者，少看者指的是每天看电视两小时以下者，然后再比较两组在看电视后所受的不同影响，以证明电视的"培养效果"。自 1969 年起，格伯纳每年均发表所谓"暴力素描"（violence profile），试图发展出"文化指标"（culture indicator）理论体系。格伯纳的主要目标是想找出电视和社会化进程之间的直接关系。"我们不问那些传播变项引发了个人行为的哪些改变，我们要问的是：'媒介讯息、系统'如何影响大众的意识？"格伯纳的理论思路是，他认为社会结构和媒介之间存在一种关系，文化变迁起源于科技革命后带来的讯息生产，而这种大众产品经过快速的分配后，创造了新的符号环境。文化指标正是一套标示变迁的符号环境系统，它的作用在于帮助政策的决定与指导有效的社会行为。

北美传播研究的学术传统以耶鲁学派的实验心理学和哥伦比亚学派的应用社会学为主流，格伯纳的研究开辟了第三条道路，即所谓的"文化取向"研究。如果说前二者建立在数理分析之上，对于电视文化研究而言是一种外部研究的话，那么格伯纳的文化指标研究则注重外部研究的同时又深入到电视文化运作机理的内部。格伯纳的文化指标理论体系包含以下两方面内容。

（一）电视是人类社会化进程中的一个极为重要的角色，具有培养功能

电视培养理论的最基本的假设是电视是一种具有强大效果的传播媒介。电视已成为美国人精神食粮的主要来源，观赏电视也成为每个美国家庭不可缺少的一部分，同时也是大多数美国人获知信息的主要途径。电视的权威性日益提高，电视的社会地位也很引人注目。电视冲破了传统的文字媒介和社会阶层的障碍，成为当今社会第一媒体。电视是以向社会提供娱乐的形式提供信息的，电视是讲故事的工具，它从当代人的童年时代开始就不断提供各种故事，培养人们的素质和倾向。这种培养人思想情操的工作是由教会、学校等来完成的，而现在除了电视，没有其他任何方式提供由社会精英与其他人共享的日常神话仪式。它不断创造幻觉的虚拟世界，以神话、意识形态、"事实"等为这个世界下定义。作为社会成员的观众，尤其是青少年观众，他们亲自参与社会实践的机会不是很多，因此他们理解的世界完全是由电视提供的，所以电视影响了青少年的世界观。另一方面，随着生活节奏的加快，人们也不可能亲身耳闻目睹各种事件，完全依赖媒介提供的信息，这样他们才能获得安全感，获得一种替代式参与以及日常生活的参考。受众久而久之对电视的依赖会越来越强。

电视这一媒介与其他媒介有许多不同,电视的一个最基本的特点是视听兼备。首先,视与听是人类感知世界的最主要的途径,报纸、杂志等印刷媒介是通过视觉来传递信息的,而广播媒介则是通过听觉来传递信息的。很显然,由于受感觉器官的局限,它们的传播效果都不同程度地受到了影响,电视的视听效果,它的形象性、逼真性都是其他媒介无法比拟的。其次,电视具有很强的真实性和现场感。与其他大众媒介一样,电视也是用来传递信息的。报刊、广播、电视作为典型的媒介传播方式,其一般的传播模式是:信息源→编码→渠道→解码。在这一过程中,受众对编码符号的解码差别很大,这一方面是受文化因素影响的结果,另一方面对编码所产生的歧义也是一个很重要的原因。报纸、杂志、广播等媒介在传播过程中都存在解码的问题,在阅读和听的过程中借助想象来实现对语言文字、声响符号的还原,可以肯定,这种想象绝不能等同于传播者所描述的情景。但电视则完全不同,它的编码活动离不开活生生的图像,也就是说,它可以逼真地向受众再现信息源的多种情景,这样,人们的解码活动就变得十分的简单,受众通过自己的视觉、听觉器官直接感受电视传递的图像和声音,接收信息。"百闻不如一见",人们总是相信自己亲眼看到的事实。电视传播的现场性,使观众不仅可以"耳闻",还可以"目睹",最大限度地满足了受众的这种要求。再次,电视媒介更能使观众产生参与感。由于电视取消了编码符号的转化过程,因此,电视使大众传播形式变得更为直接。电视节目主持人是造成电视参与意识的一个重要角色。在新闻专题、综艺节目等电视内容中,他们调动了观众参与交流,这很容易激发观众的兴趣。在美国的电视节目中,谈话节目、名人和游戏是很受观众欢迎的。

某种程度上,电视实际上控制了人们的信息来源,久而久之也就控制了人们的思想意识,影响了人们的思维方式。这一观点从某种程度上与法兰克福学派学者的观点是不谋而合的。在对电视的日益依赖中,人们的思想、行动等方面逐渐趋同。听什么音乐、穿什么衣服、用什么化妆品等都受电视影响,在这样的情形下极易形成共同的世界观和价值观。因此,格伯纳的这一"培养理论"充分肯定了电视媒介的角色和地位。

(二)电视是潜移默化的意识形态工具

大众媒介的一个重要特点是受众多、分布广,看电视已成为人们日常生活中的主要活动之一,而且人们看电视,不是什么选择性的暴露。他们通常只是为了"娱乐"。在格伯纳看来,娱乐内容最可能发挥培养效果。他认为,电视展示的是虚幻的内容,这一内容介于"虚构"和真实之间,并有周期性的表现形态,长此以往,人们会接受电视所虚构的世界,而与现实中的真实世界相结合,形成个人

"脑中的图画",在电视屏幕上几乎所有的主人公都是美国人,格伯纳等人在调查中发现,当观众被问及世界上有多少人居住在美国时,很多人都作出了很高的估计。当被问及美国有多少人从事与法律有关的工作时,大量看电视的人往往过高估计这一数字,因为根据内容分析发现,电视镜头中出现的执法人员或法律工作者大约占到20%,事实上现实生活中真实的情形是只有1%的美国人从事与法律有关的行业。当被问及"在随便一周你被卷入任何形式的暴力的机会有多少"时,很多人的回答大大超过真实情形的1%及以下,电视主人公卷入的概率则达到10%。格伯纳小组的研究报告指出,历经10年之久的黄金时间电视监测显示,30%的电视人物和64%的主要人物作为施暴者或受害者或同时身兼二者卷入了暴力;而同一时期美国的统计数字却表明,在真实世界中,只有0.3%左右的人可能卷入暴力。

格伯纳研究小组的研究结果显示,电视里的美国是一个充满暴力的世界。其中,80%的黄金时间节目中有暴力,60%的主要人物遭遇暴力。平均每小时节目中有7.5处暴力片段,而在周末和专为儿童制作的白天时间的节目时段中,每小时达18处。在一系列报告中格伯纳小组还提供了电视剧对不同年龄、性别、社会阶层和民族群体的人物显示出不平衡的风险系数,包括"暴力—受害系数"和"杀人者—被杀者系数"。在"1967—1975年间美国电视节目的风险率(risk ratios)"的统计中,受害系数(victimization scores)显示:

(1)男性较易成为受害者(女:-1.32;男:-1.19)。

(2)男、女在电视内容均成为受害者,仅程度上有所不同而已。

(3)杀手特征:年轻男性、未婚、美国人、正派角色。

(4)女性在美国社会生活得特别危险。

(5)妇女中只以受害者出现的群体为:①老妇;②低层妇女;③非美国妇女。

(6)在黄金时间中的枪战片中作为主人公的"好男人",常常充当杀人者。而"好女人"暴力实践中充当角色则常常相反,尽管她们比"坏女人"较少卷入暴力实践,却更易遭到杀害。

格伯纳指出,电视是现代社会的文化指标(culture indicators)。文化透过大众传播媒介与其自身沟通,而这样的沟通则维系或修正出文化内一致的价值观。对于格伯纳来说,内容分析的最有力之处即在于能分析整个的讯息系统,而不是分析个人对讯息的选择性经验。就是这样的"大众性"以及这些大众化内容构成了文化的整体,使得大众媒介内容极具意义。也正因为如此,内容分析能够顺利地勾画出电视内容的意义脉络,格伯纳认为媒介的特质不在于其具体某一个节目的影响,而在于其整体的、长久的影响,观众长期依赖媒介,毫无知觉,他就必然在价值观念、意识形态方面受到影响。

上述对电视节目中杀人者和受害者的统计也显示出社会意识形态、价值观念的取向。杀人是最极端的暴力形式,是区分英雄与恶棍的重要特点,综合杀人者的类型和被杀者的类型,我们会发现美国社会的价值取向。例如,中产阶级男性白人,相比之下很少在他们的青壮年时期被杀,但他们较常是杀人者。格伯纳称这一现象为社会价值的直接反映:美国社会舆论给予中产阶级、白人和青少年相当高的评价,他们在人们心目中是文明程度最高的一类,是美国人生活中的典范。女性在社会生活遭受暴力侵犯虽然总体上比男性高,但并没有达到电视上表现的那种夸张的程度,这反映出在美国人心目中女性始终是弱者,女性在美国社会中高危险性表明了美国社会仍然是一个典型的男权社会,女性的生存空间仍非常狭小。从种族角度来看,白人(美国白人、外国白人)成为杀人者的概率明显高于他们成为受害者的概率,这也显示出具有种族优越感的白人很少成为社会的弱者,他们往往走向两极:要么是成功的英雄,要么是成功的施暴者。这些都是当代美国社会的普遍心态和集体无意识。这一点我们从表 2-1 可以更清楚地看出。

表 2-1　美国电视里的杀人者与被杀者比例

	类别	杀人者	受害者
年龄	青年	5	1
	中年	2	1
	老年	1	1
阶级	上层	1	1
	中产	3	1
	下层	1	1
种族	美国白人	4	1
	外国白人	3	2
	非白人	1	1

资料来源:Fisk,Introduction to Communication Studies,1990.

格伯纳从这些统计数字里作出的评价是:电视暴力是社会力量和影响的一种戏剧性描绘。受最高社会评价的社会阶层、社会角色最常成为英雄形象,也最常成为成功的歹徒。相反地,受最低社会评价的社会阶层和社会角色则往往只能成为受害者的角色。

格伯纳的电视研究使用内容分析法的一个重要发现,那就是内容分析法不仅处理传播中的显层意义较为容易,它还可以揭示显层意义下潜藏的隐层含义,可以揭示诸如价值观念、立场态度等的变化。费斯克根据格伯纳的研究成果推演出一般性原则,由男性、白领阶层工作、特定年龄层或特定种族的过度再现(Over-representation)可以得出的结论是,呈现的频率隐含着价值体系内的社会阶层认定,这也就是说,一个角色在暴力机构中的位置,隐喻着这个角色在真实生活中与其所属的社会群体的关系——是中心人物或是异己分子。在电视上的受害者角色,隐喻的是实际生活中社会低层的人物。

二、培养理论的假设与"主流效果"研究的修正

格伯纳培养理论认为,接触电视越多的人,对世界的认知会比接触电视较少的人更容易认同电视所描绘的世界,而电视所描绘的世界又基本上存在一种普遍的规律,即都在灌输社会中的主流意识形态与文化价值。于是,格伯纳培养理论可以显示为以下几个层次。

(一)看电视较多者会比看电视较少者更觉得世界是丑陋的、令人不舒服的

格伯纳通过分析大量的样本结果发现,许多看电视时间长的人普遍感到周围的世界不安全,这种恐惧感与观众接触电视的时间呈显著正相关。同时暴力事件大多数是源于劫财劫色,所以看电视多的人对他人的不信任感和疏离感也与日俱增。多看电视的人比少看电视的人更容易相信,人们"只要得到机会就会利用你","多数人不可信",人们"基本上是追求他们自己的利益"才发生冲突的。格伯纳称这种对人对事缺乏信任的感觉为"邪恶世界综合征"(Mean World Symdrome)。而且随着现实生活中案件不断发生,会更加加深这种症状。

(二)电视所描绘的世界与真实世界迥然不同

格伯纳运用控制实验方法对多看者和少看者进行比较对照,了解两组观众对社会中暴力发生情况以及对执法机构采取措施的看法。这些被测验的观众得到两组信息,一组是研究小组根据电视内容分析得来的电视上的"答案",另一方是从官方渠道获得真实世界答案,被测者看了这些材料后必须回答以下几个问题:①在任何一周里,你卷入暴力事件的机会有多少?②有多少男性在执法部门工作或从事犯罪侦探职业?所占比例为多少?③在所有的罪行中有多少是暴力罪行,如凶杀、强奸、抢劫和严重的攻击?④致命的暴力是发生在陌生人之间还是亲属和熟人之间?最后提交给两组成人被测试者和两组未成年人被测试者回答。测试结果表明,看电视多的观众与看电视较少的观众相比更容易倾向于选择电视上的"答案"。在他们看来,电视所描绘的真实世界与现实世界有很大

差异,而且似乎电视中所描绘的世界更可信。

(三)看电视较多者对世界的认知与电视所描绘的情形十分接近

格伯纳的研究小组完成一系列研究报告,研究电视对健康、家庭、社会信仰等方面的影响。关于电视对健康的描述以及观众的认知变化,格伯纳在他与摩尔根(M. Morgan)、席格诺瑞利(N. Signorielli)共同完成的一篇题为《描述健康的节目:观众看、说和做什么》的报告中指出,电视被观众认为是健康信息的重要来源。在对美国两个城市近600位青少年的调查中,有24%的受访者表示电视是他们获知家庭计划主要的信息来源,有45%的青少年受访者能够至少说出一句电视上家庭计划的宣传口号。在另一份报告中结论也认为美国人对健康态度的主要决定因素在于"不愿相信致命的疾病会侵袭自己的家人",研究者指出可能的因素是人们花太多的时间浸淫在"电视的世界",而电视世界中的人们(除了肥皂剧)很少生病。认为医生是无所不能的救星的观念可能儿童时代就已养成了。事实上,有两个研究发现,花较多时间看电视的稚龄儿童比少看电视的儿童,对医生的印象更接近于电视所描述的情形。即使是成人,常看电视者对医生的信心也较强,尤其是那些常看有医生出现的电视连续剧的人。因此对医护人员的信心造成"只为今天而活"的态度以及对预防疾病的工作缺乏兴趣。

在对性别角色的认知上,安南堡研究小组成员摩尔根指出,在美国电视节目中,男女性别角色塑造一直是非常传统的——女性被局限于家庭、爱情或低层次的工作中,看电视较多的观众较容易认同传统的观念:"女人在天性上对家事及照料家庭感到最快乐",从而形成所谓的性别角色刻板印象(sex – role stereotype),并对此坚信不疑。

对生活在仅有几个少数种族的美国家庭而言,电视是了解那些少数种族的主要渠道。黑人和西班牙裔的角色主要出现在情境喜剧中。41%的黑人角色仅出现在6个节目里,其他种族也有同样的集中趋势;50%的西班牙裔集中在4个节目中。20世纪50年代至60年代间,黑人通常都是罪犯,到了70年代则有所改变,但是黑人比起白人的角色,仍是社会地位低下。至于西班牙裔的人物形象,研究小组的内容分析显示,多半是非技术或半技术的劳工。在许多情境喜剧中,西班牙裔的人物形象不外乎小丑、警察和匪徒。

那么电视对少数民族的描述是否会影响儿童对少数种族的态度?是否会影响少数种族儿童对自我形象的认知?安南堡研究小组的高英(G. Gorn)和古腾伯格(M./Goldenberg)等人发现,很少与黑人儿童交往的白人儿童认为电视是他们认识黑人最主要的资讯来源。在对名牌节目"芝麻街"的研究中也发现,看此节目的儿童比不看此节目的儿童对其他种族能有较正面的态度。

同样的情形也表现在老年观众受电视影响上。20世纪80年代的一项研究试图寻求老年人的自我看法与看电视时间之间的关系。结果发现电视对老年人的正面描述强化了老年观众对自我的主观评价;相反地,负面的描述则会降损老年观众的自尊心。那些看电视较多的老年人比看电视较少的老年人,容易认为老年人是社会的障碍,自我评价也较低。

20世纪80年代以后,培养理论受到学术界的广泛质疑,在一片批评声中,格伯纳对自己的研究作了调整,他不再看重观众看电视多寡与他们认知和行动的关系,而是将重点放在电视内容对其他方面态度的影响,称为"主流效果"研究(mainstreaming)。所谓主流效果,格伯纳的解释是,每个人的审美、信念、价值观都不尽相同,呈现多元化的倾向,因为观赏电视而变得与电视上呈现的主流意见相认同。格伯纳同时发现看电视少的人,意见较难统一,并容易产生不同意见。可见,电视在社会文化传播中能够发挥整合的作用,电视的培养功能不是单方面的,而是一种多方向的过程,类似重力吸引的过程。媒介宣传,号召观众采取某一行动(如购买商品),结果之所以不能立刻引起响应,这其中的一个主要原因正是电视培养过程需要时间和强度。与暴力指数研究时期不同的是,前者专门针对暴力内容这一主题作研究,80年代以后,则探讨看电视多少是否会影响受众对不同年龄层人物的印象定型功能。

首先,从内容分析的角度电视内容对年龄的处理方式,分析儿童节目中男女主角的年龄分配。结果发现,特别是30岁以下的观众对老年人抱较负面的看法。至于观众看电视多寡则在格伯纳等人在1982年针对"对同性恋看法""对堕胎看法""对毒品合法化看法"的研究中表现出来,研究发现,无论讨论的问题性质如何,多看电视的一组意见趋向一致的倾向最明显,而政治态度越开放的人,意见趋于一致的倾向也越厉害;少看电视的一组的意见则呈现较多元化的格局。格伯纳从理论上提出的这一理论不能说是随意的论断,他从实践上证明电视培养公众观点的作用。

如果说电视促成的"主流效果"决定了20世纪美国人的世界观,这个发现确定能站得住脚的话,那么格伯纳这个发现对美国的民主政治是一个严峻的挑战,一方面是在追求多元化的社会格局,追求多种声音,另一方面却是在潜移默化中使社会意见趋向整合统一,这不能不说是一对矛盾。

另外,除了主流效果以外,格伯纳还提出了"共鸣效果"(resonance)的概念,即电视中所播放的内容、发表的观点与个人所持观点相一致或相近,则培养效果就有显著扩大的趋势。例如生活在犯罪率较高地区的人总有一种不安全感,当他们经常看美国有关暴力题材的电视片时,会更加认同环境的恶劣,对犯罪的恐惧增强,是一般观众的两倍以上。再比如,女性中看电视较多者,会觉得"犯罪"是一种十分严重的问题,这显然是因为在美国社会中,女性成为犯罪对象的可能性较男性为高的缘故。

格伯纳的研究成果在澳大利亚获得了证实。在一项对澳大利亚学生的调查中显示,观众观看电视的程度与对社会中暴力发生可能以及人际间不信任的"邪恶"世界的认知呈明显的正相关。学界人士的解释是,电视节目的影响可能是跨文化的——虽然也可能是因为澳大利亚社会与美国社会相差不多。英国、荷兰等国的研究结果也未能支持格伯纳的结论。

一些学者看到"培养理论"与"主流效果"理论在文化整合研究领域的价值,纷纷运用这些理论来研究一些跨文化课题。20世纪80年代其研究主要局限在西欧和澳大利亚,近年来已渐渐转移到政治、经济文化背景与美国差异较大的亚洲和拉丁美洲国家。但是对于培养分析的测量项目或操作性定义是否具有国际性或跨国性的意义,很多学者持怀疑态度,他们认为不同的社会文化背景极易使所谓标准化测量提供的简易实证流于粗浅甚至产生误导。荷兰学者鲍曼(Bouwman)在他的暴力指标研究的荷兰版本中提出两个理论上与方法上均极重要的问题:是否能利用标准化的指标来测量不同文化背景的观众?如果产生类似的结果,是否可以充满信心地宣布格氏的培养理论是放之四海而皆准的?罗森格伦(Rosengren)提出要避免培养理论直接运用而可能导致的缺陷,应当将内容分析与问卷调查结合起来,内容分析可以将被研究社会的价值系统及其发展作出较为详细的描述,而问卷调查则可以将群体或个体与电视间的相对行为或观念清晰地显现出来,因此内容分析是着重于文化层面的结构,而抽样问卷统计分析的取向则在于观众对讯息的认知层面。下一步骤很自然的是联络二者的关系,这样将培养分析应用到美国以外的国度就可以避免可能的疏漏。

另外,学者们认识到,在本土文化中,社会结构的影响尤其需要重视,文化是一种需要整合能力的抽象多元的复杂事物,因此不能把培养研究看作是媒介分析的唯一取向,而应在适用培养理论之前必须研究社会结构的动态特征,描述媒体在当地社会中的地位。媒介是否在被研究的社会中占有主宰性的地位,是否足以影响整个研究目的与成果的效度。

三、培养理论的贡献

传统的效果研究关心短期的效果,这是刺激—反应理论或皮下注射论、枪弹论的范式,而培养分析认为媒介最主要的效果并非在改变受众,而是维持某种社会结构,使观众对世界的认知符合既有的价值规范和政治经济文化秩序。正如托马斯公理所言:如果人将某种状况作为现实把握,那么状况作为结果就是现实。美国揭丑运动时期报纸版面出现的都是有关社会阴暗、黑幕的相关新闻,自然给人们留下"整个社会都是黑暗的"印象。再如国内媒体某一时间段集中报道农民工、某某地方或某少数民族的负面报道,就会让人形成刻板印象:农民工都是负面的、某某地方或某少数民族的人尽量不要惹的负面评价。

培养理论所关注的是电视对观众产生潜移默化的长期效果,认为电视提供给社会各阶级的人一套同质化的"隐藏课程"(the hidden curriculum),提供一个媒介环境,并且对不同的人提供一套对生活、世界、生命的解释。它的效果不在于使受众产生变化,而是要使受众不发生变化。理论上讲,培养理论的一些结论,某种程度上印证了英国文化研究派、法兰克福学派等的电视媒介影响受众意识形态的观点,是对符号理论、意义理论和模式化理论(modeling theory)的合理继承与发展。

第三章 当代电视文化理论与思潮

第一节 阿尔都塞的意识形态批评与结构主义电视文化理论

结构主义者对媒介的研究,融合了索绪尔语言学、列维斯特劳斯的结构人类学,巴特的符号学和拉康的精神分析学等,但其中应用最多最广泛的则是阿尔都塞的意识形态批评与结构主义电视文化理论。

一、阿尔都塞的意识形态批评

意识形态在马克思主义的学说中是一个十分重要的概念,但其内涵却一直不是很清楚。正如英国文化学者威廉斯在《马克思主义与文学》一书中指出的,意识形态这个概念在马克思和恩格斯那里是介于这两种意见之间的:一是"一种某个阶级所特有的信仰系统";二是"一种可能与真实的或科学的知识相矛盾的幻象信仰系统,即伪思想和伪意识。"威廉斯认为,第一层意思中的"某个阶级"可以指不包括无产阶级的一切阶级,因为无产阶级的形成是为了消灭一切阶级。但他也指出,列宁在提出"社会主义意识形态"这一概念时,却又显然把无产阶级包括在其他阶级之中。那么"社会主义意识形态"或"无产阶级意识形态"是否也有"伪意识"的性质问题,在马克思主义者中一直存在争议。阿尔都塞的意识形态理论并不是要对某种特定的意识形态究竟是"幻象"还是"现实"进行一个最终的裁判。什么是意识形态?阿尔都塞指出,"一个意识形态是具有自己的逻辑和严格性的表象(意象、神话、观念或

皮埃尔·阿尔都塞
(1918—1990)

概念)体系,它在给定的社会中历史地存在并起作用。"意识形态是人类社会存在并发展的一个不可或缺的方面,人类社会把意识形态作为自己呼吸的空气和历史生活的必要成分而分泌出来,它具有如下一些特征。

首先,意识形态具有普遍性。阿尔都塞认为,意识形态作为社会生活的基本结构是普遍的、无所不在的。这里的普遍性包括两个方面,一是任何一个个人都不可能生活在真空世界中,他都必须要受到意识形态的包围、浸染,在阿尔都塞看来,费尔巴哈的悲剧是最终未能突破意识形态的包围,马克思的高明之处正在于他从意识形态的包围解脱出来。二是意识形态不会消失,任何社会形式都不能没有它,即使是人类社会的高级形态,其形式和功能会发生一些变化,但它始终是存在的。

其次,意识形态的主要功能体现在实践方面。阿尔都塞指出,"意识形态作为表象体系之所以不同于科学,是因为在意识形态中,实践社会的职能比理论的职能(即认识的职能)要重要得多。"所谓的实践功能指的是人们要参加社会实践,必须要学会交流的方式、方法,这样他也就必须首先懂得这个社会通行的意识形态,认同这种意识形态,否则他就无法在这个社会中生存下去。因此,意识形态有助于人们融入社会,成为社会有机体中的一分子。

再次,意识形态以神话的形式体现世界。意识形态不是某种可以脱离具体世界事物而存在的抽象物,它是一定社会关系、社会结构的反映,阿尔都塞认为,"一个社会或一个时代的意识形态无非是该社会或该时代的自我意识,即在自我意识的意象中包含、寻求并自发地找到其形式的直接素材,而这种自我意识又透过其自身的神话体现着世界的总体。"所谓神话(myth)原指原始人类以幻觉的、想象的、变形的方式观察、认知、反映世界。在资本主义社会中(在一切有阶级社会中)占统治地位的意识形态往往是符合统治阶级意愿的、反映统治阶级价值观念的意识形态,它往往具有欺骗性,它渗透在我们的舆论、文化以及一切行为方式中,如果人们天真地以意识形态的眼光去看待整个世界,那么,他看到的只能是神话的世界、幻想的世界,而不是真实的世界。我们在不知不觉中接受到了这种意识形态并自觉地按其宣扬的价值观和行为准则去行事。

最后,意识形态还具有强制性。人们生活在某一社会中,受这一社会的意识形态的制约和影响,然而这些制约和影响力不知不觉中就具有某种强制性,只要是一个正常的社会中人,就必须按这个社会的行为准则、思维习惯行事,没有自由选择的空间。阿尔都塞指出:"意识形态是个表象体系,但这些表象在大多数情况下与'意识'毫无关系;它们在多数情况下是意象,有时是概念。它们首先作为结构而强加于绝大多数人,因而不通过人们的'意识'。它们作为被感知、被接收和被忍受的文化客体,通过一个为人们所不知道的过程而作用于他人。"

人们正是在意识形态这种无意识中变更了他们同世界的体验关系。可以说人们在意识状态中是无比强大的,但在无意识领域却是异常的软弱,接受意识形态的侵蚀,甘当意识形态的俘虏。

在阿尔都塞之前,马克思主义者们就已经注意到意识形态所表现的现实环境与实际的生活环境不符,他们也试图回答为什么人们需要把真实的存在环境变换为想象形式来表现给他们自己。第一种解释是,少数人试图通过制造某种意识形态来达到统治他人的目的。例如资本家通过制造出诸如自由竞争、强者生存的神话,来掩饰通过剥削获得政治、经济统治权力的事实。这样,少数人是在作有目的有企图的想象,而他们的受害者则是"被愚弄",阿尔都塞认为,这是一种十分肤浅的解释。第二种解释是由费尔巴哈和早期马克思作出的。他们不再把意识形态的成因归咎于一小撮人的"阴谋"或者是受害者的被动想象,而是人们存在环境本身的物质性异化,使得人对自己的生存环境作出变异的表现。这种解释比第一种有一定的深度。但在阿尔都塞看来仍然是有问题的。他认为,第二种对意识形态解释的问题在于,人们在意识形态中为他们自己所表现的,并不是他们生存的真实环境,而是他们与这种环境的关系。也就是说,人们在意识形态中为自己表现的那个图景不是一种分析的结果,而是一种感觉效果。按照马克思主义的人的社会性学说来看,个人是由许多不同的社会因素的关系所构成的产物,这些不同的社会因素的关系就是人的规定性。一个人生活在意识形态中,生活在一个由宗教、伦理、法律、政治、审美等表现形式构成的想象性世界中,他相信上帝,相信正义、责任、自由、美,他之所以有这些信仰,是因为他把自己看成了与这些信仰有关的人,看成是一个在他的意识中包含着这些信仰的主体。

二、阿尔都塞的结构主义电视文化理论

阿尔都塞从拉康的精神分析理论得到启发,提出了所谓"依据症候的阅读",也就是从结构主义方法论出发,把见之于文字的马克思主义著作,只是当作表层结构,阅读时就是要透过这些表层结构找到马克思主义的深层结构。在他看来,这种深层结构是任何理论、意识形态都有的无意识的理论结构式框架。如同医生给病人看病要依据症状,文本的阅读也要"依据症候",这就是说,不仅要看到马克思书上所写的白纸黑字的原文,还应看到白纸黑字下面的东西,那些隐藏在下面的东西看不见、摸不着,但只有抓住它,才能领会马克思的思想精髓。"依据症候的阅读"是阿尔都塞经过拉康的语义精神分析从弗洛伊德那里借来的。弗洛伊德将人的心理结构划分为意识、前意识和潜意识,他从人们日常生活和梦境的谈论的错误、疏忽和荒唐、变态行为中看到无意识的复杂性和隐藏结构

的症状。拉康的语义的精神分析据此认为,没有说出来的东西是和看得见的东西一样重要的。阿尔都塞认为,之所以需要对马克思著作进行如此的阅读,是因为一种理论的同一性,不存在于理论所包含的任何特定例题中,也不在一种理论的作者的意向中,而在它的结构中,在它提出问题的方式中,就是说,在它的理论框架中。

结构主义关注的对象是以"文本"分析为依据,去了解意义指涉动态的运作过程与再现系统。而他们分析的对象则包括影片、照片、电视节目、文学作品等文体。结构主义在这一领域的研究与马克思主义的意识形态研究有着直接的关联。

阿尔都塞对意识形态理论的重新诠释便是对马克思主义思考方式的一种转变。阿尔都塞认为,意识形态是个体存在状况之间想象关系的再现。在这种观点下,意识形态不再是对事实的扭曲反映。阿尔都塞强调,意识形态表现出主题、观念,通过这些人们与世界发生关联。在他看来,意识形态是具有特质性的存在,它反映在实践的过程及机制中。在意识形态的浸蚀下,个体被召唤成主体,其召唤的方式是借助日常生活中明确的仪式来进行的。意识形态是人们认识和理解世界的中介,而不是强权势力、资本家强加给人们的,是在潜移默化中接受的。虽然阿尔都塞保留着经济基础与上层建筑的传统隐喻形式,并同时坚持经济决定一切的观点,但他也强调意识形态的不可化约性以及它的物质性。

阿尔都塞将他的思想与符号学结合起来,提供了媒介文本研究一种具有开创性的动力。结构主义媒介研究者暂缓了传统马克思主义者对意识形态外在的政治经济环境的分析,他们发展出了媒介的文本分析,从而对媒介内容进行意识形态分析。文本分析是结构主义的特长,它以意义指陈实际的内部关系为主。例如,早期英国的《荧屏》杂志对电视形式的分析,虽然受多种因素的限制,但却是媒介内容分析的一大进步。它超越了多元主义者和马克思主义者共同强调的"反映论"。因为电影与电视在传达意识形态上的先进性,使得结构主义媒介研究自然而然地变成了电视研究。然而,结构主义者早已跳离了阿尔都塞的命题范围,而与其他两种研究领域结合。首先,他们将媒介意义应用的分析与精神分析相结合,并将主体与文体的关系理论化。主体这一概念对于拉康而言,是由语言所建构矛盾的分裂主体,在主体所参与的种种话语中被置换,而不是传统马克思主义和阿尔都塞观点下的统一立体(unified subject)。由于马克思主义媒介分析与整个马克思主义理论一直未对这个问题作出专门的探讨,因此最近的学术进展就指出马克思主义与早期结构主义研究都有重大的理论缺失。

其次,结构主义者排斥"经济基础—上层建筑"的表述传统模型,而采纳自主性话语的接合理论(articulation)的观点。赫斯特(P. Q. Hirst)认为,意识形态的"相对自主性"(relative autonomy)概念以及"再现"概念是极不稳定的。当我们把这些想法并列时,我们会发现这种说法在逻辑上是相互矛盾的。这就是:意识形态的相对自主性,经济基础决定意识形态。

"相对自主性"是阿尔都塞引介至经济基础——上层建筑结构模型中最重要的修正主张。他认为虽然说经济实践决定其他所有实践活动,政治及意识形态实践并不像经济实践中的定义所说,它能传达并维护优势阶级利益。相对地,每个社会实践有其自己的架构、动力来源及历史,而且必须以其本身的术语来解释。由于每个社会实践各自拥有自主范围,政治及意识形态实践便形成和经济实践争夺社会群体和利益的主要对手。社会转型必须是所有社会实践主动的涉入,而不应受到经济关系的限制。

再次,在阿尔都塞看来,社会形式的所有领域都是以分裂和矛盾为特征的。换句话说,社会活动并非单纯统一的实体,而是复杂异质的架构。例如人的身份观念(我们是谁,我们如何从社会中人与人的关系来理解自我)是个复杂的概念,可以包含各种不同的利益在内。有关社会差异性的一个重要术语——阶级——是作为经济实践的一种功能而建构出来的。一个特定的个体也可以由不同的分类方法加以界定,如阶级、职业、民族、年龄、种族,等等。

最后,阿尔都塞还从社会主体性角度来理解意识形态。各种再现系统,包括语言、神话、宗教等,起着把个体建构成社会主体的功用,促进个人身份意识的产生与认同。在这一范畴里,阿尔都塞依赖于个体自我认识的心理分析观念,并以此发展了他将主体性作为一种社会进程的理论。在这种情形下,意识形态被视为一个系统而起着作用,它质询个体,要求个体在意识形态的术语参照下去认识我们自己并加以定位。意识形态作为一个询问体系在发挥作用,而个体则通过他们对这个体系的回应而被定位为社会主体。

阿尔都塞的理论并非无懈可击,实际上多年来一直受到批评并不断得到修正。尽管如此,由于阿尔都塞将意识形态从再现系统及个人对客观世界的关系两个方面来加以界说,他的理论在电影、媒介、文化研究上十分有用,因此一直备受推崇。意识形态实践的相对自主性提示出了再现(表现)系统的重要性,使人认识到它们虽然是被社会所决定的,然而未必是占支配地位的经济利益的简单或直接的反映。

问题在于,诚如默多克和戈尔丁所说,"结构主义者不以具体分析经济关系以及经济关系建构文化生产过程及结果的方式为起点,而以文化产品的形式及内容分析为起点,再转至描述其经济基础。分析结果是头重脚轻,使文化形式自主性的分析非常细致与形塑文化生产的经济力的粗糙解释难以平衡。"加那姆(N. Garnham)也指出,后阿尔都塞主义"流行于电影研究中",认为在文化与意识形态中最终起决定作用的是潜意识,加那姆批评阿尔都塞结构主义是"唯心论",是从历史唯物论领域中的撤退。默多克认为,媒介力量之所在是媒介的生产经济过程与生产结构。这又是与阿尔都塞的观点相对立的。

阿尔都塞的结构主义如何看待电视?答案不言自明。由于结构主义视文化产品为一个自足体,他们视电视文化本身自成一套系统。结构主义看重符号所构成的世界,"意象"即由符号构成,是真实可见的形体,因此"意象"就是研究在特定情境中以独特方式运用符号的具体过程,非研究主观而隐晦不彰的思绪状态。结构主义的"意象"某种程度上就是指文化。阿尔都塞的结构主义同样也是从语言学、符号学基础发展来的,在对电视的研究中,它已被西方学术界证明是一种十分有用的工具。"作为一种方法,结构主义的特别之处就是将各种审美价值问题搁置一边,以便讨论产生电视意义的内在规律。"

按照结构主义的一贯做法,往往对客体进行共时性的描述,他们对系统作为一个整体所产生的兴趣甚于对系统的特定表现所产生的兴趣。正如符号学家通常所做的那样,结构主义者不是在分析语言的形式而是在研究某一文化系统产生一系列文本或符号的方式,这些文本或符号可以是民间故事、亲属关系、饮食习惯等范围内的任何方面。独具特色的是,结构主义分析提出二元对立原则,诸如:个体/社群,男性/女性,自然/文化或精神/物质;并且坚持认为,系统内每一要素均从它与上述这些范畴的关系中获取它的意义。结构主义的分析往往导致对某种文化的世界观描述,即这种文化的组织原则,其组织原则旨在使生活在同一社会里的人与人之间的关系和人与物质环境的关系产生意义。

电视处理镜头和画面不可能是事件或游戏的再现,按照结构主义的意识形态批评观点,电视新闻不是报道事实,事实是被"界定"出来,实际事实的"界定"即是意义的赋予,在结构主义的二元对立原则下,价值判断或价值取向在所难免,只是手段、形式的彰显程度上的差异而已。费斯克也指出,社会大众所接受的事实,绝不是事实的本源(raw reality),不管是自然力量的显现,还是人类彼此之间的交流,都必然透过语言的中介结构。这种中介作用,并不是一种对于"真实"的扭曲或折射。这是人们了解"真实"必经的一种主动社会过程或认知行为罢了。费斯克的观点中几乎忽视了"事实本源"的存在,意义化的过程不是被动地"反映"事实,而是"主动"建构世界的实践。人们也无法将其意义化的符号与所谓"原初"事实比照其真实性,因为后者根本无法得知。

阿尔都塞派的意识形态批评不在于了解表现系统或本文后面的真实程度或如何操纵的情形,而是去探讨一个特定的表现系统,如何带给我们一套认识和经验这个世界的方法。举例来说,电视处理镜头(shot)及反镜头(reverse shot)便清楚显示出,一个表现系统如何在某一具体事件上给予个人某一特定的角度,一个看上去十分自然的角度。这种特写镜头的反复交替使用,被认为是呈现一个对话最自然的方式。然而它却是一种复制个人对真实空间感觉的人为做法。当剧中人物连贯的画面被人为切断时,整个视野遭到分割,观众所看到的视野角度也绝不跟任何一个演员的角度相同。由此看来,这个角度是专为故事情节之外的观众所拍摄的。我们对这种镜头处理方式习以为常,完全以它是自然真实的,其中主要是因为我们已经熟悉这种传统性的表现系统。最重要的,我们习惯了反复交替使用镜头,习惯了由后期制作、剪辑产生的电视画面内容,这种画面内容在节奏、内容的丰富性上都是那种静态的长镜头所无与伦比的,虽然长镜头是最真实、最本源的,但它太单调、太枯燥,所以观众宁可舍真取假。即使是"新新闻主义"盛行时期,人们仍然希望看到画面内容丰富、精彩的电视节目。

阿尔都塞派的结构主义意识形态电视批评理论认为,意识形态包括一套复杂的实践关系,而意识形态批评的许多步骤方法却能凸显个人、表现系统与社会架构三种不同的方面,由于电视代表社会各经济阶层的利益、文本系统以及休闲娱乐活动的相互干涉,因此成为意识社会形态的一个重要的极有价值的领域。20世纪80年代以前,结构主义的传播研究者借用古典马克思主义传统理论,对媒介制度进行大规模的系统研究,他们试图用意识形态的实践方式对电视加以检视,换句话说,电视被视为个人借以经验和了解世界一套复杂的表现系统。其分析的方式有经济分析、内容分析及文化批判三种途径,以找寻媒体如何替观众带来"意义"价值的真正答案。其主要目标,便是针对特定本文或本文群众意识形态批评的方式,了解本文系统如何在相对自主性及分裂情形下,在限定社会架构中展开大众艺术的动力。

阿尔都塞派的电视意识形态批评认为,观众不仅是消费者,同时也是商品。由于电视传播存在的支柱是广告,因此无论就其文本系统还是实际的经济运作稍加注意便可以发现,广告居于整个电视传播的核心。无论是国营还是私营电视台均是以赚取广告利润来维持其发展的。在抢购观众注意力的收视率追求中,不难看出广告收入在电视台的运作中的重要地位。电视台关注的不是有多少观众购买商人的产品,而是关注有多少观众注意到了广告信息,所以从某种意义上说,观众就是商品。虽然在美国或欧洲的一些商业电视台中,广告被视为天经地义的事,但是广告的制度化,使得对于电视内容形式的分析不得不把广告作为考察的基础。美国商业电视节目是免费的,商业电视节目的广告播放,观众表面上是受益者,但实际上他们也付出了他们的注意力,不知不觉受广告的影响,去购买广告商推销的产品。广告费用必须由生产及销售所得的商业利润来支付,因此,利润的大小取决于广告的影响,这几乎是不争的事实。电视台事实上是由所有消费者共同支持而不论这些消费者是否收看电视节目或广告节目。

即使在观众必须付费的有线电视节目中,也常以节目预告的形式提醒观众按时收看,以各种广告手段激发观众收视欲望。观众被视为一种资源,广告商坚信,在丰富多彩的节目包裹中的广告时间一长,必然在观众心目中留下印象,直至他们采取行动。由此看来,没有孤立存在的电视节目,丰富多彩的节目与广告是相辅相成的。因此,如何针对某一广告中的演员、人物、节目的关联性进行分析,便成为分析电视意识形态的起点。观众是消费者,他们在消费电视文化的同时,不知不觉被改造成某种商品,电视台从广告商那里获取商业利润,把收视率展示给广告商,这实际上就是将观众当作商品卖给广告商。观众被物化是在不知不觉中进行的,并未有谁强迫观众去看电视,他们拥有绝对的自由选择权。意识形态批评家为探求观众"愿者上钩"的理由,往往把注意力转移到电视本文阅读的快感以及意义本质的探寻上,因为在没有外来胁迫力的情况下,这是媒体足以吸引观众的唯一条件。电视的内容越来越精彩,它给每个人带来亲切感、舒适感,观众作为个人自我的意识渐渐淡了,久而久之也就失去了自我。

阿尔都塞认为意识形态不仅要通过语言和再观系统来研究,同时也要通过它的物质形式,如它的体制和社会实践方式来研究。这是值得肯定的地方。这一思想推动了英国文化研究派学者开展了对电视的社会动作机制以及它的制度史作广泛的研究,并取得了重要成果。结构主义认为,既然人的意识和经验都是由文化和意识形态建构的,当我们已经能够研究它的构成机制时,为什么还要浪费时间去关注它的具体内容呢? 然而,恰恰是在这一方面,结构主义暴露了自身的偏颇和局限。他们由于过分强调所谓"结构的整体"和这种整体的决定作用,牺牲了"过程"和具体经验的复杂性,牺牲了人的主观能动性。阿尔都塞的主体性理论具有深厚的宿命论色彩,阿尔都塞认为是"意识形态召唤个人成为主体"。根据这一观念,意识形态最终取代人成为历史的主体,而屈服于它的个人就此失去了自身的任何目的、计划、意志和理性。阿尔都塞的结构主义批评走向了一种新的神学,这一方面也给文化研究带来了消极的影响。奥尔利曾批评说,"许多早期文化研究著作"都带有浓厚的阿尔都塞倾向,"这些著作把个人主体仅仅归结为特定结构的个别化,由超越他的主体性空间的话语所言说"。他希望能够"制定一个位置,从这里我们可以观察到个人从他或她的结构位置所能达到的文化资源中如何积极地生产意义。"阿尔都塞意识形态理论所存在的这种缺陷,促成了文化研究中的所谓"葛兰西转向",后来的学者都有意识地规避阿尔都塞的思维模式,不再把人类的主观意图同实践截然分开,从而在某种程度上克服了文化研究特别是电视文化研究中的"文化主义"与"结构主义"的对立。

第二节 葛兰西"霸权理论"与电视意识形态宰制论

电视意识形态宰制论是 20 世纪 70 年代以来西方电视研究中,特别是批评研究中的主流理论之一。电视意识形态宰制理论(dominant ideology thesis)的产生有着自身的文化背景。电视发明于 20 世纪初,作为一种文化媒介,它一出现就被资本主义商业所看好。收看电视是一种"低参与行为",这成为广泛群众性的基础,人们在观看活动中分享电视节目中的共有文化,与此同时在久而久之的观看活动中建立起共同的社会意识框架。资本主义商业化操作与电视接受的大众化一拍即合,形成 20 世纪大众文化的新格局,电视在 20 世纪 70 年代以后成为最有渗透力的媒介,即便是在今天网络盛行的时代,电视依然有着巨大的影响力。在这一发展历程中,电视在统一意识形态方面的功能逐步被认清,此时文化研究派试图从结构主义那里借鉴方法,来解释电视所产生的文化社会现象,而结构主义重"结构的整体",重视整体的决定作用,忽视对人的意识和经

安东尼奥·葛兰西
(1891—1937)

验内容的构成,忽视人的意识经验构成过程的复杂性,形成了当时学术界的所谓"阿尔都塞倾向",把整体社会的意识形态功能夸大到十分绝对的程度,难怪后来的汤普森批评说阿尔都塞的结构主义实质是一种新的神学,它把文化批评导向了一种死胡同。

莫利等文化批评派的学者,看到了阿尔都塞意识形态理论的缺陷,于是葛兰西的理论受到人们的高度重视,葛兰西把意识形态看作是一切社会构成必不可少的方面。但他与阿尔都塞有所不同,他没有把意识形态与人类的主观意图同实践截然分割开来,在某种程度上克服了文化研究中"文化主义"和"结构主义"的对立。

一、葛兰西的"霸权理论"

在葛兰西的学说中,对电视文化研究产生重大影响的莫过于他的"文化霸权"论。那么,为什么葛兰西的这一理论在文化研究中很有市场?其实早在 20 世纪 20 年代马克思主义的经济基础决定上层建筑的学说就曾启发不少当代学者,去研究资本主义的社会结构。阶级斗争学说解释了资本主义生产关系中客观存在的矛盾,但在历史进入 20 世纪以后,仅仅从经济、物质生产的决定性角度

不能完全解释现代资本主义的成功,特别是在现代社会气候下它无法解释工人阶级为何不能凝聚对抗力量,也不能较有说服力地阐释国与国、经济与社会之间的复杂关系。西方马克思主义学者发现了马克思关于意识形态及文化概念上尚有很大空间,于是提出了许多修正理论。在这一系列的修正理论中,可以看出两种主导观点。一种是"灌输论",一种是"革新论"。灌输论的基本假设是优势的占主导地位的意识是可以被社会所有阶级所接受的。资本主义在现代民主社会中,可以通过政治及文化机构去营造一个和谐及没有阶级的意识,从而隐藏资本生产过程中的剥削与被剥削关系。而"革新论"认为马克思的意识形态学说容许多种意识的存在和对抗,但同时也认为在多种意识中只有一种意识占优势地位并广泛流播。从此角度看,中产阶级的民主,就自然而然地体现出一种不可避免的矛盾。"民主"被视为最"前卫"的政治制度,作为一种意识,一直为中产阶级所主张,但现行资本主义的生产关系又使中产阶级的地位和利益得以保证,所以要说民主,那只能是一种革新,而不可能是巨变,多种意识永远存在,但主导的意识形态仍然是代表资本家利益的意识形态。民主运动的结果,使对立阶级的矛盾有所呈现,但不会爆发类似 19 世纪初的阶级斗争,因此,"革新论"派认为,在某种意义上说,意识形态具有某种欺骗性。灌输论坚信通过教育和大众传播能达到传输优势意识形态的目的。革新论则认为混沌意识冲突中有一种主导的意识最终会凸显出来。无论是灌输论还是革新论,使社会进入有序状态的根本是经济基础与上层建筑的关系。庸俗的经济决定论和阶级斗争论在解释意识形态的构成时其简单化的弊病已日益明显,因此自然也就受到不少学者的批评。

人们从葛兰西的学说寻找理论依据。在葛兰西的思想中,对文化研究影响最大的是他关于"文化霸权"的论述。所谓文化霸权,实质上就是意识形态的领导权,葛兰西并不是简单地从经济基础对上层建筑的决定作用中寻找形成领导权的答案,而是对马克思所说的上层建筑进行重新界定,他赋予上层建筑以相对自主的地位,认为马克思主义的上层建筑包括两个层面:"一个能够被称作是'市民社会'(civil society),即通常被称作'民间的'社会组织的集合体;另一个则是'政治社会'或'国家'"。政治社会的执行机构是军队、法庭、监狱等,它作为专政的工具,代表暴力;市民社会是由政党、工会、教会、学校文化团体和各种新闻媒介构成的,它作为宣传和劝说性的机构,代表的是舆论。在马克思关于社会结构的分析中,意识形态处于第三位,即经济基础——市民社会(意识形态)——政治社会(政治、法律等上层建筑)。也就是说,在上层建筑的范围内,市民社会是政治社会的基础。葛兰西认为,在西方资本主义社会,资产阶级的统治主要不是依赖政治社会及其代理机构如军队、暴力等来维持的。因此要推翻资产阶级的统治,就必须首先颠覆它的文化霸权。

这里我们注意到,葛兰西把经济活动与市民社会和国家区分开来,他将民间的市民社会定义为一个复杂的机制网络,其中包括了教会、政治团体、大众传播以及其他社会机构。市民社会及国家拥有相互独立的自主性,两者均有能力影响其他机构的工作,霸权也即领导权就是在这种独立关系下得以形成和维系的。统治阶级虽然可以通过其高压或专政手段去维护其统治秩序,但这种形式终究会导致对抗,不能算是长久之策。市民社会的日常秩序应当通过意识形态去维持,让意识形态的东西进入社会大众的灵魂。统治阶级为了达到长治久安的目的,就不能只考虑本阶级的利益,而往往要考虑社会全体大众的意见,当危机即将出现时,掌握一定权力的人就会采取措施吸纳对抗性因素,与敌对力量协商,甚至作出让步,目的在于化解各种不利的矛盾。因此可以说霸权(hegemony)并不是简单的领导权的问题,实际上包含了一个不断协商、不断调整的互动过程。葛兰西认为,霸权的形成需要依赖被统治者某种自愿的赞同,依赖某种一致的舆论和意见的形成,而这总是一个过程和斗争的结果。文化研究派学者托尼·班尼特(Tony Bennett)指出,葛兰西的思想深刻之处在于他看到了资本主义社会中统治阶级与从属阶级之间的文化和意识形态关系,与其说是前者对后者的支配,不如说是二者之间,即统治阶级与主要的被统治阶级、工人阶级之间为了争夺霸权。换言之,为了争夺道德、文化、思想的领导权,最终是为了争夺对整个社会的政治领导权所进行的斗争。这绝不仅仅是一个术语的变更,霸权概念指出,统治集团的支配权并不是通过操纵群众来取得的,为了取得支配权,统治阶级必须与对立的社会集团、阶级以及他们的价值观念进行谈判,这种谈判的结果是一种真正的调停。换言之,霸权并不是通过剪除其对立面,而是通过将对立一方的利益接纳到自身来维系的。为了说服那些心甘情愿接受其领导的人,统治阶级的政治取向必须有所修正,这就使得意识形态中任何简单的对立,都被这一过程消解了。"葛兰西所说的谈判、协商都是在意识形态中实现的,作为一种调停对立阶级文化因素的结果,资产阶级文化不再是一种纯粹的"资产阶级"文化,它成为一种从不同阶级汲取来的不同文化和意识形态的动态结合,尽管这些不同的文化因素只是暂时的,只是在某一特殊的历史时刻和特殊的历史联系中,被资产阶级的价值、利益和目的所接纳。资产阶级意识和文化只能存在于这样一种能够包容某些对立阶级价值的妥协的形式中。葛兰西的霸权理论,被广泛运用于媒介分析,大众传播是葛兰西所定义的"市民社会"的一个有机组成部分,它是意识形态交锋、冲突的场所。统治阶级虽说可以控制大众媒介,并实施精神灌输,但这不是能维持长久的,真正的意识形态的形成是不需要通过灌输来实现的,而是取决于文化是否具有生命力,是否能够取得领导权,而这又取决于文化是否符合人性、符合人的生命本能需要。因此,文化领导权说到底正如葛兰西所说的,是"自发性的领导权","它首先否认运动是任意的和虚假的冒险,强调运动是历史的必然,它帮助群众树立创造历史和公共机构价值观、建立国家的'理论'觉悟。由于这是群众参与的政治,而不仅仅是自称群众代表的人进行的政治冒险,这种'自发性'和'领导觉悟'或'纪律'正是被统治阶级真正的政治行动。"在此基础上,葛兰西进一步探讨了媒介理论,他的核心观点是,媒介不断炮制强大的、具有霸权地位的意识,但同时也容许较为弱势的多种多样的意识出现。

葛兰西的理论十分有利于媒介分析,因为他认为媒介意识形态可以生产和再造,同时他也抛弃了古典马克思主义中的媒介工具论和经济决定论。班尼特在总结葛兰西"霸权论"的影响时指出:第一,它否认一切文化都是阶级性体现的阶级本质主义;第二,它超越了精英主义完全批判的立场和平民主义完全无批判的立场;第三,它强调"文化实践的政治和意识形态阐述"的多种可能性,使人们认识到某文化实践并不恒久地负载着某种特定的意识形态含义,第四,葛兰西对阶级决定论的摒弃使文化研究能够将视野扩展到文化斗争的其他领域,如阶级以外的性别、种族乃至年龄压迫等。

二、电视意识形态宰制论

对媒介的意识形态的研究,霍尔做了许多深入细致的工作。他所着力探讨的问题是,西方国家的大众传媒是如何生产出这种"普遍赞同"的"一致舆论"的。霍尔指出,在资本主义社会里,一致的舆论是由媒介或部分由媒介生产出来的。当然他也认为这种生产过程是异常复杂的,因为资本主义国家的传媒一般是独立于公开的压制和限制的,也不会赤裸裸地去鼓吹占据支配地位的意识形态霸权。霍尔也指出,在二者之间存在着一种微妙的结构关系,它使传播媒介既能保持某种独立,又能遵从占支配地位的文化规则。"它不会围着权力的指挥棒转,也不会有意识地使自己对世界的描述符合占统治地位的规定,但它必须是对之敏感的,而且只能在其中才能合法地生存下来,它必须在普遍的范围之内或'大家却赞同'的一致舆论的框架内生存下来,它使自己适应于这种一致的舆论,传媒成了生产'普遍赞同'的一个组成部分。"所以,在霍尔看来,传媒中某些看似具有个性特征的不同声音,实际上不过是在某种意识形态的框架内部形成的,它本身已受了这种意识形态(思想)体系的影响。

从霍尔的研究中,我们不难看出葛兰西的影子。如何理解大众文化、如何理解大众文化的传播,按照葛兰西的理论,必须从社会秩序或国家形成及维系的过程来了解。葛兰西的霸权论对媒介批判理论有三个方面的启发:第一,必须弄清占统治地位的阶级对媒介的控制方式及程度;第二,必须了解媒介生产的基本结构;第三,必须认识媒介意识形态的社会功效。很显然,电视研究作为媒介研究,这些理论都很适用,只是表述不同而已。

那么,受意识形态理论影响,特别是受葛兰西霸权理论的影响,电视的意识形态宰制论都包含了哪些内涵呢? 从 20 世纪 70 年代以来有关论述来看,它包含了这样一些命题,具体如下。

(一) 电视是制造优势文化的一个重要媒介,它所传达的是具有宰制性的意识形态

电视是通过其文本形式来传达意识形态的。英国学者 A·克拉克在他 1992 年发表的《"你被捕了!"警察电视剧和法律与秩序的虚构表征》一文中,解释了电视是如何传达优势阶级的霸权意识的。他所谈的是 20 世纪 70 年代在英国流行的警察与匪徒斗争的电视系列剧,他认为由这些片子可以看出社会上的优势集团是处心积虑、别有用心地通过制造一种"法律和秩序"的道德恐慌,来重建他们的霸权地位。克拉克指出,英国社会优势集团的流行霸权,是建立在一种社会民主改良主义上面,随着阶级、种族和产业冲突的不断尖锐化,它已经摇摇欲坠,实际上面临着崩溃的危险。在这一背景之下,优势集团不遗余力地在政治、文化和意识形态领域中施展手段,以恢复他们的霸权,是很自然的事。克拉克指出,问题在于优势阶级重建霸权的种种努力,都被表现为喜闻乐见的大众文化形式。

那么,电视作为传播大众文化的媒介,常以意识形态的两种形式出现,其一是文本的建构,其二是文本的省略。所谓文本的建构(textual construction),是指优势阶级在其传播和接受过程中,在电视文本中建构意义系统和理解框架,然后再透过电视节目的输出而达到控制效果。从文化研究的范畴角度来看,体现在阶级、性别、种族三方面的情况是,正面的主要角色均由优势的阶级、性别、种族担任,而出身弱势阶级、种族、性别的人只能担任次要角色甚至反面角色。优势阶级价值观念、道德观念会在电视的场景、人物行动、言语中不知不觉地透露出来。在娱乐片、广告等节目中,建立起了资本主义消费社会与电视文化之间相辅相成的关系。而就真理性、真实性而言,是非判断的参照系也往往有所偏倚,这在新闻节目中表现尤为明显,新闻经过采、编、播三个程序的加工之后,其思想倾向一般都有主流思想的影子。

而所谓文本的省略(textual omission),是指优势阶级的立场、观点总是占据电视传播的主导地位,在突出某些内容的同时,必然忽略了某些内容,这种省略,久而久之有利于优势阶级建立自己的意识形态。例如在新闻节目中,电视的报道手法有很大的不平衡倾向,将报道集中于个人而不是整体;以局部代替整体,

将局部的灾难或将局部的成就夸大到不适当的地步,从而使观众在接受中产生某种刻板印象(stereotype)。在娱乐节目中,电视画面在黄金时间里出现的往往都是暴力、色情及权力,而平民下层社会的境况及其利益,往往在黄金时间内得不到体现,这种省略从某种意义上讲,它在突出某些观点、意见的同时也在某种程度上压制了对立意见的发展,就算有相对意见的出现,也只是为了巩固现有制度而作出的一种姿态而已。虽然在资本主义社会会有一些批评主流意见的电视节目出现,但总体而言属于"小骂大帮忙",不会伤害整个资本主义社会制度。这种批判主流意见的相对意见,在资本主义社会是不多见的,原因在于它常常被"省略",而这在资本主义社会制度里又表现得十分自然。倡导什么,不倡导什么;说什么,不说什么,都有一只"看不见的手"在指挥。

（二）电视文本中宰制意识形态格局的形成,与电视媒体和优势阶级之间的相互联系有密切的关联

在资本主义社会里,媒体的私有化使得电视这一媒介具有很大的独立性,然而在没有任何外来强制力量的情况下,为何电视却乐意把优势阶级的意见作为自己的主流意见来对待呢?这是因为,电视媒体的经营,其运作形式与资本主义的企业形式相差无几,融入资本主义社会生产关系中的电视,自然而然就体现这一社会的意识形态结构。霍尔指出,"媒介机构是没有受到直接的胁迫或限制的,然而却很乐意去迎合主流权力"。确定电视媒介是否传达优势阶级的意志,有两个主要的指标:其一是媒介与优势阶级的关联程度;其二是媒介中从业人员在媒介机构中享有多大的自由度。

先看第一个指标。在专制集权的社会中,媒介直接体现统治集团的意志,这并不足为怪。那么在资本主义社会中,媒介与优势阶级的关系又怎样呢?从简单的政治经济学角度看,电视媒介拥有权与电视节目中所体现的节目意识有着密切的关联。很多研究显示,在商业社会中,电视媒体是一种营利机构,有着很明显的利益取向,他们的广告收入来自大企业、大资本家,资本家的利益与电视台的利益息息相关,一荣俱荣,一毁俱毁。因此,电视媒体不会把自己的利益当儿戏,为了真正的民主而放弃自己的利益。但这里存在一个悖论,一方面为了体现优势阶级的意志,必须"省略"普通民众的声音;另一方面,电视是靠购买观众注意力即收视率而生存的,这样就必须在节目中以捍卫民权的面目出现。在这样两难的选择中,媒介常常要把自己伪装起来,把自己的利益取向隐藏起来,采取中性立场或在资本主义社会中大众所能认同而对优势阶级也无伤毫毛的言辞,以达到一种两头都讨好的境界。电视媒介迅猛发展,形成许多很不相同的复杂关系,长久以往,就会自然形成关系网络,使电视媒介机构与其他商业、政治利

益联系起来。

媒介与优势阶级的联系在多数情况下并不是那么直接。优势阶级在表面上并未控制媒介,那么是否存在电视传递优势阶级的意识形态呢?意识形态宰制论学者认为电视有以下三种间接联系优势阶级的形态。

第一,党或政府对包括电视在内的媒介实行管理,在这一过程中发生接受意识形态的间接联系。几乎所有的媒介都受到政治体制的影响。不管是何种传播体系,一般都要受到一些控制,"至少是在频率分配、保护听众和观众不受诽谤性或猥亵性材料之害法律、保护材料所有者的版权不受侵犯的法律以及保护政府不受煽动性广播之害的法律等方面。除频率分配之外,报纸不论在什么样的制度下也都受到同样的控制。这就是说,所有的制度都必然在某种程度上对他们的媒介加以管制和控制。"由于政党或政府在频率、电波发布信息等资源方面具有控制权,同时还拥有许可证、税收等方面的法规,包括电视在内的媒介自主性及自由度是在国家及政府体系中存在的,例如,美国新闻自由委员会1947年的报告在谈到让报刊负起责任来的时候,曾经强硬地说道:"如果报刊不自动地负起责任,政府的权力将作为最后的手段来强制它实行这种转变。"又说,"在第一修正案或我们的政治传统中,没有任何东西能阻止政府干预公众传播。"在这种情况下,虽然政府并未站出来直接干涉媒介活动,但实际上媒介无时无刻都需要与政府搞好关系,否则很难顺利进行。

第二,市场规律的影响,促使向优势阶级的意识靠拢。在市场经济的社会中,商业利润成为第一原则。电视这一媒体需要高投入,而它的经济支出的主要来源是广告费。以2012—2013年度为例,美国电视广告价格最高可达200～300万/30秒,且普遍在50万/30秒以上,电视广告收入达600多亿美元。而在国内,2014年全年广告经营额达5605.6亿元,比2013年增长11.68%。由此可见,广告对电视产生着举足轻重的影响,商业意识已渗透到电视的每个角落。在这种情况下,电视文化要想不受商业文化的影响是不可能的。电视机构的基本原则就是要赚钱,电视文化的创作主体在这种情况下只能低下自己高贵的头颅,必须按照资本集团的意志行事,只能在商业利润的指挥棒下跳舞。这样,电视媒介与优势阶级的关联就变成了电视与广告利润的关联。在片面追求尼尔森电视收视率的情况下,电视所呈现的意识形态属性也就不言自明了。

第三,文化生态链的制约。在所有的文化当中,电视文化的存在不是孤立的,它处在一个文化生态网络中,受文化生态的制约和影响。而在文化生态中,最具影响力的则是优势阶级的文化。批判学派的文化研究传统中比较看中媒介与优势阶级文化的联系,他们认为,既然电视媒介的制作的人员不是孤立存在于当下主流文化之外的,那么他在电视文本的意义建构中,自然而然就会把主流文化的意义及内涵作为自己创作的参照系,表面上看,媒介工作者的文化创造是自由的、富有个性的,但实际上由于受频道资源、时间及收视率等因素的制约,逼得这些媒介工作者放弃个体化行为,转而选择向最具有观众市场的方面靠拢,其结果是商业主导的文化拔得头筹,而商业主导的文化本身就体现了资本家的意识形态。

(三) 作为传达意识形态的媒介,电视能有效地发挥其作用

文化研究派几十年来对电视研究的一个重要发现是:在所有的媒体中,电视能有效地表现意识形态的影响力。早在赫尔曼(Herman)、乔姆斯基(Chomsky)的有关著述中就曾提到过"制造认同"的说法,他们认为媒介实际就是宣传工具,它教给人们各种价值观念和行为准则,引导他们接受新的生活方式,使他们融入媒介制造的社会体制中。赫尔曼和乔姆斯基曾提出不少官商人为控制媒介的证据,但却发现要想证明意识形态功能的实际效果往往是很困难的。电视在西方国家近几十年的发展中几乎"统管"了文化的发展,不管受众是否活跃,他们都处于媒介信息的包围之中,电视以其独有的特性,对受众进行着信息刺激。随着时间的推移,受众在电视持久的信息冲击下,不可能不受影响。他们处在优势意识形态中的接受位置,这种被动位置,决定了他们不能免受优势意识形态的影响力。电视优势意识形态宰制论还从心理分析和符号学方法入手,探讨文本的构成。认为文本的符号形式总是传达一定的意识,文本的意识效果,在于文本的主控形态,证明文本是否传达了主流意识,就等于证明文本能否达到意识形态的效果。"文本主义"(textualism)的最好范例就是阿尔都塞派的马克思主义学者对媒介受众的研究。20世纪七八十年代一批文化研究派学者在《银屏》杂志上撰文,他们运用阿尔都塞的结构主义和雅克·拉康的心理分析,把受众限定在一套主流文本意识中,认为文本能反映一切,在"文本主义"的解析中,受众理解应当接受主流意识形态,而且难逃主流意识形态的控制。这种不考虑现实情况的纯理论演绎,多少体现了结构主义的机械性。许多文化研究学者反对这种结构主义的分析,认为电视表现意识的方法,是以文化想象去表现社会。"文本主义"的观点,意识的效果缺乏现实最直接的佐证。

虽然缺乏实证材料,英国学者费乐(Philo)还是从相关事件中找到了一些能够说明问题的蛛丝马迹。费乐指出,电视是一个提供公众信念的有效资源。他通过仔细的分析发现,不同类别的电视观众对于1984—1985年的英国矿工工潮,有着不同的记忆和理解。他的研究表明,电视对此事件的报道,虽然有不同的观点,但整体来说并不开放,是有限制的。而在观众一方,虽然从选择心理角度看出现了一些差异,但从理解的总体趋势看,却出现了整体上惊人的一致。

西方工人运动留给人们的印象其实并无暴力色彩,但电视观众一提起工人罢工就认为它与暴力有关,同时对示威者的行为持一种不赞同或否定态度,认为他们须对所造成的社会影响负责。费乐同时还发现,一种很明显的倾向是,对工人运动毫无经验的观众,不论他对工人运动持何种态度,他们对事件的陈述观点都与媒介报道观点相当接近或相同,而且都会记得工人运动是充满暴力的;而具有独立思想、持不同政见者尤其是亲身参加工人运动的人,由于他们对工人运动有直接经验,所以他们不会轻易接受电视媒体的观点。费乐的例子表明,媒介的立场是站在工人运动的对立面的,充当了主流意识形态即宰制阶级意识形态的传声筒。

综上所述,电视意识形态宰制论的理论观点把电视放在很重要的位置,认为电视反映了主流的意识形态;电视的意识形态是媒介与优势阶级间的直接或间接联系的结果;电视对受众能有效地发挥意识形态作用。电视意识形态宰制论主要流派有:其一,灌输论派(ideological incorporation),这一派的研究者均有经济学和结构主义的学术背景,他们认为在观众的意识形态形成过程中,电视起着一种绝对权威的作用,在某种程度上有强制性接受的特点;其二,自然连接派,这一派研究者多为文化学者,他们认为电视所传达的意识形态与观众意识形态是一种有弹性的自然连接(articulation),而不是一种强制灌输。

意识形态宰制论在20世纪80年代中期渐渐失去其市场,80年代以来的一些学者如阿伯克龙比(Abercrombie)等的严厉批评,他们认为宰制意识形态论只能算作是一种假设,实证结果并不具有普遍性。在农业社会,由于大众传媒没有形成势力,所以优势阶级的意识形态,在平民阶层中不能推行,只能在上层社会内部流行。在现代资本主义社会,由于民主制度的建立,优势阶级也不可能形成整一的意识形态,虽然通过媒介有部分意识能传达到普通民众那里,但是否能有效控制民众的思想意识颇值得怀疑。阿伯克龙比沿用实证经验学派的方法,提出大量来自大众的价值观和态度的实证数据,分析表明,意识形态在晚期资本主义社会已变得支离破碎、混杂难辨,统一的意识形态是根本不可能存在的。调查也显示,大部分产业工人并未全盘接受中产阶级的价值观。而希尔(Hill)在20世纪90年代所做的调查也显示,80年代以来英国社会态度并非人们所想象的那样,中产阶级的价值观十分稳固,但并未改变平民阶级的价值观。在广大产业工人的意识形态中仍然保留着反抗性和激进平等主义的价值观。而在广大工人阶级内部其意识的构成则更为零碎,甚至对现有成规制度也有对抗性。这些表明,不同阶级之间以及同一阶级内部均存在着意识分歧,并不是宰制意识形态论所说的"一致性"。

当然阿伯克龙比的观点也遭到学界其他一些学者的批评。这些学者认为量化研究不能有效阐释意识形态的形成,也不能说明意识形态的统一性。特别是沿用截然的阶级划分方法,测量两个阶层的意识构成,明显带有机械性色彩,他们忽略了来自其他领域的意识控制,例如来自性别、种族等领域的影响,也是构成意识宰制的主要力量。而实际上,性别主义(主要是男权主义)、种族主义都是媒介建构出来并在社会上推广的,人们意识形态中的性别意识、种族意识在媒介尤其电视这样一种强势媒介的传播推动下一天天增强,因此,电视这样一种强势媒介在形成人们的意识形态过程中,作用显然是不能低估的。

格雷姆·特纳初期的观点也与阿伯克龙比相近,但后来他对自己的观点作了一些修改,他认为,"后现代文化之中,意识形态是没有单独的、主导的一致性。"希尔的表述似乎也有修正,只不过他对主流意识形态作了重新的阐释,他认为社会中确实有主导的、宰制的意识形态,它不是社会学家所想象的简单形态,而是谁拥有资本,谁就有主导能力去领导生产力,并且有真正的经济能力在多方面主宰意识形态。这些争论不管如何变化,都在意图说明主流意识形态与从属阶级意识形态的关系,从实证角度来寻找依据,推翻意识形态宰制论。

洛兹亚克(Conrad Lodziak)发现这场电视媒介批判研究的争论有走向社会学的倾向,他对意识形态宰制论的批评主要是在提醒人们将研究集中到电视文化方面来。他反对电视文化研究中的"媒介中心化"和"意识形态中心化"的两种倾向。媒介中心化的做法,是把媒介独立作用、效果夸大到不适当的地步,或忽略了家庭、学校、社会等非媒介因素的重要作用,电视的影响力被神化了;而意识形态中心化的做法,则过于将媒介批判理论侧重于媒介意识形态的影响,洛兹亚克与阿伯克龙比等学者都认为,意识形态的内容在多方面都不能说明为何平民阶层接受和依从社会通行的权力关系。平民阶层虽然身处一定的社会关系中,但都不一定会融入优势的意识形态中。他们接受优势阶层也只是出于实际考虑,他们可能会从资本主义的社会体制中得到微薄的物质回报。因此,在社会文化的再生产过程中,意识形态只会是其中的一个小环节。在洛兹亚克看来,在多元化社会中,意识形态不存在单独的、主导的形式,电视的角色,也只是在其他社会结构及其运作下互动因素中的一个。

电视的意识形态宰制论之所以在 20 世纪 80 年代后期开始遭到学者的猛烈批评,是因为人们越来越清楚地看到,"宰制论"的意识形态在生产控制、文本意义限制及意识形态效果上,都没有绝对的优势可言。所以有些学者认为"宰制论"是把话说得过于绝对了,其实,如果保留一点儿余地,仍然还是有这一理论的价值。因为在电视文化产品中,事实上仍可看出一个优势意识的框架。占据统治地位的阶级仍可以渗透到网络关系中去引导媒介。电视传达优势阶级的意识形态,有时也会吸收相对立的或不同的观点,但不会让颠覆性的意识得以壮大。

莫利指出,从文本角度来说,电视已"没有什么'纯洁无知的文本'(innocent text)这回事——没有任何节目不值得我们详加严正注意,没有任何节目能够声称自己只提供'娱乐'而无愧,因为任何节目都透露了关于社会的诸种讯息。即便节目的外显内容似乎再零乱细索不过了——比如,卡通片'汤姆与杰利'(Tom and Jerry,即猫和老鼠)——但情况仍然很可能是这个节目的文本结构,已经含纳了许多关于社会态度与价值的重要讯息"。在《米老鼠和唐老鸭》这样的动画片中,人们的动作似乎显得没有什么恶意,"但它们却饱含了许多意识形态上的假设,它们对于个性、自由、(如何致富),以及两性关系与家庭的'本质'等等,都有一套看法。"莫利强调,电视文本必然存在某些影响人们意识形态的东西。而阿伯克龙比等人在他们的新著中针对莫利的观点又有不同看法,他们找到了新的论据。他们提出质疑,意识形态的效果果真那么神吗?阿氏借用电视研究的三大流派特点加以分析,就电视研究而言,有制作研究、文本研究、受众研究三种类型,那么对于电视意识形态的研究也可分为三个阶段:生产阶段、文本阶段和接受阶段,每一个阶段都是有利于产生多元意识形态的,在生产的层次上,文化生产者的"意识形态倾向"首先是不统一的,由于电视文化的生产活动是由多人参与的,因而使得所生产的文本有混杂而非一致的意识;在文本的层次上,由于受众构成的复杂性,决定了意识统一的困难。因此,从受众角度讲,20 世纪 80年代中期以来,意识形态的多元歧义性越来越得到加强,催生了另一电视文化的主流理论——多元释义论。

第三节　霍尔"电视文本意义解读理论"与费斯克"多元释义论"

20 世纪 90 年代以来,"多义阐释"(Polysemy)一词常常出现在欧美的一些与电视有关的学术著作和论文中,成为电视文化理论的一个重要概念。它的产生与 80 年代的大众文化和意识形态效果研究有很大的关系,阿伯克龙比等文化研究派学者,依据当时的"制作研究"模式、"文本研究"模式、"受众研究"模式将意识形态的传递划分为三个阶段:生产、文本和接受。"制作研究"模式认为,文化生产者的"意识形态倾向"不是单纯的,它受生产、制作过程中人力分工的影响,群体参与的创作使产生的文本有混杂而非一致的意识。在文本本身往往包含了主流话语与反主流话语的冲突;在接受层面上,接受主题对文本产生的不同理解、分歧就更大了。因此,这些客观存在的电视文化现状,促使媒介文本多义性观点浮出历史地表。

但是早期的学者如卡瑞基（K. Carragee）等人都曾指出，含糊地说明文本多义性的存在，缺乏说服力，"至少这样的'多义性'必须展示出来，而不是假设它们的存在就算了事，而多义性的范围又有多大，也是必须更为清楚地加以标示才对，尤其是如果能够知道不同环境下，互异的文本形态与类型，各有多大的多义性范围，更是妥当。"康迪特（C. Condit）在 20 世纪 80 年代末发表的题为《多义性的修辞学局限》一文中对"多义性"的提法不能认同，他提出了一个"多价性"（polyvalence）的概念，在他看来，多价性可能比多义性要精确一些，他认为多价性意思是："认为阅听人共同了解了一个文本的外延意义，但他们对这些外延意义的价值，各有不同的判断，以致于他们对此文本提出了显著不同的解释。"康迪特的依据主要是从受众角度讲的。综合文化研究派学者的观点，其中既说明了电视文本构成的复杂性，也说明了受众的活跃性，对文本的理解也是多种多样的，由此可知，多元释义论的存在，确实具有其合理性。

一、霍尔"电视文本意义解读理论"

多元释义或者说多元阐释，虽说包含了文本与受众两个层次，归根结底还是就接受主体而言的。文化研究派的学者发现，受众会对电视内容产生多种不同的诠释。事实上，这一论点可以追溯到霍尔在 20 世纪 70 年代初提出的"制码与解码"模式。霍尔认为，文本是经由一个制码的意义制造过程所炮制的文本，留有空间给予受众作多元解读。

霍尔把电视文本意义的构成，按照马克思主义政治经济学理论分为生产、流通、分配/消费、再生产四个环节，根据霍尔的说法，生产结构制造出一种"制码"的文本，其中的意识形态体系并不是封闭的，只不过生产过程中的矛盾冲突已经被消减了。其后这个意义的制码结构又交到受众手中，以类似而反向的"解码"过程来进行理解。制码和解码之间不必然是对称的，也就是说，受众对媒介文本的理解，不需要和制作者所期望的一致。事实上，某种程度的"误解"是很可能的，以为"在话语形式来来回回的转换期间，符码的'来源'与'接收者'之间没有对称关系。所谓的'曲解'（distortions）、'误解'（misunderstandings）之所以会发生，是由于制码与解码者双方的不均等（lack of equivalence）。"在第一个环节即电视文本意义的生产中，电视传播的参加者，他们共同协作，开始了一个复杂的加工制作流程，题材的选择、素材的准备、拍摄的角度选择和技巧、节奏的把握、色彩的明暗、故事的编排等都取决于意义生产者的文化素养、审美情趣和制作经验，这一过程中占据主导地位的是制作人员的世界观、价值观，或者说是意识形态。制码过程中这些主体的文化内涵必然会渗透进去。霍尔依据结构主义语言学派的观点认为,意义的产生取决于符码系统,一如没有语法句子就不能产生意义一样,但是文化符码虽然很早就被植入人们的观念之中,它却常常被习以为常地认同,从未有人对符码系统的合理性产生过怀疑。因此电视文化研究的任务之一,就是打破符码意义系统中的"成见""成规",使真正的"意义"清楚地被理解。霍尔指出,"电视节目生产者发现他们的信息'未被理解',必须经常致力于清理交流链条上的症结,以此来推动传播的'有效性'……对字面意义的一种误解无疑是存在着的。电视观众不知道所采用的术语,不能理解议论或者阐述的复杂逻辑。他们对这种语言不熟悉,发现各种概念太陌生或者太晦涩,或者被说明性的叙述所迷惑。但是,广播员往往关注的是观众未能按他们(广播员)的意愿理解意义。他们真正想说的是电视观众没有在'主导的'或'所选的'符码范围内活动。他们的理想是'完全清晰的传播'。然而,他们不得不面对的是'系统地被扭曲的传播'。"电视传播者试图主导意义的传播,虽然他们的符码制作,大部分能代表受众意见,但制码的复杂性决定了接受行为的多元性。

编码与解码之间没有必然的一致性,按霍尔的说法,前者可以尝试"预先选定",但不能规定或者保证后者,因为后者有自己存在的条件。"除非两者大相径庭,编码过程具有建构某些界限和参数的作用,解码过程就是在这些界限和参数中发挥作用的。如果没有界限,观众就可以简单地将他们所喜欢的一切解读成任何信息。人们无疑对这类符码存在着一些总体的误解,但是,这个广阔的范围必须包含编码时刻与解码时刻之间的某种程度的互换关系,否则我们根本就无从言及有效的传播交流。"①霍尔认为编码讯息与解码讯息不是给定的,而是建构的,是两个截然不同的时刻之间表述的产品。为了详细说明编码与解码之间的不对等关系,霍尔对建构电视话语的各种解码过程,区分出三种假想情况,这三种假想地位是与他所谓的三种解码活动联系在一起的。第一个假想地位是主导——霸权的地位(dominant – hegemonic position)。电视观众直接从电视新闻广播或者时事节目中获取内涵的意义,并根据用以信息编码的参照符码将信息解码时,我们可以说电视观众是在主导符码范围内进行操作,对于传播者而言,这是一种理想的传播目标,传播所使用的符码是一种职业符码,通过职业符码的操作,选择并结合具体挑选播映的场合与式样、挑选演员、选择影像和现场辩论。电视职业传播者如何既能以他们自己"相对自治"的、"独立"的符码进行操作,又能以这样一种方式活动,即对各种事件进行霸权指涉的再生产,这是文化研究不能澄清的一个复杂的情形。

---

① 罗纲,刘象愚. 文化研究读本[M]. 北京:中国社会科学出版社,2000,356–358.

霍尔所讲的第二个假想地位是"协商的符码"（negotiated code）所产生的协商地位。大多数观众也许非常充分地理解什么已被界定为主导的、什么已被指涉为职业的符码。然而,主导的定义就是霸权性的,这恰恰是因为它们代表了对处于主导地位的形势和事件的界定。而在协调的看法内解码包含着相容因素与对抗因素的混合:它认可旨在形成宏大意义霸权性界定的合法性,然而,在一个更有限的、情境的层次上,它制定自己的基本规则。它使自己的独特地位与对各种事件的主导界定相一致,同时,保留权力以更加协调地使这种主导界定适合于"局部条件"、适合于它本身团体的地位。通过传、受之间发生矛盾以及矛盾的解决,协商的观点得以萌芽。西方一些学者怀疑大多数所谓的"误解"产生于霸权的编码与协商自制的解码之间的矛盾与分歧。在与传播主导编码的辩论中,解码者可以接受其符合大众利益的观点,而对不符合大众利益的观点则加以排斥,这也只是就整体情况而言的。

霍尔所讲的第三种假想地位是所谓"对抗性的解读"地位。电视观众有可能完全理解话语赋予的字面和内涵意义的曲折变化,但却以一种全然相反的方式去解读信息。观众以自己选择的符码将所得到的讯息"去中心化""非总体化",以便在某一个参照框架中将讯息再次"总体化"。例如,资本主义国家里,公众在收看劳资双方关于限制工资必要性的辩论中,每次都将提及的"国家利益""解读"为"阶级利益",他利用对抗性的符码进行解读。霍尔认为,当观众以对抗性的符码进行解读时,也往往正是政治抗争较明显的时候。每当这一时刻,"意义的政治策略"——话语的斗争也加入了进来。

多元释义论的理论萌发正是基于三种电视解读地位的认识,无论这三种假想是否完全涵盖了解读模式的全部,编码、解码活动的复杂性都已被充分地认知。这里也可以隐隐地看出,文本是充分阐释的核心,文本中存在着某种"召唤结构",才有可能导致多元释义。20世纪80年代以来,不断有学者对多元意义的性质分别作出不同的理解。纽康姆和艾丽（Newcomb & Alley）以合唱和独唱来划分电视文本。"合唱式的文本"其多元意义是与主流夹杂互相唱和;"独唱式文本"则传达与主流意识进行商议的声音。进而他们认为公营电视台制作的电视剧多属"独唱式文本",商业电视剧特别是一些肥皂剧则多属于"合唱式文本"。艾伦（R. Allen）与林道夫（T. Lindlof）等人借鉴艾柯（Eco）与巴特（Barttes）的符号学说将电视文本分为"开放的文本"与"封闭的文本"和"书写的文本"与"读者化的文本"两组概念。开放的、书写的、独唱的文本往往具有丰富的象征意义,节目不落俗套,具有自省性、实验性和原创性,没有刻板印象、普及公式及主流意识,也就是说没有霸权的、主导的符码,这是多元释义论所注重的,也是其理论的起点。

20 世纪 90 年代以来,批判的媒介研究已作了多次重大的修正,渐渐靠近多元歧义理论。美国学者库仑(Curran)和古雷维奇(Gurevitch)就曾指出,批判的媒介研究重点已从宰制意识形态论转向多元释义论:从意识决定论,转移到强调相对性、自觉性和不确定性。同时也从文化的生产与操控,转移到日常生活的文化实践上。在多元释义论的早期阶段,理论观点十分庞杂。库仑甚至认为宰制论以来的这些修正观点不外乎是自由主义的新瓶装旧酒。

二、费斯克"多元释义论"

约翰·费斯克作为多元释义论的提倡者,他直言自己受到英国文化研究的影响。费斯克并未全盘照搬文化研究派的做法,特别是他淡化了欧洲自法兰克福学派以来的宏观批判传统,专注于文本研究,他强调媒介文本是触发多元话语的空间,受众能够"控制"话语的生产和演绎。与莫利观点相近,他认为受众本身是活跃的,而且有能力去对抗文本中传达的具有宰制意味的意识。詹姆斯·加利(James Carey)是美国的传播学学者,他长期致力于用文化研究的观点,来解释媒介在现代社会中的角色。他的解释架构主要吸收了韦伯的阐释社会学的一些观点,同时他还广泛涉猎杜威的实用哲学、文化研究学者吉尔斯以及威廉斯的学说,可以说加利是文化研究的集大成者。文化研究所强调的是探究"文化"的过程及表现,也就是"意义"网络的建构,包括人类各种制度规范、语言行为及价值观念,等等。加利曾严厉批评美国主流的传播研究完全仿效自然科学模式从事实证研究之不当。他指出,传播在此模式之下,仅被视为一种"播送"的过程。研究者企图用"客观、中立"的角色,以描述讯息流通以及受众行为态度的明显改变。加利提出"仪式"模式来解释传播的意义建构过程。他说:"传播是一种过程,在其间我们创造、修正,并转变我们所共享的文化。传播的原形应如同仪式或神话。以仪式的观点来研究传播,不是去分析讯息如何在空间传递,而是了解社会如何在当时整合维系;不是研究传播如何告知或发挥影响力,而是解释社会共享之信仰如何被创造、再现以及公开庆祝。假如'传播'模式旨在探讨讯息的传送,以达成控制的目的,那么仪式研究视传播为一种神圣的庆典活动,将人们聚集于友情与共识之中。"

仪式模式强调传播情境所建构的"分享""共识""整合"等社会文化意义。电视因它对大众的文化水平要求不高,老少皆宜,所以它能聚集更多的人类,使他们共同分享人类生活中的点点滴滴,大至重大政治事件,小到股市行情,每时每刻都有数不胜数的受众共同参与这每天举行的公开的仪式。这种仪式在传播情境和过程中体现出"分享""共识""整合"等文化意义。加利虽然强调电视文化的整合性、团结性,但显然也可看出,"意义分享仪式"理论中包含了民主成分。纽康姆和赫齐(Hirsch)把这个模式放入电视研究中,并把电视媒介看成是一个充满竞争、矛盾的领域,电视如同一个导演,提供了一个"意义斗争"的舞台,而受众就被邀请参阅这个意义协商的过程。从方法论上来说,纽康姆和赫齐认为,研究者应该像列一张清单一样,把这些多元意义的项目,逐一描述出来,使受众、创作人等可以从中推论出各种纷呈的意义。纽康姆等就曾访问了电视剧的制作人,发现即使有商业上的妥协及机构上的限制,电视剧制作人仍可以在剧中加入一些自己的价值观及世界观,而电视就成了制作人和受众交流价值及意义的地方了。

路斯曼(Rothman)等学者曾对上述观点进行实证研究。他们以内容分析的方法,研究了 1950—1987 年美国的黄金时段电视剧。他们认为"电视传递主流意识形态,是建立在现存制度之上的"。这种观点,只适用于 20 世纪 50 年代的电视节目,而对于 80 年代经过不断革新以后的电视,就不太适用了。通过内容分析他们发现那种传统认为的阶级、种族、性别的宰制与宰制的话语结构已发生了很大的变化,以男女性别观念而言,20 世纪 80 年代以来,电视比其他媒体或公众舆论还要强调男女平等;从阶级角度看,资本家、商人常被描述成罪恶或愚昧的人物;而从种族角度看,黑人常会出现在电视中,且具有较正面的形象,虽然电视节目意识不会比公众意识前卫多少,但却能够引导美国走向更自由、民主的方向。路斯曼是采用经验学派的量化研究方法,根据相关数据推断电视意识形态的构成和它们的意义功能,这遭到了不少媒介研究学者的批评。他们指责路斯曼等人的研究过于实用主义。但路斯曼等人随即予以解释,他们指出所有这些研究都是筑基于文化研究的方法之上的,分析过程也使用了阐释学的理论。不管怎样,路斯曼是把电视看作一个自由民主社会中的推进器,而不只是把它看作一个文化论坛。

从加利到路斯曼,可以看出,早期的多元释义论比较强调媒介意识的独立性,并且肯定现存的政治经济架构,而媒介则为建制中的活跃分子。这一特点与自由主义和现代主义颇为相近。

多元释义论采用后现代主义和后结构主义的媒介分析套路,首先认定媒介意识已变成现实的一部分,这一"现实"有媒介幻像的性质,而媒介则制造虚幻的现实,在"模拟真实"的后现代,符号并不代表什么,它们就是现实,背后不必依靠现实撑腰。物质没有统一的意识,多元释义论是建立在物质主义的社会背景之上的,所以电视文化就没有统一的意识形态,因而表现出破碎性、异质性和混杂性等特点。

作为多元释义论主要提倡者的费斯克,他一方面肯定了后现代主义的解放性,因为它摆脱了物质决定论的"八股",而认为从属阶级也可利用结构中断裂空间,争取个人解脱;但另一方面,费斯克却对之有所保留,认为后现代主义把物质结构的多重决定能量一笔勾销,无疑只会令人放弃对制度的抗争。虽然真实(物质性真实)及非真实(媒介真实)已连接在一起,但两者的差异并不是如鲍德里亚所说的是消失了的。

对于意义在文本与受众之间如何发生了作用,费斯克作了十分详尽的阐述。

面对当代如此庞大的电视文化工业,意识形态分析似乎也无能为力。它无法解释为什么这种文化如此"流行"。看的人这么多,看的时间这么长,而且男女老少对此文化消费乐此不疲、津津有味。电视的"娱乐"作用几乎已成为不可替代的活动之一。费斯克于是指出,"某个文本"之所以流行,其读者必定是能够将该文本应用于其社会经验,因此文本意义必须是开放的。从文本分析固然可诠释其部分意义,如霍尔所强调的文本主导意义或偏好(preferred)的意义,但"意义"更必须从读者实际的社会情境来理解。

费斯克所谓"电视的多义性",其主要意涵不但是指"文本建构时必然的庞杂性,同时也是指不同社会地位的观众对电视意义所作的不同解释"。多义性的观念仍是植根于结构主义的脉络之中,以唯物主义的观点,强调受众"主体如何建构"的分析。这与实证主义以"主动受众"的假设来解释媒介表现或效果的多元性(plurality)或多样性有着本质的不同。

同时,多义性的观念,也使得解释"意义抗争"成为可能。我们的社会经验中,虽然似乎抗争离我们总是很远,但实际上当电视上出现某些虚假的或违背民意的内容时,我们总是会表示自己的不满,甚至打电话表示抗议。费斯克认为,从多义性的观念可进一步解释大众文化"流行"的现象。在《电视文化》一书中,费斯克指出,电视固然有其意识形态复制的效果,但电视观众之所以能"流行",也许正在于电视能满足不同类型观众的心理需求。费斯克认为,构成"娱乐"的主要因素往往是"打破既定的规则",呈现另一片天空和自由。例如对现行制度或权威的嘲讽,往往会"大快人心"。受众可以掌握现实环境中所没有的"文化权力",进入了一个日常生活不易体会到的游戏状态,成为电视媒介文化的主动参与者,享受到"语义的民主"。其他如电视中的各种庆祝活动、综艺节目,其"愉悦"主要来自大众的参与式"观看";而类似知识竞赛、舞台游戏的"愉悦"在于使学"平民"阶层的日常生活技艺,登上全国观众视野所及的电视"屏幕",对于社会上许多无权无势的大众来说,不但带有一种高度的观众参与感,同时也有一种权力感。正如福柯所指出的那样,人们在对于外来权力的规避、闪躲、戏谑或抵抗中会产生愉悦……在表现、嘲讽、拒绝中,人们感到施展权力的愉悦。电视显然可以同时满足这两种权力欲,一方面,电视发挥监视环境的能力;另一方面,电视也提供人们"娱乐",人们借助电视所提供的话语,来构筑他们社会生活的点点滴滴。例如在儿童节目中,童话世界的一言一行都会成为其游戏文化的重要资源。然而,许多人会认为"游戏"是一种逃避现实的做法,是一种"虚构的世界",甚至认为这些节目具有"孩子气",是"女性的弱点"。费斯克不同意这样的论点。因为"幻想"固然可以被看作人的一种经验,但是不可否认的是,这也是一种经验,它不但代表着一个外在权力无法渗透的领域,而且,这种符号经验与其他"真实"的符号经验在本质上并没有太大的差别。更进一步来说,这种"内在""私人"的反抗,很可能与"外在"的"社会"反抗密不可分。因此,用"逃避现实"或精神空虚时的寄托来评价电视文化,在费斯克看来显然是有偏颇的。

费斯克也曾援引后现代主义文化学者有关文化消费"愉悦"的观点重新解释电视文化的社会意义。他以一种高度宽容的态度,从文化研究的立场来看待学术界批评甚多的电视娱乐节目,在费斯克的笔下,权力成为一个极有效的关键词,娱乐节目似乎越"流行",越具有"赋予权力"的功能,似乎大众可借助"文化"的渠道,实现政治的目的,转变现实中的"政治文化"。显然,这里可以看出,费斯克的观点中,从葛兰西、霍尔以来的文化研究观点得到了很好的继承。费斯克的观点有他的独到之处。社会中精英分子可能会以"庸俗""无聊"来评价我们的电视娱乐节目,甚至整个电视文化,人们可以鄙视电视文化,关掉电视,但是却屏蔽不了整个社会的电视文化。我们根本无法统计日常生活中的人际关系、消费风尚、审美品位、娱乐爱好乃至对政治人物的形象、社会现状的评估等如何受到电视的影响,并且在多大程度上成为我们生活中的一部分。而这些大众文化所建构出来的"真实",正是后现代主义学者鲍德里亚所说的媒体"类像"(simulacrum)的合成,而不是"真实"的再现。这个"类像"的世界,正是这个世纪的人们共同生活的空间。电视所具有的仪式功能,是凝聚这个空间的重要基础,而这个空间的内涵以及范畴,自然是社会中各种势力争取霸权的主要战场。也就是说,这一空间并不是绝对的,它会因为参与者的努力及批评而有所转变。

在与后现代主义理论的比较中,我们也可以发现,在后现代主义那里,媒介是视觉和听觉的符号碎片,因而只有表面意义,并没有深层、稳定的意义内涵。换句话说,后现代主义把"意义"融化掉,"意义"不再是研究的中心。然而,"意义"仍是多元释义论的核心内容。这显然与后现代主义努力消解主流话语"意义"的观点发生抵牾。多元释义论的理论重点正是放在"意义"上,polysemy 的字根 semy,就是 meaning,即"意义"的意思。画面图像是有意义的,而其意义就是关联到它的物质性及社会性。费斯克认为,对于贫困阶级来说,媒介的意义很容易被阶级关系的物质性和社会性所限制,而同时也会被物质条件及政治意识所限,其所受的限制越多,对抗的可能性就越少。解读的对抗可能会产生,但社会实践中真正的对抗却很难发生。在对市场问题上,自由主义强调多元的市场竞争能产生多元媒介文化,多种声音必然导致自由民主社会的到来,也必然消解宰制意识。多元释义论与后现代主义的拥趸都不赞成这一观点,他们都认为市场力量只存在于理论中,现实中难以行得通。但两者也有很大的不同,后现代主义者奢谈物质的解构力量,却漠视受众的创造性,受众无论处在何种经济层次上,都不影响他们对信息的理解,他们仍然有能力去制造意义,并有可能超越文本中的既定意义。后现代主义并不在意市场力量的作用,认为后现代社会过于旺盛的符号,会对市场的操控迎刃而解。而多元释义论则认为,媒介文化的消费者是主动的、活跃的,他们可以抵抗宰制意识,并把偏激的、不合主流的文化意义任意加入到媒介的文本中,因此,多元释义关键还在于电视文化的消费者。

多元释义论的理论内涵可以概括为以下三个主要方面。

(一) 多元释义来源于多元的传播者结构

早期霍尔等人就曾按照马克思主义政治经济学理论观点将文本意义分为生产、流通、消费、再生产四个环节,并且十分重视生产这一环节。霍尔认为在第一个环节中,电视的编排制作人员,共同协作,从素材的搜集到拍摄角度的安排、节奏的把握、色彩的调整等,所进行的是一个复杂的信息加工流程。故事的编排等取决于意义生产者的素养、审美情趣和制作经验,在这一过程中占据主导地位的是制作人员的世界观、价值观或者说是意识形态。传播者的协作过程中多元结构也体现出来,而这种多元结构不应也不会只产生一种声音、一种意识。

(二) 多元释义论来源于多元化的文本结构

费斯克认为多元文化是电视机构的必然要求。电视文化要流行,就必然要迎合大多数受众的需要,因此必须制作适应大众口味多元化的文本,在电视文本中,宰制化的意识形态固然存在,但与之相对的意识形态也存在,一个电视节目的成功与否,往往在于它的文本能否满足不同受众的"要求",能否提供不同的解读空间。其他学者也强调,电视符号有矛盾性及多重性。即使是最为流行的节目如肥皂剧,也可以具有很强的开放性。由此可见,在大众传播的既定文本中,仍容许有多种解码方式。费斯克还援引艾柯和巴特的学术观点来解释电视文本的多元性。他用艾柯的"开放的文本"和巴特的"书写的文本"概念来讨论电视文本结构的开放性问题。"开放的文本"是相对于封闭的文本而言的,封闭的文本中叙述者全知全能,"意义"脉络清晰、流畅、简单、直白,受众只有被动地接受;在开放的文本中,叙述者隐退,将意义的阐释权交给了接受者,让接受者参与到文本意义的创造中来。巴特则指出,"书写文本"是指话语本身有如文字书写,自由而且复杂,不受建构的约束,能让受众反复去品味。与之相对的是"读者化"文本(readerly text),它往往着眼于编造写实的故事和流行、通俗的叙述,受众在引人入胜的故事叙述中忘记了自身的价值和作用,对文本内容照单全收。书写与开放文本类同,而"读者化"文本与封闭文本相似。艾柯与巴特用开放的文本和书写文本来形容有艺术追求的、富有创造性的文本;而用封闭的文本和读者化的文本来形容通俗文化的文本。

费斯克使用这些概念来解释电视文本,认为电视文本具有开放性、书写性、读者化三者合一的特性,他用"生产性"(producerly)一词将三者连结。费斯克列举电视的符号资源,包括讽刺、比喻、笑话、矛盾及电视剪辑叙述,这些过剩的符号资源,给电视文本更多的空间作多元化的意义创造,电视既有封闭化、读者化文本的可观赏性、通俗性,但有时也有书写文本、开放文本那种复杂、重叠的符号。

事实上,电视文本并非都是以"封闭的""读者化"的面目出现的。很明确的一点是,现实生活中有许多矛盾,但在电视平面化、浅显化的文本中被压抑住了。主流文化和主流意识在日常生活中显示出强大的威力,迫使电视文化紧跟而上。但主流文化并不是电视文本中的唯一话语,因为电视文本中,有很多混杂的符号,所以会留出一定的空间给对抗性的意识。有些电视作品本身就有较深的思想追求,它能够调动人们多元释义的欲望,它促使人们去思考、去作对抗性解读,这自不待言;有些电视作品看似浅显、通俗(如有些肥皂剧),看似一种"封闭"的文本,但在其通俗化的故事背后还隐藏着许多社会学、政治学的信息。人们很容易就能从中读出个中"壶奥"来。观众根据对不同符码的理解,作出自己的判断,这显然是多元释义的一个重要特征。可见,"封闭"的文本中过剩的符号也往往会导致多元的解读。

(三) 多元释义来源于受众的意义再生产

西方许多学者都把多元释义论与受众的解读活动联系在一起,但事实上,受众的解读活动是接受美学范畴,不是多元释义的直接原因。多元释义论派学者认为,既然文本是多元的,其中包含了意义的生产与再生产,而活跃的受众,自然就会从中解读出不同的意义来。

费斯克被认为是开辟了考察受众的理论空间的第一人。他早在对通俗文化的研究中就曾强调消费者瞬息即变的行为对主导的工具性社会构成了一种抵抗形式。他认为受众的性质是生产性的。他提出一个电视文本二元经济的概念,在这一概念中,"财务经济"使广告商关心节目收视率及其收益,而"文化经济"就驱使受众自由地从"生产性文本"中解读其所需的意义。就算在"财务经济"中,大商家控制文本的生产,但无法支配"文化经济"中运作的接受过程。受众在"财务经济"中扮演着消费者的角色,但同时在"文化经济"中则充当了文本意义的生产者。前者是被动的,后者却是主动的。两个经济运作,彼此相关,却可以独立自存。生活是多方面的、多元化的,这是受众赖以进行电视文本解读的土壤。受众的意义生产过程,可以不受任何经济活动的限制,而是根据受众的社会背景,解读出合乎其自身"需要"的意义。受众看电视时,必须能结合社会情境才会看得懂,就是因为社会情境不尽相同,人们的年龄、性别、文化水平、职业、习惯、种族、信仰等千差万别,自然,解读出来的意义也就大相径庭。作为社会中的每个个体受不同的社会因素的影响,支配着其在解读时候的状况。

莫利提出的"受众文化素养结构性分布理论"也有利于对多元受众释义的解释。莫利认为,观看、品读肥皂剧的文化素养,那些思想理论具有女性主义色彩、使用女性主义话语的人最容易拥有;而观看、品读电视的时事新闻节目之多种文化素养,则是那些理论主张上具有男性主义色彩、使用男性话语、在文化上拥有特定结构位置的人——大有可能有相当部分的人是中产阶级或上流社会的白人最容易拥有。不过,莫利也承认这种提法过于简单,实际情形可能较为错综复杂。例如,以通俗电视节目为例,假如真正是制作给女性和蓝领阶层的男性观看、品读的,是这类人士的文化素养所习知的,那么其可能产生的意义内涵是什么? 同样,严肃的电视节目,假如真正是制作给男性中产阶级观看、品读的,是这类人士的文化素养所习知的,那么其可能产生的意义内涵又是什么? 这些只是在思考受众的建构时所要考虑的因素,自威廉斯、霍加特以来,研究者只考虑阶级、性别、种族等角色在建构受众类目时可能产生的影响,并且这些考量还是相当不够的。在这方面,文学研究的进展提供了某些有益的借鉴。文学研究关注的焦点是读者和特定作品与类型的关系,"一个非常根本的问题是'谁读了什么?'假使我们使用更为正式的问题引申前述问句,则我们要问的是,一个特定社会团体的成员身份,如何在一个特定时候,影响或甚至决定了一个人的阅读习惯与品位?"莫利称之为"阅读的民族志学"(ethnography of reading),他把读者的阅读行为与传播者的"讲话"对应起来加以考虑,认为"说话的民族志学"(ethnography of speaking)与阅读的民族志学同等重要,因为"说"和"读","必然涉及了多元性之组合问题"。这也证实了费斯克提出的商业电视吸纳多元口味的观点。

多元释义论是反叛意识形态宰制论而提出来的,应当承认,它有许多民主意识,它多方论证的是电视传播过程中有许多对抗性解读因子的存在。显然,对抗性的解读因子是客观存在的,但是否已经大到与主流意识形态相抗衡的地步呢?这是问题的关键。实际上,多元释义论遭到后来学者的广泛批评,主要是因为它立论的出发点、对象有问题。电视的视听符号与意识形态关系密切,多元释义论只关注那些飘忽不定的表意系统,而忽视了文本自身的意义建构有能力左右意识分布。文本内在的符号象征系统是复杂的,不像表意系统那么简单。费斯克早期就曾分析过电视节目文本的符号结构,结果发现,这些节目的意义与其文本结构互相紧扣,并发现它是与社会主流的意识形态互相呼应的。这一点莫利看得很清楚,他在1993年的一篇文章中就曾指出,文本的多元性是受制于其表意结构和文本系统的,虽说电视文本是开放的,但文本符号并未丧失其主导意义的能力。

多元释义论认为对抗性解读的来源,关键在于文本和观众。

文本的生产性观点显然是从结构主义那里受到的启发,多元释义论的学者把文本从历史、社会及文化背景中剥离开来,同时也不能说明媒介文本与媒介机构的关系。它把文本孤立起来理解,忽视了文本背后的生产形态。文本的生产与再生产的过程存在一个十分复杂的状况,符号意义的增值,到底是朝着“偏好式”解读方向,也即朝着有利于主流意识形态方向发展,还是朝着多元化的意义阐释方向发展?这一点多元释义论者并未弄清。

多元释义论得以成立的关键是不论哪一派的学者都承认观众是最活跃的。早期的接受美学将读者的创造性推崇到无以复加的地步。多元释义论受其影响,将文本看成一个简单的存在,而受众无形中就成了一个毫无约束的意义创造者。费斯克错误地理解了原先由威廉斯和哈贝马斯提出的公共领域概念,他理想化地认为文化消费者瞬息即变的行为对主导工具性社会构成了一种意识抵抗形式。他还常常以自己对文本的体验来取代受众对文本的感受。费斯克“用经验性的事例,来证实他关于受众充满活力的活动的各种观点,然而却缺少实质性的内容。这是由于他自己读通俗文本的热情和他在符号内容分析方面所致”。

麦克卢汉将电视列为“冷媒介”,认为它是一种参与程度高的媒介。事实上,观看电视被认为是一种低参与性活动,受众一般除自己关心的内容外,不会主动注意电视所作的追求,对抗性阅读就更为少见。所谓活跃解读,不等于集中注意力自觉参与,而可能只是一些不经意的过程,且很不以为意地把文本纳入自己熟悉的框架。受众之所以活跃,是因为他们根据本身的社会经验,去解读电视,但这一活动显然不能混同为有意识的对抗阅读。两者之间有着本质的差异。个性化、个人化的解读并不一定就是“对抗性解读”,霍尔对对抗性解读有着明确的界定,很多学者也指出,多元释义论的一些学者误把协商性的解读当作是对抗性的解读,他们被协商性读者讨价还价的能力所迷惑,认为那足以与庞大的社会经济、文化势力相抗衡了,其实是一种十分天真的想法。电视文本的多元解读,本身还未有足够的力量去证明电视观众的"接受美学"。

客观地说,电视意识形态,既不像宰制论所说的那么强大,也不像多元释义论所说的那样破碎及飘忽不定,无一定规。前者的优点正是后者的弱点,而后者的优点也正是前者的弱点。早期的电视意识形态宰制论,只关注宏观政治经济,却很少去关注物质、符号、文本与媒介机构曲折细密的关系。多元释义论早期的理论,很难解说经济与文化权力的分布不均匀问题,也不能解释政治经济因素在人们头脑中的反映,以及政治经济因素与电视文本的互动关系。文化研究派的学者中的一些就是新马克思主义学者,因此,他们相信,经济基础决定上层建筑,物质因素是意识的起点,它造就了意识的倾向,但最终发展出什么样的文本,就很难简单地去下结论。但宰制论显然有其很大的市场,也确定是电视意识形态理论的主流,它常常是媒介批评的理论依据,而多元释义论虽不及宰制论那样影响深广,但它也有强有力的理论依据,那就是20世纪90年代以来的受众研究成果,一系列的受众研究都强调一个事实:就算普及文化,全部由主流文化掌控文化传播,受众不但不会照单全收,而且可能还会产生逆反心理或对抗性的阅读,对讯息作出不同的理解。这正是霍尔"制码/解码"模式中所强调的,优势的文本会引起受众的反感,刺激反抗的情绪,强化对抗的立场。

在此,我们可以作一个比较和总结。就意识形态而言,宰制论认为电视制造幻觉性的、掩饰阶级对立的意识,多元释义论则认为社会价值是多元的,电视传达的意识也是多元的;就媒介而言,宰制论认为电视是阶级宰制的代理人,而多元释义论则认为电视是社会整合的一种力量;就文本而言,宰制论认为电视文本是一个自足的封闭系统,而多元释义论则认为电视文本是一个开放的系统;就发展前景而言,宰制论认为电视传播的意识形态的发展趋势是由单调、强硬的路线走向弹性化的多元化的路线,而多元释义论则由自由、开放的路线转向批判的路线。另外,双方对政治、经济也有不同的见解,宰制论认为政治经济决定文本的意识形态,而多元释义论则几乎对此从未涉及。在对待作为个人的观众的看法上,二者也大相径庭,宰制论眼中的观众是被动的、被决定的对象,而多元释义论则强调接受者的创造性,所以他们眼中的观众是自主的、自由的主体。总体来说,两种论调源于不同的社会及历史文化背景。宰制论产生于资本主义生产、再生产,确切地说是资本主义文化工业的小背景,而多元释义论则是自由主义民主化的产物,是20世纪80年代西方社会多元传播、多重话语大讨论的结果。

第四节 后现代主义电视文化理论

西方学术界受思想界的影响,一直在寻找并更新学术研究对象。20世纪50年代中期以来,随着西方资本主义社会进入后工业社会的进程,电视就成为后现代学术研究的最好标本。与文学界关注"现代性"的基本特性和话语转型相比,电视研究领域的后现代理论主要是关注电视如何塑造边缘群体,包括电视与妇女、电视与种族等课题。其中不难看出这一理论受文化研究派影响的影子。通常这派学者并非专门从事媒介研究,只是从他们所从事的社会学、哲学、政治学或文化学的角度来研究电视,由此自然而然地形成了各种各样的学术分支流派,如后结构女性主义电视文化理论、后殖民主义电视文化理论、后现代主义电视文本理论;等等。

不论何种形式的后现代电视理论,它们都体现了后现代文化理论的一个基本特点,那就是对抗性批判。要弄明白这一特点,就先得对后现代文化理论有一个基本了解。后现代理论的鼻祖让－弗朗索瓦·利奥塔(Jean－Francois Lyotard)曾区分过"后现代"这个概念的不同层次的含义,强调后现代理论反映的是当今社会文化批判在可能性和限制性、对抗主体、动员方式、话语争夺等方面出现的新情况和新要求。随着精英政治的消解,知识分子精神导向作用的逐步消蚀,关于解放和进步的"宏大话语"(grand discourse)的破灭,思想批判和不同政见空间的日益萎缩,后现代理论需要为有效地对抗批评寻找新的理念和策略。从根本上说,后现代理论的批判价值体现在它对西方主导意识形态的现代理性观和历史观的对抗上。当后现代理论成为一种以西方社会和文化为视野的内向的、自我反思的思想批判时,它具有不可忽视的积极意义。我们可以从两个方面来理解后现代理论的批判性。它首先表现为对现实的谴责,其次表现为它把西方文化现状看作现代意识形态内部矛盾和危机的征兆,进而对后者进行分析批判。对于前一种批判,在鲍德里亚、利奥塔、哈贝马斯和詹姆逊关于后现代主义或后现代性的讨论中,我们不难发现其对后工业资本主义现实的谴责。后现代这个概念可以说是从两个批评角度来揭示当代西方社会文化的本质问题:其一是鲍德里亚所谓的"幻影文化"。所谓"幻影",乃是无原形的影像、无模型的仿造。后现代世界充斥着复制品,却为意义的空洞所困惑。其二是利奥塔、哈贝马斯所说的信仰的合理性危机。人们曾相信科学理性可以通往真理的坦途,历史的发展有迹可循,人能够实现自己的自由与幸福。这些信仰如今已被动摇,它们的合理性陷入了深刻的危机。

后现代思想对西方社会文化现实的观念基础的批判集中在"理性""历史""人"这三大问题上。反映在当今不同的理论潮流之中最重要的包括后结构主义、新马克思主义、新实用主义和女性主义。后现代理论针对"理性""历史""人"这三个观念自启蒙运动至今在西方获得了独统权威、普遍意义和与之相伴随的"原旨"地位。媒介研究也同样体现了这一点。

在后现代的理论中,电视与通俗文化处于边缘地位,一般较热衷于阐释与现代主义有关的高级艺术,特别是绘画、文学、建筑等。20世纪80年代美国学者德勒兹(G. Deleuze)将其延伸至电影领域。但是,在众多从事后现代主义研究的理论家中,只有鲍德里亚真正把大众传播媒介和通俗文化作为研究的重点。当然运用后现代理论研究电视的人还有很多,如格罗斯伯格(L. Grossberg)、卡普兰(E. A. Kaplan)、沃伦(P. Wollen)等,但他们并没有将电视看成一个完整的文化媒体,通常这些学者从自己的学科领域出发来看待电视及其文化现象。当电视呈现出许多后现代主义的风格特征时,后现代的学者却提供了一些偏激观点来讨论电视的文本性。这种研究与实际的脱节便常常招来一些电视研究群体的批评。

后现代主义以前的"现代主义"认为社会经验的感知与适当的艺术参与两者之间有共存的可能性,通常的观点是通过创造一个"宏大叙事",以一个固定僵化的理论来解释各种各样外表毫无关联的事实经验(如结构主义、精神分析等)。先锋派的艺术则试图在实践领域通过强烈而矛盾的影像来颠覆现有的价值体系,进而制造上述所要传达的理念。在电视研究中,假设我们将其视为一个话语的意义场,现代主义者的所谓"宏大叙事"总是以模仿、再现、意识形态与主体性为讨论的核心。后现代主义对马克思主义、传统政治经济学以及韦伯社会学理论中的意识形态问题均提出严厉的批评,与宰制意识形态理论也截然不同,它肯定电视媒介意识已成为现实的一部分。鲍德里亚的后现代理论,说明了画面和现实并没有本质的区别,两者是可以互相取代的。在现代主义阶段,符号代表现实中的某些东西,而意识形态则扭曲了其代表性;但在后现代阶段,符号并不代表什么,它在某种程度上就是现实,背后并不需要现实做支撑,因而,也就谈不上扭曲现实。鲍德里亚甚至宣称,根本就不存在意识形态,有的只是影像画面的真实,画面脱离了现实和意识形态的束缚,电视文本与现实经验分裂了,因此,在电视文化中,再也没有画面与现实的一致性,也没有抽象的一致性,剩下的就只有碎片化和不完整的叙述,以及互不关联的片段混杂起来的"大拼盘"文化。很多学者都认为在探讨后现代主义之前有必要对以下概念作一理解。

首先是再现理论。这一理论的核心议题是人们虽然可以通过电视画面了解世界,但是这个画面并不能代表真实,而只是一种编造的或建构的"真实"。从实证主义的角度来看,所谓的真实并不存在,它只是话语的产品而已。电视的摄像机与话筒并无法记录真实,它们只是将它符码化,这种符码化的过程产生了有关真实的意义,因此也就引出意识形态的问题。那么在电视的文本中什么被再现了呢?显然不是"真实",后现代的电视研究学者认为毫无疑问应当是意识形态。费斯克认为电视的图像化(iconicity)让媒介成为事件真实的代言人,强化了意识形态的效果,如此我们便会忽视一个事实,那就是任何一个所谓真实场景所生产的不过是意识形态而已,而不是真实。然而,电视在符号世界的运作如同工业体系在经济领域中一样,工业体系不仅在生产与复制产品,到最后不会不可避免地复制资本主义本身。所以,电视所生产的电子视觉真实,不是在复制客观的真实,而是在复制资本主义。这样复制的意识形态特质远远超过其物质性。电视以极透彻易懂的修辞,将摄像机的镜头建构成浏览世界的窗口。然而,也正因为这个神奇的窗口,可以把我们所看到的事物记录下来并加以流传,但是画面与指涉物之间是有出入的。在某种程度上,这种画面已经比指涉物更为重要了。费斯克认为,整个"画面操控"事业发展的最终结果,就是观众把注意焦点集中在画面的再生产和流传上,而忽略真实存在的价值。这种理念性的真实价值,常常被画面效果实践的真实所颠覆。

关于再现真实的讨论中,"真实"一词被界定为历史唯物主义的用语,但是模仿理论则在实证主义的方法背景下来讨论真实的问题。再现理论是针对电视所建构的真实,提供了一个意识形态的批评:指出它所错误呈现或隐藏的是其意识形态的实践以及真实与意识形态的关系如何;模仿理论比较注重电视画面与真理之间的差异与置换,批评的尺度建立在对精确图像和画面的追求上,经验主义的色彩比较浓。

不论是从事何种专业领域的研究,各路学者都一致认为摄像机是错误再现的罪魁祸首。由于摄像机提供了虚假的现实,所以由此所构成的电视文本对传统经典文化特别是现代主义的个性化、创造性美学产生了强大的颠覆力量,混淆、消解了高雅与通俗的文本规范。主体性理论将再现理论加以延伸,推广到公众世界的意识形态和私人意识中对真实的感知,弗洛伊德与拉康的潜意识理论几乎贯穿马克思的意识形态学说。主体性理论宣称意识形态的运作,产生了我们所谓的"虚假意识",主体性就是社会意识形态强加给个人所形成的印记。主体性从那些属于我们自身的社会关系与社会经验中产生意义,并利用它来决定我们在社会中的位置。

支配与宰制的意识形态不断地再生产自身,使我们的主体性发生作用,因而与我们所处的物质社会情境无关,这完全是在资本主义生产关系下形成的。资产阶级、白人、男性已或多或少地成为社会成员主体性的印记,或者说社会成员的主体性或多或少受宰制意识形态的影响。20 世纪 90 年代以来,关于主体性的研究对于宰制意识形态及其在现形势下的矛盾给予更多的关注。研究的焦点在于宰制意识形态如何在社会主体的潜意识中进行再生产的工作。研究者都在寻求某种"宏大叙事"的形式,以便解释意识形态不仅可以利用画面的真实来再现自身,同时当再现物发挥其功能的时候又能进行自身的再生产这一现象。

鲍德里亚以非问题(non – issue)回避了电视错误再现/再生产的问题,在他的后现代理论当中,画面与真实在本体论上没有多大差异,事实上,画面与真实之间的确没有差异存在。鲍德里亚认为我们正处在一个仿像(simulacrum)的时代,他用"仿像"这个概念来说明意义的产生并非来自真实与画面之间的差异,而是来源于再现之后的意义内爆与滋生(imploded),滋生出的意义显然经过了时间的消磨,表现出不同的质性。按照鲍德里亚的解释,画面本身不会随时间的更迭而产生新的意义,其意义根据它与"指涉物"的差异而定。另外,"再生产"概念也需要与"原始"(original)有所不同才有意义。所以,仿像即是再生产与原始、画面与指涉物两者内爆而生成的单一概念。

在这种情况下,电视中的人物事件不是真实的,因而我们在现场所看到的会比我们从电视屏幕看到的要可靠得多。如果受众要与电视中的人物发生联系的话,那么就本体论而言,电视中的人与现实中的人对于受众来说是没有什么差异的,不能说是谁拥有谁或谁复制谁,独立地看每一个都是真实的,但相对于另一个也可以看成是不真实的。所以按鲍德里亚的观点,受众所要联系的人既不是画面化的人,也不是与画面相对的实际存在的人。不管他在什么场所出现,他在受众心目中都是一种仿像,这种仿像可能毫无意义,也是不真实的。通过电视这种媒介的传播,仿像就会发挥作用影响受众。仿像所排斥的不是真实,而是画面与真实之间的差异。仿像所制造的是"超真实",它把我们生活中的真实以及我们对真实的经验与感知,阐述成一个单一的概念。于是,费斯克认为"超真实"建构了后现代媒介传播的真实情景。

鲍德里亚指出,我们所处的社会是一个"影像饱和"的社会,人们经验的影像世界比他们所经验的现实世界还要多。事实上,当影像与其他经验层次没有任何差异存在时,我们便生活在一个后现代时期里了。世界上美丽的风景,当我们试图说出它的意义时它就已经成为超真实的了,不管人们是否第一次到访还是天天与它生活在一起,我们已经无法真正体验到其实际存在的原貌。它在电视里、在电影里、在挂历上或是其他什么图像里,抑或是从望远镜、车窗里看去,它都是一个仿像。在现代主义的世界里,风景影像给人们更多的思考,后现代主义的影像给人们提供的是一种消遣,在某种情况下,人们从它所创造的影像世界里培养起来的经验甚至比真实经验更逼真,如好莱坞梦幻工厂所制造的影像产品给予人们的感受。道理很简单,正如费斯克所说的那样,我们生活在一个充满图像的社会中,影像画面已经从模仿与再现的限制中解放出来,即它既不被真实,也不被意识形态所控制。

真实与意识形态之间关系,在后现代主义学者看来如同影像画面的地基一样,这个地基一旦流失,那么现代主义所主张的"宏大叙事体"也就不复存在,其导致的后果是造成影像画面与经验的支离破碎(fragmentation),这就是后现代文化的特征。电视在当代社会最适合解释这种文化,由于它流动不间断地播出,这就使得它必须把各种片段融会在电视文本中,任凭叙述结构要素、文本要素、经济要素及各种各样的通俗品味等随机组合成某些相当不引人注目的片段,广告、剧情结构、节目预告、竞猜活动将一个完整的剧情中断成一个支离破碎的格局。然而,这是由电视这种媒介的特性决定的。与现代主义时期的艺术可谓大相径庭,这正是后现代文化,即使电视新闻也不例外。

这些支离破碎的、非线性的后现代影像不仅远离了指涉性和意识形态,同时也远离了组织性概念的文本法则,如类型、媒体与分期等。不论影像画面如何不和谐与矛盾,在后现代的感官经验中,人是无法体验出这种表面毫无关联的影像的投射的,人们不能从类型、结构、媒介等因素中寻找到深层内涵,因为后现代主义与现代主义的精髓是迥然不同的,后现代主义对画面的取舍看中的是其表面意义,拒绝对深层意义的追问,如同后结构主义否定所指与能指之间的关联。这样可以避免关于意指作用的争议。鲍德里亚和费斯克等都认为当代电视文化作为后现代文化拒绝深层的分析,就是要摈弃这些组织性的结构力量,甚至否定它的存在。

既然是对于支离破碎的影像文化作深层分析,那么后现代文化的另一些特征即"拼贴"性、谐仿性也就会自然而然地表现出来。电视节目必须与快节奏的时代生活相合拍,因此,拼贴往往是最佳的选择,人们常常看到,一档综艺节目,就是各种各样艺术的组合;谐仿的手法表现得更为明显,在许多电视剧中我们都有一种似曾相识的感觉,因为这些电视剧的剧情结构都已经模式化了。谐仿依赖原作与模仿后的复制品两者之间的差异而定,但拼贴则否定这种差异 。事实上,后现代主义是不会有逾越界限的情形出现的。因为对它而言是不存在什么界限可供逾越的。拼贴与谐仿在符号上的空虚性是后现代主义排斥组织化结构的另一个标志,这与排斥类型具有相当的一致性,因为类型是使文本具有相似或相异结构的组织方法。由于文本无法从社会中获得自主,所以对类型的排斥不只在文本,也在于其发生作用的社会中。类型不仅是组织文本的形式,同时也是使它在社会流通循环的方法。例如以品位为中介,它的功能便是使文化产品迎合消费者的需要,这样类型就会以相似性和相异性的结构来组织社会认同。肥皂剧是一种类型,它不仅是组织,而且控制了构成它的影像并且使它与其他类型有所不同,同时它还组织并控制了那些不同于戏迷的妇女观众及其居家生活的社会意义。将类型加以延伸,还包括流行歌星与音乐表演,结果扩大并改变观众的忠诚度。由此可以看出,类型差异的变异(imploded)隐含着社会差异的变异。

晚期资本主义社会强调社会的多元性、流动性,所以后现代主义拒绝类型分类法则,把电视文化看成是经济社会中的一种力量,能够通过其片段性、拼贴性特征消解经济社会早先设定的秩序。这种秩序不仅是电视画面意义产生的基础,也是社会系统的基础。

费斯克认为,后现代主义的多样性必须依照他们的利益加以控制和规范,所以后现代主义意味着这样的拒绝不仅是影像画面,同时也是针对经济与社会的条件。后现代主义极力主张社会与文化的流动性,对那些拥有较高经济与文化资本的社会群体来说是最容易达成的。影像系统的片段化是对秩序和结构的一种否定,秩序与结构不仅是意义的基础,而且是社会秩序的基础。这是后现代主义与现代主义的区别所在。

英国文化研究学者阿伯克龙比总结出六条被认为适用于电视的后现代主义的主要特征,具体如下。

第一,作为社会中的人,我们越来越生活在现实的图像与画面之中,而不是生活在现实之中。也就是说,图像与现实之间不再有隔阂。显然,阿伯克龙比的这一观点与费斯克、鲍德里亚等人的观点是一致的。

第二,从图像意义来看,当今社会离不开图像的设计、外观的完善和风格的表现。后现代文化注重表象、忽视内容,这决定了它表现的肤浅性,也决定了其对消费主义的宣扬。艾沃恩、格罗斯伯格也对表面的电视化图像有同样的看法。

第三,后现代主义文化冲破了传统的窠臼,不在乎材料来源的真实性。阿伯克龙比引用卡普兰论音乐电视的观点说,“音乐电视……吸收各个传统、根据自身的目的需要对它模糊了过去和现在的界限,因为它不加区别地利用不同历史时期的电影手法和艺术运动,而且,它还时常不适当地运用罗马、中世纪等以往时代的背景和服饰。这类电视文本的立场是万物皆存在于时间的连续性之中:过去、现在和将来并没有呈现巨大的时间障碍,它们倒成了一个人们可以随意光顾的时间段。”阿伯克龙比与卡普兰均认为音乐电视“大体上代表了电视”,“是拼凑而成的,是由许多不同来源的成分揉合在一起的产物”。

第四,后现代主义文化是自我指认的。电视是一种自给自足的媒体,它可以用不同的方式来表现。艾柯把当今的电视说成是新电视,因为在一些聊天甚至是新闻节目中,当今的电视不断地取材于自身的其他节目内容。他认为“新电视的主要特点是它越来越少地谈论外部的世界”。所以,在阿伯克龙比看来,如果人们不经常看电视,当然就无法理解这些节目。

第五,后现代主义文化并不遵循写实和叙事的传统手法。事实上,电视并不讲究表现形式的严谨,常常会出现粗糙的手法。

第六,后现代主义文化具有零散性。它是由大量的毫无关联的片段组成的,音乐电视就属于零散化的电视形式。在这一形式中,图像通常并非是为了创造一个有意义的整体而摄制的。这与威廉斯把电视看作是各个不连贯的电视短片串播的过程的观点不谋而合。对于许多电视观众来说,随意更换频道的习惯,使原本就已零碎的节目变得更加零碎。

依据这些观点,阿伯克龙比认为,电视是典型的后现代主义文化形式。这一方面体现在电视运用图像和零散式播放这一方法时所产生的全面影响上;另一方面,个别的节目也是后现代主义的,因为它们冲破了界限,突出了外表,自我指认,摆脱传统。不过,阿伯克龙比对于这些特征到底有多大的意义或新颖性无法说明清楚。最为重要的是,不管怎么去看电视内容的后现代主义性,电视的关键特点在于观众的反应。

社会学的后现代主义电视文化研究,大多是借鉴社会学关于社会群体分析理论来进行的。其中最突出的便是从弱势群体的利益或话语权、再现特征出发批判电视中反映出的父权文化、西方中心论、种族优越论以及与之相伴随的话语秩序。

女性主义电视文化研究是后现代电视理论中的一道亮丽的风景。女性主义的统一性和一致性在 20 世纪 90 年代就解体了。但经过若干年的发展有许多东西沉淀下来并成为其制胜法宝。她们都洞察到现存社会结构是男权式的,即女性处于社会的屈从地位。女性主义极其重视对不平等现象的根源进行阐述,这主要包括:性别分工如何形成;在以性别为依据进行分工的社会中,如何认识其社会的生产结构、生产关系;女性解放的可能性和途径。后现代女性主义首先否定传统女性主义的"男女平等"的概念,这是基于对女性生理与心理现实的认识。她们认为,男性经验与女性经验一样,受到阶级、种族、民族和地理等观念的深刻影响。在现实社会中绝对的平等是不存在的,而差异却是绝对存在的。对差异的强调成为后现代女性主义的主要特征,这其中很大程度上受福柯的后结构主义、拉康的心理分析、德里达的解构主义以及各种新马克思主义的启发,开始质疑传统的人的主体性,质疑其价值标准,形成后现代女性主义的两大理论流派:本质论派(Essentialists)和构成论派(Constructionalists)。前者以解构主义为方法论,重新讨论女性解放的可能性。因为她们基本上承认男女是两个相对立的范畴,所以被称为本质论者;后者以解构主义为目的,否认"男性"和"女性"观念,认为两性平等观是男权的思维逻辑的延续,不能从本质上认识女性受压迫的问题。

后现代女性主义者携着在社会学、文学、电影等领域研究的成功经验,将她们的研究触角也伸向了电视。例如,美国学者劳拉·斯·蒙福德就是因为对肥皂剧感兴趣而从小说研究转向了电视研究。与文学、电影中的女性主义批评有所不同的是,女性主义电视研究的视野更为开阔。早期女性主义文学、电影批评注重女性形象、女性角色、女性命运等的审美意义。而激进女性主义电视研究则注重分析电视符号如何剥夺、操纵女性以塑造男性家庭神话与象征秩序。后现代女性主义者在研究电视时往往关注传播主体、传播内容、传播客体——受众以及受众的态度、电视传播与接受过程中的意识形态,等等。他们比较注重文本的分析,对新媒体以及卫星电视时代的文化多元流通现状有着比较清醒的认识。后现代女性主义电视研究从文化研究那里借鉴方法,强调要在交互的思考中发现问题,在跨国资本主义日益发达的今天,性别霸权不仅没有减弱,反而在隐蔽的表象中更加严重。

女性主义电视批评策略,是把性别规划为一种社会建构,按照霍尔的制码/解码理论,女性主义电视学者认为,文化具有协商意义。受众在自身处境中能够拥有相对的自主性,因而,电视文本也就具有多义性。研究者认为女性对自己的日常生活及经验具有积极的创造力,而不再将其"诊断"为宰制文化下无助的牺牲者。文化协商在电视文本中进行,同时也在消费过程中进行,女性主义者提醒人们注意主流意识形态对女性观众的影响力,电视文化形式借助某种手段就可以起到强化主流意识形态的功效。后现代女性主义研究的头号课题是电视文化这种特定的文化产品是以何种方式效命于现行的性别观念及与性别有关的观念。因而,哪些权力关系在性别中起作用,是女性主义电视研究所必须探明的。在跨国资本主义时代,"资本主义父权制"与代议制民主政体、工业资本主义的经济体制相互作用、相互强化,形成某些"确定性传统",诸如社会性别(gender)、性态(sexuality)、女性气质(femininity)与男性气质(masculinity)等的设定,并进入意识形态系统。在女性主义电视理论研究者看来,电视流程的叙事技巧充分体现了商业架构,既有协商,又有观念塑造,其结果形成后现代特定的文化。后现代女性主义从话语秩序与女性认同角度切入电视,揭示电视塑造女性主体的话语机制,并提出彻底否定的主张。

后殖民主义电视理论的产生也有其历史背景。某种程度上,它是文化研究三大领域即阶级、性别、种族的进一步扩展。早在20世纪60年代法兰克福学派就曾对以消费主义为特征的文化工业进行批判,揭示西方资本主义文化工业的实质是意识形态控制,这种批判影响深远。因而在对待发达国家与不发达国家的文化关系问题上,就出现了"文化帝国主义"的概念。这在学术界引发了对"后殖民文化"的研究。西方学术界的主要观点是,当今世界存在着文化霸权和殖民文化。例如,美国的一些学者指出,当今世界存在着思想意识上的帝国主义,或者说思想殖民化,"文化帝国主义"的本质是通过对第三世界人民进行文化的系统渗透和控制,达到重塑这些地区人民的价值观、行为方式、社会制度和身份,使之朝着有利于帝国主义利益的方向发展。杰姆逊等学者认为,文化帝国主义的现代形式首要特点是着重于捕获大众。大众媒介尤其是电视已侵入家庭,深入到人们的无意识之中。西方世界尤其是美国的电视文化产品已形成规模,以"四海一家"神话的欺骗形式出现,对第三世界的影响巨大。其严重后果在于第三世界的意志薄弱者在长期西方文化的熏陶下放弃了本民族的文化传统。英国学者萨达尔(E. Said)从文艺批评入手,提出了"东方主义"这样的反殖民文化的批评理论,对西方优而东方劣的文化观念进行了批判,他说:"东方几乎就是欧洲人的发明,它自古以来就是一个充满浪漫传奇色彩和异国情调的、萦绕着人们的记忆和视野的、有着奇特经历的地方,是西方人对东方的无知和偏见制造出来的神话。"东方主义包含了一种霸权心态和种族优越感。非洲裔学者莫定比(V. Y. Mudimbe)在《发明非洲:灵知、哲学和知识秩序》一书中指出,西方文化殖民使得非洲和其他第三世界人民在理解自己身份的时候,根本无法构建所需要的思想世界。这些思想世界早已由西方人按他们头脑中的非洲或者其他第三世界社会文化的样式构建好了。这些观点在后殖民主义批判中比较常见。后殖民主义批评认为,殖民主义世界观的一个重要基础就是对社会、文化和人采取一种绝对的、简单的我/非我二分差别观。正如法国哲学家雅克·德里达(Jacques Perrida)对逻各斯中心的批判所揭示的那样,二分差别观的要害是优劣区分,"我"占据中心,"非我"沦为边缘。

电视文化成为后殖民主义研究最直接的对象。随着经济全球化的迅速推进,西方电视文化产品对第三世界边缘国的影响也在日益加深,后殖民主义电视理论逐渐从哲学、社会学、文学研究中分化出来,成为一个重要的学术方向。它研究西方电视如何制造边缘世界的"他者"并使之沉默,同时寻找边缘文化在电视媒体中本真再现的方式。研究者主要依据有关电视文本进行分析,批判西方电视话语的中心主义和由西方电视话语制造出来的他者——关于边缘国家人民形象和话语,这一他者体现了西方话语的等级、压制关系及其逻辑特征:批判西方媒体将东方纳入西方的历史逻辑中,将之塑造成原始的存在,或者批判西方媒体否定边缘社会的现实和历史,使其沉默。在寻找边缘再现自身时,后殖民主义批评意见纷纭。有人认为现在的话语已经被西方男性中心控制,想通过电视本真地再现边缘已是不可能,无论是由西方电视中反主流的话语,还是由边缘社会自己来言说,都必须借助已确定的话语并进入该话语规定的秩序中。对于西方电视话语霸权,有人主张第三世界民族可以通过民族神话来回应。但也有人认为,尽管西方电视有殖民特征,但其形成的大众消费文化却可以冲击传统的等级和权力结构,有利于推进民主,带动边缘国生产出多种声音并存的文化产品,从而形成多元的文化格局。

后现代主义电视文化理论既是后现代思潮的一个组成部分,也是西方电视理论思潮的一个有机组成部分。强调媒介文化的混杂性及分裂性。它在电视研究中的独特性体现在以下几个方面。

第一,后现代主义电视理论主张放弃从"宏大叙事体"所建构的艺术与现实的关系角度来看待电视,对现代主义语境下,真理与权力的脱离提出质疑。主张放弃沉重的理性化分析道路,而以随意的、宽松的、自由的学术道路代替之,因而否定一切陈规,认同现实,又批判现实。

第二,从画面与真实的关系的本体论入手,回避错误再现与意识形态再生产之间的关系社会原因,单独强调文本的自身再生产能力,揭示出支配的意识形态不断地再生产其自身,对受众的主体性产生影响,最终达到控制受众的实质。后现代主义者们大都是拥有优裕物质文化条件和文化资本的人,他们常常高谈阔论,认为解构现行文化结构的路径就是物质,物质可以限制意义的产生。

第三,这一理论认为,由于放弃了"宏大叙事体",再现与表现的主旨就显得不是那么重要。鲍德里亚拒绝意义的理论具有代表性。电视文化的表征脱离了指涉性文本法则,拒绝了植根于表层底下的深层意义而体现出"拼贴""片段化""谐仿"等特点。

第四,后现代文化基调的"去中心化""去宰制化",激发起人们关于性别、种族、民族等在电视中的再现问题的探讨的兴趣,导致女性主义电视文化理论和后殖民主义电视文化理论流派的产生。

后现代主义电视理论的不足也是显而易见的,它基本承袭文化研究的自由主义理论模式,而很少采用其他的研究方法,甚至连一般的实证研究方法也很少采用。它注重文本研究和思辨性,却忽视了电视文化与其他门类文化的差异性,在很多方面基本是照搬文学、社会学的研究套路。虽然女性主义电视文化也注重从画面与观众的互动关系中去探寻意义的生产与再生产,但总体而言,后现代主义电视文化理论更倾向于电视的文本研究,热衷于分析电视文化表象特性及其社会意义,而对受众构成及其阅读行为关注不够。过于相信文化的变异能力而忽视市场力量,认为后现代社会过剩的符号,能够化解资本主义经济系统的控制力量。认同晚期资本主义社会现实,质疑理性因果,不相信文化线性进步,只注重于当下存在本位的独特性。过于相信物质对于意义的限制作用,忽视受众制造超越文本既定意义的能力。综上,可以看出,自由主义是其主调,自然也是其弱点所在。

第四章　经验学派的电视研究

　　西方的媒介研究除批判学派外,经验学派历史更为悠久。经验学派的电视研究一直是美国电视研究的主流,也是美国媒介研究的传统。经验研究讲究实证,注重进行经验观察和调查,其目标是:对客观资料提出假设并检验证明,尽可能在此过程中除去人为因素或偏见,找出实验方法来测试和证明资料与假设的可信度。通常通过随机抽样获得样本并对观察和调查得来的样本资料进行统计归类,再根据有关原理或模型对统计数据进行描述,设定一个"自变量"和一个"因变量",规定在其他因素不变的情况下,考察因变量随自变量变化的规律,将结果用计量术语表达出来,获得各种函数关系。从方法角度说,经验学派的电视研究主要从事内容分析、效果研究以及受众民族志研究。

第一节　电视内容分析

　　内容分析应用于电视研究主要对电视画面内容进行归类,考察其所反映的社会意义,涉及传播者立场、态度、观点与社会大众的立场、态度、观点等,通过分析了解阶级、种族、性别、年龄、职业等阶层的状况、思想等。内容分析具有系统性、客观性、定量性等优点。自 20 世纪 80 年代以来,对大众传媒的符号和讯息进行内容分析成为一种普遍现象。例如,美国广播公司(ABC)曾对三家电视台的晚间新闻进行系统性的比较分析,以比较 ABC 新闻报道与竞争者之间的差异。美国全国电视暴力联盟(National Coalition on Television Violence)常常通过电视内容分析来了解电视的现状。一些劳工组织也进行大众媒介的内容分析来检验自己在媒介中的形象。

一、电视内容分析的目的

具体来说,内容分析方法应用电视研究的目的主要表现在以下几个方面。

(一) 描述传播内容

近年的研究重点在于对传播内容从一个或多个时间点上的特性进行研究,通常采用这些传统的、描述性的方法,用以检视媒介的内容。例如,1989 年美国学者西格诺雷利(Signorielli)记述了 1967—1985 年中电视节目对精神病患者的描写;1989 年罗利和塔沃斯(Lowry &Towles)用同样的方法分析了肥皂剧对性行为、避孕法和性病传染的表现方式。内容分析方法对于描述性研究非常适用。

(二) 检验讯息特征的假设

美国的许多研究试图探究讯息来源与讯息特性之间的关联。其模式是:如果讯息来源具有 A 特性,那么产生讯息便具有 X 和 Y 特性;如果讯息来源具有 B 特性,那么产生的讯息就会具有 W 和 Z 特性。例如,美国学者多米尼克(Dominick)等人 1975 年的一项关于地方电视台的研究显示,现场直播的新闻以暴力和人类成就的消息比例较高。班斯和德克勒克(Benze&Declercq)在 1985 年分析了 23 名男性候选人和 23 名女性候选人的 113 则电视竞选广告,发现女性候选人的竞选演说很少强调权力,较多强调同情心。

(三) 比较媒介内容和真实世界

很多媒介内容分析往往多把焦点放在内容的真实性上,以事实为参照来检验媒体对某个团体、现象、性格、特点的描述,同时对媒介内容和真实事件的一致性进行讨论。罗利 1981 年将黄金时段电视节目表现的烈酒消费方式与现实生活中的情形相比,发现前者更显夸张,而且其消费影响要比现实生活中小。

(四) 评估特定社会团体在电视中的形象

随着民主运动的不断深入,各个社会团体、社会阶层越来越关注本阶层、本团体的利益,因此越来越多的内容分析研究应用于探讨处于边缘的社会阶层如少数民族、妇女、蓝领工人等在电视中的形象。这类研究常用于分析媒介政策改变时对于特定社会团体报道的改变,为电视机构或政府提供改进的依据。例如,格林伯格(Greenberg)1983 年进行了一项关于电视中美籍墨西哥人形象长期性的内容分析。汉尼西和尼柯尔森(J. Hennessee&Nicholson)1972 年对纽约一家电视台所播放的节目中的妇女形象进行了广泛的分析,为电视台吸引更多的观众提供依据。

（五）为媒介效果研究做前期准备

20 世纪 80 年代以来,传播学学术界一种普遍的趋势是将内容分析作为后续研究的起点,其中最具代表性的例子便是格伯纳的教养分析(cultivation analysis),它对美国电视的内容和主题进行了系统的资料分析,并对受众进行调查,检验这些内容是否会使经常接触该电视节目的观众产生相同或类似的态度。格伯纳于 1979 年开始的一项研究发现,看电视时间过长的观众对于现实世界特别惧怕,他们对于周围的环境的认识完全是电视上的所描绘的。电视中大量的暴力犯罪和色情内容可能使观众对现实有负面的认识。

内容分析是电视经验学派研究的常用方法,但却不能作为研究的唯一依据,这首先是因为在分类和定义方面有许多不确定性。其次,缺乏相关的资料也会影响其结论。例如,研究美国电视如何表现亚洲人形象就较为困难,因为电视中少有对他们的报道。最后,电视内容分析费事费时费钱,大量的录像带、大量的观看时间、大量的统计分析绝非一般个人所能承担。

二、电视内容分析应用的领域

从内容分析应用于电视研究的历史来看,常见的应用领域有以下几个。

（一）统计频率

内容分析经常用来统计词句出现的次数。美国学者派斯里(W. Paisley)1967 年曾经计算过肯尼迪和尼克松在他们的四场电视辩论中使用某些特殊字眼的频率。他们在使用"谈判""攻击""战争"这三个词时,显现出有趣的差异。统计的结果表明,肯尼迪每 2500 字使用"谈判"一词的频率为 14 次,而尼克松则是 4 次;肯尼迪每 2500 字使用"战争"一词的频率为 12 次,而尼克松则是 18 次;肯尼迪每 2500 字使用"攻击"一词的频率为 6 次,而尼克松则是 12 次。[①] 这一资料为"尼克松偏向于好战,肯尼迪偏向于怀柔"的假设提供了证据。

（二）检验成见

观众在平时观看电视时会对电视中的内容产生某些固定的印象。为了检验人们接受信息时的主观性和选择性,内容分析方法可能给出一个答案。例如,在美国长期的电视研究中,关于"女性形象"的分析是一个恒久的话题。塞格和惠

---

① 约翰·费斯克.传播符号学理论[M].张锦华,译.台北:远流出版事业股份有限公司,1995.

勒(J. Seggar&P. Wheeler)在 1973 年对美国电视剧中男女职业的成见研究中发现,电视剧中女性所从事的职业多样性远不及男性。对其内容说明见表 4 – 1。

表 4 – 1　最常出现在美国电视剧里的 5 种职业①

（依种族和性别区分,N 为样本数）

种族 ＼ 性别	男性职业	%	女性职业	%
黑人	外交官	18.9	护士	30.0
	音乐家	13.7	舞台/舞者	15.0
	警察	9.5	音乐家	5.0
	保安	9.5	外交官	5.0
	军人	5.3	律师	5.0
			秘书	5.0
合计	$N = 95$	56.9	$N = 20$	65.0
英国人	保安	13.5	护士	41.2
	音乐家	11.5	秘书	11.8
	服务生	7.7	女佣	5.9
	物理学家	4.8	外交官	5.9
	军人	4.8	女演员	5.9
合计	$N = 104$	42.3	$N = 17$	70.7
美国白人	物理学家	7.6	秘书	15.4
	警察	7.6	护士	15.0
	音乐家	4.8	舞台/舞者	8.1
	军人	4.6	女佣	6.5
	外交官	4.5	模特儿	5.0
合计	$N = 1112$	29.1	$N = 260$	50.0

　　从表 1 中可以明显地看出,女性所从事的职业主要集中于护士和秘书,不像男性那样分布均匀,甚至即使跨越种族界限依然如此。塞格和惠勒的这项研究成为早期电视内容分析的一个著名案例。格伯纳和格罗斯(L. Gross)通过内容分析发现,电视剧里的女性角色拥有家庭、恋情、发生性关系的比例远远高于男性角色。格伯纳还发现了电视犯罪和真实犯罪之间的差异,即电视里的暴力通常发生在陌生人之间,为的是财物、权利或责任;真实世界里的暴力却发生在熟

---

① 约翰·费斯克.传播符号学理论[M].张锦华,译.台北:远流出版事业股份有限公司,1995

人之间,起因是愤怒、挫折或报复。这里包含了比较分析,但目的是为了检验人们的成见。

(三) 提供讨论的议题资料

通过比较方法可以发现某些规律性的东西,从而为找到某些问题的原因提供前期材料。1975 年,美国学者查尔斯·巴尔比较了当时的西德电视台和英国 BBC 转播 1974 年世界杯足球赛的方式,发现了一些有趣的结果。他选择统计分析的类目是"在基本全景镜头中穿插特写镜头的频率"。他分别从两个电视台转播节目中取出连续 50 个镜头,这 50 个镜头的平均长度是:西德电视台,12 分45 秒;英国 BBC,6 分 57 秒。特写镜头出现频率差异的原因可能是 BBC 是录像后加工剪辑而成,而西德电视台则是未加剪辑播出。经过剪辑的节目精彩片段较多,经常片段又以特写为多。这一研究的假设是,球在场上传来传去、赛事不激烈的时间,转播的镜头通常是采用全景镜头;而球门前的厮杀、踢自由球、球员间争吵、罚任意球等,则是以特写镜头播出。巴尔选择了三场西德电视台的球赛节目、两场 BBC"每日赛事"球赛节目,从这 5 场转播中各随机抽出 25 个特写镜头,检查这些特写镜头是否为球赛进行时或是暂停时所摄。检验结果发现差异比想象的更大,具体见表 4.2。

表 4－2　电视转播足球赛特写镜头的用法①

特写拍摄时间 电视台节目	球赛进行中	球场暂停时
西德电视台球赛节目	7	18
英国 BBC《每日赛事》	16.5	8.5

由表 4－2 可以看出,BBC 很注重特写镜头的运动性、戏剧性,而西德电视台则未加考虑,显得很平实。在对足球同样熟悉同样爱好的英德两国,观众的差异并不大,那么为什么会有两种不同的选择呢? 这里,运用内容分析方法无法找到答案,这也是其缺陷所在。其实巴尔通过《每日赛事》制作人威克斯了解到回放的赛事实况镜头和解说都是为那些妈妈和孩子准备的,真正的球迷只要一部摄像机从头到尾不间断拍摄即可。特写镜头常集中于明星球员、个人技巧、球员之间的冲突上;长镜头则用来显示团队的动作、较无戏剧性但能显示球员运球、传球的技巧及其策略性走位;全景镜头则让人们了解全场的形势。内容分析不

---

① 约翰·费斯克. 传播符号学理[M]. 张锦华,译. 台北:远流出版事业股份有限公司,1995.

能回答"为什么"。因此还必须结合文本分析和其他方法来进行。

内容分析方法在电视研究中已显现其不足,它仅能为我们提供部分与意义互动相关的讯息。在回答"为什么"这一问题时,格伯纳的做法是:对于讯息的解读者也需要进行研究。

研究解读者的一般做法是寻找语义差异(semantic differential)。这是奥斯古德(C. Osgood)1967 年为研究人们对某些概念的感觉、态度或情绪而发展出来的一种方法。假设这些感觉、态度或情绪大部分来自个人的社会/文化经验,那么人们的这些感觉、态度可以简化为二元对立的价值概念。奥斯古德的方法有三个步骤:首先,选出 8 ~ 15 组要研究的价值概念置于 5 ~ 7 等分的量化表的两端。其次,访问样本,在量化表上分别记下他们的反应。最后,计算出反应的平均值。最具代表性的案例是 1976 年美国学者巴格里和达克(J. Baggaley&S. Duck)进行的测试。他们想测试"电视上的人物直接对着摄像机说话,或是以四分之三的侧面说话,是否会引发不同的解读意义"。他们以同步方式录制了两盒录像带,拍摄的是同一个人的同一段讲话,不同的只是拍摄角度。他们采用双机位,一台机器对准讲话人正面,另一台机器则拍摄其四分之三侧面,两部机器与主讲人距离相同。首先,他们列出了 14 组要测试的价值。产生这些价值的方法是先给一个样本小组看,请他们看完后自由发表看法。这样的讨论会发展出一个特别的方向,将讨论过程记录下来,加以分析并找出最常被提到的价值或最常被用到的形容词,就形成价值量表的雏形了。其次,巴格里和达克将两盒录像带分别放给两组特征相似的观众看,请他们在量化表上记录下他们的反应。两组观众都不知道有另一组观众或另一个录像带版本的存在,也不知道他们观看这盘录像带的真正目的。再次,将记录所得的平均等第填写在量化表上。考察的结果发现,从四分之三的侧面来拍摄时,主讲人会被认为较具有专业知识、可信度与真诚而使其显得较亲切、公平、细心、宽容、易感动和轻松。这一结果很有意义。他们发现其实这一结果具有普遍性。电视节目主持人以何种角度出现在屏幕上,这关系到隐含价值的体现。这或许让人感到惊讶,因为在真实生活的符码里,与受众面对面地讲话,通常会被认为诚恳、直接、专业等。这一点引出了真实生活符码与电视符码之间极有趣的区别,这种区别值得特别强调,因为电视看起来和真实生活十分相似,使我们很容易误以为电视符码与真实生活符码是一样的。然而,它们截然不同,即我们对电视节目的反应与对现实生活中真实事件的反应是不相同的。

格伯纳结合内容分析、语义差异研究和受众分析,把研究资料作为其理论基础,剖析了大众媒介体系如何在文化中成长,进而与文化对话。格伯纳将这种关系称为"潜移默化",也就是说媒介培养了文化中的价值和态度。媒体并不创造价值和态度,价值和态度原本就存在,但媒体通过宣传帮助文化来维系、修改其价值,将其普及于文化成员之中,借助"共识"及"相互主观"的形成来结合文化族群。格伯纳认为,大众传播不仅是现代社会的"故事讲解员"(story - teller),而且是缓和社会各异质部分的矛盾与冲突的"熔炉"(melting - pot),在这个意义上它还是维护现存制度的"文化武器"(cultural arms)。因此,大众传播在形成现代社会"共识"方面,已远远超越了传统社会中教育和宗教的作用。格伯纳特别强调电视在形成"共识"中的作用,电视具有受众多、接触时间长、现场感强等特点,这使得它发挥着历史上其他媒介所未曾有过的巨大威力,不管多么重大的事件,不经电视报道就很难被人们作为"社会现实"所认知;反过来说,一些看起来微不足道的事件,经过电视的大力渲染,也有可能成为全社会关注的"重大事件"。电视教养观众并使观众发生潜移默化的变化乃势所必然。内容分析能揭示各种蕴含在整个文化的讯息体系内的价值;而语义分析则能检验出这些价值是否确实潜移默化地每个受众的心中产生影响。

第二节　电视效果研究

电视效果研究注重电视对观众意识和行为方式的影响。这种研究分析电视以何种方式、由谁去传达什么样的内容,影响了哪些观众,产生了怎样的效果,进而掌握电视是如何建构消费者和国家民意。效果研究早期视媒介为社会的一面镜子,因此,分析媒介内容便可以了解社会,近代的文化指标研究,逐渐倾向探索电视媒介的塑造力量。目前的效果研究已经延伸到电视对政治竞选活动的影响、电视暴力对观众行为和态度的影响以及它描述少数族群、女性和其他弱势群体的方式,从而界定电视控制和观众接受的互动模式,强化了媒体的使用功能和影响。

经典化的效果研究表现在五大领域:媒介内容的亲社会和反社会效应;使用和满足;议题设定;对社会现实认知的发掘;广告和儿童社会化。

电视效果研究可以追溯到 20 世纪 20 年代的电影对儿童的负面影响研究。50 年代后期和 60 年代初期,媒介效果研究转移到电视领域。此时,美国社会普遍认为电视的暴力内容会成为青少年攻击行为的诱因。在此情况下,美国参议院小组委员会曾对电视暴力内容和青少年犯罪的可能性关系进行调查。他们在1965 年发现,对青少年观众而言,电视中的暴力和犯罪内容与反社会行为之间存在着一定的关系。60 年代中期,美社会政局动荡,暗杀事件频繁发生。有几件重大事件人们至今记忆犹新。60 年代初,民权运动促使"对抗政治"的产生,游行示威往往引发暴力冲突,民主运动有时会走向反动,给社会造成暴力危害;1963 年,美国总统肯尼迪遇刺身亡,接着,黑人国家主义领袖艾克斯、黑人民权运动领袖马丁·路德·金、肯尼迪之弟罗伯·肯尼迪先后遭到暗杀;1964 年夏,纽约哈林和史蒂芬森两个黑人区爆发黑人暴动,暴动随即转化为打砸抢行为,给当地居民造成重大伤害,这类暴动在此后 3 年间发生了 100 多起;20 世纪 60 年代末反越战运动在校园内也引发了重大暴力冲突。虽然这些暴力活动只占全国暴力事件的一小部分,但在当时却引起全社会的广泛关注。这导致了"国家暴力起因与防止委员会"(the National Commission on the Causes and Prevention of Violence)的诞生。经过长期研究,15 套研究报告相继出版,其中最具代表性的是由贝克和波尔(R. K. Baker&S. J. Ball)编的《暴力与媒介》,总体结论是,电视暴力内容教会了观众如何热衷于暴力,他们还作了一系列的评论,希望减少电视暴力的影响。70 年代关于电视这一大众媒体的社会影响研究更加广泛,投资更大。一项由美国公共卫生局的电视与社会行为科学咨询委员会(Surgeon General's Committee on Television and Social Behavior)赞助的研究项目发表了综合系列报告。在《电视与成长》(Television and Behavior)一文里,该项目报告阐述了他们的研究要点:

> 颇为集中、可观的证据显示,在观看暴力和儿童的攻击性之间,存在着短期的因果关系⋯⋯在实地调查中很少有明显的证据⋯⋯某些长期的攻击性行为,倾向发生在观看暴力节目之后。由于这种"集中、可观"⋯⋯为两者之间的偶然性关联提供了初步的证据。

研究报告的结论说得比较委婉,但以下则强化了他们的观点:"任何关于电视暴力诱发攻击行为的结论,仅适用于那些原本就有某种倾向的儿童。"这一项目在当时确实产生了很大的影响。与此同时,三大电视网也开始投资电视效果研究。CBS 投资了两个项目:一是观看电视与反社会行为之间的关系;二是在英国进行跨区域研究,探讨观看电视与反社会行为如损坏财物、伤害他人之间的关系。ABC 资助两位心理学家进行一系列研究;NBC 也开始了大量的小组研究,不过他们的调查报告直到 1983 年才发表。

除了研究电视暴力之外,色情的反社会影响则缺乏足够的研究。据美国淫秽与色情内容调查委员会(The Commission on Obscenity and Pornography)1970 年发表的调查报告,色情不能确定为反社会因素。这一结论在当时的政界引起了争论,很多人表示不相信。调查由于使用的是量化分析,所以所要研究问题的

复杂性不能全部体现出来。

经验主义电视文化研究的另一个常见理论是"使用与满足"。

"使用与满足"研究(uses and gratifications approach)起源于20世纪40年代,60年代以前,其研究方法缺乏严密的调查分析程序,因此一直未被学术界认可。60年代以后其价值才逐步受到肯定,较有代表性的研究是麦奎尔等人于1969年开始进行的对电视节目的调查。按照温达尔(S. Windahl)的说法,使用与满足分析与传统的效果分析基本的区别在于,后者是立足于传播者进行的研究,而前者则是立足于受众所进行的研究。费斯克对使用与满足的理论基础进行了概括,他指出,这一研究方法的基础是:相信每个受众都有一套复杂的需求,他们会借助大众媒介来寻求对这些需求的满足,当然这些需求也可以经由其他途径得到满足,如休假、运动、嗜好、工作等。这一研究模式有一个基本假设,即它认为受众与发出信息的传播者至少是一样主动的。同时,它还暗示,讯息是由受众产生的,与发出讯息的人无关。"使用与满足"研究的操作流程表现为以下几个方面:首先,研究者要求焦点团体或被调查对象写一篇关于媒体使用理由的短文,然后依据他们的陈述,建立一个密封的李克特量表,该表采用多重变异统计技巧,例如,列有不同满足层次的要素分析。格林伯格(B. S. Greenberg)在1974年一项有关英国儿童和青年的研究中,描述了收集使用与满足资料的方式。其第一步是让英国青年写一篇题为《我为什么看电视》的文章。对这些文章进行内容分析后,列出8个看电视的理由:消磨时间、娱乐、学习、认识自我、刺激、放松、找个伴儿、习惯。每个理由分别有3~4种较确切的陈述,这样综合起来就有34项陈述,例如,"看电视使我得到放松""看电视能解除烦恼"等,每一个理由都分"许多""一些""不多""一点儿也不"。对于8个理由每一个实验对象都会得到一个分数。得分4认为该理由接近他(或她)的回答,得分1则相反。透过这次分析,可看出"习惯"是最普遍的理由,"忘却"则反之。另外,从年龄角度分析每个得分发现:年龄越小,每个因素的得分越高,这说明儿童比较诚实可信。最后,研究得出一个结论,即每个因素得分与媒体使用的量、攻击性态度、电视观点以及认可统计变数有关。

尽管不同的研究者对"满足"作了不同的分类、贴上不同的标签,但其中还是有相当程度的共识。麦奎尔列出了四大类别,他认为这是使用与满足研究模式所常碰到的类型:①转移(diversion)——从一成不变的规则中逃避出来;从繁重的负担中逃避出来;情绪上的解脱。所有的研究都显示媒介观众有类似的逃避。②个人人际关系(personal relationship)——作为陪伴,这是早在20世纪50年代就已被证实寂寞或发展现实外交有困难的人,他们在现实生活中无法得到满足,常常转而在电视这样的媒体中获得满足;另外作为社会用途,电视可以提供交谈的话题。媒体提供共有的经验、可共享的话题,使得社交的互动变得更为容易。如果大家都看了某个电视节目,而自己没看,就会由此有被隔离的感觉。③个人认同(personal identity)——首先是作为个人身份的参考,它是指观众如何把节目当作自己真实生活的参照标准,观众将自己或身边的人与电视中的人相比,有时发现身边的人与电视中的人很相近,并会对身边的人产生与电视中的人相同的态度和情感。其次是作为对现实的解释,指的是利用节目来帮助观众了解他们自己的生活,从中找到生活中相类似问题的解决方法;最后是价值的强化,这是一种观念的认同,从中观众明白了家庭生活应该是什么样子,什么是合理的家庭关系。④监视(surveillance)——研究发现,"意见领袖"通常都是利用媒介来取得信息以维系他们所扮演的社会角色。

使用与满足的早期研究倾向于描述,到了 70 年代中期学者们开始注重理论建构。罗森格伦(K. E. Rosengren)在早期的理论建构中具有代表性,他的主要观点是,观众固有的基本需要与个性,与个人产生问题、解决问题的社会环境有关。问题及解决方式可构成不同的动机,不同的动机又导致不同的满足行为,诸如使用媒体和别的活动。由于使用媒体或别的行为会产生满足感(或非满足感),这种满足感又影响了个人或社会,于是新一轮使用与满足过程又开始了。在满足模式里,中心的概念是"受众获得满足",相关的预前变数有:媒体结构、媒体技术、社会环境、心理因素、需要、价值和信念,等等。与满足的结果有关的变数有媒体或非媒体消费行为、个人获得的满足感。虽然满足的要求在地区上存在差异,以至于有时无法对"使用满足"作出圆满的解释,但总体来说,使用满足模式有助于人们理解电视传播过程。使用与满足模式是受众中心的研究模式,因此,受众的心理需求成为其研究重点。根据这一理论,个人在不同情境的社会中,有不同层次的需求,其中某些需求如果不能用替代方法满足,则会以接触大众媒介内容得到满足。个人知道自己的需求是什么,他除了考虑何种媒介能够满足某种需求外,还会衡量媒介是否唾手可得、是否使用方便、是否有更好的替代品。凯茨和古利维奇(Kats and Gurevitch)在对以色列人休闲方式进行调查时发现,各类传播媒介在满足不同需求时,略有重叠。大体而言,受教育程度高的人偏向于阅读书报,而受教育程度底的人偏向于使用电视。凯茨将各类文化活动按室内与室外、高级文化与通俗文化加以划分,发现受众文化消费的一些规律。然而,这也同时暴露了使用与满足理论的不足,即关键是其专注于文化消费,最多只能说明大众社会中文化消费的实际情况,但却对媒介文化的生产情况未加涉及,同时对媒介信息传播的符号化过程、意识形态制约、受众的符号解读等方面都未涉及。

第三节　受众民族志研究

民族志(ethnography)方法来源于人类学研究,它试图进入一个特定的群体的文化内部去寻找观众意义生产的过程。费斯克等学者早就看出,符号学和结构主义的弱点在于过于相信文本的意义,由文本推论社会结构,因此忽略了观众或读者才是连接文本与社会的事实。只有通过解读行为或过程,文本才会与社会交汇。民族志的研究即是要探讨这一过程。莫利是这一方法的早期倡导者,他指出,电视的民族志研究的起点应当是家庭,"因为涉及电视的活动都是在这里创造出来的,而说明或接合看电视之意义,大抵也于此完成。住户与家庭都是外在更大社会与文化环境之产物,透过了它的日常互动类型、透过了它自身的内部关系体系,以及它自己的合法性与认同形构之文化,在提供了探究自然情境下,意义之生产与消费的最佳实验室。""我们必须详细考察传播过程,而且要在情况许可的前提下,在真实的空间和时间里,采取一个广泛的方志学(民族志)立场,然后检视日常活动的局限及行动交相更替的过程,与此同时,我们尚需研究个人与团体之行事过程与作风,因为他们参与了社会性意义之生产与消费"①莫利将电视研究从单纯的文本研究推向了一个更为广泛的天地。在他看来,凡是与电视观众相关的环境与行动都成为民族志研究的要素。

以往的文化研究从符号学和结构主义的立场出发,过分高估了文本助长主流解读和偏好解读的力量,同时也低估了受众从其所处的社会情境来解读文本的能力。莫利感兴趣的是霍尔"制码/解码"理论中的一段论述:"观众不同的解码是其阶级立场的结果"。在实证调查中莫利发现,多数观众对电视节目的解读验证了霍尔的观点,即接受行为受制于观众所处的阶层。但也有例外,如中产阶级的银行经理与工人阶级的学徒,其解读立场竟然是一样的,都处于偏好立场,按照霍尔的解释,中产阶级的偏好立场的解读来自其政治立场,而工人阶级的学徒也采取偏好解读的立场完全是因为他们盲目选择和随大流。这一结论后来莫利自己也承认有很多缺陷。显然受测对象脱离典型的、真实的传播环境如家庭、夜晚等。1986 年莫利在文学民族志学研究的启发下对电视观众研究进行了调整,在研究家庭观看电视的方式时,他发现观众所处的社会情境差不多一样重要。以性别而言,看电视是都市中下阶层家庭性别政治的一部分,看电视这一活动助长了男性权力。电视遥控器几乎毫无例外地放置在丈夫座椅的把手上,

---

① 　大卫·莫利.电视、观众与文化研究[M].张锦华,译.台北:远流出版事业股份有限公司,1995.

他的权力施展于三方面:看什么、如何看、如何评价。

在家庭电视收视行为中,男性的观看喜好成了中心。调查显示,男性一般偏好以事实为基础的节目,如新闻、体育、纪录片等;即使看电视剧也倾向于选择写实一类的片子,也就是说,他们要在片中能辨别出真实的他们所熟悉的世界。他们也喜欢动作片,这与他们崇尚力量有关。女性偏好的是家庭剧、肥皂剧、文艺爱情片等,着重于描写人际关系而非动作的节目,这些节目所传达的是情绪和反应的内心世界,而不是男人的外在世界。在看电视的形式上男性也起着主导作用。对男性而言,家是休息的场所,在家里,他可以得到工作以后的放松,甚至放纵,所以他喜欢将自己完全丢给电视机专心地看电视。但对于女性来说,家却是工作的地方,她必须把看电视和她的家务放在一起,除了忙家务以外,她还要与丈夫、孩子交流,所以她不可能很专心地看电视,她们总在看电视时还干着其他事情。莫利认为,这种看起来漫不经心的观看行为,常使丈夫抱怨。不同的内容选择、不同的观看习惯,造成男性在电视接受活动中的权威地位。很显然,观看行为方式是社会造成的,即由工作安排造成的,并不是和性别属性一样与生俱来,职业妇女看电视的方式与男性就无多大差异。男性主导的情形甚至延伸到对节目的评价,于是,男性喜欢的节目是严肃的、高雅的,女性喜欢的节目则是通俗的、轻松的、琐碎无聊的。在莫利看来,批评性的价值判断和社会地位的关系绝非偶然如此巧合,因为贬低女性文化品位正是贬低女性社会地位的另一种方式。然而,必须注意的是,女性常常将男性的价值观加以内化和认同,反过来贬低自己的文化品位。意识形态在这一过程中不知不觉地发生了变化。

贺吉与特里普(R. Hodge & D. Tripp)在对澳大利亚一所小学的小学生进行民族志调查时发现,这些小学生用一种特别的方式来解读一部电视肥皂剧《囚犯》。这部电视剧的故事背景是一座女子监狱,剧情以囚犯与监狱警察之间的关系为中心。随着剧情的发展,小学生们解读出他们自己的意义。原来他们将自己的学校与剧中的监狱进行了类比,发现电视剧的隐喻结构与学校情形十分相像:二者的设计都是为教化其管辖者成为社会所希望的成员,而非个人自己所希望的模样;无论在监狱还是在学校里,都让人感觉到围墙外才是真实的生活。监狱和学校都企图控制所管辖者生活中的每一个层面,却都在某些领域中遭到反抗;监狱警察和学校老师有相似的类型——凶悍型、善良型等。囚犯与学生也有同样的行为方式,如在监控下作出各种小动作等,相似之处非常多。这里我们可以看出,文本解读显然难以发现这些内容。这些有关学校的意义是电视台与学校所始料不及的,只有在电视文本与观看者所处的社会情境接合时才能产生。这一民族志的发现后为事实所证明,许多学校老师和家长写信给电视台,抱怨这一节目教会学生不守规矩,与老师作对,使学校工作难以开展。民族志的研究是把观众所处的社会地位和环境与他们的阅读行为结合起来考察,观众的知识和文化结构影响到他的话语选择范围和类型。学术界常常喜欢将宜安(Ien Ang)的研究著作《收看＜豪门恩怨＞》作为民族志研究的经典个案引述。宜安是澳大利亚西澳大学的教授,她 1985 年在英国出版的《收看＜豪门恩怨＞》一书,采用民族志研究方法,通过对欧洲观众解读行为的观察来探寻意义的产生过程,从中了解欧洲观众解读活动中,什么样的意义是文本和受社会情境所制约的读者所优先期待的、他们会作出怎样的解读。宜安偏重于观察电视与家庭环境、社会情境、个人知识结构和生活方式的关系,以及电视剧与观众之间的意识形态转换问题。

20 世纪 80 年代,美国电视连续剧《豪门恩怨》(Dallas)在欧洲十分流行,各个阶层的人都在观看这部电视剧,虽然喜欢与厌恶存在着很大差异,但无论是喜欢还是不喜欢,欧洲的许多观众都接受了知识分子对待大众文化的立场和态度。宜安觉得这是一个非常有趣的现象,她通过在欧洲报纸上登广告的方法,得到了一些欧洲观众的支持,一些观众在给她的信中表达了他们对《豪门恩怨》的态度。通过民族志式的调查研究她发现三种人可以大体代表这部电视剧的观众群体:喜欢、不喜欢、嘲讽。"不喜欢《达拉斯》(《豪门恩怨》)的人们的来信不仅语气极为肯定和自信,而且颇多愠怒、不快和义愤。这些人似乎不光是不喜欢《达拉斯》,简直是激愤不已。他们许多人还用激烈的语言评判这个节目,好像要加倍强调他们的仇恨:'一钱不值的垃圾','无聊乏味的连续剧','一派胡言','骗局','可恶','烦人','糟透了','疯了','可笑','恶心',等等。"[1]对于持否定态度的观众而言,他们既然不喜欢,为何还要一集不拉地观看? 宜安对欧洲社会意识形态的总体特征进行了考察,发现知识分子的意识形态在社会大众意识中影响很大,但这种影响只是停留在感性层面而未深入到理性层面,社会大众的感性经验告诉自己美国的大众文化不好,但观看该剧却发现剧情很吸引人,所以当被问及对该剧的态度时,口是心非也就成了自然而然的事情,表明自己的态度,显示立场未改变,品位未降低,同时也获得一种安全感。但由此也可以看出,纯粹依据问卷调查数据往往是不可靠的。

对于那些持嘲讽态度的观众而言,其观看时的心理也很复杂,与说不喜欢的观众有许多相似之处,他们也是把这种态度的表达作为一种心理平衡方法,他们首先认定《豪门恩怨》是一部美国制造的大众文化产品,这显然是理性的,然而,他们又被其故事所吸引,知识分子的立场需要他们超脱这一大众文化,于是居高临下地进行评论是一种较好的策略,所以嘲讽也就成了必然的选择。这类似于

---

① 罗纲,刘象愚. 文化研究读本[M].北京:中国社会科学出版社,2000.

"批判地接受"。

喜欢《豪门恩怨》的观众,虽然也跟别人一样认为这不是一部高雅的电视剧,但他们却抵挡不住诱惑,于是干脆认同这种文化产品。喜欢符合大多数市民观众的心理实际。欧洲观众对美国电视文化产品的敌对态度起源于知识分子话语以及欧洲占支配地位的知识分子意识形态。这种意识形态使广大观众有一种精神的负罪感。明明喜欢却不愿或不敢自由表达,这说明主流的意识形态已完全控制欧洲大众文化消费者的灵魂。从马克思主义的观点来看,文化商品在市场的目的就是为了获取巨额商业利润,这是由市场规律决定的。文化产品的质量和特点是次要的。生产者看重的是电视文化产品的交换价值,即是否能为资本家牟取巨额利润。就观众而言,娱乐是他们的需要,娱乐是一种简单的不复杂的快感,经常是中性和自发性的。宜安认为快感是观众收看电视过程中不能回避的。《豪门恩怨》给观众带来文化消费的快感,所以,尽管有着知识分子意识形态的压力,但是他们仍乐此不疲。电视剧情节中的叙事结构是他们熟悉的"俗套",这些"俗套"所包含的隐喻是观众一眼就能辨别出来的,因此,在观看过程中很容易就可以获得一种阅读快感。观众需要这种快感,这是由其潜意识经验决定的,并不因为它是美国货,有些知识分子观众也不拒绝就说明了这一点。

宜安指出,所谓观众,并不只是收看同一节目的所有人之集合体。作为民族志学者,他的主要职责是说明、解释这些规则,毕竟这个活动是由这些规则控制的。莫利作出进一步的说明,"日常生活这样的世界,并非透过一副眼镜就可以看穿,若是从单一的角度观察,也很难让人满意。透视日常生活,若要让人满意,必须远近高低、左右上下取角,而我们亦须从主体之里里外外的辩证过程,加以逼近理解:传记、人格、意义、行动、空间、时间、时机与物质限制。"①很多学者都认为,实际研究中要想厘清日常生活的脉络是很困难的。也有学者认为,电视传播本质上是一个家庭内的活动:人们通常在私人化的、熟悉的环境里接受讯息这是事实,这样的事实显示这些讯息的使用及选择,将受到当下、立即的周围气氛、环境的塑造。更有较新的观点认为,现代科技变迁,已经改变了媒介的传播体系,这也就是说,人们可以编辑、修改、重新编排或跳过某些讯息,而这些讯息原本的形式为何,完全可以弃之不顾。因此研究的出发点是先搞清日常生活中"人们组织其经验的一般原则是什么"。宜安十分推崇"情境至上观",根据她的观点,分析的优先权应该给予看电视的具体情境,即"看电视的微观情境的分析,应该优先于个别式的'看电视行为',也应该优先于总体化而有如分类学的集体名词'电视受众'"。总体而言,民族志的电视研究有两个社会层面的问题

---

① 大卫·莫利.电视、观众与文化研究[M].张锦华,译.台北:远流出版事业股份有限公司,1995.

需要探讨:宏观层面是社会结构,是整个社会体系中权利与资源的分配;微观层面则是人们每天所经验的日常生活。民族志研究必须把符号学的知识吸收进来,将文本结构与社会结构联系起来加以解读。

第四节 电视与行为研究

20世纪70年代,美国社会的犯罪率居高不下,在当时也没有什么具体的办法来解决这一问题。社会上很多人认为电视是唯一的罪魁祸首。80年代也出现了一些新问题,越来越多的妇女重新走上工作岗位,儿童只能与电视为伴,电视与儿童相伴的时间也成倍增加。如何考察电视与儿童的行为成为一项重大课题,有鉴于此,大卫·波尔(David Pearl)对此进行了深入研究,并形成《电视与行为:十年科学研究的演进和80年代的启示》的研究报告(简称《电视与行为研究报告》),对这一问题作了系统的回答。该报告由两部分组成:第一部分包括暴力和亲社会行为以及对认知、情感方面的影响;第二部分包括电视对健康、家庭、社会信仰和美国社会结构的影响。

一、电视与暴力

该报告以大量的篇幅对电视与暴力作了终结性论述。

(一) 电视暴力的影响

大多数学者都赞同电视暴力和攻击性行为之间有因果关系。欣格夫妇(J. L. Singer&D. G. Singer)以一年时间针对3~4岁儿童作了两项研究。他们谨慎地在四个不同时间测量许多变数,结果发现,儿童的游戏行为受其在家中所看电视的影响很明显,他们还发现常看电视暴力内容与儿童玩耍时的暴力内容之间存在相关性。另一个重要的跨越5年的研究项目是由麦卡锡(E. D. McCarthy)等人进行的。在这项研究中从732个样本显示电视暴力与攻击性行为有关。资料中凡是儿童的攻击性行为(如与同伴打架、与父母吵架、犯罪行为)都与电视暴力有着显著正相关。此后,艾龙和休斯曼(L. D. Eron & L. R. Huesmann)在美国、芬兰、波兰所作的研究,贝尔森(W. Belson)在英国针对1650名小学生所作的研究都证实了这一结论。但也有人对此表示异议。争议的焦点在于确定标准的宽严上。米拉夫斯基(J. R. Milasvsky)等人研究所定的标准就与此不同。在由NBC提供名为"电视与行为"的这一项目中米拉夫斯基等人将儿童暴力行为限定为"事先知道会造成伤害的肉体或言语的暴行、并非玩耍中因意外而产生之伤害"这一定义较其他研究的定义要严格得多。研究者在 3 年间 6 次测验小学生的攻击性行为,5 次测验高中男生的行为。由于研究者只是选择他们所认定的暴力节目,结果学生暴力行为与电视暴力节目之间只存在不强的正相关。

(二) 促使电视暴力与儿童攻击性行为之间发生关系的原因

从事"暴力与行为"研究的学者发现,观察性学习、态度改变、生理的刺激和正当化的过程可能是促成电视暴力与儿童攻击性行为之间发生关系的主要因素。所谓观察性学习,是指儿童从电视上学习到暴力的行为就如他们观察父母、兄弟和同伴学习认知和社会技巧的方法一样。研究发现,观察性学习与年龄等因素有关,有资料表明,大约小到两岁的儿童就开始模仿电视上的行为。另外,重要相关因素是与电视中的人物认同情况。研究发现,不论男孩女孩都认同男性形象或女性形象,不论是黑人小孩还是白人小孩都认同电视中的黑人形象或白人形象。可以说,只要他们认为是重要的角色,他们都热衷于模仿。研究者引入认知心理学知识加以分析,结果发现,儿童观看了大量的暴力节目后会存储记忆,然后在合适的时机模仿学习到的行为,即使在情境中一些毫不相干的线索(如颜色)都可能触发动机。儿童若想象到电视中的暴力镜头可以解决问题,在遇到相似问题时他便会模仿电视中人物的语言和行动方法来解决问题。电视暴力内容也可能通过改变儿童的态度去影响他们的行为。研究已经显示儿童观看有暴力倾向的内容越多,就越对攻击性行为采取正面的态度,看电视越多者越容易认为暴力行为是司空见惯、习以为常的。研究人员运用控制实验法将常看电视的儿童分成控制组和实验组。对实验组儿童进行一系列减低电视暴力影响的操纵,控制组则仅看一些非暴力的教育片段,然后对内容进行讨论。结果发现,看电视暴力内容多的儿童指认电视暴力的敏感性明显低于控制组儿童。这在某种程度上说明,随着观看电视时间的延长对电视暴力的态度也会发生变化。另外,研究中部分学者还产生了其他一些结论,诸如:过度的暴力刺激会使儿童产生多动症;观看电视暴力越多会使儿童产生罪恶感,因此不会产生攻击性行为;观看电视暴力成为发泄攻击欲望的途径,这样,电视暴力就成了一个净化器;过度地观看电视暴力会使其陷入一种麻痹状态,使其认知的敏感度降低。不过这些说法均不是主流观点。主流研究结果都不支持这些理论。

(三) 电视暴力指标

对电视暴力的研究涉及的一个问题是关于暴力指标的测量。西方学术界有两种测量体系在 20 世纪 80 年代的项目中应用较为广泛。第一种是让受训的登录员以特定的方式进行内容分析;第二种是让观众评估电视节目中的暴力成分。

最具深度的内容分析是由格伯纳发明的"文化指标"。他的研究过程分为两部分,第一部分叫作"讯息系统分析",包括了每年分析一个星期黄金时段和周末白天的电视剧;第二部分称作"培养分析",分析观众对事实的认知如何受电视的影响。关于格伯纳研究的具体内容我们已在上一节中作了介绍,这里不再赘述。

(四) 电视暴力的发展趋势

电视研究的历史显示,电视暴力不论在哪个电视台、哪个时段或哪个节目类型,它的出现情况都十分固定。事实上,根据大卫·波尔等人从 1967—1979 年秋季和春季对 1603 个抽样样本的分析,自 1967 年以来,无论是黄金时段的节目还是其他时段的节目,暴力或暴力倾向的内容都没有显著的变化。每个节目中包含暴力的次数也呈现类似的趋势,但在时间的间隔上有些差异。对所有的电视节目而言,每年节目中暴力的次数平均没有显著差异。但仅就黄金时段而言,这个数字则稍有增加之趋势。在这期间也有几年稍微偏高或偏底,整体而言,电视暴力的比例比较稳定,电视业依靠暴力提高收视率看来是一种普遍倾向。

二、电视与亲社会行为

与暴力和色情这些反社会力量相对的亲社会力量也受到当时的学术界的关注。20 世纪 70 年代美国儿童电视系列片《芝麻街》①的成功,对此类研究起到了推波助澜的作用,为研究儿童节目拉开了序幕。关于《芝麻街》的调查发现,这一系列节目有助于学龄前儿童做好上学准备,不过在缩小优等生与劣等生之间的知识差距方面,并不十分成功。另外,当时的学术界对其他节目的亲社会影响也作了研究。例如,CBS 的研究小组调查了儿童节目,发现这些节目有助于儿童培养良好的品德和习惯。

20 世纪 70 年代,美国学者拉西顿(J. P. Rushton)将电视中的亲社会行为分成以下 4 大类:①利他行为,包括慷慨、帮助以及合作等;②友好行为;③自我控制行为,包括抗拒诱惑和正确对待奖励等;④协助成人和儿童克服害怕的行为。拉西顿运用控制实验法和实地调查

---

① 《芝麻街》是美国公共广播协会(PBS)制作播出的儿童教育电视节目,该节目于 1969 年在全国教育电视台(PBS 的前身)上首次播出。它是迄今为止,获得艾美奖奖项最多的一个儿童节目。

法研究了 42 个具体个案,发现结果都惊人得相似。

(一)利他行为

相关的研究证实儿童在观看电视节目中的善良举动之后,也会产生效仿的行为。布里恩(J. H. Bryan)在他的《儿童互助与合作行为》一文中曾提到研究过程,在一系列的控制实验中,数百名 6 年级至 9 年级的学生都观看了一段电视片,片中描述了一名儿童参加保龄球比赛得了奖。其中一组看到的内容显示该儿童将比赛获得的奖金捐献给了慈善机构,另一组则未看到这一段。接着当慈善机构来要大家捐款时,看了那段内容的学生比没看那段内容的学生捐得要多。另一个相类似的实验也证实 5 ~ 7 岁的儿童会模仿电视上的行为,慷慨地分享糖果和金钱。与这些实验室研究相对,拉西顿所进行的田野调查也支持电视影响儿童利他行为的结论。

(二)与他人友好相处

报告指出,儿童在看了黑人角色的《芝麻街》节目后会比较倾向于与黑人儿童玩耍,这一结论在加拿大几项调查中都得到了证实。另一个富有戏剧性的调查发现,幼儿园中性格孤僻的儿童在看了有关电视节目以后,性格有所改变。研究者挑选了 13 位极端孤僻的儿童作为研究对象,实验组的儿童观看了一段特别制作的节目,片中描述幼儿园儿童因主动与别人交往而受到奖励的情节,控制组的儿童观看了一部关于海豚的片子。研究结果显示,实验组儿童在观看片子以后,平均每天和他人说话的次数从 2 次增加到 12 次,控制组儿童则没有增加。由此可见,电视确实对增进儿童与他人交往有帮助。

(三)消除恐惧感的效果

报告中有 14 篇探讨电视能否消除恐惧感的文章,涉及的研究对象包括成人和儿童。儿童普遍比较胆怯,接触电视后情况发生了变化。较早的研究是做电视使儿童消除对狗、蛇等动物的恐惧感。控制实验的结果显示,电视能够消除儿童对动物的恐惧感。在针对 60 位医院中儿童病人的实验中也得出同样的结论。这 60 位儿童即将接受疝气、扁桃腺等的外科手术。研究人员将他们分成两组,实验组儿童观看一部反映一个儿童住院开刀的情形,而控制组则看了一部不相干的片子。虽然事先医院医生对两组儿童的反应都做了心理上的准备,但结果仍使他们大吃一惊:实验组儿童对手术的恐惧明显降低,控制组儿童则多表现出害怕的行为。这说明长期观看电视,儿童的视野开阔,自然也就不再怕生,在面对各种挑战时就会表现出勇敢的精神。人们长期观看电视渐渐会对电视中的是是非非习以为常,观念也随之发生变化,暴力等反社会因素会对观众产生负面影响,同时,电视中的亲社会内容也会对观众产生积极的影响。

三、电视与认识、情感行为

电视效果实际上是长期效果。20 世纪 70 年代以来普遍的观点是应以一种更宽的角度来研究电视。在西方,儿童一出世差不多就生活在电视包围的世界里。美国有一部电影叫作《楚门的世界》(The Truman Show),讲的是一个生活在由电视虚构的现代社会中人的喜怒哀乐的故事。人们长期生活在电视包围的世界里,久而久之认知、情感等方面都会或多或少受电视的影响。那么,电视对儿童认知究竟有哪些影响呢?"电视与行为"项目系统研究了认知过程、电视形式和符码的影响、生理受刺激及其反应等问题。

看电视的过程离不开认知、理解和记忆,观众如何进行这三部曲很值得研究。是什么原因吸引儿童坐在电视机前?研究者通过观察发现,对电视的注意首先受年龄因素的影响,随着年龄的增大,儿童看电视的注意力会不断提高;其次是受节目形态的影响,他们会根据节目特征而改变注意。例如,他们特别会注意到女性角色形象、女性和小孩的声音、奇特的声音、动作与画面的改变,特殊的音效等。儿童并非什么节目都看,而是主动且有选择性地观看,他们会随着对节目内容的感觉而改变他们的注意力。此外,儿童在理解力上也有很大差异,年龄小的儿童不大明白所看的内容,随着年龄的增加,理解能力增强了,也就越来越喜欢看电视,通常他们记住的是静止的画面而不能理解画面与画面之间的关联。进入成年后,观众通常根据情节来看电视。这随之也产生一个问题,即当电视里播放有暴力内容的画面时,儿童记住的只是静止的暴力画面,而对画面前后因果联系不理解,所以也就无法建立起他们的是非观念,然而这恰恰是最重要的。

电视是一种特殊的媒体,它的声像效果是其他媒体无法企及的,电视媒介的形式和符码在 20 世纪 70 年代成为研究者的新兴趣所在。一些学者相信电视影响有一部分是源于内容和形式,例如就形式而言,也许快镜头所产生的效果才使得暴力具有影响力,而一些慢镜头或许形式更利于传播亲社会内容。在"电视与行为"这一项目中有学者曾做过实验。第一个实验挑选了三种节目:①暴力与动作成分均高;②暴力成分低但动作成分高;③暴力与动作成分均低。第二个实验则采取暴力节目中间穿插三种形式广告——动作、速度、视觉特技效果,在广告和节目中均不含暴力。研究对象均为学龄前儿童,实验前后都是在一个充满儿童玩具的屋子里进行的。虽然研究所使用的广告和节目材料在内容和形式上有所差异,但是两个实验同样显示:动作成分高的节目比动作成分低的节目或广告更能引发攻击性行为。所以即使在没有暴力可模仿的情况下,高度动作形式的节目也会引发攻击性行为,因为快的动作提高了注意力;另一种合理的解释是儿童由于理解能力所限,会将动作和暴力联想在一起。因而,即使观看没有暴力内容但镜头变化快的节目,也会产生与面对暴力节目时同样的反应。

关于电视刺激的效果研究也在 20 世纪 70 年代开始盛行,当时心理学界有一些理论被借鉴过来,在所谓"行为、激化、情绪"三理论中,刺激被定义为"受到独立方法指引产生一种强化行为的单一力量",所以,激发可以被视为一种强化剂,却非指南,它通常是依据已有的行为模式刺激人去行动。至于激发的来源,研究者中有不同意见,有些认为其源于大脑网状活化系统,另一些则认为是自律的神经系统所致。活化系统的皮质刺激牵涉到注意力、灵敏度、认知和警觉,而自律的神经系统刺激则与情绪和情感有关。两者之间的相关程度很高,但测量方法却不相同。皮质刺激通常是用脑波记录仪的图表测量,而自律刺激则通常以血压、心跳、血管、收缩和皮肤导电系数来测量。

这样,研究者们开始解答人们普遍关注的一个问题,即电视到底能不能起到放松精神、减轻压力的作用?

从刺激角度来看,电视可以让人放松似乎是很容易找到答案的,神经精神病研究已指出,一个紧张的人他的不正常的紧张状态会持续一段时间,持续的刺激全是由于心理因素,由于脑海中一直想着白天所发生的事,中断这种持续的刺激对身体非常有益。那么,电视能不能中断这种刺激呢? 研究显示,电视的"干扰能力"可以降低刺激,这显然只是一个笼统的结论,研究者并未考虑到内容因素。如果节目中出现了与观众白天遭遇事物相类似的事物,则根本无法使精神得到放松。在研究的一个实验中可以看出这一点。在实验中两组成人被分别安排观看暴力和非暴力节目,结果显示,观看暴力节目的人并未降低刺激的程度,而观看非暴力节目者则显著降低了。1976 年的一项研究显示,观众观看电视暴力会维持暴力倾向。近年来的研究也发现,白天工作压力大的人会选择看一些不刺激的节目,这或许是以往多年观看的经验使然。一般来说,观看一些轻松活泼的节目对于冲动或脾气暴躁的人有镇静的效果。从这一角度讲,看电视可以帮助控制反社会行为。

从电视内容和类型来说,悬念片、体育节目、球赛甚至喜剧片都能提升刺激的程度,而对男女均有持续刺激作用的则是色情片。将新闻和电视剧中出现的战争、天灾、暴力等刺激性内容相比较,就会发现,新闻中所出现的暴力远比电视片中出现的暴力影响持久,这是因为,观众认为新闻中的事件是真实可信的,这表明新闻报道的激发能力较强。那么,什么人最易受刺激呢? 研究表明,工作机械乏味、重复单调的人对内容丰富、充满暴力的节目反应较强烈,平时受刺激少的人从电视获得的快乐较多,从某种程度上来说,这类人就是为了寻找刺激才看电视。

"电视与行为"研究项目关于刺激的理论是假设以受到刺激的人如果再受到另一种刺激会更为激动。例如,害怕的情绪会强化愤怒的反应,而性刺激则会强化感伤。这在学术界被称为"刺激转换理论"。有些刺激转换产生于看了电视以后。观看电视暴力与攻击性行为有关,但这种影响可能是源于情节的刺激所引发,而非暴力本身。刺激转换理论对悬念片争取观众有很大的帮助,剧情首先要用引起悲痛所余留的情绪来感动观众,先前的反应越负面,则以后的情绪反应越强烈。这个原理可以总结为以下三个方面。

（1）打动人心的电视剧须有能引起强烈反应的刺激。

（2）一般来说,性和暴力是最主要的刺激。离开这两个要素,电视就平淡无味,无论是对儿童还是对成人,电视所描写的暴力或色情越逼真,引起的刺激反应越强。

（3）广告片要想吸引观众,须在刺激观众方面下功夫,如果限制了暴力的内容,那么色情成分就得增加,反之亦然。

高度的刺激可能会导致攻击性行为,但也不尽然。例如习惯性问题往往情况相对就复杂一些。20世纪70年代从好莱坞到各家电视台都大幅提高暴力、色情内容的水准,媒体部门认为随着时间的推移,人们的口味越来越刁,对电视刺激的逼真程度要求也越来越高。一些研究者则认为,观众长期受刺激已习惯成自然,一般的刺激已引起不了他们的兴趣,但果真如此吗? 1973年以前一些研究证实,长期不断接触电视暴力会增加对暴力的容忍度。1973年,研究小组系统地研究了这一问题。研究人员将一群5~14岁的男子分成两组。一组很少观看有暴力倾向的电视节目,而另一组则不断地观看暴力节目,在此之后,所有的儿童都观看一部暴力电影然后测量激发的情形。结果证实了关于刺激性内容与习惯性的假设。那些观看暴力内容较多的儿童对暴力电影的反应较为冷淡。研究人员不能排除某些特殊个案,例如某些人对暴力内容有特别的嗜好,即使看了很多暴力内容,对暴力片仍然兴趣不减。因此,须借助长期的观察才能有全面的了解。

对观众观看色情内容所受的刺激的研究显示,常观看色情内容的成年男子比不常看的成年男子在受刺激反应的程度上显得要差一些,甚至有的受测者宁愿选择阅读《读者》一类的刊物来读。不过,8周以后,以前常看色情内容的受测者又对色情刺激有高度的反应。据此,研究者得出如下结论:长期不间断地接触刺激内容会显著地降低对刺激的反应,停止一段时间以后反应又会自然恢复如初。

关于电视与人的情感、情绪的研究,"电视与行为"所作的阐述并不多,作过的研究有这样一些主题：情绪的辨认、对人物的情绪反应、对电视的情绪反应以及个人状况和媒介的使用。辨认情绪的能力有助于对电视内容的理解。儿童只能辨认出部分情绪如高兴、生气、悲伤、害怕，他们不能辨认成人复杂的情感如蔑视、嘲讽等。一些研究发现，电视会引起儿童的情绪反应，常见的有高兴、惊讶、害怕、悲伤等。内容和年龄因素会影响观众的情绪反应。年纪小的观众往往对动作片反应强烈，年龄大的不仅对动作片而且对爱情一类的文艺片也有较强的反应。情绪的反应通常在停止观赏后立即产生，而且有时会持续数小时之久，这个结果与半个世纪前佩恩基金研究的结果不谋而合。另外，一些研究还显示，高中生和大学生对电视中的人物有强烈的情绪依恋，而且这种情形通常会持续一段时间。其他的研究则发现儿童很显然地会比较喜爱某些人物。观众喜欢的人物大多与他们自己相近，不过人物在节目中的份量及其他因素也是影响观众对其喜爱与否的重要因素。而青春期少年对偶像的崇拜多少也包含了情绪的成分。

四、电视与健康、家庭、社会信仰及其他

根据格伯纳等人的统计，美国人每周看约 30 个小时的电视，电视在健康、家庭生活、性别角色、少数民族的地位、信仰等方面扮演着不可或缺的角色。首先，健康一直是美国人关心的问题。"电视与行为"研究报告有 3 篇内容与此有关。第一篇讨论电视内容，重点在于有关健康行为的描述，第二篇探讨增进健康的电视宣传；第三篇则分析有关机构内（如精神病院、敬老院等）人员使用电视的情形以及电视对其的影响。在格伯纳、摩尔根（Michael Morgan）、西格诺瑞利（Nancy Signorielli）等人合作完成的一篇名为《描述健康的节目：观众看、说和做什么》的报告中显示，观众接受到鼓励用药的讯息 10 倍于警告滥用药物的信息；有些关于心脏疾病、抽烟及急救中心的公益广告对市民很有帮助，而有关主要健康问题如癌症、糖尿病等的防治却很少提及。以黄金时段的电视剧为例，节目中的主角很少有残疾的，他们多半被描述成年长者、反面角色或受害人；黄金时段主题有 17% 涉及精神病，大约 3% 的人物扮演的是精神病人。大多数情况下，精神病人被不公平地表现为有暴力倾向的人。

电视剧中有大量镜头是表现人们吃喝的，吃正餐和吃零食都各占约 40%，这与现实中倡导健康合理的饮食是不相协调的。电视上最常见的饮料是酒，酒出现的频率两倍于咖啡和茶。有抽烟喝酒、大吃大喝习惯的人却不会肥胖，电视传达了某种不正确的健康观念。在所有的电视节目中，白天播放的肥皂剧对健康的描述最多。几乎有半数的人物涉及有关健康问题，包括精神不正常、心脏病、怀孕、谋杀、自杀等，主要致命的则是谋杀、车祸、心脏病。肥皂剧对医疗的事

实常常加以扭曲,而且医疗人员出现的比例也过高。健康也是剧中谈论最多的话题。

该报告的结论认为,美国人对健康的态度主要决定因素在于"不愿相信致命的疾病会侵袭自己的家人"。作者指出,可能的因素是人们花太多的时间泡在电视机前,而所看到的电视中的人物却很少生病。研究还发现,看电视较多的儿童比少看电视者对医生的印象更接近电视中的形象;即使是成人,对医生的信心也较强,尤其是那些常看有医生出现的电视剧的人。因此,对医生的信心增强,与此同时对预防疾病的兴趣也在减弱。除此以外,看电视本身就对健康不利。这些虽然只是初步的结果,却证实了电视影响健康的潜在能力,并且需要更严谨和持续的研究。

至于家庭生活方面,"电视与行为"研究项目探讨了"看电视是否会影响家庭内部的关系""看电视会不会严重减少家人之间的交流机会""父母亲是否无法控制、是否应该干涉儿童看电视"等问题。通过内容分析法研究,发现看电视的蓝领阶层子弟可能会受影响,他们会认为自己的父母太无能、窝囊,成为人家的笑柄。而向上爬的主题则暗示成功很容易,而且轻易地便可以逃离劳工阶层。再者,电视所描述的理想家庭会让观众怀疑自己的家庭是否真的美满。实际上,研究者甚至假设观众看电视模仿其中人物解决家庭问题,有些学者相信电视会改变父母和子女行事的态度,但项目中却没有加以验证。

几乎所有的研究都同意,父母亲极关心电视的暴力和色情的内容,却很少去留意孩子看电视时间的长短,原因可能是父母低估了孩子看电视的时间以及看的内容。实际上,许多研究都发现儿童估计自己看电视的时间是他们父母估计的两倍。证据也显示,母亲们可能未察觉儿童对节目内容反应的程度,对同一个节目,儿童通常较母亲认知更多的暴力。实际上,做母亲的往往未能完全指认孩子在看过电视后所受的惊吓。此外,父母亲往往并不管制儿童看电视的时间和内容,39%的六年级学生说家里有一点规矩,18%的学生说他们看电视受到限制。实际的调查表明,9~14岁的儿童及其父母中有85%都回答儿童看电视时"没有"父母在场。

几乎每户家庭都花很多时间看电视,除了影响家人之间的亲密性以外,电视还影响家庭中的行为。电视所描述的行为成为家庭成员模仿的对象,这样,社会化的行为方式便被带进家庭中来,从而动摇原有的家庭行为方式。大多数人看电视都是与家人一起看,尼尔森的收视率调查资料显示,黄金时段有70%的家庭是父母子女同看,而周末早晨的儿童节目这个比例则降为20%。许多家庭拥有两台甚至多台电视机,这从某种程度上直接影响到家庭内的互动,看电视减少了家人间交谈的机会。资料显示,看电视是一项私人行为,即使是在一起观看,观众彼此仍是孤立的,这种交流障碍在拥有电视机多的家庭尤为突出。

看电视所产生的家庭冲突主要来源于选择频道。研究发现,绝大多数家庭父母听任子女选择频道,这与传统的尊老社会规范大不相同。其他的研究发现,针对儿童的广告常引起家庭冲突,因为儿童想要获得广告上的东西,家庭往往不能全部满足。在调查看电视与家庭紧张气氛的关系时发现,看电视能缓和家庭紧张关系。至于看电视所产生的负面影响,有一点不大为人们所关注,那就是长期观看电视造成个人的表达障碍,由于看电视不需要互动,听、看的能力提高了,儿童长期保持缄默,自然限制了其语言表达的发展。

另一个关于电视与家庭的话题是父母干涉对儿童看电视的影响。父母指导可以减少电视暴力,这一点已被证实,那么父母干预儿童看其他节目是否也有同样的效果呢? 1974 年的两项研究给出了一个肯定的答案。第一项研究以有智力障碍的学龄前儿童为对象,探讨父母帮助儿童学习的情形。结果发现那些有父母在身旁指导看《芝麻街》节目的儿童增加了认知学习的能力。在第二个相类似的研究中,276 位小学生的父母被要求与自己的孩子一同观看周六早晨的新闻并解释内容,结果发现父母在场的确刺激了儿童对新闻的注意力并且加强了记忆。研究者提出 6 种协助儿童培养良好收视习惯的方法供父母们参考:①限制时间,使儿童看电视的时间被控制在一个适当的范围内;②限制内容,让孩子少看不健康的内容,多看一些有益的内容;③有目的的收视,可以安排含有利于社会行为的节目给孩子看;④直接干预,对儿童的不正确的收视行为提出批评和解释;⑤间接干预,父母亲在孩子面前彼此检讨电视节目的内容以使孩子明白电视节目的好坏;⑥跳板技巧,父母可以对孩子显示如何将电视上有益的知识运用到生活中来。

在电视剧、肥皂剧、广告、动画片甚至新闻中描述了各色各样的人,这些描述都告诉我们,人是如何被分类和评价的,电视如何教导我们处理两性关系、如何对待种族和老人,如何训练儿童成为消费者,电视与儿童的社会信念,等等。针对这些内容大多数的研究均是采用内容分析法。因此,关于电视人物的资料不难获得。

对电视内容分析的最大发现是男性出现在电视中的概率远远大于女性,男性角色大约是女性角色的 3 倍。这一现象自 20 世纪 70 年代末始有改变。男女性的认识根据节目形态不同而有差异,情境戏剧、家庭剧和肥皂剧男女比例相当,但是动作片中男女比例则是 5∶1,周六早晨的卡通片是 4∶1。内容分析同时也分析了性别在年龄、职业和种族上的差异。女性人物平均较男性年轻,绝大多数女性都在 30 岁左右,而男性则比女性大 10 岁左右。黑人中男性出现的概率高于女性,西班牙裔的男性也远多于女性,只是他们出现的概率很底。

据统计,电视出现的职业以男性为最多。一项对周六早晨节目的研究发现,男性有42种不同的职业,而女性则仅有9种。另一项研究则发现,女性从事较卑贱工作的机会二倍于男性。不过70年代末,出现了一些担任重要工作的女性,她们通常都是单身或离婚。有些学者认为这类女性其实与以往相比并没有大的变化,因为她们常被描写成依赖男性,比较脆弱和神经质。大体上,男性多被描写成比较理性、聪明、独立、强壮、忍让和稳重。女性则比较温柔、迷人、善解人意,而且女性还承担另一个角色,那就是,男性的观赏对象——性感的尤物。20世纪70年代末,男性的角色也发生了变化,他们也常被描写成性的对象,常在动作过程中展示他们的魅力。

在大多数电视节目中很少有明显的色情镜头,但是,色情内容在20世纪70年代以来却有增无减,它们大多是以含蓄的方式出现,或遮遮掩掩,或口头暗示,形式多种多样。一个值得注意的现象是,性行为通常发生在未婚男女之间,出现的次数是已婚夫妇的5倍;与色情业女性发生性关系的情节仅次于未婚男女,以上这些占黄金时段所有涉及性的内容的70%。性行为通常与暴力结合在一起。警匪片中对性的口头暗示多涉及性犯罪。女性角色常常是受害人或以色诱人的从事色情服务的女子。

在对待家庭的态度上,女性要比男性认真得多,有研究证实,观众无法得知剧中男性是否已婚的比例为46%,女性则仅有11%无法分辨;男性角色有53%无从知晓是否有孩子,而女性这个比例则只有19%;研究者发现男女性角色的塑造均有成见成分在内,男性角色常谈论工作、理想、业务等话题,女性角色多谈论家庭、孩子、感情等话题,在任何情况下,男性总比女性容易取得成功。显然,电视的编创人员自己心中的固有印象在人物塑造中起了很大的作用。而对于观众而言,常看电视的人往往会在电视的"培养"下产生成见,不常看电视的人则成见相对较轻。如果在节目中扭转这种对性别刻板的成见,则会减轻观众对男女性别的社会成见。

儿童看电视常常是随意收看,有许多节目是为大人准备的,自然包含了性这样一些超越儿童理解范围的内容。由于儿童处在发育阶段,对性知识缺乏直接的感性认识,因此,电视中的逼真性内容,在儿童看来就是真实存在,这会影响他们对性、爱情的态度。电视的高度逼真也在某种程度上成为性知识的教科书。大量观看电视中的性镜头是否会使儿童性早熟,是否会影响他们的学习,项目中未加深入探讨。

内容分析涉及的主题中,对电视中种族的态度与观点的研究也是十分有价值的。研究发现,白人、黑人、西班牙裔、东方人、土著印地安人在电视中所占比例与现实中的情形大体相近。需要回答的问题是:①电视对少数民族的描述是否会影响儿童对少数民族的态度？②电视的描述是否会影响少数民族儿童对自我的认识？"电视与行为"研究的部分子项目已证实，与黑人儿童交往的白人儿童很少认为电视是他们认识黑人最主要的信息来源。关于《芝麻街》的研究也发现，观看这一节目的儿童比不看该节目的儿童对其他种族能有较正面的态度。此外，1976 年的一项控制实验证实，看电视的儿童比不看电视的儿童愿意选择非白人儿童为玩伴。可见，电视是白人儿童认识其他种族的社会化工具，尤其是那些没有机会和少数民族相处的儿童。

在所有观看电视的人群中，老年人观看电视的时间比任何人都长，电视已成为老年人生活中不可缺少的东西；老年人作为一个社会群体，却未在电视中得到正确、全面的反映，这一现象引起了学者们的关注。格伯纳等人对 1969—1978 年黄金时段节目对老年人的描述进行了内容分析，结果发现，老年人在这一时段节目的人物中所占比例只有 3.7%，老年人在这些节目中的出现也是被扭曲的。丑陋、老迈、脾气坏等负面特征已渐渐成为一种成见。20 世纪 80 年的一项研究试图探寻老年人的自我看法与电视时间之间的关系。结果发现，电视对老年人的正面描述会强化老年人对自己的评价，增强其自尊心；相反，负面的描述则会损伤其自尊心。而且，看电视越多的老年人比看电视少的老年人更容易认为老年人是社会的障碍，自我评价也较低。

另一方面，格伯纳等人所作的研究显示，看电视的年轻人较容易产生对老年人的成见。他们的研究还发现常看电视的人倾向于认为老年人是"保守、愚笨、迟钝和干不了任何事情"，少数人甚至认为老年人数量在减少，活得不会太长。电视最大的过错在于无论是对老年人数量还是对老年人特征的描述都被歪曲了，电视培养了儿童对老年人的成见。80 年代以来这一状况有所改观。

有关电视对消费者影响的研究多半是针对电视广告和儿童的，只有少数针对娱乐节目和成年人。因此，电视广告也成为效果研究的一个主要目标。许多学者特别关心儿童每年接触约 2 万个电视广告的后果，尤其是那些穿插在周六早晨儿童节目中诉求对象是儿童的广告。12 岁以下的儿童非常喜欢周六早晨节目中的广告，而青少年则不一定；儿童尤其喜欢广告中幽默滑稽的内容。研究证实，较小的儿童比较大的青少年容易相信广告，他们相信营养食品广告而不相信他们所熟悉的玩具的广告。广告对儿童选择商品有没有影响？回答是肯定的。1977 年的几项研究都证实电视是父母和儿童购买食品和玩具的主要信息来源，儿童喜欢按照广告中宣传的形式来活动，所以常常想购买广告中的商品；在理解广告内容时也常常循着字面意思来认识产品，电视广告做得越离奇古怪，越容易引起儿童的兴趣。由于儿童毫无批判地接受广告，使得那些虚假广告有可趁之机。大多数针对青少年与广告研究的项目都采用问卷调查方法，其缺点是无法了解他们收看电视的真实情形,大致的相关结论有:青少年看电视越久对广告词、内容、符号的知晓程度越大;青少年选择商品品牌通常都是来源于电视上的认知。

就成人而言,电视广告对他们诉求有很大的影响。例如医疗、酒类、航空、电器等商品的品牌在他们购买时会作为主要参考。事实上,广告是影响信仰、态度和行为的最有效的工具,尤其是对那些尚不了解广告目的的儿童,毕竟有意图的效果是在于消费行为。

五、电视与法律、政治、宗教

电视对法律的影响在美国的这项研究中共有三个主要观点:电视中的暴力和反社会行为有损法律规范;电视是维持现状的有力工具;电视有助于规范的同质化。电视长期渲染暴力,使得观众对暴力行为习以为常。暴力的内容还教会了观众如何去犯罪。例如,美国有部电视剧叫《死亡航行》,在播出后不久,劫机事件就增加了。电视对权力、成功与失败以及依赖和脆弱的描写与现实比较吻合,可以说某种程度上电视强化了现状。电视文化是一种模式化的文化,而看电视已成为全社会各阶层共享的一种经验,虽然不同的社会阶层看电视的时间和态度有所差异、但观看行为可以视为普遍的经验。而其中经验导致人们对中产阶级生活风尚的向往,因而,也就导致了中产阶级观念的同质化,减少了观念差异。

电视对公共安全会产生哪些影响?前面已就暴力问题对社会的危害作了初步的探讨,这里再介绍一下电视新闻报道对公共安全的影响。在许多情况下,电视不仅报道事件,而且影响事件的进一步发展,例如某个重大事件由于电视的介入,使得事件的性质发生了很大的变化,甚至酿成重大政治事件。1968年2月,美国国家广播电视网(NBC)以赤裸裸的血腥画面实况报道了一位南越军官在西贡街上枪杀了北越的犯人。这一报道在美国国内引起了强烈的反战情绪。20世纪80年代,白人警察殴打黑人的事件激起国内反种族浪潮。这个问题的研究常常涉及媒介伦理道德问题,需要作进一步深入探讨。

早在20世纪四五十年代,电视就与美国政治结下了不解之缘。大选是其中的一个典型。电视台竞相报道初选使得原本是州或区的候选人成为全国的候选人。这种魔力已改变了提名的过程,结果是导致初选的次数增加,这又加强了电视的影响力。电视虽然对选举过程有影响,但研究证明,它不能改变公民投票的方向,相反却加强了公民的投票决定。研究者探讨了关于电视报道政治的后果,认为有两个特征较为突出:第一,候选人的形象变得特别重要;第二,电视新闻在事件或形象方面的偏向使得政治广告显得尤为重要,而且可以有效地表现候选人在议题上的立场。值得注意的是,虽然选民会认为电视是总统大选时最主要的信息来源,但是教育程度较高、专业人士或白领阶层等这些最可能去投票的人,均认为报纸比电视好,报纸让选民更有效地获悉议题。调查的结果显示电视对选举过程的影响很有限。但是从整个发展趋势来看,电视的影响力却在不断加强。这是因为,无党派人士越来越多,他们越来越把关注的重心集中到政治议题和意义形态。电视传播的重点也会有相应的调整,那么情况会有大的改观。电视为候选人作秀的节目还会存在,但已不可能出现当初那样的轰动效应。

很少有人关注电视对宗教的影响。早在20世纪50年代就有人担心媒介所传播的流行音乐等会影响人们对宗教的虔诚。1972年的研究发现,电视减少了人们花在宗教仪式上的时间。有报告指出,电视强化了世俗主义因素而降低了组织宗教的重要性。电视对宗教的介入,使得宗教的传统组织形式发生了变化。美国星期天早晨的宗教节目有许多人观看,据统计,平均每次约1300万人。一些信徒无法参加仪式便观看电视宗教节目,有些人甚至认为电视上的布道比教堂的好。那是因为观众感觉到电视上的宗教节目含有娱乐成分,这使得原本枯燥的内容变得不那么枯燥了;有线电视使得观众在家中从事宗教活动更为方便,这样,宗教领袖也可以借助电视来号召教徒,扩大影响。

这部研究报告从方法上讲,它是以田野实证调查为主体的,但也包括了一些内容分析方法,它超越了在此之前的研究,特别是20世纪70年代学术界在研究电视暴力过程中惯用的纯实证的方法,开始转向探讨观众与传播内容之间的互动,这使得研究更加贴近传播实际。这一报告还有一个重要的价值,那就是,它使用了在当时尚属先进的理论范式:大众传播媒介具有建构社会事实的意义的功能。从积极的方面说,电视也传播一些亲社会行为,它可以加强人与人之间的友善、合作、宽容等;电视有助于社会规范的同质化,减少社会观念上的差异;人们可以从电视上学到很多知识,它可以教会人们处理各种问题的方法,因此它或许是一种最重要的社会化工具。

"电视与行为"研究报告存在的缺陷也是十分明显的,与欧洲的批判研究相比,它过于相信简单的数据统计,特别是内容分析中过分注重次数、频率等的统计,而对受众研究常常是限定在小范围内某些群体的研究,对社会中特殊阶层缺乏应有的研究,所以项目所做的效果研究还有很大的片面性。但不管怎样,这项长达十年的系列研究还是有很大贡献的。其价值主要体现在以下四个方面。

(1)这一项目将研究的焦点从狭隘的暴力与电视的分析检视扩展到多方面的电视效果。

(2)这一项目将研究的焦点从短期的、直接的效果转移到长期的、间接的效果,虽然长期间接的影响力较难测量,但结果却对整个社会有着非常重要的意义。

（3）研究焦点的转移也显示了电视研究从认知途径的范式转向了研究媒介建构社会事实的意义范式。

（4）这一项目研究证实电视正发挥着非正式的教育者的功能。

随着网络新媒体时代的到来,这部研究报告成果也将给予人们新的启迪。

第五章 电视文化的内在特性

第一节 视听符号的编码与译码

著名的加拿大传播学学者马歇尔·麦克卢汉在他的《理解媒介:人体的延伸》一书中提出了"媒介延伸论"。他指出,面对面的交流是五官的延伸,广播是耳朵的延伸,电视是耳朵和眼睛的同时延伸。他还在著名的"媒介讯息论"(The medium is the message)上玩了一个文字游戏,他说"媒介即按摩",意思是说,既然媒介将人的感觉器官延伸出去,那么这些器官就会遭到讯息的不断刺激,也可以说是遭到讯息的不断按摩。那么电视又是如何让讯息来按摩观众的感觉器官的呢? 这正是电视的视听功能需要回答的问题。

约翰·费斯克在他的《传播学研究导论》(*Introduction to Communication Studies*)一书中采取批判学派的立场将传播研究带出传统的窠臼,引向探讨传播外社会结构的新方向,他强调传播的角色与功能必须放在整体的社会制度与权力关系中来加以定位。他认为,如果要连接这个宏观的社会理论与个别主体的传播行为,则必须吸取结构主义传统中的符号学观点。符号学认为,传播活动基本上是一种符号的活动,我们每个人从事语言或非语言传播,即是借助各种符号传递意义来沟通、维持或挑战既有社会秩序。符号学理论强调连接微观的符号意义建构与宏观的社会权力运作,因此,破解传播过程中符号的流变十分富有价值和意义。

传播研究中有两个代表流派,其一称为"过程学派",其二称为"符号学派"。前者关注传播者和接受者如何进行编码和译码以及传播者如何使用传播媒介和渠道,把探讨传播效果和正确性问题放在首位,同时他们视传播是一个人影响他人行为或心理状态的过程。因此,如果传播未达到预期效果,这个学派便认为是

"传播失败",并且试图在传播过程中寻找失败的原因。而后者则视传播为意义的生产与交换。这一学派比较关注的是讯息以及文本如何与人们互动并产生意义,换句话说,他们关注的是文本的文化角色。与前者相反,他们并不认为误解必然是传播失败的表现,往往从文化差异去寻找原因。传播研究在他们看来就是文化和文本研究。

谈到符号的表意过程,必然会令人想起瑞士语言学家、符号学之父费尔迪南·德·索绪尔(Ferdinand de Saussure),是他最早对符号的结构进行了论述。他认为,任何一种约定俗成的符号,都是符号本身的形式和符号形式所"指说"的对象即表现内容的统一体。在索绪尔语言学和符号学中,符号的形式被称为"能指"(signifier),符号的内容被称为"所指"(signified)。简单地说,符号=能指+所指。能指是一个具体有形的存在物,它可以是文字、图像或声音等;而所指则是一个需要能指加以描述的抽象概念;符号是一个表意的建构(signifying construct)。根据符号内容和符号形式或者说根据"能指"与"所指"的

费尔迪南·德·索绪尔
(1857—1913)

关系,美国的符号学创始人查尔斯·桑德斯·皮尔斯(Charles Sanders Peirce)把符号分为图像符号、标志符号和指征符号三种类型。所谓图像符号,是指某种借助自身和指说对象相似的特征作为符号发生作用的一类符号。在图像符号中,能指和所指因为处在的共同特征而发生对应关系。20世纪70年代澳大利亚学者费斯克和哈特利(John Hartley)将符号分成图像促因性符号和任意非促因性符号。前者的所指与能指之间有自然的联系,电视画面或照片就属于图像式的能指,代表了所指的形貌。而表意程度的高低,也即能指再现所指的程度,与其常规化(conventionalized)程度成反比。因此,一幅越清晰的图像,其常规化的就越低,这是因为它必须借助我们对于原物的经验来发挥其表意功能。我们看到一张街景照片,立即就能辨认出其内容,原因是我们对这一类的景象非常熟悉。但如果关于街景的照片是从高空俯拍的,则在解读这幅照片时就会出现一定的难度,因为我们必须借助大脑中有关俯瞰的记忆,才能准确解读。如果照片是从太空中俯拍的,那么其解读的难度会更大,除非我们受过专门的符码训练。一个很简单的道理是一个色盲患者眼中的色彩与眼睛正常人眼中的色彩是不一样的,所以,他解读图像符码的经验也与别人不一样。因此,能指越能再现我们的共同经验,越接近我们文化设定的相互主观性,它看起来就越真实。但是能指所代表的所指并不是绝对的,而是带有武断性的,因为我们观看、组织、建构所指的方式,深受我们文化中观察方式的影响。总之,意指的决定因素是文化,而不

是其他事物。

尽管如此,就图像式的符号来说,所指对能指的形式仍有深远的影响和限制。这种限制费斯克称之为"促因"(motivation)。就一般情形而言,促因越强,社会成规、惯例与协定的影响力就越小;相反,促因越弱,社会性的力量则越强。据此,能指的形式主要由所指或社会成规决定。对带有高度促因的符号来说,决定性的影响在于其所指;而促因性低的符号形式,则受成规影响的程度较大。举例来说,我们用高跟鞋表示女卫生间,用烟斗代表男卫生间,这完全取决于这类符码的使用者之间的约定俗成。换句话说,促因越弱,成规的影响力越强,直到促因整个完全消失之际,就演变成所谓的"非促因性"或主观任意的符号了。

主观任意符号是指经使用者一致同意某个符号代表某种意思,这种符号类型最具代表性的莫过于文字,因为每一个字和它所代表的意义之间不一定有必然的联系。因此,我们虽然可能不懂法语中表示汽车的任意性符号即汽车一词的法语,但我们从法国的交通安全和规章的符号上却能辨识图像式的汽车标志。电视上图像式符号的大量使用,极易使我们忽略电视媒介许多表意作用的任意性质。例如,"淡入"这一技法,通常用于表示下面将要出现回忆的内容。"慢镜头"则表示仔细分析、欣赏,或者表达某种抒情的内容。不过任意性或成规性的符号,往往为其图像式的外表所掩盖:例如,一座大楼的仰视镜头,通常是用来交代下面的故事即将在这里发生,或者表明这座楼里正是某部警匪片所要调查的关键场所。所以,这些符号就具有了促因和图像性质,因为在现实生活中人们已经习惯于这种思维程式,但是在重复使用之下,其促因的层面逐渐减弱,而任意性成规性的程度大大加强。电视符号的表面显然具有促因功能,其表意过程中同样具有成规与惯例作用。

电视借助音画符号体系进行传播,如同文学借助语言进行传播一样,因此我们可以运用语言学模式与理论分析电视。电视摄像机的运动、镜头的变化,可以看作是能指行为,表达各种不同的概念与意思。从符号学角度分析电视,我们自然而然会考虑到诸如画面、镜头等问题。那么,电视所传播的讯息包含哪些符号?如何分类?代表什么价值?表达什么样的意义内涵?

以镜头而言,镜头的调整形成与被摄对象之间的距离远近变化,造成了被摄对象在画面中范围大小的区别。通过摄像机整体位置的变化或镜头焦距的调整都可以出现不同的镜头景别。视距较远的镜头景别有远景镜头、全景镜头、超远景镜头、大全景镜头等;视距较近的镜头景别有特写镜头、近景镜头、中景镜头、大特写镜头、中近景镜头等。各国影视理论中对于景别的划分也各不相同,这里我们根据普遍的做法按照摄像机的镜头和拍摄对象的不同视距,把镜头的景别分为特写、近景、中景、全景、远景5种,对其能指构成与所指内涵逐一加以分析。

远景镜头是视距最远的镜头,能够容纳广袤宏大的空间,提供开阔纵深的视野。摄像机从远距离拍摄对象,其中即使有人物,也只占极小的位置。观众无法看清他们的形象。远景镜头通常只展示气势恢弘的特大场面,介绍剧情发生的环境背景。因此,美国学者A·S·伯格认为,这一景别的符号能指所创造的所指意义是"环境""范围""距离"。同时,它的作用不是单一的,它可以通过镜头感来烘托画面的气氛,创造审美的意境,抒发剧中人的某种情感,或者体现编导者的某种主观意图。远景镜头往往能够创造出高远的意境,并赋予镜头以象征意义。

全景镜头通常被认为是摄取成年人全身的景别。这种镜头景别可以让观众看到人物的整个仪表风貌和全部形体动作。同时,大全景镜头还能展示出某一场景的概貌,比如整间屋子、一个院落、一段街景等。大全景拍摄的画面犹如舞台框界内的视像,使观众既能够看到人物,又可以了解环境、看出人物之间的位置关系及运动状态,并且,人物和环境的关系也能得到较为充分而又不显空旷的展现。全景镜头往往是一场戏的总起,它对于一场戏的镜头段落通常有一个提纲挈领的作用。而且,全景镜头往往制约着同一场戏中其他景别的镜头的光色、影调等要素。根据A.S.伯格的观点,全景镜头所表达的所指就是社会关系。

中景镜头的视距适中,它摄取站立着的成年人膝盖以上的形体或比例与此相当的人体(如坐着的成年的全貌)以及局部的场景。中景镜头又名"四分之三镜头",美国的一些电影学者认为这种景别的界限比较模糊,又把这类景别称作中全景、中近景。同时,由于这种景别曾被三四十年代的好莱坞电影所广泛使用,故又被称为"好莱坞镜头"。中景镜头排除了周围的大部分场景,使得人物更加突出和引人注目,它能同时展现人物的面部神态和大半身的形体,为演员的动作表演提供了较大的活动空间,有助于观众把人物的表情和行动联系在一起观察。中景镜头的优势在于它所提供的画面能够比较清晰而简约地展示出人物的空间位置以及人物与周围环境的关系,这是这一镜头的优势。伯格认为这一镜头的所指意义通常是"个人关怀"。

近景镜头摄取成人腰部以上的部位或某一物体的局部。它的视距比中景镜头还要近。近景镜头让人物上半身占据画面中的显著位置,使它们为呈现的主要对象,而把周围的大部分环境排除在外。近景镜头使得剧中人物进一步贴近观众,观众可以看清人物上半身的活动,包括细微的动作,同时还能够看清对方整个脸部的表情,了解人物动作和神态的某种联系。这种镜头景别往往容易使观众受到感染,同时可以促使观众产生参与意识,介入剧中人物的情感波澜之中,从而取得审美主体和审美客体之间的共鸣与交流。近景镜头是凸显人物形象、刻画人物性格的一种主要景别,它能够把人物的外部动作、神态情绪、内心活动一并传递给观众,给人以鲜明而深刻的印象。这一镜头在西方学术界也被称作"双人镜头",显然,它常常被用于两个人之间的对话和相互交流的场面。无论是站立或是坐着,这种"双人镜头"都可以把两人的上半身包含在画面之中。它还可以将一些群众性的场面落实到微观、从局部反映整体,烘托整体的气氛。因此,这一镜头的所指意义通常是情感交流、渲染氛围。

特写镜头摄取成人两肩以上的头部或某一物件的细部,是视距最近的景别。特写镜头具有极强的排除性能,它可以把环境和其他的物体全部排除在画面之外,带有强制性地迫使观众不得不注目于创作者所呈现在你眼前的个体对象或部分细节,造成特别清晰而强烈的视觉图像。特写常用于表现人物面部表情,它可以把人物细致入微的、不易察觉的表情神态毫发毕现地揭示出来,形成一种无声的对话,使观众进入到人物的内心深处,洞察其心理活动与情感秘密。所以,伯格指出这一镜头的所指意义在于"亲密"。

在镜头的运动上符号的能指与所指也有很大变化。伯格认为摄像机运动、剪辑技巧等都是电视的文法,他用图表的形式对电视的镜头运动和剪辑的符号能指与所指关系进行了描述,见表5-1。

表5-1　电视的镜头运动及剪辑中符号能指与所指的关系

符号能指/运用技巧	拍摄部位	符号所指/意义
仰拍	摄像机从下往上拍	权力、威严
俯拍	摄像机从上往下拍	渺小、微弱
溶入	摄像机镜头移近	注意、集中
淡入	图像渐显于频幕	开始
淡出	图像渐渐消失于频幕	结束
切入	从一个画面跳接到另一画面	及时、兴奋
拭消	图像拭消于频幕	强行终止

资料来源:Arthur Asa Berger, Media Analysis Techniques

在伯格看来,电视表现中的每个因素都体现了符号关系,包括灯光、影调、色调、音响效果、音乐等。这些都是电视符号形式层面的东西,即能指有助于我们对电视节目的理解和阐释。电视是高度复杂的媒介,以口语、视觉形象、音乐等向观众表达印象和意念。他认为电视符号学家的任务有两个:一是如何表现印象与意念;二是如何达到印象与意念的成功表现。

符码是极其复杂的联想元素,且由人们从特定的社会文化中逐步学习得来。这些符码或称心灵的"秘密结构",影响了我们对媒介与生活方式中的符号与象征。从这一角度来说,文化是符码化系统(codification systems),在人们生活中扮演着重要且不易被人察觉的角色。人在社会化过程中所受到的文化熏陶,说到底就是被教授用以各种符码,而大部分的符码与个人所属的社会阶层、地理环境、种族等有关系。我们观看电视节目正是如此。这一点非常明显:我们在长期接受电视节目中也形成一系列的符码,电视制作者所使用的符码与观众所使用的符码在一般情况下是相通的,但是,制作者与观众之间却经常产生误会,因为观众是一个复杂的群体,他们的解读活动也以千差万别的形式出现,特别是观众在解读电视的过程中把别的符码带到某一特定的讯息中,而且以不同的方式来解读它。事实上,误读的现象普遍存在,只要电视的编创者与观众存在文化差异,就不可能消除这种差异。

由于信息传送者的年龄、文化程度、意识形态、世界观等方面存在差异,同时接受者这些方面也存在差异,所以理论上说,众口难调是客观事实。但是我们又不难发现,成千上万的观众对某些电视节目十分喜爱,成千上万的观众对某个电视明星痴迷不已。这说明差异虽然存在,但共同之处还是很多的,毕竟符码是大多数人交流过程中共同形成的"规则和惯例",所以,自然而然为大多数人所接受。诚如费斯克等所指出的那样,符码的意义在于符号的社会功能,而非符号的结构,因为符码的作用完全出于使用者的共识。符码与使用者之间是一种什么关系?为了说清这一问题,我们还是从符码的类型说起。

符号学上根据符码的基本性质、被感知方式,以及表达功能,将符码大致分为逻辑性符码与美学性符码。逻辑性符码一般由任意性符号所组成,其符号单位具有可区分性,符号的所指与能指一般有较确定的对应关系。因此,逻辑性符码往往能较清晰、准确地表达意义、思想。在交流功能上,逻辑性符码长于抽象思维、理性叙述和表达,其文本往往具有相当程度的可转译性。而美学性符码则一般由肖像性符号所组成,其符号单位往往不具有可区分性,其符号的能指和所指虽存在明显的"诱导""限制"关系,但一般都不具有确定的对应关系。所以,美学性符码往往难以明晰、精确地表达逻辑性含义,特别是抽象性的思想。此外,构成美学性符码的结构规则,虽不可避免地具有社会习惯性和文化性,但总的来说,它较之于逻辑性符码的结构规则具有更浓厚的自然和"先天"色彩,并缺少逻辑性结构规则那种严格的规定性。在交流中,美学性符码,一般长于可感形象和情感的表达,其文本往往具有明显的不可转译性——因为这种转译便意味着整个符码和含义的改变。电视的图像画面、音响效果等都属于美学性符码的范畴。

根据符码与交流者和指涉对象的相互关系、存在形态以及其在交流中的实施和功能状态,可将符码区分为再现性的符码与呈现性的符码。呈现性符码指的是符码不能脱离自身及编码者而代表其他事物。换言之,它们必须即时性地表示交流者及社会情形的某些方面,现场表演的音乐会、戏剧、舞蹈等都与呈现性符码有关。一般来说,呈现性符码一定是表现性的。此外,再现性符码是唯一具有指涉性功能的符码:它能脱离与对象的物态性联系,来传达指涉对象的信息。而呈现性符码则带有一定的感染功能和情绪性功能。两种符码形式在电视中是相互渗透的,画面内容是呈现性的,它能让人一看就懂,然而有时为了美学追求的需要,声像内容往往不是那么直白,所以我们经常也说某某内容耐人寻味,正是这个道理。

费斯克将电视传播的讯息符码根据符码的受众性质划分为广播符码和窄播符码。广播符码诉诸广大受众,因而它必须适合相当程度的异质性受众。而窄播符码只针对某些特定对象,它的意义有时会随着情境的变化而有所改变。举例来说,这种差异如同有部分观众喜欢看歌剧,而大多数观众则喜欢通俗歌曲。前者是典型的窄播,后者则是典型的广播。广播符码具有许多通俗符码的特质。例如,它们都简单易懂,无须教育便可以理解;还有一个重要的特色是它们都是具有社会导向的,其讯息能够凝聚社会中人与人之间的关系并且经常是以匿名的或是集体创作的方式产生。不同符码的调动,形成不同的话语形式。以窄播符码构筑起的窄播话语,其特征显现它在表现手法等方面是相当考究的,情节结构、叙事方法、叙述节奏、基调乃至演员表演等都有严格的章法;以广播符码构筑起的广播话语,其特征与窄播话语大相径庭,它显示出巨大的松散性和随意性。广播符码经常是以匿名的方式或集体创作的方式产生。例如著名的英国电视节目《舰队街》,它的集体创作人就是格兰纳达电视台。这种广播话语机制使得个人的独立观点难以发挥,编创者受制于受众的需求。费斯克指出,"在广播的讯息中,所传达的是一个文化内在的情感、态度和价值等模式,而这些讯息会重新融入它们所来自的文化中,再度塑造出同样的思想与情感模式。因此可以说,在广播、阅听人生活作为来源,阅听人作为目的地三者之间有个恒常而动态的互动关系"。① 这里,费斯克明白地指出广播话语的电视应当以观众的生活为创作来源,要反映观众内在的情感、态度和价值等,这种电视会影响观众,培养出新的思想与情感,因而也必然影响他们的审美水平。当前我国电视节目制作中一种突出的倾向是一些作品严重脱离生活,比如充斥荧屏的各类抗日神话、宫廷剧、偶像剧等,完全为制造偶像而随意编造,以部分青少年的需求代替全体社会大众的需求。即使是针对青少年的节目,其内容对受众的影响也是消极面大于积极面。窄播符码虽说与广播符码有着明确的界限,但并不是说它们之间水火不容。从观众角度说,通俗易懂、喜闻乐见的内容形式是电视大众化的有效途径,但并不

---

① 约翰·费斯克·传播符号学理论[M].张锦华,译.台北:远流出版事业股份有限公司,1995.

代表可以一味运用庸俗的趣味去满足观众的好奇心。很多电视节目误把庸俗当作通俗,例如,在"戏说"风的引导下,虚夸、浮华、胡编乱造被认为是自然的、天经地义的。本来艺术创作的虚构并没有错,问题在于现行的电视节目完全抛弃了艺术真实和生活真实的基本原则,将有关历史人物和事件进行任意的编排。将历史即使是野史也难以找到的戏说故事演绎成活灵活现的情节。于是,包公、康熙、乾隆、纪晓岚之类的历史名人被任意地编排,许多闻所未闻的故事都在这些人身上发生了。在这些电视剧中,主人公饱食终日,没完没了地为他们一点点争风吃醋的小事而纷扰不清,那些莫名其妙的故事让人无法想象与历史名人有什么关系。在年产超万集的中国电视剧中以题材划分,历史题材差不多占到一半,而严格地讲,这部分作品中大多数都不是真正的历史剧,而是假托历史名人搬演各种风花雪月、风流韵事。这些剧表面上满足了一部分文化层次不高的观众的文化消费欲望,但实际上并不是社会大众所真正关心的内容。

费斯克指出,电视讯息的符码要想为大众所接受,它就必须处理一般公众所关心的议题。可以说,"好"的大众传播者善于从社会多数人的思想和情感中寻找电视传播有价值的内容。因此,从这一意义上说,受众是电视的来源。霍尔认为,受众的思想情感体系、广播讯息的译码结构以及广播组织的系统三者之间隐含着决定性的关系,它们彼此相互依赖、相互作用、相互决定。

符码是受众解析现实与解析电视的中介。事实上,我们常常将现实生活与电视内容混为一谈,电视内容有时被当成了现实。文化是借助符码来组织现实的,将现实的重要元素或"细末"归类为语汇,再从语汇中整理出一套语法。我们对自然的感受,对日月星辰的体会,对社会关系的处理都需要经过一个为我们文化及语言独有的制码与解读过程。在这个过程中,能指与所指一样具有"后天任意性",因为文化决定了它们的形式。有些学者认为用美学符码进行创作的文化对受众具有引导作用,它可以引导人们以一种全新的角度来观察生活。但实际上,美学符码不可能置于同类艺术的其他作品之外,而电视作为一个偏向于传统的媒体,对于常态符码使用更为频繁,电视因此也占有了文化的中心地位,而且与现实之间的界限更为模糊。20 世纪 70 年代,越南战场上的美国士兵,面对哥伦比亚广播公司的电视记者的摄像机,往往摆出传统战争题材影片中军人的架势来。摄像机记录的镜头,在美国国内播放以后,观众都以为那就是真正的战场行为模式。这套行为符码虽由虚拟的符码模仿而来,到最后本身却成为真实行为的意符。有趣的是,观众却因此以为电视新闻证实了战争电影的真实性。这里我们也可以看出真实符码(real codes)、虚拟符码(fictional codes)之间的相互关系。电视是一种真实,而我们所属的文化又是一种真实,观众往往以类似的方式去观照它们,使得两者之间产生了互动关系。此外,经过几十年的发展,电视更已成为我们日常生活一种轻松、随意、无须开动大脑的休闲方式。电视将文化经验简约成一种符号和符码系统的真实。

伯格引用英国社会语言学家伯恩思坦的研究成果将语言符码分为"精致符码"(elaborated codes)和"限制符码"(restrictive codes)。伯恩思坦认为不同生活环境中的人其使用语言符码也不一样,英国中产阶级家庭的孩子所使用的是语法复杂、词汇繁多、结构严谨的精致符码;而工人阶级则使用语法简单、词汇一致的限制性符码。这些不同的符码类型塑造了不同的人。电视作为一种媒介,它沟通了两种不同性质的符码,使两者相互融合,因此,从这一意义上说,电视文化具有民主化功能,这其中符码的使用是最关键的。

第二节　电视视听符号的审美功能

要想弄清电视视听符号的审美功能,首先必须对符号的意义功能作一番了解。霍尔指出,"电视符号是一个复杂符号。它自身是由两种类型的话语——视觉和听觉话语——结合而成的。此外,用皮尔斯的术语来说,它是图像符号,因为'它拥有所再现的事物的一些特点'。这一点已经引起很多混乱,并为视觉语言的研究提供了激烈争论的场所。因为视觉话语将三维世界转译为二维的层次,它当然不能成为它所指称的对象或者概念。……我们所能知道的和所说的一切不得不在话语中并通过话语来产生。话语'知识'不是以语言明晰地再现'真实'而获得的产品。这样,没有符码的操作就没有明白易懂的话语。因此,图像符号也就是符码化的符号——即使在这里符码发挥着不同于其他符号的符码过程的作用。语言没有零度。自然主义和'现实主义'——对所再现的事物或者概念的明显忠诚的再现——就是语言对'真实'的某种明确表述的结果和效果"①。在传播研究中,符号学派的最基本兴趣,在于"符号化"过程,或"意指过程",而不在于消息传递上的"交流过程"。因此,符号学派对于"意义"的产生、表达和阐释等问题,给予了前所未有的重视。欧洲符号学派的创始人索绪尔对符号的分析告诉我们符号是如何发生作用的。他主要关心的是语言系统,其次才是语言系统与其所指涉的现实之间的关系。他几乎完全不讨论语言系统和受众之间的关联。他的主要兴趣在于分析句子建构的各种复杂方式以及句子的形式如何决定它的意义。至于如何解释同样的句子,对不同的人,在不同的情境下,可能有不同的意义等问题可能是缺乏兴趣所致。

---

① 罗纲,刘象愚.文化研究读本[M].北京:中国社会科学出版社,2000.

索绪尔并不把"意义"当作是一种读者/作者和文本之间交涉的过程。他的分析重点在文本,而不是文本中的符号和使用者的文化、个人经验之间的互动方式,也不在文本所依据的传统和使用者所经验的或期待的传统之间的互动。罗兰·巴特接受了索绪尔的学说,在索绪尔学说的基础上,他创立了意义分析的系统模式,经由这个模式,"意义"沟通和互动观念得以分析。罗兰·巴特将符号作了两个层次的划分,其一是内涵义;其二是外延义。外延义的本质是符号的指涉性、直接性意指,即符号在使用者的头脑中按照该符号系统的使用规则,直接地指涉、表示符号的原始对象或阐释。符号的内涵义的本质,是符号含蓄性、联想性的意指,即符号在使用者的头脑中,不仅仅根据该符号所属系统的符号规则,而且还相因于其他各种系统的符号规则,如文化系统、意识形态系统的符号规则,进行二度或连续性符号化的结果。也就是说,内涵意指是符号使用者的感受、情感以及他的文化、价值观相遇时所产生的互动过程。如果说,外延意指主要相关于符号与对象的客观性关系,那么,内涵意指则主要发生于符号与使用主体在主观上、文化大范围内相联系的层次上。从此意义上说,内涵义本质上是与原符号形似的新符号。虽然内涵义经常含有肖像形似的层面,但它大部分是任意的或或特属于某一文化的。以柔焦拍摄的人物所隐含的怀旧感,大部分是属于肖像形似的作用。柔焦是一种记忆模糊的符号,也是触发情绪的符号——柔焦＝柔情。但是我们必须借助文化传统来帮助解读,以了解柔焦是拍摄者自己特别选择的,而不是由他的拍摄工具决定的。因为假如所有的画面都用柔焦镜头,那么画面所隐含的怀旧的意义就不存在了。由于内涵义产生于主观层次,所以常常不为人们所察觉。写实镜头通常被当作外延义来解释,一部风光片人们不会刻意地从中寻找什么意义,假如将这部风光片改拍成专题片,那么情况可能就大不相同了。语义学分析的主要目的就是提供我们分析的方式和观念架构,以免发生将内涵义与外延义相混淆的情况。符号的正确读解与误读是与接受者的经历和文化水平密切相关的,人们对符号外延义、内涵义的把握过程,是符号使用者在一定符号规则的支配下,对符号进行编码和译码的过程。又由于符号使用者在采用何种符号规则上,密切地受控于他个人的、社会的、文化的等个别性因素和条件,因此,对同一符号、符码来说,人们符号规则的选择可能不同,所以,这种意指发生的过程、层次和方向,也可能不一样。总的来说,对符号外延义、内涵义的读解,是符号使用者和文化之间的互动协商的过程。

一、神话功能

罗兰·巴特对符号美学层次的探讨,其中一个重要概念就是"神话"。神话原指关于神或神化的古代英雄故事或泛指不真实的事物。在巴特看来,神话是一种文化思考事物的方式,一种概念化的思考和理解方式。巴特认为神话是一连串相关的概念。例如,在旧影片中,常常以一种概念化的手法表现警察的形象,在英美一些影片中常用警察拍拍小女孩的头,就是依据文化中有关警察的神话建立起来的,而这种神话在拍摄之前就已经存在。拍摄画面触动了建构这些神话的一连串概念。在20世纪六七十年代的中国电影中,英雄人物始终形象伟岸高大、充满豪言壮语,仿佛不食人间烟火。大量的表现英雄主义的影片触动了建构这些神话的一系列概念。假如外延义是符号能指的第一层次意义,神话就是符号所指的第二层次意义。巴特符号两个层次见表5－2。

表5－2　罗兰·巴特关于符号的两个层次

第一层次			第二层次	
真实	符号			文化
外延义	符号能指	形式		内涵义
	符号所指	内容		神话

注符号意义的两个层次,在第二个层次里,第一层次的符号系统已经嵌入了文化的价值体系中

在《当代神话》一文的开头,巴特就开宗明义地指出,"神话是一种讲述"。不仅仅是口头或书面讲述,也包括照片、电影、表演节目等。巴特认为神话不仅仅是讲述,而且还包括讲述的方式,是对事物进行思考、理解,进行概念化、理念化的方式。神话或神话化的过程就是一个"掠夺""歪曲""无限扩张"的过程。所谓"掠夺""歪曲",是指神话系统,以第一符号系统为基础和表达形式,而且还悄悄地利用了第一符号系统的大部分内容,将其转化为自己所需要的内容。其通常的做法是"变形"。巴特认为,神话运作的主要方式是将历史"自然化",神话原本是某个社会阶级的产物——而这个阶级已在特定的历史时期中取得了主宰地位。因此神话所传播的意义必然和这样的历史情境有关。但是神话的运作就是企图否定这一关系将神话所呈现的意义当作是自然形成的,而非历史化或社会化的产物。神话神秘化或模糊化了它们的起源,也因此隐匿了相关的政治和社会层面的意义。例如,就性别而言,社会上关于女性的神话很多,一种较具代表性的看法是认为女性天生比男性更擅长教育小孩,照顾丈夫。相对地,男人扮演的则是负担一家人生活来源的角色,即所谓的"男主外女主内",依据这一观念建构所有关于家庭的基本观念。神话掩盖了家庭的历史起源,造成这些意义像是"自然"生成的一部分,可以作为真理而被广泛接受,这些意义的内容看来不仅无须改变,而且是公平的,因为这些意义似乎同等地服务了男人和女人的利益,也因此隐藏了它们政治性的作用。

　　巴特认为,在神话中存在着两个互相交错的联系着的符号系统:一个是语言系统,即语言(或与之相似的那些再现性样式)。另一个是神话自身,巴特将它称为"后设语言"(metalanguage)。文学、艺术,实际是以"语言"为第一级符号系统的第二级符号系统,即一种"讲述"。那么,神话究竟如何转换为"自然真实"的历史,说到底也就是讲述的结果在讲述的基础上渐渐形成了历史。"男子气概"和"女性气质"的意义之所以发展,实际上是用来满足资本主义社会里中产阶级男性的利益。它们逐渐适应了19世纪工业化的社会情况即农民离开农村,大量的劳动力移住城市,他们所住的房子、街道被设计成尽可能以最低的花费住最多的人。传统农业大家族和社会关系逐渐消失,代之而起的是由丈夫、妻子和孩子所组成的核心家庭。工厂的工作使得孩童不能像农村的孩子一样时刻陪伴在工作着的父母身旁,加之大家庭在城市化后解体,于是,女人必须留在家里,而男人则做"真正的"工作以养家糊口。这一连串的概念构成了这些有关男子气概、女性特质以及家庭的神话,这些神话显然不是任意出现或天生的。它们其实是服务于当时的经济体系和受惠阶级——男性中产阶级的利益。这个体系需要以女性特质来界定养育、理家、敏感、被保护的需要。而男子气概则被界定为强壮、决断、独立和从事公众事务的能力。因此,男人在比例上不均衡地占了社会支配地位,这个现象看似自然,实际上却有历史背景成因。多少年来,这些意义的内容已根深蒂固,成为一种集体无意识,人们认为这些很正常、很公平,无须改变。

　　社会上女性角色和家庭结构的改变,意味着这些神话在挑战下已确定他们的主宰地位,而大众传媒的制作人和广告商则必须去开发新的性别神话方式来顺应职业妇女、单身贵族和新的敏感男性。当然这些神话并不完全排斥旧神话,而是从一串旧神话中剔除某些概念而加进一些别的,神话的改变是渐进的而不是突进的。神话具有自我无限扩张的能力,几行字、几笔漫画线条、几个人物形象,之所以能由一般符号状态甚至意义十分贫乏的状态最终成为艺术文本,进入审美范畴,它们实际上经历了一个在各种因素"催化"下,由第一层次符号系统向第二层次符号系统的转变的过程,经历了一个从有限指称,到无限意指的转换过程。而且,这一过程一旦开始,就难以终止。因为每一层次的符号系统的产生和形成,又可以成为另一层次符号系统的基础和形式,从而产生新的"内涵";而这新的内涵,作为一种新的系统,又可以成为更新一级符号系统所吸收、歪曲、消耗的对象,从而产生更新的意指系统,由此运转下去,以至无穷。从这个意义上说,对艺术的读解是不可能穷尽的。随着一代社会、历史、文化的消亡,一代神话也可随之消亡;但是,在新的社会、历史、文化条件下,同一信息文本,又可产生新一代的神话为人类历史、文化所共有,同时又构成了人类的历史和文化。

每一种文化总是包含各种神话,有主宰的神话也有反神话。社会中的次文化也有对立于主宰神话的反神话。例如,警察帮助群众的主宰神话也有可能被反神话所破坏。同样,也有神话将"都市街道"视为互相支援的社区,类似于一个大家族,能提供给孩子们良好的社会环境。上述的神话在电视的拍摄取向中往往倾向于光明面的隐含意义。电视上较具真实性的节目新闻、纪录片等往往容易呈现很多的主宰神话;而虚构的作品则较易出现对立神话。例如,科学家形象在新闻或纪录片中是代表知识、文化、技术等力量,属于正面的神话,但在美国很多恐怖片、电视连续剧中科学家成了邪恶、残酷、灭绝人性的魔鬼。格伯纳就曾发现在 25 部电视连续剧中有将近一半描述了"科学研究导致谋杀"的情节,其中,一个典型的例子是一位科学家运用催眠术并利用猴子杀了曾经拒绝他的女孩子们。另一个典型情节是某一个着魔的科学家因其研究的产品失控而招来杀身之祸,这个科学家从事研究的动机是为了控制整个人类,在他的研究过程中观众都为之而惶恐不安,他死了以后终于让社会大众心中悬着的石头落了地。

观众与符号之间的文化互动是最活跃的,隐含义和神话都是产生第二层次符号义的主要方式,观众的神话是在与电视符号交流中渐渐生成的,这其中电视播放的频率、次数、观点等要素起着关键的作用。神话在观众审美活动中占据极其重要的地位。

二、隐喻与转喻

亚里士多德在他的《诗学》一书中就曾讨论过"隐喻"现象。不过,在他的分析中"隐喻"被赋予了一种非常宽泛的含义,它被用来指涉多种喻指修辞现象。在现代修辞学中,隐喻与转喻,是两个截然不同的修辞格。隐喻(metaphor),是指两种不同实体间的比较;但这种比较,不用明显的比较词"像""如""仿佛"等,例如,诗歌中常以思念母亲来表达诗人对祖国的热爱之情,当然祖国与母亲之间并没有直接、自然的关联,这是人为叫出来的,具有很强的主观性。隐喻常常大量使用于诗歌之中,因此也往往被称作是诗歌的基本语言。转喻(metonymy),也称作换喻,是指一个事物或概念的名称,被一个密切相关的词代替,或由原来的词暗示出来。转喻与那种以部分代全体,或以全体代部分的提喻密切相关。例如,我们发现某人鼻子特别大,在日常生活中我们往往不称呼他的姓名,而称呼他"大鼻子"。在这种以部分代表整体的转喻方式中,能指与所指拥有一种连带性关系,有着某些自然的关联,这与隐喻纯主观的捏合有很大的差异。

传播学上所讲的隐喻和转喻主要来自雅各布斯(R. Jakobson)和里奇(E. Leach)等人的符号学说。他们将隐喻和转喻视为符号表意的两个基本形式,因此,隐喻意味着所指与能指之间"地位的转移"或变位,以及对于移位之间两者地位相等的承认。这样,从某种程度上说,所有的能指都可以归为隐喻一类,因为在第一层次的表意阶段上,符号和它所代表的实体之间,在构造上几乎可以画上等号。费斯克认为,根据这一特点可以将隐喻的概念用在非语言的视觉能指上。它们的关系是自然构成的,而非人为捏合的。因此,一张肖像画促使我们接受,虽然是平面的、二维的,但二维空间的表现足以表现三维空间的思想内容。这道理如同我们用地图或是模型代替地理原貌一样。不论是语言或非语言的符号,任意或图像的符号,均能用隐喻的观点来理解。而能指与所指之间的相似之处,可以看作是建构出来的相等。同样,电视所表现的隐喻真实世界,并非在展示真正的现实世界,而只是现实世界的移位。

电视符号可以同时以隐喻和转喻的方式运作,可是它们所执行的功能却不尽相同。在第一层次的表意阶段上,符号的图像式或外延性的功能属于隐喻性的,即是由实体到表象的移位作用。因此电视镜头里的街道,代表的就是一条街道;可是它往往也代表整个城市。例如,电视剧《北京人在纽约》的片头,用曼哈顿世贸中心大厦代表纽约,它还代表财富和文明的诱惑等,可见,电视的写实性多来自其外部内容的转喻意象上。到了第二层次的表意阶段时,其潜在的内容意义则主要靠隐喻的方式。据此,我们可以看出,电视对白领阶层的过度描写,是自觉不自觉地暗示他们是我们社会中受尊重的人。在这里,移位的现象是由一个社会价值的平面,转移到表现频率多寡的平面。两者之间的相互关系是内涵,而不是外延。我们不难发现,在电视广告中,隐喻和转喻的使用比较普遍。例如,在我国电视广告中有一则关于"汰渍"洗衣粉的广告,一群年轻的少妇手拿白衬衫围着洗衣盆又唱又跳,都夸这种洗衣粉如何如何好。这一镜头转喻了这些少妇所有作为妻子、母亲的职责:洗衣、做饭、操持家务等。同时也隐喻另一层含义,即理想中的妻子应当如此贤惠、美丽、快活。这里的移位现象,已由情感的层面转化成物质的层面。再如,2007年央视公益广告《给妈妈洗脚》,首先转喻了作为女儿或儿媳照顾老人的责任,又隐喻了母亲的行为是儿子最好的榜样,从而传递尊老敬老的中华民族传统美德。

三、象征功能

象征是罗兰·巴特所说的表意第二层次中的第三种方式。当物体由于传统的习惯性用法而替代其他事物的意义时,即成为象征(symbolic)。劳斯莱斯小轿车是富裕阶层的身份象征,电视剧中当主人公卖掉自己的劳斯莱斯小轿车时就意味着他失去财富,象征着他事业的失败。皮尔斯将巴特的象征说进行了发展,他提出了象征指标说,在他看来,人类的社会行为是有指标可以观察的,劳斯莱斯是财富的象征指标,人们用得到它或失去它来衡量一个人的成功或失败。其实,在我们的生活中,象征权力、财富、友情、政治、人际关系等的指标实在太多了,它可以是一个意象,可以是一种色彩,也可以是一种语言。象征似乎总跟个人化的创作相关,实际上,象征的外延相当广泛,韦勒克、沃伦在他们的《文学理论》一书中,将象征分为三种类型:个人象征、传统象征和自然象征。"'个人象征'暗示一个系统,而一个细心的研究者能够像一个密码员破译一种陌生的密码一样解开它。许多个人系统(如布莱克与叶芝的系统)中,有大部分与象征的传统重合,即使重合的部分并不是最普遍被接受的象征",还举罗伯特·弗罗斯特(R. Frost)诗作为例,指出"自然象征"不易把握。① 个人象征,是指作家独立使用的一系列象征。它构成作家独特的象征系统;传统的象征是指一个民族或社会所袭用的象征;自然象征则是人类从所处的自然环境中获得的某种感悟,是自然环境的对应物。传统象征和自然象征凝结着人类的集体无意识,因此为社会大众所广泛接受。而个人象征体现着创造性,因此常常是艺术创作所使用的手段。象征在希腊语中表示将两个事物"联系起来",它们的重新组合产生出某种新的意义,这种新意义由于更新颖、更复杂、更含蓄,因而显得更具有价值。

当然,很多情况下,象征被广泛使用在诗歌、小说等文学创作中,在电视这样一种大众媒介中象征大多是以一种集体象征的形式出现的影视。作为表现"集体意识"的艺术,与之相联系的一个重要文化事实是,大众传播媒介最大程度地消解了个人化的感情经验,造成了公共文化中个人经验、人格、能力的片面和贫弱,造成精神体验的集体化、公共化,传播媒介培养了一种公众的而不是私人的经验,造成了体验的"他者化"。典型的美国中产阶级生活实际上也并没有那么浪漫,是电视等媒介以集体意识的方式投射出来的。其中电视剧这种形式制造出了种种梦幻,令受众心驰神往。英国电视理论家约翰·费斯克和约翰·哈特莱指出,电视世界与现实世界有着明显的区别,但是这两个世界并不是表现我们社会的表面真实,而是象征性地反映了我们的社会价值结构及其内部关系。一些优秀的电视剧作品如《豪门恩怨》《渴望》等都是象征性地反映我们生活本质和社会内部关系。事实上,大众媒介提供的是一个虚幻的世界,或者说是一个"现实的幻象"。法国结构主义电影美学家麦茨认为,"要理解一部虚构影片,我必须一时并同时认同:人物(＝想象的过程),人物因此可能从我所掌握的全部理解方式的类投射中获益;一时并同时,我又不认同他(＝返归现实)"。富有意味的是,我国的一些电视作品之所以不受欢迎,恰恰是因为过于拘泥于写实,而未超越具体细节,追求本质的真实,所以,反而不能引起观众的共鸣。宫廷剧、穿

---

① 勒内·韦勒克,奥斯汀·沃伦.文学理论[M].刘象愚,译.南京:江苏教育出版社,2009.

越剧为什么如此受欢迎,没有人指责它历史真实性的问题,就在于它跳开了真实性的问题,以一种"戏说"形式"象征性"地传达了当代普通市民阶层的理想与心态。虽然是戏说但不等于是"乱说",而是按照艺术规律,以丰富的能指传达有效的所指,只有这样,观众的观赏活动才能进入对"象征的艺术"的理解。

第三节　电视的全息引导功能

电视,英文是 Television,由 tele 和 vision 两部分组成,tele 源于希腊文,在英语中有"遥远"的意思,而 vision 源于拉丁文,英语有"视觉画面"的意思,整体则是"远处来的画面"。与听收音机、看报相比,人们更倾向于看电视,因为电视既没有文化水平的限制,又能逼真地传达自然和社会信息。电视成为人们感知活动画面的重要来源还有一个原因,那就是从心理学上说,人类对周围世界的感知中,绝大部分的信息来自于视觉。所以,电视这一媒介是继电影之后,利用电子形式,满足受众视觉信息需求的一种重要媒介。

如果说电影是人类在 19 世纪末所创造的最为耀眼夺目的发明,那么电视的发明则是 20 世纪初人类的一大奇迹了。电视的发明还有一个大的跨越,那就是它一开始就有伴音,它没有经过如同电影的默片阶段。这要归功于无线电技术。运用电子技术可以对静止的或运动的影像进行光电转换,然后将电子讯号发射出去,使远距离的接收机能够即刻复原重现图像。电视画面的显现成像是光电互相转换的结果。首先是将摄录在录像带上的由不同光点排列组合而成的各种光影转换为电子讯号后,由电视台的发射系统传送出去。电视机接收到这些电子讯号后,再把它们转换成为由不同光点排列组合而成的各种图像,呈现于荧屏之上。由于光点、光影、光效的性质、成分、结构、层次、角度所产生的强弱明暗的千差万别,所以才构成了各色各样、丰富多彩的画面形象。

电视画面是光线在观众视网膜上折射而形成的影像。它是将生活中三维世界的影像通过摄录器材在二维平面上再现出来。因此,电视画面是通过光电器材对三维世界的二维再现。那么,既然电视画面是二维平面的,为什么观众观看电视画面的时候仍然感到它是立体的呢?这主要是因为我们日常生活的视觉经验弥补了电视画面的平面感。我们关于立体事物的认识是通过多种信息的整合来获得的。获得对三维空间知觉的一个基本方式是通过双眼视差实现的,即由两眼从不同角度获得的视觉信息经知觉整合后得到关于物体深度的认识。在我们的认知发展过程中,我们的眼睛形成了对透视的无意识的依赖,当我们看到电视上一个物体很大,一个物体很小,我们不会认为是电视中这两个物体存在尺寸上的大小，而会认为是两个物体在距离上存在远近。很自然地，我们的眼睛给平面增添了纵深维度，这是视知觉的本能。但是电视节目的制作者并不能完全满足于指望人的视觉本能给他的电视画面增添纵深维度，一个好的制作人员还应懂得利用画面的构图、运动来增加这种感觉，从而使观众更加完整地认同画面上人物和环境的真实。

电视既然是一种视觉的媒体，那么，一切的语言、信息、情节、议题、思想等都必须先转化为电视画面，然后透过这一组组画面传达出去。电视的许多的特质与界定其根源因素正在于此。在资本主义社会里电视在习惯上被认定为是一种娱乐事业，从文化批判角度说，它是法兰克福学派所说的"文化工业"。在西方，电视有所谓"商业电视"和"公共电视"之分，商业电视提供的节目，通常停留在"制造刺激、引起直接反应(哭、笑、紧张)"这类生物性反应的层次。电视只变换"刺激"的内容和花样，"制造刺激"以取悦观众的模式是不大改变的。观众在一个无法参与、只能被动接受画面讯息的荧屏前，重复着刺激－反应的动作，长此以往便完全丧失了自主性和思辨能力。

为何电视具有如此功能呢？ 电视是一种制造梦幻的工具，这是因为，电视通过剪接重新编排事实，而电视剧则往往更是逃避现实。一些研究媒介的学者还进一步指出，电视本身就是一种"梦幻"形式，电视与梦境其实有许多相似性。例如，电视与梦境都有高度的视觉性。首先，梦是由一系列视觉幻像组成，电视亦然；其次，两者皆取材于最近或最新的经验，并将这些经验转化或演绎成视觉符号；电视与梦都提供人们一个逃避、解脱、补偿、发泄的渠道，经由这个渠道，人们暂时满足了他们在白天或现实中无法达到的愿望。此外，电视与梦在内容或意义上都具有不连续性、片段、琐碎、妄想且容易遗忘等特点，因而电视观众活在电视荧屏画面所构造的"现实"中。在这个梦幻世界里，人们模仿电视传授的行为、口语、生活方式、价值观、意识形态以及情感甚至思维方式等。按照结构主义批评的观点，电视文本中也存在一个"召唤结构"。电视观众充当两种角色：其一是作为观赏参与，其二是作为替代参与。前者是说，电视传播与接受之间存在一种互动关系；后者是说，观众在观看电视剧等娱乐节目时，在电视文本"召唤结构"的召唤下，放弃自身的主体性，而接受电视所设定的"主体位置"，参与到电视剧情中去，将自己设身为剧中的人物，从而获得一种"替代的快感"。电视能获得如此功效，还取决于它的画面引导的品质。

实际上，电视所实现的身临其境之感也只能是个虚无缥缈的幻觉。以真实性为特征的电视新闻，其真实并不等于客观事物的原本真实(raw reality)，后现代主义的电视学者早已对此有过深入的阐述。因为客观真实事件经过主观的报道后，加入了许多主观的东西，所以，西方将新闻说成是 News story 、Top stories

等,就是这个道理。无论多么丰富的信息,只要已经经过选择和整合,便不再是真正客观的信息,也就不一定是真实的了。比如电视摄像,尽管它比绘画更能提供细节真实,然而,视点、角度、光线等的选择都可以产生完全错误的视知觉,特技效果就更不用说了。全息效果是由编导意图决定的,可以是真实的也可以是完全不真实的。传统的认知方式是基于对单一信息的不信任,真实感来自于对多种信息的选择和整合,这里有一个信息渠道的问题,一般来说,信息渠道越多、来源越广,全息效果越好。

　　电视作为一种大众媒介,是需要依赖广告费生存的,所以如何吸引广告商投资广告时段成为电视媒体的一个重要目标。而广告商对媒体、时段的选择通常要算广告成本,广告预算中的千人成本,是以受众总人数为分母的,分母越大,广告的成本越低。因此,广告商首先选择那些收视率高的节目时段投资。电视机构为了提高收视率首先要进行调研,以了解观众爱看哪些节目、爱看什么内容。有了对观众情况的基本了解之后,创作出来的作品就有了针对性。然而,这种针对性很强的电视作品反过来又培养着观众的口味,久而久之,观众对电视中绘声绘色的全息化的幻觉形成了一种依赖。在观众口味与电视创作之间存在着一种互动关系,它们互相影响,呈螺旋式发展态势。在某种程度上说,电视培养了观众的兴趣和文化消费品味。从 20 世纪 90 年代中后期的《天桥风云》

《来自星星的你》剧照

《澡堂老板家的男人们》,至 2000 年初的《爱上女主播》《蓝色生死恋》再到近两年的《来自星星的你》《继承者们》,韩剧在国内流行了近二十年,且方兴未艾,其成功主要是依靠大中华文化圈,挖掘出了儒教的精髓,把中华传统文化的内核融入到现代生活之中,从而吸引现代都市生活的青年男女,甚至引导这些青年男女的兴趣和消费习惯。比如当下韩国衣饰、化妆品、旅游等系列产品的流行与韩剧近二十年在国内的流行有着紧密的联系。

　　美国社会学者大卫·理斯曼在他的《孤独的人群》一书中,对美国人的"社会性格"进行研究后区分出不同历史阶段的三种类型,即"传统引导型""内部引导型""他人引导型"。所谓传统引导,是说人作为社会的一分子,他的性格形成与发展受社会传统规定,并在社会传统的熏陶下,形成适应社会的性格;所谓内部引导,是说人的性格发展由自身因素决定,当个人不受外界干扰,自由地按个人意愿发展时,其性格中就具有了较强的自主性,这实际上是一种自我引导;所谓他人引导,则是指人的行为动机和内在的需要与社会化之间有着较为密切的关系,人们的内在需要退居次要地位,而社会的态度、观点变得十分重要,人们更加关注他人对自己的评价,因而,很容易随大流。理斯曼的这一观点在阐释电视文化的本性时具有很大的价值。典型如电视剧《来自星星的你》,大陆观众对男主角金秀贤并不十分熟悉,但男主角的性格特质满足了当下都市青年对爱情的憧憬,"都敏俊"也成为女性心目中完美白马王子的形象,一时掀起"星星"热潮,金秀贤因此成为中国市场炙手可热的超级明星,光内地市场就代言了近四十个广告品牌。在当下中国的消费主流中,过去物质匮乏时代以实用为主的消费观念已悄悄发生变化,例如人们穿衣不再把身体的感受作为第一选择依据,而是将流行时尚作为重要的参考依据,将明星的宣传作为参考的依据,这样,电视通过其画面就引导了观众的生活风尚。

明星引导是电视引导的一种重要手段。电视制造明星并不是它乐于公益事业,而是看中明星能给它带来更高的商业利润。一方面,明星靠电视的"包装"和传播走进千家万户,成为最靠近日常生活的"熟悉的人"。每个明星因此而有了自己相对稳定的崇拜者。人们对电视中的明星的表现顶礼膜拜。另一方面,明星也为电视经营者带来不同时期不同层次的观赏者,当过时的明星尚未过气之时,新的明星已在电视的包装之中了。在大众传播日益发达的今天,再也没有什么比明星与大众的关系更密切的了。明星一旦成为明星,人们不仅关心他的事业,还关心他的婚姻、家庭乃至日常起居,可谓"关怀备至"。明星的不同特点和类型使他们以生动可感的方式,满足了观众的想象和梦幻,明星在这个时代具有了"神"与"人"的双重属性。中国的、外国的,一代又一代的明星影响了一代又一代的观众。

电视的明星引导方式,有其心理学依据。荣格分析心理学认为,一个完整的人格中同时包含着两种性别倾向,如同中国哲学的阴阳相济观念一样,在现实的生理的发展中产生特定性别的同时,心灵深处也产生了一个互补的异性原型,男人心中的女性原型称为"阿尼玛",女人心目中的男性原型称作"阿尼摩斯"。我们可以确信,明星并不都是观众的性对象,他们带给人们更多的是温情和幻想。崇拜者们在潜意识中以他们为对象圆了现实中永远也不可企及的梦。电视等大众媒介所传递的明星信息,帮助追星者巩固了自己的观念。同时经过电视等媒体的包装,明星展露出来的都是美的一面,更具有吸引力,电视需要的正是这种吸引力,不断保持吸引力,才有观众来看电视;不断推出新的明星,才能保持相对稳定的观众,才能保持相对高的收视率。

在理斯曼看来,电视这种媒体的发展是构成社会中他人引导型性格的重要工具。当社会进入一个对视觉文化普遍依赖的时代的时候,"传统引导型"和"内部引导型"就会失去其效用。因为它们需要借助于叙述材料来建构自己的性格,这不适应快节奏的时代特点。所以读书时代已转变为"读图时代"。由于电视这一媒体对人的文化水平要求不高,加上逼真的图像直接传达了意义和思想,所以,它要比印刷媒体传递信息来得更为直接,久而久之,人们对电视图像的依赖就是很自然的事。电视作为大众传播媒介,它的引导是大规模的,就电视引导所产生的效果来说,电视引导下的人格都有其相似性,最终造成千人一面的结局。

第四节　电视的事件构成功能

电视是声形兼备的媒体,电视所再现的事件极具真实感,观众很容易成为电视真实的俘虏。心理学的相关知识告诉我们,受众中绝大多数都是感性主义、经验主义者,在他们看来,眼睛所看到的就是真实的,所谓"百闻不如一见",电视所传递的信息就是对事件的真实记录。电视与以往其他媒介相比,正是由于电视是声画结合的,信息传递常常惟妙惟肖,也就使得容易偏信自我经验的观众往往把电视传递的间接经验的信息当成了直接经验的信息,进而把从电视中所感受到的世界当作真实世界。

2015 年 10 月,BBC 纪录片《巴塔哥尼亚:地球的隐秘天堂》中火山雷暴的视频画面

在中国电视新闻史上,关于电视新闻真实性的争论由来已久。20 世纪 70 年代电影大师安东尼奥尼拍过一部纪录片叫《中国》,这部片子准确真实地记录了 70 年代尤其是极"左"思潮统治下的中国社会的真实生活。当时人们生活水平低下,生产力不发达,却整日忙于"早请示、晚汇报"、跳"忠字舞",这部片子遭

到当时新闻学界一些"左"的学者的批判,认为它违背了"本质真实"。80年代以前,要想寻找到真实记录中国普通人生活的片子是很困难的,因为在当时的社会环境下,受错误思潮的影响虚夸成为极其自然的事。在西方国家的新闻界,人们对"摆导补"的做法十分反感,但也有一些西方记者出于其政治、经济目的的需要,也常常进行"摆导补",比如英国BBC电视台的纪录片造假风波。2015年10月,BBC电视台播放了一部《巴塔哥尼亚:地球的秘密天堂》的纪录片,画面表现出火山爆发时山顶出现的火山雷暴,十分壮观。但播出后,就被曝出这一画面是由2段相隔4年的影片合成的——分别是2011年由智利摄影师拍到另一座火山上的闪电视频,以及2015年由BBC电视台拍到的火山爆发视频,遂引起观众一片质疑。事实上,这已不是BBC电视台第一次造假,早在2001年BBC电视台的《蓝色星球》纪录片就被曝有一个龙虾产卵的情节并不是在野外拍摄,而是在一个公园里。同样,2011年BBC电视台的巨献纪录片《冰冻星球》有个北极熊妈妈照顾刚出生的熊宝宝的片段,也是在公园里拍摄的。不仅是英国,全世界媒体都存在这种造假和拍摆的问题。1993—1994年间,日本NHK电视台拍摄了数部电视纪录片。其中,《禁区——喜马拉雅深处的王国:姆斯丹》《故乡自然的发现》《地球动物之旅》《飘海民:萨玛族——没有国境的人们》等六部片子不同程度地存在着扮演和替代的问题。《禁区——喜马拉雅深处的王国:姆斯丹》中藏人的日常生活经过了记者的导演,并选人进行了表演,因而,它更像一部电视剧;《故乡自然的发现》和《地球动物之旅》里被专家看出的问题是使用了替代物。前者介绍的是在日本千叶县自然生长着的"都鳉鱼"的内容,结果拍摄的却是生活在神奈川县的一个自然博物馆里的都鳉鱼的情况。同样,在《地球动物之旅》一片里介绍的是英国设得兰诸岛美丽的海域里生存着水獭的情况,但所有的水獭都是在英国的一个名为"陆上生态研究"的水槽里拍摄的。其中还有这样的解说:"东西吃完了,再潜入海中找食。在这水深一米左右的浅海里海藻大量地繁生"。在《非洲大草原:永远的宿敌——狮子和鬣狗》一片里,为了加强音响效果,利用了音响资料库里的资料,加上了风中草的声音和鸟的叫声。另外在《地球动物之旅》一片中NHK电视台也曾用人嚼芹菜的声音来代替水獭吃食的声响。这种种做法也许动机并不一定坏,只是违背纪录片的真实性原则而已,但是很多情况下,尽管电视的编创人员没有造假,电视再现出来的事实已不是原本的客观事实了。例如。20世纪50年代,美国社会学家库尔特·朗格和格拉狄斯·朗格夫妇就对电视现场报道的真实性进行过认真细致的考察。1951年4月1日是所谓的"麦克阿瑟日",刚刚被免职的麦克阿瑟将军访问了芝加哥,电视台对这次活动进行了现场报道。朗格夫妇为此在机场、游行路线途中以及麦克阿瑟发表演讲的会场等处安排了观察人员,记录现场情况,并将现场情况与电视现场报道中反映出来的情况进行对比。当时美国社会上很多人认为麦克阿瑟是一位受到不公平对待的将军,他有许多军事战绩和功劳建树,应当给予应有的尊重,甚至有人认为他可能成为当年的总统候选人,因此,麦克阿瑟是一个热点人物。芝加哥的民众对于这个热点人物的到来以及随之而进行的大游行参与热情高涨。但他们并未把麦克阿瑟当作一个意识形态偶像,对之顶礼膜拜。现场观察人员看到的情况正是这样,公众在熙熙攘攘的混乱中能够看上一眼乘车驶过的麦克阿瑟将军,其他大部分时间则是为混乱本身而兴奋。但电视表现出来的却完全是另外一番景象。通过精心的机位安排和镜头组接,麦克阿瑟将军始终占据着电视报道的中心位置,而且形象崇高;在他周围的则是充满对英雄的崇敬之情的沸腾的群众,整个场面浩大而感人,同真正的现场在气氛上毫无共同之处。因此,这次电视报道被朗格夫妇称为"精心编排的戏剧"。从这一个案来看,电视现场报道作为电视真实感、现场感最具代表性的形式可以如此"违背"真实,其他节目就可想而知了。电视的编导者每天制作大量各种各样的"精心编排"的现场直播节目,而观众则通过这些节目"加入"到现场当中,并且对自己通过电视得来的视觉感受深信不疑。

这里,我们可以清楚地了解到,其实电视是不可能完全再现现实的。事件作为客观存在,经过电视的报道它就不再是原来那个客观事件了。由于主观因素介入进来,再加上电视拍摄角度的选择、拍摄方法的讲究、编辑中蒙太奇手法的运用,使得电视节目无论是否打上纪实的标记,它都不能等同于客观真实。电视的仿真功能,使得它可以将想象中的事物做成逼真的效果。好莱坞的"梦幻工厂"能够将侏罗纪时代的生物活灵活现地表现出来,现代电视设备也能做到这一点。英国的一家电视台曾经播放过一条愚人节新闻,新闻中声称意大利通心粉树大获丰收,电视画面上,农民们正忙于从树上收获通心粉并将它们晾晒起来,这种忙碌的场面,看上去井井有条。大多数观众根本没有怀疑这条新闻的真实性,而且没有把它与当天的愚人节联系起来,他们很简单地就相信了电视。如此之"假"的东西居然也能让观众相信,那种"有鼻子有眼"的事情就更不用说了。观众太相信自己视觉经验,因而给制造电视幻象的电视机构以可趁之机。过去电视台总以录播为主要的运作形式,近年来,直播成为部分电视节目的主要播出方式,出现直播热的一个主要原因是为了增强电视画面的真实性和现场感。事实上,即使是现场直播的电视节目特别是新闻节目,也并不都能客观地反映出现实世界的本来面目。也就是说,电视所构成的事件不等同于事实。这似乎已无争议。但另一种电视所构成的事件颇值得人们注意。

近几年来,新闻策划成为一个热闹的话题,电视策划也盛行一时。这里比较关键的一点在于,事件本不会成为一个特别有影响的事件,是电视机构根据对某些条件的考察,发现其有可能具有新闻效应或报道价值,然后进行精心的策划和准备,使之成为具有轰动效应的电视事件。日本电视研究学者藤竹晓曾经举过一个典型事例来说明这一问题:1978年8月26日下午8时至第二天8时,日本电视台为了迎接建台25周年,播放了纪念节目《24小时电视:拯救地球》,这个节目以日本电视台为主台,通过由北自札幌南至冲绳的全国28个电视台所构成的广播网,在24小时内进行广播。这是为向残疾人以及卧床不起的老人赠送电动椅子和入浴干燥车等募集基金的节目,目标为4亿日元。各地名流2000人参加演出。在进行播出时为了接受各地观众的捐款,日本电视台准备了150部电话。此外,全国各地的广播网也作了相应的安排。

据当时的《读卖新闻》报道,电视播出后,24小时内的平均视听率,关东为15.7%,关西为15.3%,共计225万户家庭收看这一节目。如果没有电视,24小时募集4亿日元几乎是不可能的。同样,电视如果不进行如此的策划,要想实现这一目标也是不可能的。很显然,正是电视创造的这一事件,"说服"了大众。藤竹晓指出,这次电视宣传活动成功之处在于电视台利用观众善良、热心公益事业等特点制造了这起事件。

这里需要特别关注的是,问题不在于这一事件本身有什么不好,而是在于电视制造事件这一行为有很多耐人寻味之处。制造事件本身并不是终极目标,而是为了宣传什么。除了残疾人外,真正从这次事件中获益的是电视台,电视台通过制造这起事件巧妙地宣传了自己。这是20世纪70年代的电视做法,可以看出商业化的影子还不是很重。电视制造事件从传播效果上说有很大的特点,那就是藤竹晓所说的,"应募者几乎都是在家里看电视的,在这一点上,可以说相互之间是'孤立的'。电视宣传运动把这些'孤立的'视听者(大众)引入相互作用的旋涡,发挥了推波助澜的作用"。"推波助澜的过程是在形成群体的过程中起作用的必要条件。这个过程是向人们灌输共同的情绪和情感并增加其密度的过程。在这里,它唤起了人们的感受性,促进了心理的相互作用,从而把他们凝结为一种情绪的集合体。电视构成事件的秘密就在于,电视宣传运动在'孤立的'大众之间促进了形成群体所不可缺少的推波助澜过程"。①

如果说上述情形是电视机构为了制造轰动效应而进行的一种炒作行为的话,那么,那种纪实手法拍摄的电视剧就更司空见惯了。纪实电视剧要求电视剧不要像纪录片那样实录生活,而是力求营造出酷似生活原型或原生态的空间,传达出生活初始状态的韵味。纪实电视剧在处理现实生活时将戏剧假定性原理加以利用,而且假定性是构成各种电视剧情的依据。

---

① 藤竹晓.电视社会学[M].蔡林海,译.合肥:安徽文艺出版社,1987.

电视剧的观众对电视剧的期望值相当高。仅仅播出具有娱乐价值的内容，很难让他们满意，他们希望看到具备认识价值和审美价值的剧目。对浮躁的不满和对生活深层的索问，对夸饰的不能感同身受和对朴直真实的热切期望，都在电视的接受中体现出来。在中国，人们对电视的基本态度，从《新闻30分》《现在播报》的崛起，到《东方时空》《焦点访谈》《新闻透视》高收视率，都证明观众关注现实意识的存在。而纪实性节目的大受欢迎，是电视观众对"真实"的要求的空前强烈的反映，也是他们参与意识强烈的表现。有些电视剧刻意抹去戏的成分营造出真实的现场效果，目的也正是为了更进一步消除观众因不真实而产生的那种"间离感"，加大了观众的参与力度，自然也就具有了吸引力，提高了收视率。像《中国大案百集》这样的纪实电视片，大胆使用非演员出演剧中角色，使用真实场景甚至让演员讲地方方言，电视镜头的直观性功能也得到大大突出，本来公安题材的电视剧就很受欢迎，采用了纪实的拍摄风格以后，电视剧的可观赏性大为改观，很多观众将电视剧的情节当作真实事件来看。

虚构是电视构成事件的一种常见形式。虚构的电视剧故事情节吸引观众根本之处还是在于其中有真实的成分。于是，假定性就常常与新闻性、传奇性结合在一起，假定性来源于现实生活的启示，脱离现实的假定性必然是荒诞的，由此我们不难理解为什么有些电视剧不能引起观众共鸣，乃是因为它在假定性上背离了生活规律。尽管有艺术假定性原理作创作的依据，但其仍然必须经受观众对真实性的质疑，就纪实性电视剧而言，观众关于"真"和"新"的要求近乎苛刻。任何背离真实、模式老套的手法都会遭到拒斥，相反，带有"毛边"，看似"多余的东西"，体现了返璞归真的质朴，给予观众一种亲切感、参与感，如《九·一八大案纪实》，表现警官长年在外，中秋节难免想家，用了一个打电话的细节，未作展开，但这种点到为止、几近过分平淡的细节，在此剧中却使人感到很贴近生活真实，《长城向南延伸》中，考察队员获得与祖国的亲人通话的机会，每个人物表情各异，表达内容各不相同，这里的许多细节假如出现在纯虚构性电视剧中，显然属于没有表现力的镜头，必须剪裁，但在纪实性电视剧中，情节的如此安排虽然相对削弱了电视剧的艺术感，但却因其强烈的生活真实感，生动地刻画出了人物性格与心理画面。

《中国重案纪实录》《一个医生的故事》《百年忧患》等纪实电视剧的成功，既来源于丰富的现实生活，又归功于深刻理解生活的创作者，好的创作本需要优秀的演员来体现，纪实性电视剧不同于普通的情节剧，以情节、冲突打动观众，它是借助于各种纪实化的处理，唤起整场戏。《一个医生的故事》中纪实效果是借助于演员的表演来实现的，剧中主人公赵雪芳由著名演员奚美娟扮演，奚美娟不求形似，但求神似，她几乎是素面朝天，用眼神、用微小的动作来反映人物心理，刻画性格,不露做戏的矫揉造作,用娴熟的表现技巧塑造了一个渴望家庭温暖、期待身体早日康复,面对死亡感到不安、遗憾的成熟女性的形象。纪实性电视剧的表演较之程式化的表演虽然看似稚拙、简朴与平实,但拙中带巧,因实而真,因真而信,正是纪实风格实现的原则。

由于电视剧所反映的真人真事已经发生了,编导为了再现这些真人真事,实现人物与事件的逼真性、现场感的美学效果,就要运用和借鉴新闻报道的许多拍摄手法,营造事件发生与屏幕播出同步进行的场景和氛围,使观众感到事件发生或正在发生。拍摄时,应多表现细节,展现人物的丰富性和复杂性,多用长镜头,尽可能少用推、拉技巧,充分利用前景和后景的物体运动,增强画面的真实感,画面既要有强烈的感染力,又要不露刀斧痕迹。灯光处理,是创造画面表现力的决定因素,充分发挥光的功能,参与画面构图,营造出一种真实的生活环境,把握光的统一色调,掌握背景光的亮度,内景的背景、近景采用低照度的散射光。至于美工、服装、化妆、道具,无论是环境的布置、服装的设计,还是人物的造型,一定要与全剧的风格相统一,与人物性格相符合,逼真质朴,给人一种真实的身临感。同时,要适当注意言语艺术的提高,力求清晰、准确,旋律突出,达到一种音乐与画面浑然一体的效果。纪实性电视剧作为电视剧家族的新品种,方兴未艾,编创者只有求真、求新,努力探索,才能使它创作实践的路子越走越宽,理论水平日臻成熟与完善。

各种形式的电视构成事件,都是对生活的模拟,费斯克与哈特利指出,电视的逼真写实,其实是一种"人为的创造",它之所以看上去很自然,并不是因为它真的自然,主要是由于我们的文化,喜欢把我们社会中仪式性的凝缩行为,披上一件外衣,让它看起来很自然。"事实上,写实主义一点儿也不自然,但是它合乎我们关物的心态。就像我们每天赖以掌握周遭事物的语言一般,它们其实都是文化结构之下的产物。在这种定义之下,语言并不是表面的字词,或客观存在的东西。语言代表一种力量、一种能力,使得我们得以创出所谓的'自然的情境',制作出各种不同的节目。同样地,写实作风则促成了电视上所谓'真人真事'性质的节目,如警匪影片的产生"。① 作为观众我们不一定经历事件的本原,我们的经验往往通过语言的中介作用而来。不过,语言的中介作用,既不能反映"真相",也不曾扭曲"真相";它其实是依靠技术制造所谓"真相"的社会过程。也就是说,不仅作为象征符号的能指本身没有一定的标准,象征符号的所指也同样不具有绝对的本相。

---

① 约翰·费斯克,约翰·哈特利.解读电视[M].郑明桥,译.台北:远流出版事业股份有限公司,1993.

既然"真相"没有绝对的标准,那么戏剧化、假定性在电视中就有其存在的合理性。藤竹晓指出,现代社会电视发达的时代,在电视创造的模拟环境与现实环境之间存在着一种新型关系,人们从开始时对现场真实的依赖转变为对电视模拟环境的依赖,因为原生态的现实不能提供像电视事件那样的热烈场面和热闹气氛,由此,"电视的现实"产生了"副本自立"的现象。藤竹晓称之为"模拟环境的环境化"。他解释道:"这就是说,环境化的模拟环境(即环境化的副本)是从原本(现实环境)中派生的,但是,这种副本超出了原本,通过大众媒介而向人们提供的(即'共有世界'化的)原本的副本部分以及这些部分的构成化,对现代人起到了环境的作用。""这样,模拟环境并不限于原本的单纯的概括性记录和缩影,它本身具有大众媒介机构的活动所产生的'构成化'产物的性质……电视中所描述的、视听者所见到的事件的全部情况,也许是与此不同的'另一个世界'"。①

如同语言符号一样,电视画面的图像符号在传播者与受众长期的编码与解码过程中,取得了"第二天性"的地位。它把电视上的花花世界都"自然化""合理化"了,不论是新闻报道、纪录片还是电视剧,都一再强化并重复同一个意义暗示:这是真实的世界。朗格夫妇曾经指出,电视转播对实际事件的展开有影响,并且改变了现实环境。电视对现实的选择是以自己的需要为依据的,它总是从现实中截取自己认为最合适的部分,而"不合适"的部分被有意忽略了。藤竹晓还谈到另一种情况,即电视摄像机往往能使被拍摄的对象改变自己的自然状态,而以一种"演出"的姿态出现,这种摄像机与对象之间的互惠效果对现实本身产生了影响,并且改变了其后的事态。所以,在这个意义上,说电视是社会的镜子或者电视真实反映了社会生活,都是不严谨的观点,往往会误导人们的视听。

现代人一方面生活在能够以自己的感官来验证的现实环境中,另一方面又摆脱不了电视现实的干扰。我们的生活节奏加快了,事必躬亲的机会也就越来越少,当我们想作为社会的人而感觉、思考并采取行动时,电视的现实就不断出现,众多的图像信息让我们应接不暇,这时,电视又神不知鬼不觉地发挥作用。大众媒介的渲染功能,正如观众所感受的那样,一个很小的事件经过电视等媒介的渲染,可以成为一个重大事件。这个"重大事件"是创造出来的,并会对人们的生活产生影响。虽然在我们的日常生活中充满着电视现实,但这并不可怕,如果抽去电视构造的事件,我们就会回到原来的农业自然经济社会中去,其实对于真实与虚构的追问,并不是要彻底消除电视构造的事件,而是要努力使人们培养一种鉴别能力,这也是现代社会人的基本生存能力之一。

---

① 藤竹晓.电视社会学[M].蔡林海,译.合肥:安徽文艺出版社,1987.

第五节　电视的"女性化"特质

在西方的媒体研究中,通常研究者会在潜意识里将理论的探讨与两性联系起来,把创造性、能动性和注意力集中等"男性的"标准同艺术联系起来;而把消费性、模式化、被动性和注意力分散等"女性的"标准同通俗文化联系起来。这有其历史的和现实的原因。经典艺术的创作十分严谨,且有相对固定的受众,受众的接受活动也比较专注。这就形成了经典艺术的传统。作为"第七艺术"的电影,基本具备这些特征,即使是后来走向通俗化路线,它仍能促使观众关注作品本身,注意电影的故事和人物叙述。很明显,就观看形式来说,我们就可以很容易将电影与电视的性质加以区分。那么,为何说电视是一种"女性化"的媒介呢? 这需要从大众媒介的发展与受众的关系来考察。

我们知道,西方女权运动历史悠久,在争取男女平等的参政权、受教育权以及男女同工同酬方面取得重大突破是近几十年的事,即使是 20 世纪 50 年代,美国妇女离开家庭仍然是很困难的事。生育使得妇女离开她们的工作岗位,转而成为家庭主妇和保姆,这样妇女在家中需要面对的第一桩事情就是克服生活的寂寞。当时媒介提供给她们排遣郁闷的形式主要是广播剧,尤其是广播肥皂剧(soap opera)。电视这种媒介出现以后,也沿用了这一风格,而且内容更为丰富。确实,在一段时间内,广播电视满足了大多数家庭妇女的好奇心,排遣了她们的寂寞感,同时也培养了她们的参与媒介活动的积极性,从某种意义上说,电视培养了家庭妇女对电视的依赖,但反过来说,电视尤其是日间的电视节目也依赖女性观众市场。所以,大量的美国日间电视节目是针对女性观众的,像肥皂剧一类的节目,就会显现出没完没了的故事情节、复杂多变的感情世界、节奏拖沓的戏剧冲突等特点。早期电视的经营,节目形式仅仅局限在肥皂剧和其他一些娱乐节目。观众在观看肥皂剧时的乐趣,往往是以故事和角色之间的关系为转移的。根据对动作系列剧或冒险连续剧的期望,在像英国《加冕街》或《小溪边》这样的肥皂剧中,似乎情节平淡,什么都没有发生,因为观众得到的满足并不在一系列快速发展的事件的叙述中,而是在别处。事件对人物生活将产生的影响一目了然。这主要是通过谈话的方式如聊天、表白、推测以及交流体验而体现的。

闲聊的世界习惯上被看成是女人的世界,是作为家庭和私人领域的一部分而存在的。在此环境中,工作的世界成为另一个展示对人们及其问题关注的舞台——它被人性化了。在现实主义肥皂剧中,工作的特点是在服务行业中:酒馆、商店以及自动洗衣店。它们为交换小道消息提供了自然化的背景。肥皂剧还往往把女性角色刻画为处理生活问题的普通人,而不是警匪或动作片中神秘莫测的人物。虽然电视观众中有男性也有女性,但一些编导还是怀有成见地将性别意识体现在文本中。肥皂剧是"女性化"的形式,已成为学界的共识,通过对妇女作为社会解读者和对肥皂剧作为社会性本文的分析,大多数学者都发现肥皂剧知道组织结构不同于旨在满足男性视觉趣味的那些大众形式。肥皂剧的非连续性的、经常间断的节奏是依照妇女的工作节奏安排确定下来的。

电视的"女性化"主要是就心理本质上说的。美国学者贝弗丽·豪斯顿(B. Houston)在她1984年发表于美国《电影研究季刊》夏季号上《看电视:无休止消费的心理玄学》中从本体论角度对电视与电影进行分类,她接受麦茨与让·鲍德里亚对电影性别化的本体定位,认为电影是男性化的富有创造性的文化形式,同时她也认为电视如果进行性别化的本体定位的话,那它则是女性化的文化形式。这一观点正是早期电视本体观念的一个代表,它把女性化与观赏的被动性、消费、精力分散等与电视有关的特点联系在一起。

显然,豪斯顿这里所说的"女性化"并不是说电视节目都是准备给女性看的,而是就电视文本形式和观看的形式与电影相比呈现出的特征而言的。英国学者埃利斯(J. Ellis)认为,电影和电视主要有四个方面的不同。阿伯克龙比对此进行了概括:"其一,电影主要是构思一桩公共事件,本身具有完整单一的表演特点。对比之下,电视则是常常把一系列片段的东西编成系列片或连本电视剧,并以此作为其主要表现形式。其收看方式比较随意,以个人或家庭形式进行。电视的这些制作和收看方式使它具有一些自己的特色。电视基本上是一种家用媒体,它的节目一般地说锁定的是家庭观众。此外,电视采用日常口语化风格。它与观众的交流方式与其在此家庭中的地位是相符的。它似乎成了家庭谈话的又一位参与者。其二,电影技术的发展使电影在画面和声音的质量上比电视要好得多。电影的逼真效果给观众以特别强烈的感受,使他们认同电影里发生的一切。看电影要求目不转睛、全神贯注,而电视观众偶尔分个神也无妨。埃利斯说,看电视常用的方式是扫视而不是盯视。眼睛一刻不离电视机——盯着电视看——常常被认为不是很适宜。其三,电影与电视叙事形式不同——安排故事情节的方式不同。电影故事通常以某种杂乱无序的状态开始,然后是一系列跌宕起伏的情节发展,再到无序状态的结束,最终恢复到平静。电视则没有这样的结局,没有这样的结尾。它表现的是一套不完整的、反复的片段内容。电视系列片或连本电视剧就很典型。每集电视剧自成一体,但很难找到贯穿全剧的结局感。节目的连贯性不是由故事本身而是由人物和地点串联而成。其四,电影和电视对观众的看法不同。电影认为其观众是在忧喜交集中等待故事的结局的。从某种意义上说,观众的受控方式如同读书人的受控方式一样,而电视贴近观众运作的成分要大得多。电视如同一双眼睛,借助它,观众可以观察世界。"①
阿伯克龙比对电影和电视的比较概括包含了这样一些层次,就文本而言,电影总
是一定时间(通常是1~2小时)内叙述完成某一个故事,这个故事由于受时间
的限制不可能无限制地讲下去,所以,它的结构必须紧凑,起承转合合乎章法,叙
述节奏也不允许拖沓;电视虽说也有时间段的限制,但就内容而言,它并不要求
在某一特定的时间段内叙述完,正因为这一特点,电视可以充分地叙述某一个故
事,因而,故事在节奏上没有电影那么快,在情节上没有电影那么集中,以致某些
电视剧可以有上百集的规模,美国著名的肥皂剧《豪门恩怨》就有一百多集。就
传播接受的环境而言,电影以电影院为观看场所,是集体集中观看;而电视则是
以家庭为单位、以客厅为场所的,所以它的观看活动就自然显得随便、宽松,人们
可以一边聊天、干其他杂活一边看电视。琐碎、不集中或者可有可无都不是作为
"第七艺术"的电影所拥有的特点,从这一意义上说,电视具有"女性化"特征。
当然,用女性化来形容电视的种种特点可能有性别歧视之嫌,豪斯顿等人只不过
沿用男权主义的话语语词来进行归纳,而并非刻意寻找电影、电视接受上的性别
差异,他是在比较中探讨电视较之电影等其他媒介到底有什么不同。其实,从电
视获得乐趣的不仅仅是女性,造成琐碎、不集中、拖沓的根源也不全在女性观众
的接受需求,男性观众看电视同样存在如此的特点。这或许用"女性化"较为合
适、传神。

---

① 尼古拉斯·阿伯克龙比.电视与社会[M].张永喜,鲍贵,陈光明,等译.南京:南京大学出版社,
2007.10~11.

第六章 电视文化的创造主体

第一节 电视的"把关人"分析

"把关人"(gatekeeper)一词是美国传播学先驱库尔特·卢因(Kurt Lewin)1947年在他的《群体生活的渠道》一书中提出来的,在书中,他描述了这样一个过程:一则消息,在传送的过程中,须在某些"检查点"获取通行许可。卢因将这些检查点称为"门",而把那些掌管发放通行许可证的人或组织,称为"把关人"。在任何一种制度下,大众传播都要受到各个方面的干预。大众传播的信息在传播过程中通常要经过来自传播机构内部和外部的各种权力机构和个人的"干预""控制""过滤"。这是控制分析理论常要讨论的问题。我们这里所说的把关人,是说电视从业人员的双重身份,其一是作为传播者,其二是作为审查者。作为传播者他决定着如何去搜集信息,如何将信息传递给观众,而作为审查者,他决定着给观众看什么,不给观众看什么。其人员包括电视的新闻记者、编辑,电视娱乐节目的主持人、导播,电视剧的编剧、导演、演员和制片人等。这样

库尔特·卢因
(1890—1947)

就产生了一个新的课题,即电视的"把关人"。也就是说既然决定了观众所看的内容,那么这里就可能牵涉到传播伦理与传播道德的问题。这是一个非常复杂的问题。

电视的制作在许多方面很像工业品生产,这是一个分工细致而又复杂的过程。制作过程被划分为若干阶段,每个阶段的工作都要由熟练的专门人员去完成。电视制作过程的零碎性特点要求管理层要进行积极而全面的协调。电视制

作的这种分层负责的特点部分决定了必须由管理层最后裁决。然而,不同于其他产业的生产过程,电视制作需要强有力的协作和配合,这样,各部门相互合作,尽可能贯彻制片人的旨意。制片人既是创作者又是管理者,既是组织者又是普通工作人员。他要确保制作系统中各种要素适时到位,整个制作过程要按预算完成。对有些制作人来说,他们的工作也许就是总体控制,而对有些制片人来说,他们可能还要参与节目的创作,他们经常还要拿出新的创意并要和编剧密切合作。制片人的工作与其他传媒部门类似人员的工作很相像,都涉及创造性的管理。他必须对节目质量负责,同时还要对节目的市场前景要有基本的估计,他成功与否主要看其制作的节目的收视情况,所以,他个人的思想品位、学识修养都会直接影响观众的口味。

首先,这里牵涉到一个传播伦理与职业道德的问题。就职业化电视从业人员而言,他同时具有经济效益和社会效益两个方面的目标。

前一个目标很明确,即无论是公营的还是私营的电视媒体,都必须有资金运转,否则就难以长期支撑下去,而且很多媒体都是需要赢利的,因此,电视传播者常常视电视观众为上帝,观众的首肯才能招来广告商的投资。因此,虽然我们说,大众传播是需要创意性的劳动,但就其内容而言又是不能创新的,这是一个悖论。原因很清楚,且不说来自体制、管理等方面的限制,即使是完全彻底的市场化,电视的传播者仍然有许多限制。首先,最直接的,他会遇到经济方面的控制。受众对电视的制约,最终会转化为广告客户对电视媒体的控制。广告决定了电视内容的精彩程度,而电视节目的精彩程度又反过来决定了广告客户的投资,因此,电视节目与广告之间是相互依存的关系。施拉姆曾经举过一个案例:"某一广播网最近取消了一个未获人出资提供的节目,与一个虽有人提供,但观众比较不多的教育性节目,理由只有一个:广告客户不肯买下连接在这两个节目间的时间。客户(或许是代理商)感觉到,不受欢迎的节目,将使节目前后的观众数目大量减少。"[①]电视台努力要做的工作就是要使其每一档节目都有很高的收视率,尽可能地使其广告时段的价位提高到极限,他的每一档节目都必须有观众市场。一个现象是,收视率不是很高的教育类或高雅文化艺术类节目很难在电视上长期存在。这是因为,其虽然内容有价值,但却不能给媒介经营者带来商业利润,因而只能放弃,这是由市场原则决定的。所以什么内容有观众市场就制作、播放什么,几十年来因为这一点,造成了电视的社会责任的丧失,色情、暴力的内容充斥荧屏而遭致社会的批判很多。

其次,电视传播者还受到来自压力团体的控制。除了政府方面的控制以外,

---

① 威尔伯·施拉姆.大众传播的责任[M].程之行,译.台北:远流出版事业股份有限公司,1992.

行业或团体对电视传播形成了控制的重要方面。这些团体组织包括工商业团体、劳工团体、宗教团体、教育团体等，他们在一定的时期可以形成很大的势力，可以干涉或影响电视的传播内容。电视传播者往往很重视与社会各团体之间的关系。政治、经济利益团体都会对其产生直接或间接的影响，所以电视机构往往会注意他们的要求和动向，无论是正面或反面的再现、报道都会尽可能使他们的意图在主流文化的框架下得到合理的体现。

电视作为一种主要的大众传播媒介，在长期的传播过程中形成了一定的媒介权力，具有对社会控制、操纵、支配的力量，可以为受众设定议程和议题。美国传播学者麦康姆斯和唐纳德·肖研究发现，大众传播具有为公众设置议事日程的功能，传媒的新闻报道和信息传达活动赋予各种"议题"不同程度的显著性，以这一方式影响着人们对周围世界的"大事"及其重要性的判断。在某一特定时期内，那些得到媒介更多注意的议题，它们的重要性将日益为人们所熟知，而那些较早得到媒介注意的议题将日益为人们所淡忘。这样一来，传播什么，不传播什么，电视的传播者对受众的影响就非同小可了。

当今社会，信息技术飞速发展，大千世界变幻莫测，极大地冲击了人们的感知觉，极大地满足了人们的信息寻求欲望。电视在这场信息大潮中充当了急先锋的角色，它以直观的画面传达社会生活的各种动态。然而，电视在信息变革的时代不是被动地承担传播信息的使命，而是积极主动地传播，因此，"把关人"的工作显得特别重要。

首先"把关"活动是一种积极的主体活动，是直接作用于传播活动的重要主观因素，因此无论电视宣称如何逼真地再现现实，"把关人"的主观介入是不可避免的。首先这种主观介入表现为对素材的取舍和对事件的价值判断。选择什么样的素材可以表现不同的思想内涵，素材有典型和非典型之分，典型的说服力强而非典型的说服力就差一些。就某一个电视节目而言，它无非体现为新闻价值或娱乐价值。例如，就新闻价值而言，它其中也包含了个人价值和共享价值。共享价值决定了对社会大众趣味和价值取向的寻求，这种选择需要独具慧眼，需要具有职业敏感性；而个人价值则决定了对个人价值取向和情趣爱好的个人风格的追求。传播者的个人的喜怒哀乐、情趣风格都会在作品中不同程度地体现出来。按照批判学派的观点，电视等媒介对现实的再现本身就不再是事物原样，而是一种借助文字或图像符号中介对事物的本原进行的"转述"，所谓的真实，其中往往包含了某种"歪曲"和"误读"的成分，无论是否是刻意远离事实本原，这种对事物原样的再现都是主观化的，在这一过程中，电视图像画面只是对事物原样的部分或某一特点的反映，因为电视摄像的角度选择、镜头的运动、光线的明暗等都传达着传播者对事件的认识和理解，在未传播前就已存在着某些"歪曲""误读"的成分,所以,"把关人"的价值判断,决定了电视传媒对客观现实的反映。

其次,这种主观介入也表现为对素材的处理。电视的画面处理形式如同电影一样,常常使用蒙太奇等手段。而说到蒙太奇的艺术功效,往往会让人想起爱森斯坦的《战舰波将金号》的一段趣事。北欧的一位电影发行商一心想购买这部影片,但是政府部门的检查官却认为影片的主题思想具有明显的革命倾向性而不许购买。这位发行商遂与俄罗斯制片方商量:在保证不对影片内容进行增删的基础上,对影片有关镜头的顺序进行调换。影片原来的剧情发展脉络和镜头组接顺序是:水兵饱受军官虐待——水兵因为拒吃生蛆的烂肉而被判处死刑——水兵被迫起义——起义遭到镇压——战舰胜利出逃。而电影发行商提出,要把水兵们发动起义的镜头段落提到前面来,把水兵被判处死刑的镜头段落放到后面去。这样一换,剧情内容就发生重大变化,变成水兵一吃到生蛆的肉就发动了起义,而起义者最后的结局则是因为"叛变"而被执行死刑。这样一来,事件的因果关系和它给予人们的印象及其结论也就完全不一样了。这一事例恰好说明:按不同次序所组接的镜头或者镜头段落是会产生内容意义上的天壤之别的。

最后,电视"把关人"的主观介入还表现为其对电视传播时间和频率的控制。电视节目在何时播放、播放的次数都取决于"把关人"的意志。黄金时间的节目收视率较高,而非黄金时间段的节目收视率相对较低。同样一档节目,播出的次数越多,给观众留下的印象越深。这样,传播效果就因"把关人"的意志而发生了改变。

假如我们将电视"把关人"视为电视传播各个环节的"过滤器"和"放大器",那么,"过滤"和"放大"并不是一个简单的过程,其中既包含了对信息的筛选,也包含了对信息的制作,无论如何"过滤"、无论如何"放大","把关人"都要受到电视新闻、艺术和文化传播规律的制约。社会体制、文化背景、法律伦理道德等各种外在因素都会对"把关人"产生直接或间接的影响。从社会体制来说,不同的社会制度产生不同的传播制度。施拉姆等人将人类历史上的传播制度理论分为四种:集权主义理论、自由主义理论、社会责任论、苏联共产主义理论。在这些各不相同的传播制度下,"把关人"不可能不受影响,自然,某一传播制度下的价值观念会自觉不自觉地在他的"过滤"和"放大"过程中反映出来。

"把关人"主观意志受权力话语影响,也会在他的信息把关过程中体现出来。我们知道,一个有个性追求的电视"把关人"通常会以一种艺术的审美的眼光来处理有关信息。而在受权力话语影响的"把关人"则往往按"他者"的意志办事,将"他者"的意志,作为衡量和检验电视传播内容的主要依据,那么,电视内容必然是符合权力话语的主流文化需要的。造成权力话语主控文化局面的因素通常有两个方面：其一是统治权力，其二是经济权力。对前者而言，是一种主观、人为地对意识形态的掌控，通常是通过宣传途径来实现的；而对后者而言，是借助于消费结构而形成的意识形态霸权，这一点我们在前几章已作阐述，在商业社会里所形成的意识形态霸权对传播者和受众都是相同的，只不过"把关人"认同这种意识形态而在不知不觉中强化了它，商业化社会里"把关人"的清醒是可能的，只是他无力改变这一社会受众的文化消费结构，使他们产生对主流意识形态的反抗意识，除非他真正远离商业化的文化，真正以反抗者姿态出现。

总体来说，对传播活动起着关键性作用的是传播制度和媒介的经营性质。首先，电视传播的把关活动是一个复杂的过程，在理解把关活动的实质的同时，还应当把政治、经济和意识形态因素考虑在内。电视传播新闻和信息常常有其自身的规律，新闻或信息生产与传播并不具有纯粹的"客观中立性"，而是依据传媒的一定立场、方针和价值标准所进行的一种有目的的取舍选择和加工活动；其次，新闻或信息的选择受到电视机构的经营目标、受众需求以及社会文化风俗习惯等多种因素的制约，但是，与电视传播的方针和经济社会利益相一致或相符的内容往往被优先考虑、优先传播。最后，电视的"把关"是一个多环节、有组织的过程，其中虽然有记者、编辑、导演等个人主观活动，但在电视机构内部控制机制的作用下，个人因素所起的作用是有限的。"把关"过程及其结果，在总体上是传媒组织的立场和方针的体现。

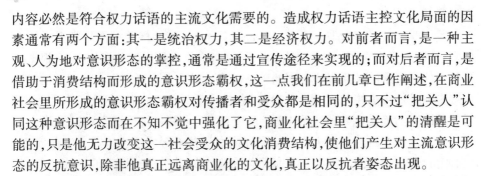

第二节　受众在电视文化中的主体行为

在受众研究理论中，最直接分析受众主体情形的当推"使用与满足"理论。凯兹（Katz）等人将这一理论概括为五个基本假设，即：①受众是主动的，而且是有目的地使用传播媒介；②在大众传播的过程中，完全依赖受众把媒介的使用和需求的满足联系起来；③传播媒介所能满足的需求，只是人类需求的一部分。即使是大众媒介所能满足的需求，媒介也得和其他能满足需求的来源相竞争；④就研究方法而言，使用与满足研究资料的收集，多需仰赖受众的自我报告。研究者只能再根据这些自我报告式的资料，来推断受众使用媒介的目的为何；⑤对于传播的文化意义，研究者不应作任何价值判断，而应由受众以自己的方式来作陈述。这里可以看出，"使用与满足"取向与过去的传播效果研究在出发点上是有相当大的差异的。它的最为突出之处在于，使传播研究从以传播者为中心转向以受众为中心。人们需要问"主动的受众用媒介干什么"，而不是问"媒介对人们做了什么"。

英国学者艾伯拉姆斯(M. H. Abrams)认为,任何一件艺术作品都需要四个要素,这四个要素是:艺术家、作品、世界、读者。作品位居四要素的中心,根据作品与其他三要素的关系形成不同的理论模式。以读者为研究中心的理论模式称为接受美学。将电视节目视为文本,而将电视观众视为读者,在欧洲称之为"接受美学研究",而美国则称之为"读者反应理论"。著名接受美学理论家沃夫尔冈·伊瑟尔曾提出这样的主张,"接受理论本身并不等同于文本或是它的实现,但必定介于两者之间。因为它不能简化为文本的真实性或读者的主体性,因此在本质上它毫无疑问是真实的,而从此种真实性中衍生出它的动态论。当读者经历文本所提供的各种观点,并将这些观点与形态彼此之间串联起来,他使得理论产生动力,也就使他自己产生动力"。① 艾科用符码的概念来分析"读者的角色",他声称读者的存在毁损了他称之为"透明文本"的结构主义理论,同时他还强调文本与读者之间的权力的辩证关系,一个组织完备的文本,一方面假定一个来自文本以外的权力模式,而另一方面则致力于建立这样的权力。其重要性在于开始发生转型,即由文本内的意义分析,转向阅读文本之过程分析,因此在阅读中,被活化的意义有赖于文本与读者之间的互动。艾科所说的"理想化的读者"基本上被视为文本的分析工具,是在文本中调和意义的多元、开放性,强调读者作为主体的重要意义。将接受理论应用于电视接受过程的研究,西方学术界有人认为是夸大了电视文本的文学价值,但与此同时,也有学者认为这一借鉴应用使接受理论中的理想的读者转变为真正的、实证的读者。因此,应使用所有认识论和方法论的问题来进行实证研究。

实证接受研究在对电视观众的研究中被认为是可行的、且是必要的。受众既然被认为是主动的且是有目的地使用电视媒介,其使用目的究竟是什么呢?早在20世纪40年代末期,施拉姆等研究者在研究报纸新闻的功能时便从弗洛伊德主张的"快乐原则"和"现实原则"得到启发,将它们改称及时性报偿(immediate reward)及延迟性报偿(delayed reward)。施拉姆的分析显示,读者可以被分为两类,一类倾向于为了及时性报偿而看报,另一类则是倾向于为了获得延迟性的报偿而看报。同时他也还发现,犯罪、灾害、体育、娱乐、社会事件及人情趣味类新闻使读者可以立即得到报偿;公共事务、经济、社会问题、科学、教育、卫生等新闻则和延迟性报偿有关,表示报纸新闻的种类和人们从新闻获得的报偿性质有关。

---

① W. Iser,The reading process:a phenomenological approach[M]. Baltimore:John Hopkins University Press,1980.

　　至于受众收看电视的动机,美国学者格林伯格(Greenberg)在1974年的一项研究中发现,儿童收看电视的动机有打发时间、认识自己、忘却现实生活、学习、认识自己、寻求刺激放松心情、为了做伴、习惯等。继格林伯格的研究之后,鲁宾(Rubin)将受访者年龄扩大到4~89岁,发现人们收看电视的动机有9种,分别是打发时间、习惯、为了做伴、寻求刺激、兴奋、为了收看某些特定节目、放松心情、为了获得消息及学习、逃避及忘却现实生活、娱乐及和家人朋友一起看。

　　关于收看各类电视节目的动机研究比较具有代表性的是霍夫斯泰德(Hofstetter&Buss)等人探讨电视公共事务节目之动机,结果发现人们收看公共事务节目的动机按重要性可排序为:知晓学习、有参与感、觉得有影响力、寻求刺激、忘掉烦恼及紧张、消除寂寞。另外,巴格林等人(Palmgreen,Wenner & Rayburn)发现,人们观看电视新闻的使用与满足可归纳为五个因素:①寻求消息;②有助于做决定;③娱乐;④有助于与人交谈;⑤与新闻播音员之间的互动。当然对电视观众动机的研究还有很多,这些研究都证明,观众的接受动机是复杂的。

　　电视观众的信息接受过程中有两种主要的心理类型:其一是所谓的遵从性心理;其二是所谓的选择性心理。遵从心理相对于选择心理是一种非个性化、非主体化的心理,它是指个体在传播活动中不知不觉地受到一个群体的真实的或臆想的压力,而在知觉、行为或观点上所发生的与群体多数人相一致的变化。这种变化在人的心理活动中所占的比重并不很大。而在人们的主体性行为常常受制于选择性心理。西方传播学的许多实验和调查均已证实,受众的选择性心理十分复杂,从心理过程来看,可以分为选择性注意、选择性理解、选择性记忆。而这些选择性心理受人的需要、习惯、态度、立场、情绪等因素的影响。这样,由于种种复杂因素在起作用,决定了人们的电视接受行为是独立的、个人自主的。

　　在传统的观念里,相对于电视文本,观众是被动的,电视播放什么,观众便接受什么。从文本阅读的相关理论来看,文本的复杂构成是造成观众主动性的一个重要原因。按照费斯克的观点,电视文本的限制性力量被大大缩减了。他指出,"尽管人们处于并非他们自己选择的环境中,但是他们能够而且确实创造了他们自己的文化。在这个环境范围内能得到多少权力?范围的界限是否固定?这些都是争论颇多的问题。在这类争论中,我与持下列观点的人结成了联盟:通俗文化的意识形态和霸权理论过高地估计了限定的力量,过低地估计了观众的力量"。而在阐述文本多义性时费斯克早就有过详细论证。就电视而言,"电视传送的不是节目,而是一种符号感受。这种感受的特点是公开性和多义性。电视不完全是一套万事不求人的意义工具,也不是一箱现成的供出售的意义。尽管它是文化限度内起作用,但是它也为逃避、调整或挑战这些局限和控制提供了自由和力量。所有的文本都是多义的,而多义性对电视文本来说,又是绝对必要的"。① 尽管费斯克的观点有点偏激,但从中不难看出电视观众主观能动性产生的根源。费斯克将电视观众看成是电视节目的主动解码者,他的观点是对早期强调文本力量的回应。由此产生的一个结果是强调观众养成对电视文本进行"抵制性"解读的能力。观众不仅有能力对眼前的文本作出各种解释,而且还能主动地抵制那些文本中包含的优先意义。例如,布朗(M. E. Brown)通过研究妇女谈论肥皂剧的方式发现,妇女用节目来表达她们自己对男性权威的不同态度。因此,即使大部分肥皂剧的有限解读基本上是父权制的,妇女仍然能够通过在一起嘲笑男人的行为,或者通过在一起谈论由于女性无权,肥皂剧中有些人物同她们一样受摆布的情况来颠覆这种解读。布朗区分了妇女在抵制中获得的两种快感。她认为这种快感都反映在她的调查对象参与的、对肥皂剧的谈论中。对肥皂剧群体中女性来说,一方面,主动的快感证实了她们与某种女性文化的联系,这种女性文化与主流文化产生微妙的对立。这种关于家庭和女性忧虑的文化,已经得到认可,但被父权制的描述字眼贬低了。正是这种文化提供了某种重视妇女传统专长的认同观念。另一方面,反应性的快感得自于某个处于从属地位的群体,认识到自己遭受压迫,并对此作出反应。反应性快感,在不排斥女性时常感到的、与女性文化联系的同时,也意识到这些忧虑的产生常常是由于女性不能掌握自己的命运。因此,她们能够在某些情感层面上认识并且感受到压迫的代价。

莫利针对观众如何解读电视时事杂志《全国新闻》做了一项研究,发现观众的解读,因其政治立场不同而产生多义性的解读,这种解读反映其社会经济和地位。这些阅读或多或少地被文本合理化或者偏好化。例如,银行经理或学童,其优势或规范性的阅读最符合文本中的主要前提及架构;然而接受过训练的教师或工会会员,则会表现出稍微不妥协或协商式的阅读。其他的小组,如店员仍然采取一个明确的对立位置,运用文本的资源去建构一个他自己的阅读,虽然文本并没有显示这样的阅读,但对文本本身和观众而言又似乎相当合理。只有一些观众完全未能与文本衔接,而当文本未能提供与其文化地位一致的阅读时,他们就与之疏离。这在社会经济地位和种族、性别等方面都有体现。观众解读的歧义在他们再述电视剧情节时有充分的表现。

观众的解读活动常常受他(她)文化接受趣味的直接影响。他(她)希望或喜欢看某一类节目就看某一类节目,观众的媒介接触活动是一种满足个人的基本需求的活动,这是毋庸置疑的。观众在所观看的节目中关注内容最多的是有

---

① 尼古拉斯·阿伯克龙比. 电视与社会[M]. 张永喜,鲍贵,陈光明,等译. 南京:南京大学出版社,2007.

关暴力和色情的内容。为何多少年来关于暴力色情的影响研究一直是西方传播学研究的主要内容之一？又为何电视文化的创造者总是不厌其烦地将暴力色情的内容推销给观众呢？原来，电视节目的制作不是随意的，它依赖于观众的收视率。而收视率高的节目总是跟人的本能欲望和深层次的心理欲求有很大的关系。弗洛伊德的精神分析学说早就证实本能欲望是人类创造力的源泉，也是人类娱乐活动的动力源。马斯洛的需求层次论也证实人的基本需求是本能的需求。在人们的本能心理需求中，窥视癖是一种好奇心的变种形态。这种欲望既是生理性的，在一定程度上满足感官刺激的需要，又是社会性的、认知世界的精神需要，具有一定的合理性。但是，如果离开特定的社会历史条件的制约，又会带来负面的影响。这中间的尺度难以用数量来加以标记和限定，而只能在辩证地认识基础上加以科学地把握。在英语中，"Voyeurism"是指一种酷爱观看他人性活动的性心理变态，它是人类的普遍弱点之一。近代社会心理学研究发现，秘密是有目的的行为，它必须由认为它是秘密的当事人紧紧隐藏；人的生活由于有了秘密而不可思议地扩大了，因此秘密也就成为个人精神财产。正是因为秘密是排他性的，是被隐藏的，暴露秘密才有吸引力、有价值。保密与揭密之间极容易形成对立。只有窥视的方式，因为并不采取公然挑战的姿态，所以不会带来紧张的对立关系。这就是人们在不同程度上都有某种窥视癖的原因。当然窥视从来就没有被在道德上认同过，所以窥视者在操作上会有来自内心的道德压力，此外，倘若窥视而不能，则更易成癖。

在窥视欲的支配下，电视成了人们满足窥视欲望的替代品。日本学者藤竹晓曾经指出："大众以电视为桥梁能够接触到以前无法接近的'秘密'。这个'秘密'往往被作为人的弱点的社会性暴露而提示在大众面前。""大众接触这种'秘密'的场所，主要是家庭，或者以家庭为代表的人们以轻松的姿势接触大众传播的场所。家庭对于人们来说，是最安全的场所目击决定性的瞬间，接触他人的秘密。"①现代电视已经成为社会生活的一个窗口，整个世界都在电视摄像镜头的监视之下：街道、住宅、公共场所……所有的人、所有的事，无一例外地成为电视画面中的内容，似乎再也无秘密可言。于是电视剧中大量的属于私人情境的内容便堂而皇之的成为公众视野中合法窥视的对象。电视节目的制作者也在有意无意地迎合着观众的这一主体活动，纪实性电视剧的问世应当说与人们的好奇心、窥视癖不无关系。《重案六组》《中国重案纪实录》《9·18大案》《中国大案百集》等电视剧均在不同程度上满足了人们的好奇心。许多教材在论及这一问题时，都以美国电视媒体对"辛普森案"的反映为典型案例。1994年，美国著名

---

① 藤竹晓.电视社会学［M］.蔡林海，译.合肥：安徽文艺出版社，1987.

的橄榄球明星辛普森的前妻及其男友在寓所被他人谋杀,辛普森成为主要嫌疑犯。同年 6 月 18 日,正在取保候审中的辛普森突然驾驶他的白色福特野马汽车离家出逃,警方闻讯出动大批警车和直升飞机,在辛普森逃跑的加州长滩的高速公路上围追堵截。消息灵通的美国各大电视网闻风而动,立即派出了大批记者,三大商业电视网、福克斯电视网以及 CNN 还都派出了自己的直升飞机,庞大的记者队伍和电视网直升飞机群在数量上远远超过了警察,在空中和地面的四面八方对辛普森形成了一个密不透风的包围圈。电视观众通过各大电视网提供的现场直播的图像急切地想了解作为犯罪嫌疑人的辛普森的有关情况。通过电视进行窥视不但满足了人们的某种本能,还给人带来一种优越感。占有他人的秘密本来就会让人感觉好像拥有更多资源的优势,何况他人的秘密或是隐私常常包含着许多个人的弱点,在他人的弱点面前人们更容易产生一种天然的优越心态。电视制作者正是看到受众的这一心理特点来进行投其所好的电视制作的。1999 年中国台湾多家电视台均对"陈进兴案"进行了跟踪报道,陈进兴作为作案多起的黑社会人物在社会上几乎成了一个传奇人物,人们想知道他到底是个什么人物,他是如何绑架人质的,以及警方是怎样追捕他的,等等。电视台热衷于作实况报道正是基于对观众好奇心的考虑,最大限度地满足观众的好奇心和窥视欲望就能赢得收视率。观众在电视机前的优越感是不言自明的,因而对电视台来说面对这种具有优越感的观众要想让观众喜欢节目可不是件容易的事。

电视节目在商品经济时代已经变得丰富多彩,稍加注意便会发现,无论在中国还是在西方、无论是新闻还是其他综艺节目,都是来源于大众的、服务于大众的。电视文化无一例外地体现出大众文化的特征。其实,传播是人的活动,电视是人操纵的也是给人看的,因此对电视的研究必然离不开对人心理特点的探讨。对于电视传播者而言,在市场经济社会里,经济效益往往是他们的首要目标,其次才谈得上社会效益。而经济效益是通过广告体现出来的,电视台吸引广告商的唯一依据是收视率。如何提高收视率是电视传播者必须认真研究对待的。

受众到底喜欢看什么样的节目?这里需要对受众的构成进行细致的研究。首先电视的受众在数量上难以统计。电视作为一种大众媒介其传播形式是由点到面的扩散型传播,它的覆盖面广,受众的数量特别庞大。仅在中国大陆,就有着13亿人口的电视受众规模,4～5亿家庭用户、5亿多台电视机,以及随着新媒体技术发展带来的移动电视收视人群。根据腾讯娱乐统计,2014 年移动端观看电视剧的人数已达到 2.93 亿,比 2013 年增长几乎翻倍,且这种增长趋势不断加强。其次,电视观众的构成很复杂。受观众自身的年龄、兴趣、文化修养、职业习惯等因素的影响,造成他们电视接受习惯的差异很大。一般说来,从年龄层次上看,老年人大多喜欢看节奏比较慢的、传统一点的节目,如戏曲等。青少年喜欢看快节奏的节目,如音乐会、动作片;从文化层次上看,文化水平较高的人爱看新闻,关心时事动向,文化水平较底的人爱看通俗娱乐节目;从职业习惯上看,从事研究工作的人往往比较关注科学和专业方面的进展情况,而从事一般劳动的人则往往在内容选择上采取无所谓的态度;从兴趣爱好看,爱好体育的人往往注意收看体育类的电视节目,而爱好文艺的人则注意收看综艺节目;从性格差异看,同样是看电视剧,性格开朗的人常爱看喜剧,而性格内向的人则比较容易选择看格调沉重的片子。甚至利用不同接收终端收看电视的受众人群也表现出极大的差异,据统计,传统电视机的电视受众平均年龄为 39 岁,而网络视频受众平均年龄为 29 岁,不同终端的电视主体观众年龄表现出较大差异。同时,电视内容将逐渐告别客厅模式,原来全家集体收看的场景,变成个人的消遣、造梦工具,用户更加细分,甚至面向特性用户。电视的制作将更快餐化,更适合小屏收看。互联网时代的"碎片化"阅读特征甚至使得电视的制作模式产生新的变革,传统的电视剧必须有完整的故事情节和必要的矛盾冲突,但互联网时代的电视制作连完整的故事主线都没有,编剧和导演可以随时让角色消失或者突然出现,比如深受当下都市年青男女喜爱的《爱情公寓》《极品女士》等。总之,每个观众都是富有个性的个体,这就决定了电视作为一种大众媒介它的受众构成的复杂性。

第七章 电视文化的媒介形式

第一节 电视新闻文化

　　电视新闻是随着电视的发展而产生的。1936 年 11 月 2 日,英国广播公司(BBC)在伦敦市郊的亚历山大王宫第一次播出电视节目后,电视一直被人们视为娱乐的工具。尽管法国于 1938 年、美国于 1939 年陆续开播了电视节目,电视在当时仍被人们称为"小电影""家庭小剧院"。电视作为传播新闻的功能一直未发挥出来。第二次世界大战期间,电视广播一度中断,战后随着电视广播的恢复和发展,电视传递新闻的功能也日益得到发挥。美国 1947 年首次把远方发生的事件和真人、真景,用电视报道出来,创造了最早的新闻。随着电视新闻的发展,美国的学者们逐渐认识到,电视新闻是唯一没有广告,也不能被取消的节目,而且还将会延续下去,因为这代表了电视台的地位,如果没有新闻,电视台很有可能就被列为娱乐事业了。美国著名新闻学者汤姆·贝塞尔回忆说,最初的美国电视也被许多人视为娱乐业的一个分支。美国于 1934 年建立了联邦通讯委员会,曾仲裁过电台为电器业还是新闻事业的问题。在第二次世界大战结束后,电视台也遇到同样的问题。电视台每个频道需要的无线电频谱比电台要大得多。许多申请者互相竞争,联邦通讯委员会有权决定,谁可以得到分配给某个城市的一个频道的专有权利。联邦通讯委员会衡量这一点的主要依据和标准是看电视台能否提供新闻节目。今天电视已成为美国人重要的新闻媒介,CBS、ABC、NBC 三大电视网新闻节目的受众相加几乎占到全美国电视新闻受众的 80%。电视新闻记者和电视新闻报道员已成为社会知名人士,哥伦比亚广播公司电视台的克朗凯特、丹·拉瑟等在社会舆论形成过程中具有相当大的影响力。

首先,电视新闻与其他媒介的新闻一样具有时效性,电子技术为电视新闻报道速度即电视新闻的时效提供了优越的条件,ENG 摄录同步加快了新闻采访的摄录速度,电波传送为新闻现场事态发生进展的同步报道提供了可能性。电视中继采访打破了国界、地域的限制,电视以其独特的优势形成高时效性。其次,电视新闻在反映事实时,与报纸和广播新闻不同的地方是,它能原原本本地再现事实及其氛围,这种强烈的现场感是电视新闻独有的特点。电视新闻通过画面将新闻事件的原始面貌、当时现场的景象,如实地、不加转述地全盘托给观众。电视新闻的现场感还表现在它从空间方面最大限度地缩短了新闻现场与观众之间的距离,在时间方面与新闻事件发生的时间接近同步,基本是实况报道。电视新闻与报纸等其他媒介的新闻不同,观众在接受传播的过程中并不完全处于被动状态。麦克卢汉指出:"任何一种冷传播媒介,不论是口语词、手写稿还是电

央视现场直播车

视,总比热媒介留给观众或使用者更多要做的事……如果媒介是低清晰度的,则参与、补充的程度就更高。""由于电视的低清晰度,必然使观在观看时眼深度涉入。"①观众的介入与参与,不仅提高了节目的传播效果,而且还提高了节目的质量,形成了观众对节目的监督机制,有利于节目的充实与丰富。麦克卢汉强调电视是一种冷媒介,就是强调其观众的参与性。心理学的材料已证明,当观众处于"有意注意"的心理状态时,他对信息的接受是积极主动的,参与感就增强;而当他处于"无意注意"时,由于其心态是消极、被动的,参与感势必大为减弱。这就对记者和主持人提出了更高的要求,即在报道的内容上、表现的方法上都要能吸引观众参与,实现人与人之间的感情和心灵的交流、沟通。观众的介入和参与可以进一步减少信息的不确定性,也有助于提高电视新闻的收视率。

电视新闻的画面与报纸的版面不同,电视画面提供的是想象的三维空间,它不需要像绘画那样依据人对空间距离的知觉线索及知感经验来组织画面形象,摄像机可立体地反映出物像间的距离和纵深空间,甚至可以说,在取景框中肉眼所及的一切都可得到再现。物像的大小、物体结构级差与平行线的集中、中间物的遮挡、空气透视、色彩的变化等诸要素在电视画面中都可以综合地反映出来,并呈现出运动着的延续性,即我们所说的空间延续性。电视新闻在时间上依次顺序播出。这样,电视新闻就具有某种强制性,即先播什么后播什么由传播者决

① 麦克卢汉.人的延伸——媒介通论[M].何道宽,译.成都:四川人民出版社,1992.

定。按照唐纳德·肖和麦康姆斯的观点,电视新闻在时间顺序的安排就有可能为公众设置议题。

过去几十年,人们在谈论什么是权威性媒体时会毫不犹豫地选择报纸。然而,近40年来的研究发现,电视成为最具权威性的媒体。美国学者斯坦纳(Gary Steinner)、鲍威尔(Robert Bower)等人跨越30年的研究以及洛伯等组织所做的民意调查都显示,电视已成为人们获得新闻的重要媒介。尽管受到新媒体的冲击,但电视媒介依然有着重要影响力。自20世纪60年代电视就开始在民众心目中渐渐取代报纸,这得归功于当时所发生的若干重大事件。首先是肯尼迪总统遇刺,刺杀总统在其他国家可能会导致政府混乱和公众暴力,但在美国却使得人们把视线转向了他们的电视机。在长达四天的时间里所有的节目都中止了。人们坐着,似乎被电视上不断传来的报道钉在了电视机前。电视传播机构所有的人力物力都投入到了对事件的报道中,据统计,当时约有90%的美国人在观看当时的电视报道。当这一报道被送上卫星时,全世界约有5亿人观看到总统葬礼的实况。在此之前,全国电视网的新闻节目只是从15分钟扩展到30分钟。还处在十分原始的状态,许多地方台把他们的注意力集中在时髦的"气象女郎"身上;他们的播音员会用他们在广播中使用过的正规语调读一则全国新闻和一则狗食广告。但1963年11月22日,电视的历史被改写了。这个偶然时间使电视新闻一下子抓住了观众的视线,并渐渐成为观众不可缺少的精神食粮。

其实,整个60年代,除了肯尼迪遇刺这一事件以外,还有黑人民权运动领袖马丁·路德·金领导的民权运动与种族隔离者之间声势浩大的冲突,这成了当时美国十分重要的事件。就像美国社会学家莫列非·阿森特所说的那样,"当传统的黑人与白人、善与恶的戏剧展开时,电视发现了在枪、鞭子和点棒的另一边是爱和非暴力的对抗"。游行的队伍、煽情的演说、辱骂的暴徒、热情的歌手以及紧握的拳头、愤怒的眼神……这一切都很传神,确实传递了报纸等媒体无法传递的信息,的确十分"视觉化"。电视成为人们获取信息的主要渠道,还有越战报道在起推动作用。电视在对越战新闻的报道中显示了其强大的威力。虽然越战被称为"第一场电视的战争",但在50年代早期电视已对朝鲜战争进行过报道。然而,这一早期报道缺乏越战报道的那种及时性。越战时期确实成了真正"电视的年代"。在这一时期,电视新闻实际取得了它所有的进步:便携式摄像机、卫星中转系统、彩色、录像带重播技术以及其他所有的一切。这是一个大换班的时代。无论当时的美国人对越战持何种态度和立场,电视报道都会对其产生一定的影响。60年代还有美国人值得骄傲的事件,那就是阿姆斯特朗于1969年夏成功登上月球。这一事件为到那时为止地球上最大的观众群约6亿人所注目。70年代电视新闻的发展仍然受重大事件的影响。但是这一时期情况已有所变化,早期对于电视新闻的认真、执着在此时已不复存在。原先在报纸媒介领域出现的所谓商业化行为也开始出现在电视新闻领域。这是所谓"怀疑主义和玩世不恭的时代",趣味主义倾向开始抬头,电视在这一时期几次重大事件中所扮演的角色即能说明问题。1972 年由《华盛顿邮报》发起的对于"水门大楼窃听事件"的追踪报道也引起了电视机构的广泛关注,电视的介入填补了报纸信息低清晰度的空间,在此后成为人们的主要信息来源,1973 年"水门大楼听证会"的实况报道,创造了当时最高的新闻收视率,使电视媒体成为当时最主要的新闻提供者。电视新闻最终帮助推倒了一位总统。电视对"水门事件"的报道对政治与电视都产生了重大的影响。在全国的层次上,在总统和采访白宫的新闻机构之间形成了一种对立的调子。电视新闻记者和当时的全国观众对政治领导人及其政治活动越来越持怀疑态度。电视对"水门事件"的报道增强了电视新闻业的自信心,几乎成为当时电视业的标志。就制作水平而言,哥伦比亚广播公司的《60 分钟》的进攻性技巧、顽强地追踪被采访人和它的抢抓能力都是经典性的。新闻从业人员渐渐形成电视新闻工作的职业习惯。不过,这一时期,由于其经营理念的缘故,电视新闻偏向于负面报道,除了热衷于政治丑闻的揭露外,谋杀、自然和人为灾害的详细报道也充斥荧屏。整个 70 年代,电视新闻在美国和世界其他国家都有飞速的发展,为了给电视台创下高收视率,电视新闻的味道也似乎发生了一些变化,例如,说新闻开始盛行,这使新闻许多严肃的问题变得轻松活泼,但研究人员发现,电视新闻所谈论的问题开始转向谈论问题的个人,新闻娱乐化的风气由此形成。研究发现,追求娱乐效果的电视新闻比传统新闻报道有更多的轰动性和暴力的内容。它们也同时拥有更高的收视率。

20 世纪 80 年代西方国家迎来了电视新闻的高利润时代。随着电视机构之间竞争的加剧,电视新闻的时效性必须加强,这样一来,对电视新闻的高技术投入也成为这一时期的一个亮点。ENG(电子新闻摄录技术)和 SNG(卫星电子新闻摄录与发送技术)的广泛使用使得电视新闻的时效性增强了,同时,电视新闻的时间也比以前更长了。在美国,很长时间的新闻时段成为全国新闻网的一大特色。当伊朗军队 1979 年占领了美驻德黑兰大使馆并抓走 52 名人质时,美国广播公司(ABC)决定每晚跟踪报道,后来,这一报道演变成一个名牌节目《新闻夜线》。全美广播公司(NBC)也不甘落后,跟着上了一个《跨子夜 NBC》,哥伦比亚广播公司(CBS)也试验性地推出了自己的《晚间观察》。这种长时间连续性报道,满足了受众对信息的需求。这种做法为世界各国所效法,成为 90 年代以来电视台的通用做法。

进入 21 世纪以后,西方新闻机构不仅要面对业内的激烈竞争,同时还需要承受网络新媒体的巨大压力。在这样的背景下,时效性成为电视机构的竞争利器,典型如美国有线新闻网 2001 年 9 月 11 日在第一架飞机撞毁世界贸易大厦仅三分钟后就开始进行直播报道,甚至比东北防空司令部(NEADS)得知这个消息还要早。这段时期,媒介的竞争与融合也不断加强,媒介产业集团的超级巨舰开始形成,新闻自由与新闻霸权、新闻资源垄断共存。电视机构新闻报道口径和舆论导向基本被这几家超级媒介集团控制,表面的新闻自由下深藏着新闻控制。

电视新闻受市场规律制约,这是一个不争的事实。电视新闻的真正市场是广大民众。1980 年底,美国三大电视网麾下的地方台,秉承他们过去数十年的立场,强烈地抵制全国性新闻播出时间的延长。他们认为,如果一味地接受电视网分派下来的节目,而不能自行安排并出售节目及广告的时间,他们的营业收入会大受影响。矛盾的是,地方台却发现地方新闻很受观众欢迎,有利可图,因此午间和晚间的地方新闻时间的比例大为提高。但这并不表示地方新闻一定比全国新闻来得重要;事实是电视台对新闻的取舍完全取决于经济动机。不论是全国还是地方新闻,电视都无法也不需要对复杂的新闻事件,作多方面深入报道。

电视机构的从业人员在新闻取舍上的价值标准,是影响新闻产品的另外一项因素。新闻界动辄喜欢援引所谓的专业标准和责任,来为他们报道的角度和手法辩护。在西方,新闻价值的出发点是商业卖点,除了对一般时效性、新鲜性、反常性等因素的强调外,还特别强调其"趣味性",对灾难、战争、丑闻等给以特别的关注。此外,新闻价值也很难用来解释,为什么不同性质的媒体之间在新闻报道上有所出入。原因之一在于所谓的新闻价值,其实因媒体性质不同与诉求的观众不同而有别。此外,人为因素也不可忽略。新闻事件的取舍,常常没有完全一定的准则,个人认为重要的,他人不一定认为重要,其实,很大一部分都是依赖主观判断来行事,整个过程经过许多层次的选择。总之,电视新闻深受各种主客观因素的影响,致使它的第一使命就是吸引观众,而且越多越好。

就电视新闻的内容及形式进行内容分析,美国社会学家甘斯比较了 CBS 的《晚间新闻》、NBC 的《新闻夜线》和《时代周刊》《新闻周刊》的内容之后,发现有一种可以称为"全国新闻"的制度存在。他认为,在这些媒体的新闻报道中不断有一些相同的价值观点一再出现,它们可以分为八大类:民族优越感、利他式的民主、负责任的资本主义、小镇田园情调、个人主义、中庸主义、社会秩序以及国家领导阶层。总之,这些新闻媒体笔下报道出来的世界观里,美国中心主义、美国利益至上是核心内容,许多潜台词认为,美国的民主、自由、正义和其他一切价值观念都是世界上无与伦比的。他们颂扬农家小镇上恬静、自然的风光,支持彻底的个人主义,扬弃极端倾向,主张由社会中的富裕阶层、中上层阶级组成高级政府成员。在这些原则之下形成的报道，自然以知名人士为主，鲜有版面或时间用来讨论与社会大众有关的话题。即便有小部分相关内容的出现，多半限于天灾人祸或田野诗情的报道。因此，美国三大电视网的新闻角度和取材偏向保守中立与维持现状不变。

另一个显著的特征是，其对于声音画面、叙事、访问报道等各种不同技巧的交错运用方面具有独特性。政治学家法兰克（Frank）就曾针对电视新闻对总统竞选的报道进行调查，归纳出 29 种不同的层面，包括播出时间的长短、软性或硬性新闻、报道的主题或范围、报道的深度、镜头的处理，等等。很多学者的研究显示，电视新闻在上述方面存在许多问题。媒体研究学者史耐得（F. Schneider）对三大电视网的晚间新闻内容、形式和特色，进行了为期六个月的研究分析，发现有这样一些重要现象：新闻报道的范围相当狭窄，平均每档新闻节目只有 16 条消息，其中大多数是美国的人和事；国际新闻大多数以西欧和中东为主，很少有亚洲和非洲的消息；报道的深度也很有限，每条新闻长度平均只有 1 分 20 秒时间；新闻播报的类型极为接近，播报的形式和结构也非常相似，每天播报的方式也大同小异；通常第一条和最后一条新闻的时间都比较长，画面和其他新闻不太一样，资料也比较充足。这显然是商业行为使然。因为美国电视面对的是美国观众，美国人最关心什么，电视台最清楚。这是资本主义社会电视业普遍特征。

第二节　电视剧的艺术化与大众化

电视文化本质上是一种大众文化。大众文化与富有创造性的艺术之间有一道鸿沟，这就是：电视创作不是个人化的，而是大众化的。电视文化产品只有原创性而没有创造性。"原创"是指最初的创作，电视作为大众文化产品，必须适应文化市场的变化，推出最新的、受观众欢迎的内容形式，这就是它的原创性。电视频道要保持它的竞争优势就必须保持它内容形式上的新鲜感，也就必须不断推出富有新意的东西。然而，这种"原创"不属于个人的创造，而是受众趣味所赋予的，因而电视的编创者只不过是充当了受众的代言人。在自由市场化媒介生态环境下，电视遵循市场经济的一般规律，"物竞天择，适者生存"，于是自然把受众的需求放在第一位，所有的传播内容都以受众的需求为转移。个人化的创造空间很小。在自由媒介生态环境下，没有一个媒介经营者会把自己的时段用来做某个人的实验田。笔者也试图从大众传播及传媒的一般规律角度来认识电视的媒介文化形式。作为大众传播特别是电子媒介的大众传播，它的传播范围及影响力都是以前印刷媒体所难以匹敌的。其中一个重要原因在于，电子媒介改变了印刷媒介对接受者的文化层次的要求,受众面因而扩大了。读书时代养成的关于经典的观念因此也就不复存在。电视是一种依靠声像符号进行传播的媒介,虽然电视也使用口语,但那不是用费斯克所说的"精致符码"构成的,倒是跟"通俗符码"十分接近。大众文化文本"展现的是浅白的东西,内在的则未被言说,未被书写"。费斯克指出,"许多当代文化理论认为,所有文本都是不完整的,只能在互文关系和接受模式中加以研究。尽管如此,文本分析、保存和展览的社会实践与学院实践依旧认为,'美学'文本是完整、自足和令人尊敬的,而大众文本不配得到这样的尊敬。大众文本是被使用、被消费、被弃置的,因为其功能在于,它们是使意义和快感在社会中加以流通的中介;作为对象本身,它们是贫乏的"。①

那么,为什么电视又可以有某种程度的艺术性追求呢? 从传播类型看,我们知道,自由市场化的媒介生态中的电视传播是一种告知性的传播,而非市场化的媒介生态中的电视传播是劝服性传播。按照西方传播观念,新闻类节目必须将真实性放在第一位,它应当是告知性传播。娱乐类节目也不承担鼓吹某种思想、意旨,而是重在争取更多的观众参与,告知性传播反对作艺术上的追求,而是着重于吸引。而劝服性则着重于努力让人们接受,广告和政治宣传均是这种类型的传播。劝服性的传播通常内容并不是受众所欢迎的,这时就需要动用各种艺术手段进行艺术化的处理。精致的广告艺术能产生很好的接受效果。同样,艺术化的娱乐形式,也能产生很好的艺术感染力,达到宣传的目的。

电视剧可以说是一种典型的电视艺术形式,当它作为一种商业电视台的节目出现时,它必须有很高的收视率以便能吸引广告商的投资,为了能有很高的收视率,它必须走大众化的道路,因此,《花千骨》《爱情公寓》的效果才是商业电视台所需要的。在西方,《豪门恩怨》《我爱南茜》等肥皂剧的流行也是商业电视台所希望的。这里我们不难看出,电视艺术的追求不是电影尤其是艺术电影那种模式,它的艺术性只能是局部的、适可而止的。当然笔者并非将艺术性与受众对立起来,而是就总体趋势而言的。在某些国家政府要求电视承担起引导和提升观众艺术欣赏趣味的使命,但这只能是在非商业化的电视经营中才有可能实施。在非商业性的电视文化产品中,电视被赋予了认知、教育、审美等诸种功能,因此可以不考虑商业利益,而进行一些参照电影、戏剧的审美形式而进行的创作。这样,电视剧的本体就不是单单一个大众化的本体。笔者认为,电视剧这一媒介形式从它诞生的时刻起,就包含了两种本体因子,类似于生物学上的"双性同体":其一是作为艺术的电视剧;其二是作为大众文化的电视剧。这两种电视剧本体

---

① 约翰·费斯克.理解大众文化[M].北京:中央编译出版社,2001.

观造就了不同的电视剧形式。在中国旧的体制下,电视被纳入艺术轨道,等同于艺术电影,从而使中国电视剧长期在艺术化与大众化之间徘徊,这造成了中国电视剧的独特品性。20世纪80年代以来,电视剧的艺术本体渐渐为人们淡忘,而它的大众文化本体性却日渐上升,在一些人看来大众文化几乎成为电视剧的全部特征。虽然商业化社会电视剧的大众化不可避免,但并不是说对艺术的追求就是逆时代潮流而动。应当说,电视剧双重本体各有其存在的合理性。

这里,我们想借用西方传播学界有关学说、理论来对电视剧本体性作一粗浅的阐释。

一、"使用与满足"

上一章我们提及美国传播学经验学派凯兹等人在受众研究中曾提出"使用与满足"理论,这一理论认为,"受众的行为,在很大程度上由个人的需求和兴趣来加以解释。"①受众是主动的,他们在生活中有种种欲望需要满足,但现实中往往不能满足,这时他可以从体育活动、娱乐中获得补偿,选择使用媒介也是一种途径。罗森格伦等学者还引入马斯洛的"需求层次论"来说明受众的补偿需求的多样性。"罗森格伦认为,与低层次的需求相比,高层次的需求(交往、爱、被承认及自我实现的需求)对使用与满足模式的关系最大"。②尽管不同的研究者对"满足"作了不同的分类、贴上不同的标签,但其中还是有相当程度的共识。在这一研究中,清楚地说明受众并不是仅仅需要感官刺激或浅层次的游戏,他还有更高层次的需要。电视剧作为媒介形式也必须遵循"使用与满足"规律,观众不同的需求层次刚好对应了电视剧本体性的两个方面。在观众内心也有崇高超越的需求,他们需要能调动他们审美崇高感的艺术作品来满足。没完没了的儿女情长、没完没了的案件故事玩的都是低层次的噱头,并没有多少价值。将观众放在白痴位置是对观众主观能动性和观众需求的漠视。

二、期待视野与"隐含读者"

美国电视批评家罗伯特·艾伦提出了读者导向批评。读者导向批评理论认为,作品是一种物理存在,当作者的意向活动结束以后它还以另一种形式继续发展,因此接受者有重构的可能。在文本中,存在许多"未定点"必须依靠接受者去加以补充,使其成为完整的实体。因此"未定点"是衡量作品深度的一个标志。电视剧如果没有可供观众思考的"未定点",其价值也不会很高。其艺术本

---

① 丹尼斯·麦奎尔,斯文·温德尔. 大众传播模式论[M]. 祝建华,译. 上海:上海译文出版社,2008.
② 同上。

体性也自然不会得到体现。过于直白的游戏化作品,使读者的重构欲望得不到满足。读者导向批评认为,受众在接受作品以前存在一个由主体心理结构、审美理想和审美体验综合反应产生的接受思想准备,称作期待视野。受众与作品在接触时存在着一个审美距离,这大体上表现为四种情形:其一,受众的现实期待视野高于作品提供的新体验,在这种情况下,受众不满足、对电视作品感到失望;其二,受众的现实期待视野低于作品提供的新体验,则是作品的超越;其三,受众的现实期待视野与作品提供的新体验大体相近,则受众能从中获得一种满足;其四,受众的现实期待视野与作品提供的新体验相抵触,则受众会产生心理排斥。第一种和第四种情形,表明作品的观赏性较差,最终会造成观众对电视剧作品的自觉否定;而第二种情形长期以往将促使观众否定自己的鉴赏水平,进而需要把鉴赏水平提高到作品需要达到的审美体验所要达到的境界,构筑自己新的期待视野;第三种说明作品具有恰到好处的观赏性,十分符合观众的胃口,收视率会很高,但是这一类电视剧却不能对提升观众期待视野、审美水平有多大的补益,不能承担起提高观众艺术鉴赏水平的使命。

读者导向批评还提出隐含读者的概念。罗伯特·艾伦从以赛的"虚拟读者"、艾科的"模范读者"、伍尔夫的"意图读者"、布斯的"隐身读者"等受到启发,认为电视创作也存在一个"隐含的虚拟读者"。编导者在进行创作时,必然与这个读者进行对话、沟通。艾伦认为电视观众作为特殊的虚拟读者涉入电视创作有两种形式:一是所谓好莱坞电影叙事模式,一是所谓修辞学模式。第一种模式采取典型好莱坞电影叙事风格,"使观众成为对一个总是显得十分成熟且自足自治的世界的隐而不现的观察者",观众无所不知、无所不晓,编导很少对观众"说话",观众的参与几乎降到零点。第二种模式是对特征化观众的运用,在叙述人、观众、隐含观众之间有一个互动关系,"至少,故事叙述者在寻找一种反应,这种反应能表明听众已经理解了故事的主要内容,他或她已经意识到了这个故事为什么值得一听"。① 观众体验到一份应作出反应的责任。我们不能说"戏说"一类的电视剧没有观众意识,相反它的观众意识还很强,只不过它尊重的是只为消遣而看电视的观众,所以它一定是用简单化的形式、直白不过的画面将故事传递给观众。这使得麦克卢汉所讲的"冷媒介"变成了参与程度低的"热媒介"。好莱坞模式与修辞模式在对待电视剧本体问题上也存在很大的差异。

我们将电视剧放入"人学"范畴加以讨论绝不为过。因此反映人生境况、揭

---

① 罗伯特·艾伦.重组话语频道——电视与当代批评理论[M].第2版.牟岭,译.北京:北京大学出版社,2008.

示灵魂的深度,不是一般的游戏之作所能达到的。在高度商业化的时代,强调电视剧的艺术本体性和审美价值绝不是逆潮流而动;创造高的收视率也绝不是只有媚俗一途。将电视的大众文化本体性强调到一种不适当的地步,必然导致电视创作对审美、教育等责任的放弃。审美活动是非功利的。虽然电视欣赏环境的家庭化、个人化使得电视观众很难如电影、戏剧观众那样在接受活动中摆脱实用世界的干扰。这并不是说电视剧可以等而下之,相反它要比其他艺术样式增加了更多的限制条件。因此,电视剧创作在注重审美追求的同时还应考虑其观赏性,这也是由电视剧本体的双重因子决定的。

第三节 电视娱乐文化

英国哲学家赫伯特·斯宾塞(Herbert Spenser)说,人类在完成了维持和延续生命的主要使命之后,尚有剩余的精力存在,这种剩余精力的释放,主要是娱乐。我们每个人对幼年的记忆,很多是与游戏和玩耍联系在一起的,而人类从诞生之日起,各种娱乐形式也一直伴随着人类的成长。从坐滑梯到坐翻滚过山车,人们对娱乐的需求始终没停止过。人类学学者认为,从原始巫术、原始宗教到神话产生和发展的过程,就是一个从通神、娱神再到娱人的过程,在这个过程中,原始的娱乐形式(包括游戏和艺术)出现了。

各种娱乐方式都需要借助媒介进行传播。例如,神话通过语言口耳相传,舞蹈通过舞者身体进行即时传播,艺术品借助于各种材料。这些媒介并不能进行大规模的传播,因而娱乐的社会化和参与程度很低。大众传播媒介出现后,人类娱乐的形式和内容都有了明显的发展,报纸上的通俗小说,广播中的流行音乐,电视中的益智类节目都为人类提供了新的娱乐手段。在这些大众传媒中,电视由于视听兼备,更是为娱乐节目的发展提供了载体。新闻、电视剧和娱乐节目可以说是电视台电视节目形态的“标配”。

娱乐是一个非常宽泛的概念,它和艺术之间的分野也很难下定义,因为两者在社会及心理上的功能——给人们带来的快乐——可以说十分接近。哥伦比亚大学的著名社会学者甘斯(Herbert J. Gans)甚至认为,所谓的低级趣味或高雅品位,其实根本没有什么区别。他的观点过于偏激。他漠视一个事实即虽然二者在消费上有许多相似之处,但在心理、认知和知识上所带来的反馈,低级趣味与高雅品位是不可同日而语的。也许它们给人们的乐趣的程度不相上下,但在美感欣赏的动机及目标上以及实际获得的成果方面,两者也无法相提并论,因为事物的价值,不在是否热门,也不在是否受到社会的关注。

一、电视娱乐文化的特点

电视娱乐文化就其节目形式而言,无非是指电视谈话类、综艺类、游戏类、竞赛类等,这些节目拥有很大的观众市场,是大众口味的产物。所以电视娱乐文化的第一个显著特点就是变化快,即流行性。娱乐节目的时尚化已是不争的事实,如同穿衣、购物一般,今天流行武打,明天流行言情;今天流行婆媳戏,明天流行穿越戏;什么流行就拍什么。什么样的综艺节目有人缘就照着依样画葫芦,总会有不差的收视率。

电视娱乐文化的第二个特点是明星化。如果离开了明星,娱乐文化就不是真正的娱乐文化,在商业化社会里,明星由媒介机构制造出来,又服务于媒介机构,给媒介带来高的收视率,创造好的广告销售业绩。因此,明星离不开媒体,媒体也离不开明星。明星的表演能力其实并不十分重要,重要的是形象能否成为偶像,一旦成为偶像就有呼风唤雨的能力,影响一大批人。我们至今记忆犹新的猫王艾尔维斯、杰克逊、港台明星周润发、刘德华、郭富城等都拥有不少的追星族。甚至现在还流行日本明星、韩国明星的现象,所谓"哈日一族""哈韩一族"正是媒介制造的结果。他们为电视的娱乐带来节目的同时也影响了千百万青少年的生活方式和他们的价值观、世界观。

电视娱乐文化的第三个特点是它的多样性。电视娱乐文化不是单一的,往往是多样的,它需要多种形式的组合以满足不同口味的观众的文化消费需要。我们看到,电视综艺节目往往是歌舞、说唱、滑稽、打斗等应有尽有,给人一种纷繁杂乱的感觉。这是由观众的口味决定的。西方国家则将电视娱乐节目看作是争取观众的极好工具,往往不惜加大投入。美国的"DISCOVERY(探索)频道"是美国最具影响力的有线电视频道之一,自1985年创办以来,以其独特的知识理念、制作方式、探索视角和涉猎范围而引起观众的关注,一流的品质和动人的画面带给观众前所未有的震撼感觉。丰富多样的信息让人们得到一种满足。另外,娱乐频道的增多本身也是娱乐多样性的一种体现。我国中央电视台细分为十几个频道,其中有新闻频道,还有部分专业频道。人们想看什么就看什么,选择的余地很大。

电视娱乐文化的第四个特点是模式化。大量的电视剧、综艺节目存在雷同现象,这不奇怪,因为它们是按照一种模式制造出来的。故事结构雷同、题材雷同、人物雷同,综艺节目的程序雷同等,这一切都是由节目制作的刻意模仿不敢创新造成的,例如颇受观众诟病的众多雷人的抗日神剧。

电视重娱乐这本身并没有什么错,问题在它的品质,造成电视娱乐品质低下的根本原因就是电视已完全沦为为广告商的工具。因此节目内容屈居第二位,吸引观众才能保证网罗住观众,也才能保证商业利润。电视经营者不是傻瓜,他们当然知道对广告客户有利的不一定对观众有利。但从广告对电视节目的介入开始,电视台与广告商的利益就捆绑在一起了。显然,这又回到法兰克福学派所讨论的老问题上来了。

二、电视娱乐文化的参与元素

施拉姆提出,大众传媒主要有五种社会功能:守门人功能、决策功能、教育功能、娱乐功能和商业功能。中国的电视节目长期以来主要强调的是教育功能,即对大众的宣传教育。改革开放以来,整个国家现代化的进程加快,电视新闻、广告逐渐增多,电视的娱乐功能也逐渐归位。我们分析电视娱乐节目的元素,必须先从宏观考虑它的出场语境。

首先,国家政治经济体制的改革带来了整个世俗层面上价值观念和审美趣味的调整。沟通代替了说教,通俗文化和大众文化开始占领以往精英文化的领地,民主意识不仅仅体现在政治领域,也体现在生活领域中。

其次,市场化的推进带来了电视媒体自身的反思。电视节目到底怎么定位?以往电视节目总是以一种高高在上的姿态凌驾于观众之上,即使是晚会,主持人也总以意识形态代言人的角色出现。而现在,媒体必须正视大众对于娱乐的需要,必须正视电视的娱乐功能。

最后,大众的生活压力增大,工作风险提高,需要各种娱乐活动来放松;电视节目增多,给了大众以选择的权利,他们可以用手中的遥控器说话。

以上三点其实不能简单地分开,它们既是电视娱乐节目出现的要件,也构成了电视娱乐节目的外部生态。分析了出场语境之后,我们再来看节目内部的各个元素,可以说,是各个元素的有机组合与相互作用,共同推动了电视娱乐节目的变革与发展。

1. 电视媒介

电视媒介是电视娱乐节目的载体。是娱乐节目塑造了当代的电视,还是电视塑造了当代的娱乐节目,这是一个互为因果的问题。尼古拉斯·阿伯克龙比在《电视与社会》一书中指出,"电视主要是一种娱乐媒体,在电视上亮相的一切都具有娱乐性。"[①]尼尔·波兹曼在《娱乐至死》一书中也说,"娱乐是电视上所有话语的超意识形态。不管是什么内容,也不管采取什么视角,电视上的一切都是为了给我们提供娱乐。"[②]虽然西方学者的观点未必适合我国电视的实际,但

---

① 尼古拉斯·阿伯克龙比.电视与社会[M].张永喜,等译.南京:南京大学出版社,2007.

② 尼尔·波兹曼.娱乐至死[M].章艳,译.北京:中信出版,2015.

是仅从媒介本身考虑,娱乐功能确实和电视的传播属性相统一。电视的视觉效果比不上电影,音响效果比不上 CD,艺术效果比不上绘画,但是电视视听兼备、深入家庭、连续播出,并且综合了多种表现手段,所以它是一种廉价而生动的媒介,一档成功的娱乐节目能够获得极大的受众群。

正是因为电视媒介与娱乐有着天然的联系,各个电视台才纷纷推出娱乐节目。电视媒体通过电视娱乐节目,获得的是受众的注意力资源、经济收益和自身的品牌价值。

2. 游戏的本质

明星作秀、主持人抖包袱玩噱头,再加上令人眼花缭乱的程序规则、现场的情境和数字特技,电视娱乐节目形式多样,内容复杂。然而透过这复杂的一切,娱乐节目的本质仍然是游戏。荷兰文化学者胡伊青加认为,人类社会生活的多种重要形式都与游戏紧密相关:"仪式产生于神圣的游戏,诗歌诞生于游戏并繁荣于游戏,音乐和舞蹈则是纯粹的游戏……战争的规则、高尚的生活习惯,都是在各种游戏中被建立起来的"。① 席勒说:"只有当人在充分意义上是人的时候,他才游戏;只有当人游戏时,他才是完整的人。"②从这样的角度说,娱乐节目不仅可以让人身心愉悦,更是人获得教化的途径,这也是电视娱乐节目生存和发展的理论依据。然而同样是娱乐,文人吟诗作画,票友唱戏,农民扭秧歌,这些都很难进入电视娱乐节目的视野。究其原因,是电视媒介对于内容选择的偏向,更是电视娱乐节目的大众文化属性使然。大众文化与通俗文化、精英文化不同:大众文化以大众传播为主要手段,有着很强的商业动机,以大众喜闻乐见的文化样式为载体。一方面,对于普罗大众,这样的文化形式聊胜于无;另一方面,大众文化消解历史,削平深度,有着低俗化、标准化、伪情感等种种弊端。

因此我们应该看到,虽然电视娱乐节目的本质是游戏,但是这样的游戏只是人类所有的娱乐活动的一部分,而且这些游戏往往有同质化的趋势。一个典型的例子是:2010 年 1 月 15 日江苏卫视开播了一档相亲节目《非诚勿扰》,成功之后,全国几十家电视台竞相仿效,一时全国掀起一股电视相亲热。

3. 受众

我们可以把受众分成现场的和场外的两部分。20 世纪 90 年代初期《综艺大观》等综艺节目兴起时,人们可选择的电视节目很少,无论场内场外,观众只能仰视节目、演员和主持人,受众总体上处于一种被动的接受状态。当然,节目录制现场的观众只能起到"背景"的作用。待到《快乐大本营》走红后,在这样的

---

① 胡伊青加. 人:游戏者[M]. 成穷,译. 贵阳:贵州出版集团,2007.
② 席勒. 美育书简[M]. 徐恒醇,译. 北京:中国文联出版公司,1984.

节目中,场外受众已从仰望变成了旁观,因为明星没有了"光环",甚至可能就在节目中出洋相,而场内的受众开始逐渐参与到节目进程中,受众与明星和主持人的距离大大拉近了。到了《幸运52》《开心辞典》等益智类节目中,受众已经被积极地调动起来:参与答题的选手和主持人"平起平坐",平等对话;场内的亲友团、后援团等热情策应场上选手;场外受众可以通过电话网络短信与节目保持互动。真人秀节目出现后,受众的概念更加模糊了,坐在电视机前人们是观众,走进"秀场"就成了选手,说不定还会被塑造成明星或英雄;其他的观众也没有闲着,他们拿起手机参与投票,成为娱乐节目的决策者。

伴随着中国电视娱乐节目的发展,观众以空前积极的姿态加入到节目的行列中。从传播学"使用与满足"理论的角度看,能动的受众有利于传播内容的改进和提高,因为受众媒介消费之后的反馈直接影响节目的收视率。这一变化将敦促节目制作者不断提高受众意识,从受众的角度出发安排节目。而从客观上说,这反映出中国电视资源已经从配给制变成了自助餐式,受众手中的遥控器已经或者即将成为影响电视节目制作的重要因素。

4. 传播效果和经济收益

当代的电视娱乐节目不像早期的综艺晚会,完全由电视台来出资举办,一个节目可能有多个赞助商,如何同时保证节目的传播效果和赞助商的经济收益,是电视台最关心的问题。约翰·费斯克在研究电视文化时,谈到电视文化的两种经济形态,一是金融经济,一是文化经济(见表7-1)。金融经济中的电视节目生产和任何商品的生产都很相似,作为生产者的节目制作者把电视节目生产出来,售卖给电视台等传播发行机构,从而获取利润。而在金融经济的下一个阶段中,电视节目却从"产品"变成了"生产者"——这实际上是费斯克的一种修辞——电视节目把大量的观众吸引到它的面前,仿佛是节目生产出了观众。然而这恰恰是电视传播的奇特之处,被"生产"出来的观众再被售卖给广告商,从而实现了传播发行机构的利润。最后,在文化经济中,电视观众又从"产品"变为"生产者",他们"生产"出来的是意义和快乐,然后再被自己所消费。传播效果和经济收益也在这两种经济中实现,并且二者互相牵制。

表7-1 电视文化中的"两种经济"

	金融经济 I	金融经济 II	文化经济
生产者	节目制作者	电视节目	电视观众
产品	电视节目	电视观众	意义和快乐
消费者	电视台等传播媒介	广告商	电视观众自己

在这样的压力下,电视娱乐节目不得不绞尽脑汁去吸引受众注意,更加按照受众消费的需要来组织生产。加之当代电视节目栏目化的要求,一档娱乐节目要长期存在必然要有"杀手锏"。这些都导致了当代电视娱乐节目出现了为人诟病的问题。《毛诗序》说:"情动于中而形于言,言之不足故嗟叹之,嗟叹不足故咏歌之,咏歌之不足,不知手之舞之足之蹈之也。"班固《白虎通·礼乐篇》也说:"心中喜乐,口欲歌之,手欲舞之,足欲蹈之。"当代电视娱乐节目中主持人和嘉宾无病呻吟、感情恣肆、故作姿态的情形,早已屡见不鲜。朱自清先生1946年在其《低级趣味》一文中就指出,低级趣味有两种形式:一是色情,引诱人们纵欲;二是油嘴滑舌的玩笑,不择手段打哈哈。朱先生在前电视时代的论断在今天依然正确:很多电视娱乐节目模仿港台大搞色情(有的美其名曰"情色"),或是把成人儿童化、把儿童成人化,重复一些简单的搞笑环节。

5. 隐形的意识形态

从表面上看,娱乐节目只是娱乐大众,并没有其他目的,但是从深层次看,所有娱乐节目都隐含着某种意识形态的制度安排。

以江苏卫视代表性的益智类节目《一站到底》为例。不管参加选手的真实身份如何,在节目开始时他们都隐去了本来的身份,平等地参加比赛,通过选手竞技回答问题闯关,最终赢得心仪的奖品。费斯克说,益智类节目的结构正好再现了西方社会的教育体系:"在这一体系中,所有学生在学习之初都是平等的,那些有自然能力的人通过各种区分度越来越强的考试,成为非常合格的少数人,他们能胜任高收入的工作,以及有较高的社会权力和较有影响的社会地位。这样的意识形态和它的仪式/竞赛表现把社会差异和阶级差异作为个人自然差别的基础,从而把阶级体系自然化了"。①

那么,国外多年前就已经有了的益智类节目,为何能被引入并改造到中国的电视节目中呢? 这也取决于中国当代的意识形态:市场经济的逐渐确立,需要人们凭自己的知识、勇气(有时也需要点儿运气)、能力去赢得自己的未来,而益智类节目正好迎合了这一点。

三、电视娱乐节目的文化观照

如前所述,电视娱乐节目是大众文化时代的产物,以收视率和商业价值为核心,不免带来节目浓重的商业味。戏装迟早要褪去,布景也迟早要撤下,人们在观看电视娱乐节目时,获得了娱乐的同时,也不知不觉地受到了文化上、心理上以及伦理上的冲击。从大众文化角度看,电视娱乐节目有以下几点值得我们

---

① 约翰·费斯克.电视文化[M].祁阿红,张鲲,译.北京:商务印书馆,2004.

注意。

1. 复制主流意识形态

如前所述,即使是娱乐节目也体现出不同的意识形态。有学者研究美国《生存者》中的选手后得出结论:参加者全是美国本土白人,没有黑人及其他族裔。最终的获胜者是标准的美国中产阶级代表,外表俊朗、语言幽默、收入可观,在节目中体现了典型的中产阶级的价值观。而澳大利亚版的《老大哥》的获胜者也是白人男性,年轻英俊,居住在悉尼的郊区,有一个关系密切的温馨的家庭,喜欢运动,关心家人、朋友和慈善事业,曾为儿童基金募捐,等等。

再来看国内一档较火的选秀类节目《超级女声》。以往执掌着话语权媒体都是自己直接"说话",而现在请"超女"为其"代言",电视媒体在保证自己话语权的同时悄悄地完成了娱乐节目形式的转变。在当代中国的具体语境下,这个节目虽然被认为可能暗示年轻人"不要奋斗,等着一夜成名",但是它同时也鼓励了年轻人"站出来秀出自我",这与 20 世纪 80 年代自上而下进行选拔的电视歌手大赛有着本质的区别。《超级女声》体现了主流文化和大众文化之间的互动,反映了中国市场经济转型过程中大众主体观念的确立。

2. 挑战伦理和道德底线

不同类型的电视娱乐节目特别是娱乐真人秀节目对伦理和道德底线的挑战有不同的体现。在以《生存者》为代表的野外生存类真人秀中,选手之间的尔虞我诈、挑拨离间经常被暴露无遗。节目中自私、贪欲、狡诈、残酷这些人性的阴暗面往往被放大。很多学者认为,《生存者》的竞赛规则鼓励人们为求胜利不择手段,完全建立在一种社会达尔文主义的基础上。以《老大哥》为代表的室内生活类真人秀节目的最大卖点是隐私和性的展示。节目中充斥着打情骂俏、挑逗、裸体甚至性爱的场面,厕所、浴室和卧室都有摄像机昼夜监视。所有这些把庸俗当有趣的做法,已经超越了人们的伦理道德准则,而在眼下国内的真人秀节目中,已经有人在模仿这些做法。

麦克卢汉在著名的"媒介讯息论"(The medium is the message)上玩了一个文字游戏,提出"媒介即按摩"(The medium is the massage)。他认为,既然媒介将人的感觉器官延伸出去,那么这些器官就会遭到讯息的不断刺激,也可以说是遭到讯息的不断"按摩"。试想,被这些节目长期"按摩"的受众会产生怎样的心理动机,他们的媒介接受习惯和接受心理会发生什么变化?

3. 弥漫的商业气息

电视娱乐节目给观众带来的是娱乐,给电视台带来的是收视率,给商家带来的是商业机会。电视娱乐节目需要的不仅是技术和创意,而且需要大量的资金支持。据统计,国内一般省级电视台开办的电视娱乐节目,启动资金都在数千万元以上,为了获得盈利,主办方不得不在节目在中反复插播广告,或是在节目中反复为赞助商宣传。追求收视率和经济效益没有错,而一旦把这个当成唯一的目的,电视娱乐节目特别是真人秀节目就只能不断触探伦理和道德的底线,越滑越远。

与商业气息联系在一起的是制作者急功近利的心态。一个节目成功了,很快会引起其他电视台的"克隆",结果导致电视荧屏一片雷同。一个选手赢得了最后的胜利,主办方立刻开始把他(她)包装成明星,进行全国巡回演出。规模庞大的注意力资源可以被转换为数目可观的商业价值,但是在当前国内电视产业化经营尚未成熟的情况下,一旦操之过急,只能揠苗助长,适得其反。

第八章 电视文化的社会影响

第一节 不同学术视野下的电视文化功能

传播学界对电视媒介的研究,重点常常放在研究电视信息和每天现实生活之间的关系以及电视的功能研究上。这已成为学界从事电视研究的一个主要传统,其前提是要满足三个假设条件:第一个假设是大众传播媒介与个别观众之间存在着一对一的关系。这个观点忽略了个人的反应常常取决于文化的制约,而非完全出于内在的促因。从这一角度来看,许多学者往往把电视观众当成一个具有某种心理需求的个人,这个人把他的各种需求带到电视屏幕前,而电视的传播者则试图满足他的要求。因此,电视被视为一种"满足需求"的媒介;第二个假设是不论在任何社会或文化中,个人的需求基本上是一样的。当然,文化也属于需求的影响因素之一,但这一假设的基本观念暗示人类关系的宇宙性和永恒性,不受任何时空的影响。这是一种典型的抽离性的观念,它认识到人类一般心理需求,却忽略了足以造成决断性发展的影响力,如阶级对抗、地区文化、经济差异以及次文化等的种种历史过程;第三个假设是观众看电视的目的是满足其心理需求,而且多少出于有意识并且主动的追求。功能分析着重系统内不同部位之间的关系,以寻找出其运作的方式和执行的功能。因此,电视观众、电视传播者、电视频道以及其他由电视观众的社会文化经验产生的外在因素,都一一从彼此之间的关系角度加以考察。功能学说的观念来自基础扎实的社会学研究。这里,我们从两个方面来谈电视的功能,其一是语言学角度的电视功能;其二是社会学角度的电视功能。

一、语言学、符号学视野下的电视功能

观众与传播者之间的关系,正如他们与电视传播信息之间的关系一样,非常复杂。大众传播中存在着一种矛盾的现象,即传播过程两头的当事人根本不知道对方是谁,且编码与解码之间,各自使用一套不同的符码和成规,也就是一般所谓歧义解码(aberrant decoding)。符号学家艾科指出,这种歧义解码现象在大众媒介中是很普遍的。因为在专业的编码传播者与大同小异的接受者之间很难断定他们说的是同一种语言。但是,这种特性也恰恰为编码者建立了戒律,使他们的讯息合乎大众的口味、合乎大众的意义系统,因而电视呈现出无作者状态。无作者状态在争夺广告市场的时代变得更为普遍。电视传播者没有单一的所谓作者身份,甚至连屏幕上的形象,如果不借助日常生活的语言系统的帮助,也没有任何意义。电视的功能,多少仰仗语言的功能。虽然电视作为一种符号系统,内容不仅仅限于字句,可是它的视像内容,却来自"电视前",也就是真实生活里的语言符码,并采用了一种次语言的形式。根据结构主义语言学家雅各布森的观点,语言一共具有六种不同的功能,这六种不同的功能是:情感的功能、指称的功能、诗歌的功能、交际的功能、元语言的功能、意动的功能。按照雅各布森的说法,"如果交流倾向于语境,那么指称的功能就占支配地位,这就决定了诸如'从加的夫到伦敦的距离是一百五十英里'这种信息的一般特征,这个信息意在指出自身之外的一个语境并且传达有关这个语境的具体的、客观的情况。当然,这似乎是大多数信息的首要任务,但是问题不仅仅如此。例如,如果交流倾向于信息的发话者,那么情感的功能就占支配地位,而这种安排就会产生诸如'伦敦离家很远'这样的信息,意在表达发话者对一特定情境的情感反应,而不是指称性的描述。同样地,如果交流偏向信息的接受者或受话者,那么意动的(或称呼的、命令的)功能就占支配地位,它以'看!'或'听!'或'现在看这里……或'我说……'等手段来表示。如果交流倾向于接触,那么,交际的功能就占支配地位……其目的不是为了引出或提供信息,而是为了建立语言的接触,或'打开话匣子'……如果交流倾向于代码,那么,元语言的功能就占支配地位(这是检查闲谈的代码是否双方都加以使用:在谈吐中就出现了诸如'理解吗?''明白吗?''领会吗?''行吗?'等短语)。最后,如果交流倾向于信息本身,那么可以说诗歌的或美学的功能就占据了支配地位"。[①] 上述这六项功能都在电视上运作。费斯克喜欢从符号学角度看电视的功能,他认为,"我们每个人,都曾经从自己所处的社会里,学得了一套既定文化风俗的符码。这套符码,不但是我们用以解释

---

① 特伦斯·霍克斯.结构主义和符号学[M].瞿铁鹏,译.上海:上海译文出版社,1987.

电视讯息的共同准则,也同样限制规范了制作这些讯息的人。由此看来,电视的运作之道如同社会礼俗一般,泯没了个别成员的差异,以期达到与全体沟通的效果"。这是了解电视功能的一个基本观念,费斯克用"行吟功能"(bardic function)来比喻电视在我们文化中所扮演的角色。中世纪的行吟诗人利用自己的语言把当时的社会生活中人与事编进一套又一套故事中,并强化了听众对自己文化的感受。这一比喻十分贴切。

中世纪的行吟诗人所吟唱的内容,完全是根据听众所处的文化环境和文化需要而编排,与吟唱者本人以及他的作品本身内在的需求毫无关联。吟唱者所担任的功能仅仅是"传播中介",尽管他的吟唱本领十分高超,但绝对谈不上个人创作的天才。他成功的秘诀在于他的记忆和对听众口味的熟谙。与其说是他抓住了听众,不如说是听众造就了他。电视与行吟诗人的相似之处还在于两者都占据了文化的中心。在当今纷繁复杂的现代社会中,一个高度集中化的制度,不仅仅是商业独霸或是政府管制的结果,同时也反映出寻求一个中心点的需要。此外,吟唱是口语的而不是文学的,这一点电视与其也很相似。书面话的、抽象的文学语言不适合电视传播。电视与行吟诗人相似的另一个特点是,行吟诗人所扮演的通常是一种动态的角色。他们不断努力地把听众和故事内容的背景,牵引到所传递信息的中心,让不相关的事物都最终能与某一中心思想发生关系。同样,电视也有这种倾向,在某一阶段电视对某一话题很感兴趣,于是所摄取的内容都与这方面的内容相关,人们提倡人道主义,于是在播放"动物世界"一类的节目中,努力以人的观点和态度来对待动物,这体现了人本中心的观点。听众、观众正是从故事中能感悟到某些自己所感兴趣的东西从而产生共鸣,激发其继续追踪接受新信息的热情。

电视与行吟诗人相似的最后一个方面在于,吟咏的内容与"神话传说"也有着某种联系。神话及某种传说的意义,常常是隐晦地深藏于人们的潜意识之中,接受者无须弄清其来龙去脉,无须完全洞察秋毫就能充分地接受其存在,电视这一特征也很明显,电视文化为何会是如此状态,它的出现及生存正是基于接受现状的考虑。大多数情况下,一个文化社会相当安于既定的一切不必说破,也没有必要去挑战。这就造成了电视的一个大众文化的特点:顺从社会、顺从生活。

电视与观众之间借助符号互动建立起互相依存的关系,电视的功能只是充当载体、中介和模具的工作。所谓载体,是指观众想什么、需要什么电视就自觉地充当观众意志的载体;所谓中介,是指电视是沟通文化信息与观众之间关系的中介;所谓模具,是指站在电视传播者的立场上,把受众当成电视的客户、服务对象,观众需要什么,电视就可以像模具一样为其做出成型的产品来,这时,观众是电视文化的设计师。总之,从语言学、符号学角度来看,电视不是全知全能的,也不是创造性的文化,它只能因循守旧,只能以模式化、类型化的面貌出现而不会以个性化的面貌出现。电视文化通常是匿名或集体化的创作,因而,不能对电视作类似文学艺术的要求。它永远恭候着观众的意愿,观众是上帝、是主人,而电视则永远是仆人。费斯克和哈特莱认为电视具有塑造集体文化的功能,如同行吟诗人一般,主要表现为以下七个方面。

(1)电视可以明确地刻画出人们对于真实本质的共识界限。

(2)电视可以借由刻画这些体系的运作方式,将个体整合于主控的价值体系中。

(3)电视庆祝、说明、解释和合理化文化中的个别代表。

(4)电视借由主动的参与现实和不可预测的世界,不断肯定实际生活中的种种意识形态,并确证其是务实合用的。

(5)如果由于外在世界的变迁,或来自于文化本身趋向于一种新意识形态的压力,电视则会揭露这些新的文化意蕴的不足与不是之处。

(6)电视说服阅听人:现有文化保障每一个个体的身份和地位。

(7)电视借由以上方式去传递族群成员的文化意识(如安全感和认同感)。

电视所扮演的角色,并非是为了凸显其个人的才能和意图。它借由大众传播过程中的广播符码或是次文化、区域性的通俗符码来适当地呈现。

二、社会学视野下的电视功能

电视要最大限度地实现其社会功能,就要最大限度地被观众接受。电视要被观众接受,就必须了解和研究观众的文化需求。电视满足观众文化需求的程度越高,则电视实现社会功能的程度就越高。这是电视的社会功能与观众文化需求的相关性,也是功能研究所要面对的假设命题。西方学术界经过多年的实证研究,传统所谓的电视的认知功能、教育功能、娱乐功能、审美功能仍然未变,只是排序的变化在各个时期有所不同而已。当下的电视观众的欣赏行为主要是以娱乐为主,其次是获取信息和知识,最后是审美体验。体现在观赏节目的兴趣上,则是娱乐消遣型的影视剧和通俗型的娱乐节目居首位,传播信息和知识的新闻和专题节目居第二位,提供审美欣赏的文艺节目和部分艺术性强的影视剧居第三位。这表明传统的电视传播中传播者的绝对权威以及主动地位已不复存在,而且这还是今后的总的趋势。漠视这一电视,传播格局电视必然在失去观众的同时丧失其社会功能。

电视传播在传、受互动中得以实现,双方取得联系的"中介"是电视节目,作为双方的共同客体,又有着与传和受双方分别取得联系的中介:一是在客体与传播者的联系中,以传播者实现电视的社会功能目的为中介的传播意识;另一是在客体与受传者的联系中,以受传者满足文化需求为动因的接受意识。只有紧紧抓住观众的接受意识——电视节目这一传、受中介环节,才能寻求传播客体既与接受主体的接受意识相统一又与传播主体的传播意识相统一,只有在这种统一中电视的社会功能才能发挥出来。凯茨等美国传播学经验学派学者在受众研究历史上曾提出"使用与满足"理论,这一理论认为,"受众的行为,在很大程度上由个人的需求和兴趣来加以解释"。① 选择使用媒介也是一种途径。罗森格伦等学者还引入马斯洛的"需求层次论"来说明受众的补偿需求的多样性。"罗森格伦认为,与低层次的需求相比,高层次的需求(交往、爱、被承认及自我实现的需求)与使用与满足模式的关系最大"。② 正如哈特莱所认为的,受众也不仅仅是构成物,它们是看不见的虚构物,人们制造出它们是为了让不同制度掌管它们自我生存的机制。可以从经验、理论和政治等方面想象受众,但想象出来的永远是满足进行想象的制度所需要的虚构物。受众绝不是"真实"的,或外在于它的话语结构的,并不存在作为一个不是制造出来的范畴的"实在的"受众,也就是说,受众本身作为一种陈述时,人们才能遇到它们。而且,它们极少自我陈述,以致于几乎总是空缺。它们组成了电视观众——这一世界上最大的"社区"。而那些从未获得合适的自我表述手段的无组织的社区和那些几乎完全是存在于那些自说自话的人的想象或花言巧语之中的社区,都成了强有力的、威严的、话语的"他者",长期以来,人们在思考电视的功能或效果时往往在传播的内容上找原因,而对观众的研究也只是停留在想象之中,观众这一决定效果的至关重要的因素被"虚构"了。在早期的文化研究派的电视研究中受众被想象为主体,被定位或构建为电视的一种文本制度的效果。哈特莱认为,电视业对观众的虚构是将其"儿童化"。"对电视业来说,电视是一个儿童政权。受众被想象成具有儿童般的品德和特性。当然,这个政权并不是每时每刻都控制着每个地方的所有电视。但是可能存在这样一个"规律",即目标受众群越大,他们被儿童化的程度就越高。商业化社会中电视受众的儿童化是一个普遍现象。问题在于当大量的节目以满足受众需求的名义炮制出来,而大量的节目充斥的是弱智化的内容,这些内容可以满足受众的感官需求和暂时的情感欲望。电视的运行规律正是如此:满足了观众的需求,又培养了某种类型的观众。但从长远来看,久而久之电视的社会功能,尤其是认识、教育、审美功能就会沉降沦落为只有一种功能即娱乐功能。

---

① 丹尼斯麦奎尔,斯文·温德尔. 大众传播模式论[M]. 祝建华,译. 上海:上海译文出版社,2008.
② 同上。

第二节　电视文化的通俗化

艾森伯格强调指出,电子媒体在本质上是俗的,那正是它们创造力的一部分。电视以其强大的传播能力,给报刊界和整个文化界提出了一个难题,相比之下,曾经让人害怕的通俗报刊便显得无足轻重了(文化研究的鼻祖雷蒙·威廉斯曾经提出过一种假说,认为通俗报刊的出现,引起了英国作家们的恐慌,才引发了诗歌的浪漫主义革命)。凭借其广泛的影响力和非凡的重要性,电视所产生的效应即使不能说是史无前例,也足以让人耳目一新了。

举个例子来说,在法国仅仅凭晚间 8 点的电视新闻可以网罗到的观众就比法国所有早报和晚报的读者加起来还要多。如果这样一个媒介所提供的信息成了一种千篇一律的公共信息的话,人们便不难看到由此可能产生的政治和文化影响。我们都熟知这条规律:任何一个新闻机构或者一种表达方式,越是希望触及广大的公众,就越要磨去棱角,摒弃一切具有分化力、排斥性的内容——设想一下我国的许多休闲性报纸——也要更加注意像人们所说的那样"不刺激任何人",除了某些无关痛痒的话题,永远不去触及敏感的问题。一家报纸越想扩大它的发行量,就越倾向于不会给自己惹麻烦的公共话题。人们总是根据接受者的感知方式来制造东西。

正是这一切使整个集体新闻工作趋于类似,趋于通俗化、"随大流""非政治化"等,而且显得再也合适不过。尽管严格地说来,这种状况不是哪个人造成的,谁都不曾想过,也不愿意看到这种局面。然后这是人类社会中经常可以看到的事:人们所不愿看到的事情往往会发生,而且有可能给人一种印象,仿佛是电视机构故意造成的。对此,简单化的批评是危险的,因为它会让人放弃深究的努力,不去弄清有关现象产生的原因,去弄明白为什么电视新闻这样做,那些投资人也没有去横加干预,却有了"电视新闻"这种怪产品,它合乎所有人的心意,证实的是早已为人所熟知的事,它们触及的则是人们的思维结构,也就是说旨在改变我们的观察和思考方式。法国社会学家皮埃尔·布厄迪尔指出:"如果电视这一强大的传媒工具稍稍有一点进行象征的革命的倾向,我保证人们一定会赶紧对它加以遏制……然而,根本用不着任何人对它提出什么要求,由于竞争的逻辑以及我在上面提到的那些机制起着作用,电视绝对不越雷池一步。它与公众的思维结构再也合拍不过了,我可以举电视的道德主义为例,那就是应该在竞争逻辑中加以分析的'电视募捐'(telethon)的一面。纪德曾经说过:'用美好的情感,却创造了糟糕的文学'。如今,用美好的情感,制造的却是'收视率'。对电视人的道德观念确实值得深思:他们往往是犬儒主义的,但说的话在道德上却是绝对的因循守旧,令人不可思议。我们的电视新闻播音员、电视讨论会的主持人和体育评论员都顺理成章地成了相关利益代理人,用不着怎么强迫自己,就自愿当上了典型的小资产阶级道德的代言人,告诉人们'该如何去看待'郊区抢劫、校园暴力等'社会问题'。在艺术与文学领域也是如此:所谓最著名的文学性节目是在为已确立的道德标准,为守旧派、学院派或市场价值观念效劳(且越来越低三下四)"。①

电视的传播者们——最具代表性的是电视明星在社会生活中之所以举足轻重,是因为他们事实上垄断着信息生产和大规模传播的工具,且凭借这些工具,他们不仅控制着普通公民,还控制着舆论,就是说大规模传播的空间,也就是哈贝马斯所说的公共空间被这些人控制着而且这种格局将不会改变,借助通俗的力量,使资本家的理念得以推广。

在电视出现之前,一位文化生产者哪怕已经非常有名了,也不可能长期地频频亮相,或在大范围内阐述自己的思想——这完全是不可想象的——但如今明星们可以做到这一切,因此能将自己的世界观的原则、观点和问题强加给整个社会。有人会反驳说媒介场是分裂的、有差异的、多样化的,因此可以代表各种不同的意见和观点,或者为它们提供表达的机会(确实,为穿越新闻屏障,如果还拥那么一点儿象征的实力,人们在某种限度内,可以利用记者之间和报纸之间的竞争)。但是媒介场和其他各种场一样都建立在整个的一套先决条件和共识之上(超越地位和观点的差异),这些先决条件被纳入了某种思想方法体系、某种言语关系之中,受到"在电视上行得通"这一观念的控制,它们源自于记者们在社会现实和整个象征的生产中所进行的选择。要进入公众讨论的范围,无论是哪一种话语(科学分析或政治宣言等),或是哪一项行动(游行或罢工等),都不得不经受新闻选择这一关,也就是说,必须要通过记者们的"审查"这道可怕的关口。他们是在无意中进行"审查"的,但保留的只是能使他们"感兴趣"、能引起他们注意的东西,却把真正能触及全体公民的那些具有象征力量的言论置之一边,不屑一顾。

在哈特莱看来,青年是个声名狼藉的范畴,他们既不属于儿童也不属于成年,他们最容易受流行文化的影响,并且最终成为这一文化的主要传播者。

随着电视在传播工具领域的相对力量的不断扩大和商业因素对占有统治地位的电视的控制的不断加强,造成了另外一个更加难以控制的后果,那就是电视从它所采取的一种文化行动策略转向了某种自发主义的蛊惑术(这一转变在电

---

① 皮埃尔·布厄迪尔.关于电视[M].许均,译.沈阳:辽宁教育出版社,2000.

视业尤为突出,同时也触及了严肃报刊:这些报刊给自由论坛、自由评说这一类读者来信栏目提供越来越多的篇幅)。20 世纪 50 年代的电视要的是文化品位,从某种意义上说,它利用自己的垄断给众人强加了有文化追求的产品(资料片、古典作品改编、文化讨论会等),培育公众的品位;可 90 年代的电视为了能尽可能地招徕最广大的观众,竭力地迎合并利用公众的趣味,给群众提供一些粗俗的产品,典型的有脱口秀、生活片断、赤裸裸的生活经历曝光等,往往很过分,用于满足某种偷窥癖和暴露癖(人们为了一时露脸,都热衷于参与电视游戏,哪怕只是作为普通观众)。不过,我们并不赞同某些人一味留恋昔日那种教育人的、家长式的电视,因为它和民粹派的自发主义和怂恿蛊惑的手段一样,与大众的趣味,与真正民主地利用大规模的传播工具,是背道而驰的。

电视是一种大众传播媒介,其"大众"一词的内涵,就在于传播对象在数量上的大量性、所处地域的宽阔性、类型与层次的多样性以及在接受传播过程中的变异性。传播对象的大众性,构成了传播接受主体意识的复杂性。由于传播接受主体性别、年龄、职业、文化程度以及所处地理环境等方面的不同,因而其文化需求也存在差异。电视也就是在满足不同类型、不同层次观众的不同文化需求的过程中而实现其社会功能的。

电视不仅改变了人们的信息传授方式,突破了传统的时空观念,同时,它在社会上的广泛应用也在人们的社会生活方式、思维方式以及生存方式等领域产生了深刻的革命。美国著名的传播学家托尼·施瓦茨(Tony Schwartz)把电视比喻为"第二个上帝"。他说,无所不在的电视电波犹如上帝一样,向它的信徒布施同一的感情、知识、情趣和道德观念,它使得人们的政治观念、伦理道德观念乃至社会的价值观念发生了一系列的变化,从而使人与人之间、人与社会之间的关系也发生了微妙的变化。

第三节　电视文化对家庭的影响

一、电视对家庭生活的影响

在没有电视机的日子里,人们只好到家庭以外用其他方式去获得娱乐和精神放松;但是随着电视机的普及,娱乐活动通常多安排在家庭中进行。电视娱乐已成为每天的日常行为,不能缺少。电视构成了家庭娱乐的新形式,它丰富了家庭闲暇生活,为家庭成员提供了共同感兴趣的话题。可见,在"全家团聚"的过程中,电视起着重要的作用。但是,也有人认为这种"团聚"是被动的,因为家庭成员聚在一起的直接动机并不在于"团聚"本身，而是主观上的娱乐、消遣动机，客观上促成了"团聚"这种表面现象。事实上，不少在电视机前集合起来的家庭成员，由于受到电视魅力的吸引，相互之间并没有交谈，甚至有些家庭有两台或多台电视机，他们往往因为自己喜欢某一个节目而走进自己封闭的空间。久而久之，这种定势作用在无意识中构成了家庭成员

之间心理交流的障碍。因此，他们认为电视机构成的所谓"全家团聚"，也许就是"无声的结合"。

　　电视对家庭日常生活的影响，为人们所始料不及。电视中所渲染的琳琅满目的时新家具、电视剧中所描绘的现代生活方式，由于为目前多数家庭所不具备，也成为人们刻意追求的生活目标。目前社会上流行的各种服装新款式，许多也是受电视媒介影响的结果。另外，一些家庭的生活时间安排越来越以电视为中心，受电视播放时间的支配。特别是一些原有早睡早起习惯的老年人，为电视节目所吸引，往往自觉不自觉地打破了自己的生活规律，以致不少人出现了适应不良等症状。个别家庭甚至晚上集体视听到深夜，早晨也全家睡懒觉，结果是父母耽误了上班，孩子耽误了上学。

　　随着电视在城市家庭的普及，普通大众可以像俗话说的那样"秀才不出门，能知天下事"。过去，普通大众对家庭以外的事情很少了解，也很难了解。而有了电视以后，情况就大不相同了。各个民族和各个国家的政治经济状况、宗教信仰、风土人情等，都通过电视屏幕呈现在他们眼前。特别是一些国际国内发生的他们过去不可能听闻的重大事件，由于他置身于家庭这一安全地带，可以毫不受约束地对此进行观察和评论，甚至可以对自己不满意的"大人物"进行指责、谩骂，由此就产生了一种渗透于现代大众的所谓"大众优越性"心理，并滋生了社会走向广泛民主的感觉。他们带着同情、欣慰抑或厌恶、幸灾乐祸的心情关注着事态的发展，因为电视缩小了他们与社会之间的距离，使他们意识到世界上所发生的一切事情，对于他们都是息息相关的。

　　电视没有普及以前，家庭与家庭之间的交往是比较频繁的，特别是亲友、同事家庭间的交往尤为密切。但是，随着电视机的迅速普及，许多人被电视节目所吸引，把自己囿于家庭这个小天地。一到晚上他们就迫不及待地关门闭户，脑子里关心的是今晚有什么值得一看的电视节目。只要没有非办不可的事情，一般来说他们就懒得步出家门。人们对电视这种不自觉的"依恋"，从某种程度上强

化了城市家庭之间"鸡犬之声相闻,老死不相往来"的陋习,人与人之间的交往服从或屈从于人—机器间的交往。电视这种消极作用,已经引起了一些国家的重视。世界上已有多个国家规定了"电视禁播日",冰岛规定每周四电视台不得播出电视节目。这天晚上,市民们走亲访友,到商店买东西,电影院、剧场的上座率也明显提高了。据说在英国有一个拒绝收看电视的格伦费南村,它位于格陵兰边境,只有 17 户人家,共 50 个人。他们拒绝电视的理由是,电视破坏了村内共同生活的气氛,它使人们闭户不出,断绝了邻里间的交往。

过去,在儿童的社会化过程中,家长和教师无疑发挥着重要的作用。但是,自从电视普及以来,人们对家长和教师能否对儿童的教育继续发挥最权威的作用表示了担心。美国新闻记者凯特·穆蒂在《依靠电视成长》一书中的第一句话就是:"电视培养是现代新人类的重要条件"。她指出:"在美国,人们日益认识到,无论是家长还是教师,都已不能对儿童的个性形成起重要作用了。今天,令人们感到忧心忡忡的是,电视正取代家长和教师而起到这种作用。"

美国的青年学生在高中毕业前用于看电视的时间累计多达二万四千个小时,而他们在学校上课的时间却只有一万两千个小时。在我国,少年儿童看电视的时间虽然没有这么多,但电视对他们的影响同样值得关注。据国内有关统计数字表明,我国入学儿童每周看到电视的时间都在 15 小时以上,这一时间比儿童和家长坐在一起谈话的时间要多一些,而且比他们和小朋友在一起玩耍的时间还要多。这种现象的出现一方面是因为这一代儿童自出生开始就与电视为伴,看电视已成为他们的日常习惯。另一方面,随着电视教育节目的开办,一些家长也鼓励儿童向电视"学习",从电视节目中吸取知识。例如,电视台播放的儿童英语节目和儿童拼读节目,不少儿童就是在家长的要求下视听的。不过,在儿童的电视视听时间中,大约 60% 的时间是用来收看面向成年人的电视节目的。对面向成年人电视节目的视听,一方面使他们及早"跨入"了成年人社会,学习和掌握了一定的社会价值规范,加速了其社会化的进程;但另一方面由于他们的世界观和人生价值观尚未定型,识别能力差,良莠难分,容易受一些不良因素的影响,尤其是电视节目中越来越多的暴力和性行为镜头,对儿童的健康成长起着越来越明显的消极作用。电视中的暴力行为使儿童行为时持有一种观念,即使伤害他人也不要紧,儿童们在游戏时往往对他人采取攻击性行为。在发生冲突时,儿童往往选择诉诸武力的方法作为解决矛盾的手段。同时,由于看电视时间过长,很多儿童出现了视力下降、食欲减退、家庭作业不能按时完成、早上睡懒觉、上课时注意力不集中、对学习失去兴趣等现象。而且随着电视机大量进入家庭,不少孩子迷上了电视而与外界的交往日益减少,感情越来越脆弱,与周围的人关系淡漠。为此,专家们呼吁:谨防儿童染上"电视孤独症"。他们建议:老师、家长要科学地利用电视,掌握好孩子收看电视的时间,选择合适的节目内容,使孩子们既能得益于电视,又有更多的时间参与社会生活,接触社会和大自然,保证孩子们的身心健康地发展。

二、电视对家庭关系的影响

父母对儿童的"信息垄断"正在解体。过去,父母为了防止不良文化因素对儿童的影响,不允许把庸俗低级的报刊带回家中,或不允许儿童进入在他们看来不正派的娱乐场所,甚至不允许他们接触那些被社会认为不正派的人。电视问世以前的儿童所能接触到的大众媒介,一般都是经过家长"过滤"后帮助儿童选择的。家长可以在很大程度上实行信息控制。但是,由于电视的问世,家长对儿童的这种信息垄断体制的基础就开始动摇了。

家长与儿童的"图像差异"。由于现代儿童与家长出生时的文化土壤截然不同,导致了他们在接受电视信息时的"图像差异"。现代儿童出生在国家由封闭走向开放之际,一开始就大量接触了异彩纷呈的西方文化。由于受开放社会的"鼓励",西方文化较之民族文化反而更容易被接受。结果,他们就按照自己的理解,来构成有关的外界图像。虽然有时儿童可以通过独自的直觉,正确地认清外界的性质,但是,因为他们的接受能力尚不成熟,所以往往会描绘出受到曲解的外界图像。家长由于大多植根于中国传统的文化土壤,对与中国社会的传统观念或伦理道德相悖的东西,会不自觉地产生排斥心理。因此,两代人的"图像差异"就在所难免。儿童认为有趣、吸引人的,家长不见得喜欢;而儿童认为无聊、乏味的,家长却可能十分欣赏。这样,不仅在为看什么节目的问题上容易发生争执,而且由于各自的审美差异,也阻碍了彼此间的感情交流。

家长权威地位即将受到挑战。儿童通过大量看电视或接触其他媒介,认识了超过家长所能提供的新的、广泛的外部世界,而且获得了大量的关于外界的未来的知识。于是,在从事某些活动时,他们干脆不告诉家长,在他们看来,反正家长知道的东西也和他们差不多,家长的话并非"圣旨"。随着家长权威地位的贬值,"代沟"也就出现了。

尽管电视对家庭各个方面产生影响,但它依然在家庭生活和家庭关系中扮演重要角色。首先,电视可能成为人们最重要的精神"伴侣"。在中国人的传统观念里,人到老年期盼的是儿孙绕膝的天伦之乐,这就可能会使不少独自生活的老人感到晚年愈益离不开电视。另外,随着工作和生活节奏的不断加快,人们非常需要得到精神上的放松。电视独特的时空性的特点,使人们无须走出家门就可以获得精神上的娱乐和享受,从而,电视有可能成为人们日常生活中最重要的精神"伴侣"。而且,电视将对家庭生活现代化起导向作用。电视中越来越多的商业广告,源源不断地向人们推出各种各样的现代化生活用品,再加上其他媒介的推波助澜,对人们的消费观念、消费方式将产生一种无形的"压力",由于"一呼百应",所谓的家庭生活现代化潮流也就形成了。另外,电视中所宣扬的家庭生活方式和生活内容,一般都超越现实,这就为喜欢赶时髦的人提供了"理论依据"。可以说,电视将对家庭生活现代化起导向作用。

另外,电视将成为家庭获取社会信息的最重要的传播媒介。电视与报纸、杂志等其他传播媒介相比,具有不受时空限制、可感性强、更贴近观众、一次性投资等特点。这对我国目前尚不具备大量订阅报刊经济能力的普通家庭来讲,电视无疑将是他们了解社会、参与社会生活和获取各种社会信息的最重要的传播媒介。

第四节　电视文化对青少年的影响

英国人类学家爱德华·B·泰勒对"文化"的解释是:"文化是一个复合的整体,其中包括知识、信仰、艺术、道德、法律、风俗以及人作为社会成员而获得的任何其他的能力和习惯。"文化使人由"生物的个体"成为文明世界中的"人",传播是实现这一过程的重要因素之一。按照泰勒对文化的定义来衡量电视文化的内容和形式、传播和接受,就可以毫无疑问地说,电视文化是客观存在的社会文化现象。

每一代文化,都会作为一个整体传给新的一代,从而一代一代传下去,我们把这一过程叫作社会化。显然,社会化是文化接受的过程。电视文化以其传播载体的现代化而成为当今社会具有高度渗透性与开放性的文化形态。它在人的社会化过程中起着非常重要的作用。今天,几乎没有人会怀疑电视所具有的影响力。与此同时,人们也开始关注电视对儿童、青少年的影响,对这一领域的研究也从来未间断过。

一、电视发展与青少年影响的研究

要说电视对儿童、青少年的影响,必须对电视的发展历史有一个基本的了解。其实,如果要了解电视的发展历史,自然要以美国的情况作为考察的依据,因为电视在美国发展最早、进步最快,最早形成商业化的格局,最早形成电视文化的形态。因此,解剖美国电视个案有利于对电视文化的全面认识。1941 年美国联邦通信委员会正式批准商业电视台播放电视节目,1946 年美国家庭拥有电视机大约 7000 台,电视台播出的节目也相当有限。1947 年对于美国电视业来说是个特别的年份,那一年电视开始涉足大众文化领域,社会民众通过电视观看全美职业棒球赛的人数达到了 350 万人。这一现象使得当时的观众普遍萌发了购买电视机的欲望。与此同时,这一现象也引起当时两家实力雄厚的广播公司——哥伦比亚广播公司和全国广播公司的兴趣。经过努力,他们开始把受众的注意力吸引到电视方面来。由于电视给传统文化节目增添了新奇的画面,所以,公众对广播的兴趣开始下降。1948 年秋,联邦通信委员会认识到电视作为一种新兴的媒介可能性会迅速增长,会对社会产生意想不到的影响,于是冻结了新电视台的创建,把电视台的数量限制在 124 座。联邦通信委员会还提出建议,希望规范彩色电视系统,并且分配教育电视频率资源。尽管有控制,电视从 1948 年到 1952 年还是在扩张,美国家庭中拥有电视机数目从 17.2 万台上升到 1700 万台。冻结取消后,电视的发展更为迅猛,全国广播公司和哥伦比亚广播公司均大力发展自己的电视事业,第三家电视网 Dumont 也加入了竞争。同时美国广播公司依然保持为一个纯广播网。竞争的结果是 Dumont 于 1955 年破产,另外三家公司成为美国电视业的霸主。这一时期美国家庭拥有电视机的数量大为提高,1953 年拥有电视机的家庭达到 3000 万户,1960 年达到 4600 万户,90% 的家庭至少拥有一台电视机,每人每天在电视机前消磨的时间约为 4 小时。1 亿 5 千万美国人为了电视节目的时间表而调整了作息时间。有孩子的家庭受电视影响更为明显,因为其电视拥有量两倍于无消耗的家庭。电视取代了收音机、漫画、玩具成为最重要的娱乐工具。

世界各国的电视事业发展虽然道路各不相同,但总体的方向是相似的。发展中国家虽然起步较晚,但进展很快。在摆脱了过去封闭僵化的体制后中国的电视事业也有了长足的发展,到 21 世纪初,中国电视的发展格局已发生翻天覆地的变化,电视不再仅仅是宣传的工具,它可以给人们带来娱乐,同时也产生经济效益。电视的商业化、市场化加快了中国电视的发展速度,国家广电总局公布的统计数据表明,截至 2015 年,国内地级以上播出机构 517 家,各级电视台 4000 余家,电视信号覆盖全国及海外 100 多个国家或地区。

作为传播媒介的电视,要想吸引观众,就必须拥有具有吸引力的电视节目。电视最初作为一种新奇的时髦事物,开始时的节目形式相当幼稚,加上当时的技术水平的局限,观众可以选择的余地不是很大。电视台制作节目的时间周期比现在长,成本也比现在高。经过不断地摸索,电视节目很快变得多姿多彩。若是从大范围来说电视节目可以分为电视新闻节目和电视娱乐节目两类。电视业的经营者们发现,电视新闻也可以产生很高的经济效益,关键在于新闻向观众报道什么。随着电视技术的不断变革,电视新闻的时效性也大为提高,电视很快成为传播新闻的重要媒体。

与新闻节目相比,电视娱乐节目显得更为突出,因为并不是每天都有值得人们关注的事件发生,所以,关注虚拟事件成为一种替代形式。于是,各类肥皂剧、情境喜剧、西部片、智力竞赛、各类谈话节目等构成了各国电视屏幕的风景线。

电视虽然在各国步入民众生活不过刚刚半个世纪,然而,它所产生的影响却是广泛而深刻的。它迅速成为一种文化形态即电视文化。这种电视文化不仅仅是大众文化的一个组成部分,而且还对民众生活及其他各种文化产生巨大的影响。以美国为例,到20世纪90年代美国家庭的电视机拥有量超过了1.5亿台,平均每个家庭拥有电视机1.83台。这些电视被放置在客厅、卧室、厨房等家庭成员的活动区域,人们可以说是处于电视文化的包围之中。而电视台方面,90年代初期,美国电视台的数量已达到1440家,节目种类也大为拓展。美国人平均每天花在电视机前的时间达到7小时,这也意味着全年要超过2550小时,是睡眠以外耗时最多的活动,由此可见电视的威力。电视发展的迅猛使得它停留在精英文化阶段的时间极短,很快就高度地民众化,成为民众生活的一个有机组成部分。电视节目是吸引观众的至关重要的因素,然而,丰富的节目来源于大量的资金投入。广告与电视之间的发展是相辅相成的关系,电视对广告的依赖越来越强烈。争夺观众的注意力成为电视台殚精竭虑、苦苦追求的工作目标。

收视率决定了电视的生命。因此,电视台不得不考虑如何吸引观众的注意力。经过多年的研究,电视的经营者们很快摸到了门径,他们发现,观众对电视节目的选择取决于他们对电视媒介的"使用与满足"的情况,那么,决定观众对节目注意的根源在于其选择性心理。使用的情况又取决于他们的心理需求层次。按照马斯洛"需求层次说"的观点,人的心理需求包含五个层次,最低层次是本能层次的需求,而最高层次是自我实现。人们本能层次的情感和各种欲望是普遍存在且时刻都会有的,而最高层次的需求却不是时时刻刻都会产生的,那么不难发现在人们最低层次的心理需求中情色、暴力等感官内容是最多的。所以遵循这一特点电视节目该如何发展就不言自明了。尽管电视深受欢迎,但对于电视及其随之而来的电视文化的批评从未间断过。对电视的批评主要集中在以下几个方面:首先是电视对社会化的消极影响。随着电视的普及,儿童看电视的时间越来越长,看电视成了他们接受知识的重要渠道。原先的一些传统家庭消失了,人们因为电视而变得彼此之间隔膜起来。由于美国家庭拥有不止一台电视机,各人往往看自己爱看的节目,家长们并不知道孩子们看些什么,而随着电视节目的丰富,大量成人节目对于儿童而言不一定健康和有益,孩子们从电视上接受的社会化教育往往存在着严重的缺陷。其次，许多人认为看电视是一种被动的、消极的娱乐方式。他们认为电视是一种"电子麻醉剂"，人们被动地接受电视灌输的文化，而很少独立思考，那些爱看电视的人被戏称为"沙发上的土豆"。这一针见血地揭示出电视把人异化为没有思维能力的蔬菜，看电视成为一种反智力的活动。电视的负面功能越来越被人们重视。

人们对电视最强烈的批评还是集中在电视暴力上，电视节目中大量的暴力内容对成人和儿童都产生了一定的影响。人们担心过度的暴力内容会对社会风气带来不良影响，会增强社会上一部分人的暴力倾向，危及人们的生命安全。根据信息—模仿理论，对于社会上一些心智不健全的、非理性的人，他们从媒介中获取各种信息，然后进行简单的模仿，这样电视中的暴力内容往往成为他们模仿的对象，把虚构世界的行为照搬到现实生活中。这一现象引起了家长们的忧虑，也引起了社会大众的普遍关注。他们呼吁政府加以干预，限制电视中的暴力内容。尽管美国政府对这一问题给予了重视，也投入了大量的经费用于相关的研究，但美国电视中的暴力内容还是很多，至今仍然是一个"老大难"问题。尽管美国政府已采取了一系列措施比如对电视媒介机构进行立法管理、安装"V 芯片"过滤电视节目等，但要想彻底解决这一问题还有很多工作要做，这一问题也是世界各国学者正致力于其中并试图努力解决的。由于大众对电视这一新媒介的影响并不了解，它对儿童可能产生的负面效果成为大众关注的中心问题。它是否会影响儿童心智的发展？它是否会造成青少年犯罪？它是否会将儿童变成不会思考的动物？它是否会提早让儿童接触成人世界中的性、酒和暴力？20 世纪 50 年代早期针对电视影响所做的研究，并未给大众一个满意的答案，也未缓解大众心中的忧虑。施拉姆、莱尔（Jack Lyle）和帕克（Edwin Parker）针对儿童与电视的关系所做的研究开了这一领域的先河。施拉姆等三人从功能论的角度解释儿童为何爱收看电视。他们认为，既然任何文化中之事物皆对其成员有用，那么电视一定对儿童有用，可以满足其需要，而且是最好的满足方法。在施拉姆之后，60 年代电视与儿童的关系研究主要集中在暴力与媒介关系的探讨上。研究发现，1967 年和 1968 年的黄金时段的电视节目充满了暴力。大约 80% 以上的节目包含一次或一次以上的暴力事件。而根据美国"改善广播电视全国委员会"1964 年公布的数字，从 1954 年到 1961 年，表现暴力的节目在全部电视节目中所占的比例从 17% 上升到 60%；到 1964 年，全美国每周的电视节目中有将近 200 小时是描写犯罪场面的，而表现杀人场面的节目则超过了 500 个小时。也就是说，反映暴力的节目比 1958 年增加了 20%。60 年代后期的研究表明，星期六上午的儿童节目中有关暴力的内容是成人节目中暴力内容的 6 倍（是广告的 2 倍）。1978 年秋天，在美国公共关注暴力内容十多年后，周末电视网的儿童节目中的暴力事件发生率实际上上升到了每小时 25 起的新纪录。①

在施拉姆等人的研究之后,60 年代由美国国家暴力起因与防治委员会所进行的"暴力与媒介研究"项目同样具有很深广的影响力。这一项目是一项大工程。研究报告《暴力与媒介》包括了 600 页、19 章和 18 份附录。编者将全书分为三大部分:历史回顾、新闻媒体、电视娱乐和暴力。前两部分包括了 9 章和 7 个附录,提供了第三部分研究和解释的背景信息。书中涵盖了个人和委员会的研究,全书由一些在传播研究领域中有影响力的学者担纲,以通俗易懂的形式表述,因而,为一般读者所容易接受。关于这项研究,笔者在第四章中已有阐述,在此不再赘述。60 年代末在国家心理卫生研究所(NIMH)的统筹下、由公共卫生局负责所完成的五册报告统称为"公共卫生局长报告"。这项研究与此前暴力起因与防治委员会的研究有很大的不同。虽然在研究方法上引起学术界的很大争议,但研究的结果的确增进了人们对电视效果的认识和理解。咨询委员会的结论认为,电视暴力与侵略性行为之间的关系仍在假设阶段,他们很小心地指出初步的结论还需要进一步的研究证实,而且两者之间的关系并不适合所有的儿童。事实上,他们认为,只有本来就具有侵略性倾向的儿童或处在某种特殊情境下的儿童才会受影响。这一研究虽然并没有解答多少社会问题,但为以后的研究提出了许多需要思考的课题和研究路线。该项目的结论里也指出不仅要研究电视暴力,还应该研究其他电视内容的影响。这或可看作是本研究的最大贡献。

虽然政府对电视暴力的影响研究给予了重视,但电视暴力的问题并没有得到根治。大众对电视中的问题的关注度依然高涨。犯罪依旧是严重的社会问题,而且并无改善之迹象。人们仍然怀疑电视暴力是社会暴力犯罪的元凶。当时已有许多实例表明青少年模仿电视暴力的情形。虽然没有人认为电视是 70 年代美国高犯罪率的唯一原因,但电视暴力与反社会行为之间的关系一直都是人们关注的焦点。当越来越多的父母出去工作,电视就成为一位保姆,既然儿童每天花大量的时间看电视,电视就成为主要社会化的代理机构。电视对妇女、对少数族裔、酒和毒品等的描述是如何影响儿童的观念的?而当时无所不在的 21 英寸电视屏幕教给了儿童什么?这些均成为人们关注的重点。此外,富有经验的教师们抱怨"电视时代"的儿童喜欢和早期不一样的教学方法,他们不仅要求速度要快还要带点幽默和娱乐成分。许多父母亲于是担心电视是否会影响儿童的认知发展,就是在这种情况下,"电视与行为:十年科学研究的演进和 80 年代的启示"的项目出台了。

---

① 张令振.电视与儿童[M].北京:人民教育出版社,1999.

20世纪90年代以后这类研究开始向细化方向发展。90年代中期一批健康专家和传播媒介机构的管理人员,聚集在一起开展了一项名为"全国电视暴力研究"的项目,历时三年的努力,终于完成了对电视对青少年最新影响的调查。这次研究不仅仅针对儿童,而是把电视暴力影响的对象扩大到成人。尽管人们对美国电视中的性、暴力和脏话泛滥的情况早已司空见惯,但这项研究结果仍然令人瞠目结舌,根据对23个主要电视频道的2500个小时电视娱乐节目的跟踪调查发现,有57%的节目中有暴力内容,在73%的节目里施行暴力的人没有受到惩罚,大约50%的节目中有开枪、用刀伤人或者其他打斗的内容。约8%的节目中暴力受害者没有任何痛苦的表情,其中,84%的节目没有描写任何暴力所造成的长期恶果,如身体上、精神上和经济上的恶果,只有4%带有暴力内容的节目中显示非暴力解决问题的途径。这项研究的报告指出,观看一般电视节目以后,人们有可能发出暴力的行为,人们倾向于认为解决问题的有效手段是暴力,对暴力所造成的后果漠然处之,同时,人们也更担心受到他人的攻击。不过人们普遍认为受害最大的是儿童观众,根据最新的数据统计,在美国,5岁以下的儿童每天看电视3个半小时以上,中、小学生每天看电视4小时以上,高中生每天看电视将近2小时。研究显示,电视节目对三四岁的孩子影响最大,因为这些孩子的分辨能力相当有限,不能区别电视内容什么是真什么是假,他们把电视节目中所有内容都当成是现实生活的真实再现。1995年华盛顿的一家媒体调查公司对美国广播公司、全国广播公司和哥伦比亚广播公司三大电视网8~9点档节目进行了为期4周的调查追踪,结果发现,在72小时的节目中"屁股"一词出现了29次,"婊子"一词出现过13次,"杂种"一词出现过10次。未婚伙伴之间的性关系出现了4次……由于电视行业不能自觉限制电视节目中儿童不宜的内容,美国政府被迫采取了一系列措施。1990年美国国会通过一项儿童电视法案,要求电视台为年轻的观众提供教育与信息服务,才能获得联邦通信委员会的营业执照。1996年美国前总统克林顿代表政府,与儿童电视保护组织一起向联邦通信委员会提交了一份草案,要求规定各个电视台在他们的节目中每周加上3小时儿童教育性节目。克林顿指出,电视已成为美国儿童的代理家长,处理好电视节目对教育好美国儿童意义重大。这项法案很快获得批准,并于1997年秋季开始实行。这项法案的具体内容是:电视台在上午7点到晚上10点的这段时间里要播出以16岁以下观众为对象的教育性节目和信息性定期节目,每次至少30分钟,以每6个月为计算单位,平均每周不少于3小时。节目可以不每周播出,也可以以公益广告或者特别广告的形式出现,但是必须定期播出,而且时间上一定要相当于每周3小时,这些节目是否符合要求,将由联邦通信委员会的5位主任委员审查决定。另外,技术上的突破也为电视内容的管理提供了有效保障。1991 年加拿大西蒙弗雷德大学电子工程学院的考林斯研究出了安装在电视上以监视、限制播放暴力镜头的"V 晶片"装置。这种装置的工作原理是,电视台将电视节目按规定将带有暴力、色情内容的节目进行编码,分成不同等级,输入电视播放系统,家长则可以通过像控制电视遥控器一样将相应的代码输入到自己的电视机里。"V 晶片"一旦触及这些节目,就会立即阻止这些节目在屏幕上播放,从而达到阻止儿童看到这些节目。经过一年来在加拿大的一些频道的试验,证明效果良好。1996 年克林顿修改联邦《电信法》,要求从1998 年开始在美国所有销售的电视机上安装这种装置,这一导向非常有效,由于使用"V 晶片",电视节目的刺激性受到限制,带有暴力内容的节目收视率大大降低,广告商对这类节目失去了兴趣。自然,在经济效益至上的美国,电视台不得不考虑改弦更张。

进入 21 世纪,娱乐节目特别是真人秀节目开始占据电视屏幕。西方国家在加强节目内容监管的同时,运用法律手段限制节目的低俗化。例如,为保护青少年的利益,美国于 2006 年 2 月通过了《反低俗法案》,界定了"淫秽内容""下流内容"的具体内容,更赋予了美国联邦通信委员会广泛的罚款权限,可以对电台、电视台、演艺人员作出上不封顶的处罚。反观我国国内,2000 年以后,国家广电总局不断颁布"限娱令""限广令""一剧四星""一剧两星""六扇门""限'制'令""限烟令""限播令"等行政措施,但一段时间以后,节目依然故我,很难取得实效。因此,法律层面上的制度建设应该提到电视文化建设的日程当中来。

二、代理经验与新型人格

当代大众传播活动的视觉化无疑在量的方面扩大了社会交流,这包括信息量与受众数量两方面的大规模增长。体现这个趋势的主要标志就是电视文化的发展。

由于电视的传播特性,电视文化对青少年的社会化也并非是单一的正面示范意义,它也存在着令人担忧的负面效应。电视文化的传播特点是单向性的纵向传播,不论受众是否喜欢,它总是那样固执地、一厢情愿地向人们灌输某种思想,推销某种观念,加上电视是一项高科技、高投入的产业,因而电视文化也便带有明显的商业性行为,在传播中也就无法避免地存在对人性中的丑恶因素的迎合与宣泄,进而产生一种影响青少年成长及社会化的电视公害。藤竹晓曾对日本电视作过专题研究,发现 139 个电视节目中,有严重暴力行为和色情内容的为51 个,占 37%;而美国著名传播学家凯特·穆蒂则更是惊人地指出,美国儿童在3 岁以前收看的含有有暴力行为图像的时数平均超过 200 小时,到 3～4 岁,已目睹了1300人被杀的镜头。难怪有人骂电视是"传播犯罪技巧的学校,是没有屏障的妓院"。这对于刚刚步入社会化阶段,道德情感、道德意志和道德行为等尚未完全成型的少年儿童来说,它的负面效应尤为令人忧虑与担心,因而"清洁荧屏"的运动也便显得尤为紧迫,尤为任重而道远。

总之,电视文化对青少年成长社会化的影响是客观存在的,电视文化的影响程度如何,如何兴利除弊,完全取决于电视文化的控制机制是否健康向上。传播什么内容,显然比怎样以更好的方式传播更为重要。在社会主义精神文明建设的总前提下,寻找电视文化与青少年社会化进程的最佳结合点,已是摆在我们面前的最现实、最严峻的课题。

联合国教科文组织的有关人员曾指出:"由于电视的普及,我们正面临着以活版印刷术为中心的文化向以电子图像为基础的文化迅速交替的现实。"它带来的最明显的后果,就是出现了迥异于铅字文化时代的"图像新一代",又称"图像族"。所谓"图像族",只是一种相对的概念,按照日本传播学者藤竹晓的观点:青少年对电视文化喜不自禁地全盘接受,会对他们的思维习惯、认知态度产生不良影响,会形成图像性思维,即非逻辑性的、直观的、感性的、被动的思维特点。我国学者田本相先生在他的《电视文化学》一书中,对藤竹晓的观点作了进一步的发挥,认为电视文化会使人类思维呈现出迥异于印刷文化的"图像性"特点。香港学者莫泰基先生也认为电视文化有可能妨碍青少年的理性思考能力,破坏青少年主动学习的能力,并削弱其语言学习的能力,前景令人担忧。

我们认为,将青少年思维图像化倾向悲观化的论点是有害的,它不仅会影响电视文化自身的发展,而且还会危及青少年教育形式的多样化与丰富性。同其他大众传播媒介相比,电视的直观形象性和生动真实性是无与伦比的,应该说,我们已找到一条比传统青少年教育更具诱惑力也更具实效性的教育途径。因此对青少年思维图像化应该有一个积极的观点。

首先,我们要了解一下少年儿童观看电视是否是一个被动的认知过程。莱斯(Rice)等人对学前儿童观看电视(主要是《芝麻街》节目)进行的长达两年的纵向研究结果表明,观看《芝麻街》对学前儿童的词汇发展是有贡献的,而且,这种贡献不受父母教育程度、家庭大小、儿童性别及父母态度的影响,国内外许多大众传播研究者也通过大量的调查测试发现,儿童、青少年往往是媒介信息的主动加工者,而不是被动受害者,少年儿童对电视的注意不是被动发生的,他们能够根据节目本身可理解性程度的变化主动调节自己的注意力,因此,在教给儿童的词汇方面,电视是一种理想的教育工具,电视不仅有利于幼儿学习口语词汇,而且有利于幼儿学习书面语言。

其次,要研究青少年的思维发展会不会因为电视文化的发展而出现非理性、非逻辑性的思维图像化倾向。我们知道,大脑虽有分工,但人类智力的不同,并不一定反映在大脑的体积和重量上,而思维的种类根据思维过程中凭借物的不同可分为三类:一是动作思维;二是形象思维;三是抽象思维。3 岁前的儿童的思维是在自身的动作中进行的,是在直接摆弄事物的过程中来认识和理解事物的,如儿童看过电视后,就会了解关于电视的知识,以后再看到电视时,就会知道"这是电视,电视有开关,电视里面有动画片"。而理解则是逻辑思维的基本环节。4~7 岁的学前儿童,主要是用具体的形象来思维的,表现在任何场合下,这一阶段的儿童都要在清晰地感知具体事物形象的基础上认知事物,思维依从于他们的知觉才能进行。因而,电视特别适合于这一阶段儿童的思维发展规律。

至于抽象思维,我们知道,它可分为形式逻辑思维和辩证逻辑思维两个不同的发展阶段。儿童心理学认为 7~10 岁的儿童已经具有初步的逻辑判断推理能力。电视能够促进他们的形象思维能力,也能阶段性地培养他们的逻辑判断能力。

电视文化的负面影响虽说还不是那么严重,但有一点却是事实,即随着儿童、青少年对电视依赖的加深,对电视提供的经验世界的依赖也必然加深。电视充当了儿童认知世界的经验代理人。电视文化以虚构为主要内容,久而久之,这个代理的经验世界是否会进入儿童的世界观领域,这是不能不考虑到的问题。

我们注意到电视对社会的影响有一个突出的特点,即它可使成年人与儿童"同质化"。因为儿童观看的电视节目大部分是成年人世界的内容,看电视的时间越长,儿童"侵入"成年人世界的程度就越深。电视这一大众传播形式,促成了社会情境交融,最突出的一点是公私情境的合并,那些原本属于私人的领地,渐渐暴露在公众的视野里。成年人生活中的本来属于对于儿童是"秘密"的那一面——平庸、缺陷、邪恶、暴力、性爱等已在很大程度上被"公开"了。这种"公开"并不简单地意味着儿童的早熟,实际上他们并无能力像成年人那样去认识世界,过早的"泄密"给他们带来的是歪曲了的世界图像和理解上的困惑,使其失去判断力,而且过度的视觉刺激(如暴力或死亡等)使他们的感觉也变得麻木起来。学者们所说的电视"儿童痴呆症"就是指这种失去判断与感觉的状态。这种影响的后果是使理性意义上的成年人"引导"作用失灵。令人不敢设想的是,若干年以后,我们从祖先那里继承下来的传统伦理道德准则很可能一夜之间荡然无存,取而代之的是西方式的伦理规范,这种伦理规范与本民族传统文化的冲突之处在于价值观念的差异。伦理观念一旦紊乱,长此以往必将影响社会秩序的稳定。

对于成年人而言,电视画面的引导作用使观众倾向于变成"无所不见"的人——摄像机镜头突破了空间、时间、文化和心理屏障,通过视觉画面给观众传送着外界无穷无尽的视觉信息,观众失去了选择思考的必要,只剩下反应与应付,不知不觉中在直观层次上使个人与社会沟通协调起来,这种"画面引导"也许仍可算是里斯曼所说的"他人引导"模式的一种表现形态,但更"形象化"一些。代理经验造就的新型人类对社会进步是有益还是有害? 不难判断,电视文化所带来的负面社会影响是客观存在的。如何应对? 结论好做,但要走的路也许还很远,需要媒介研究学者、教育家和社会各界共同努力。

第九章　电视文化形态变迁

广义上的文化指的是人类所创造的一切物质财富和精神财富的总和,它包括物质文化、精神文化和制度文化三个层面。而在文化形态史观学者看来,文化是历史的基本单位,每一种文化都有其独特的、等价的以及自我中心的特点,其代表人物英国历史学家汤因比认为,任何一种文化或者文明的产生与衰落都是对"挑战"的应战,"挑战"成功的结果是文化或文明的产生,"挑战"失败的结果是文化或文明的衰落。电视文化的产生与兴盛也必然遵循这样的规律,因此,对于电视文化的考察我们也可以从物质、精神和制度三个维度来进行。国内很多电视学者在对电视文化进行研究的过程中,就把电视文化从结构上分为电视物质文化、电视精神文化以及电视制度文化三个部分,然后分别进行考察。电视物质文化体现为电视生产、传输以及存储过程中产生的文化形态,更多的体现为技术形态;电视精神文化则是基于文化本身固有的知、情、意三种基本表现形式,它构成了人类精神世界的三大要素,电视精神文化承载的更多的是电视作为媒介所赋予个体的精神内容;电视制度文化一方面表现为电视运行和管理的体制、机制以及相关规章,另一方面则表现为电视文化在传播过程中的运行结构和逻辑话语。电视物质文化、精神文化以及制度文化的变迁实质上反映出的是电视文化的技术形态、审美形态以及叙事结构形态的变迁。

随着社会的发展,电视已经深入到每一个家庭中,电视艺术也成为审美文化的主流,甚至是审美文化的标杆。现代化带给人们快节奏、高强度的生活方式,人与人之间相互疏离、陌生。因此,人们都希望有一种娱乐方式能用来缓解工作压力、放松心情,同时又能提供一个与外部世界沟通对话的平台,电视也因此成为最佳选择。我们可以以中美两国的电视发展史来作比较,美国电视崛起并兴盛的时代恰好是 20 世纪五六十年代美国经济腾飞的年代;中国电视发展最迅速的时期也刚好是改革开放之初的 80 年代,并最终在 90 年代普及到千家万户,经济发展所带来的现代化生活方式和经济条件的改变使得电视媒体得以"飞入寻常百姓家"。电视在这一过程中起到的是反映时代并促进时代发展的作用,因此,电视文化也成为社会文化的重要组成部分,反过来,社会的发展特别是审美价值和审美趣味的发展也必然会体现在电视文化的审美形态变迁中。

第一节　艺术与大众文化之争

任何一部作品都包括艺术和审美两极,"艺术的一极是作者的文本,审美的一极则是由读者完成实现的"[①]。同样电视文化也存在着两极,电视作品编创人员只是完成了艺术的一极,而审美的一极则必须在观众欣赏完作品之后才能完成,观众自身的审美价值和审美标准最终会影响到对电视作品的审美评价,而观众自身的审美价值和审美标准的建立则有赖于个人的知识结构、生活体验、风俗习惯和文化背景,这些部分都属于社会文化部分,因此,社会文化的变迁会影响到观众的审美判断,也会影响到电视文化的审美形态。这样的例子不胜枚举:例如,20世纪六七十年代,八大样板戏是影视审美的主流;1980年电影《庐山恋》中有一个吻戏镜头,这是新中国建立以来第一个在影视作品中出现的吻戏,引起社会大讨论;近年来则流行宫廷戏、穿越剧、婆媳剧等。再如,2014年1月,由于国内某二三线卫视违反广电总局关于广告时长的播放规定,被广电总局发令停播商业广告一周,据业内统计,这将导致该卫视损失广告费用达千万元。但让人匪夷所思的是,停播广告后,该卫视收视率反而一举创下新高。原因在于,该卫视经常播映"抗日雷剧",这类电视剧的主要受众人群在农村地区,停播广告后导致无论是白天还是晚上电视剧的排映更集中,深受这部分观众的喜爱。

电视文化具备的艺术与审美的两极实质上反映出来的是电视文化的艺术性与大众文化的通俗化之间的争夺,对于电视文化的编创者而言,一方面希望电视作品能够符合大众文化潮流,吸引最大化的观众,实现电视作品的经济价值;同时,又希望电视作品能够表现出一定的艺术性,实现电视作品的艺术价值,创造出文化价值。从电视产生之初,这种矛盾就一直存在,整个电视产业的发展过程同时也是电视文化艺术性与通俗化争持的过程。

一、20世纪50—80年代初,电视主要承载主流文化的传播

主流文化,又称为官方文化,指的是一定时期内对社会起主要影响的文化形式,带有强烈的意识形态性质。在我国,封建时代的主流文化基本上体现为儒家

[①]　朱立元.接受美学导论[M].合肥:安徽教育出版社,2004.

文化,新中国成立之后,社会主义文化或者马克思主义文化成为社会的主流文化。在国内,电视诞生之初刚好也是新中国成立之初,客观形势使得电视必须传播政府意识形态和大政方针,以维护国家稳定。这一时期,电视的主要任务甚至唯一的任务就是与政府保持高度一致,作为党和政府的喉舌,传播党和政府的声音。五六十年代,电视作品的主要内容就是忆苦思甜、宣讲国家政策、歌颂革命英雄和各行各业劳模等,表现出强烈的意识形态特征;文化大革命时期则基本上消灭了其他文化形式的生存空间,电视唯一的任务就是拥护"文革",坚持阶级斗争和一元化思想。由于有很强的群众基础和民众认同感,电视文化也挟此自重,具体表现为传播形式简单粗暴,传播内容僵化保守,表达方式口号化、虚无化。例如,尽管各地都有省市电视台,但都是转播北京电视台(中央电视台前身)节目,基本流程就是:新闻—纪录片—中外故事片,当时甚至没有电视剧的概念,只能借用电影的影片类型,称为故事片。1976年3月的一次对电影影片的评选中,获优秀故事片奖的包括:《创业》《闪闪的红星》《青松岭》《春苗》《决裂》《难忘的战斗》等,仅从获奖影片的名称就可见一斑。当然,这一时期由于经济条件和技术水平的限制,只有少数政府人员和高级知识分子能看到电视节目,电视并没有作为大众传播媒介进入千家万户,所以对于普通百姓来说,电视的影响力微乎其微,远远不如广播和报纸。

随着改革开放的到来,各种文化形式也趁势而入,虽然主流文化依然牢牢占据优势地位,并经常对其他文化形式进行反击,但面对大众的文化消费需求以及传播途径的多样化,主流文化渐渐感到力不从心。大众文化所具有的非意识形态性、潜移默化的传播特点是主流文化所无法比拟的,主流文化逐渐力不从心,作为主流文化载体的电视文化也慢慢向大众文化靠拢,从改革开放之初的1979年到80年代中期,几部代表性的电视剧作品全部来自于西方或者我国港台地区,如《加里森敢死队》《大西洋底来的人》《血疑》《霍元

《加里森敢死队》剧照

甲》《上海滩》《射雕英雄传》等,这些电视剧引起了很大的社会反响,处于社会转型期的混沌民众第一次感受到电视"开民智"的浪潮,尽管这一时期依然被主流文化占据统治地位,但精英文化和大众文化已然开始崛起。一方面,以"伤痕文学"和"朦胧诗"为代表的知识精英开始活跃于文化前台,他们在反思历史的同时兼具强烈的乌托邦情怀,表现出精英文化的特质,可以说,这是新中国成立以来精英文化的第一次"文艺汇演"。另一方面,受到大众文化的影响,国外影视作品、港台明星、潮流衣饰等蜂拥而来,大众文化已经成为时代潮流,势不可当,

电视文化作为大众文化的代表也开始站稳了脚跟。因此,这一时期的电视文化表现出主流文化、大众文化和精英文化"三国演义"时期。

总的来说,这一时期电视文化的主导权被电视制作者掌握,尽管电视的影响力还没有体现出来,但由于垄断性的受众市场以及缺乏能够与之竞争的其他媒介种类,电视创作者表现出强势的话语霸权,基本无须听从观众的意见。这使得电视创作者可以在政治正确的"达摩克利斯之剑"下自由地发挥创作灵性,而不必专注于经济效益,尽情地倾注创作者自身的知识、情感和表达,因此,这一时期,电视文化的艺术性占据了主要位置。

二、20 世纪 80 年代中—90 年代末,电视承载大众文化的传播

大众文化符合大多数人的审美特性,具备亲近性、通俗性的特点,但大众文化与精英文化之间并非隔着一道不可逾越的天堑,而电视文化就起到消弥隔阂的作用。它能够在大众文化与精英文化之间架起一座沟通的桥梁,桥的两端就是艺术与审美的两极,电视文化首先必须具备大众文化的特点,能够符合大众审美的内容与形式,并且能够把过去少数人专享的精英文化"民主化",让精英文化下移到大众当中来,变成众人共享的文化形式,本质上就是让艺术回归大众。80 年代中期,以春晚、港台 MTV、经典电视剧为代表的电视文化迅速崛起,这种非意识形态的电视表达方式标志着大众文化正式登上中国当代文化的历史舞台,正是由于电视媒介的传播,流行歌曲、偶像明星等以往人们听都没听过的词汇成为时代音符。伴随着大众文化的大潮席卷而来的则是精英文化的没落和主流文化的无奈,商业化的侵蚀使得 80 年代初形成精英文化的乌托邦家园荡然无存,其中的一部分躲藏进了象牙塔,而另一部分则汇入大众文化的滚滚洪流;主流文化对待大众文化也由原来的抵抗转而无奈承认,表现为政府和监管部门逐步放松了对流行文化如流行歌曲、港台明星、国外影视剧等的管理,并且自降身段,主动接近大众文化,采用大众文化的生产模式、话语来创作电视节目内容。例如,1993 年中央电视台开办《东方时空》,改变以往新闻节目高高在上的严肃话语,用更贴近百姓生活的表现方式和"真诚面对观众"的电视话语,开创了中国电视新闻改革的先河。

这一时期代表性的电视节目形态都表现出大众文化的特质,比如,历年的春晚、综艺节目等,以及一系列的经典电视剧,如《渴望》《西游记》《红楼梦》《编辑部的故事》《北京人在纽约》等,这一时期的电视文化与之前时期(50 年代至 80 年代初)相比有着截然不同的特点。

首先,这一时期的电视文化推动了精英文化和主流文化的民主化和世俗化。比如,将象征精英文化的古典四大名著全部改编为电视剧,很多民众可能根本看

不懂《红楼梦》，但会被剧情深深打动，或者被电视音乐熏陶感染。很多少年儿童可能看不懂或者没机会接触名著《西游记》，但几乎所有小孩都喜欢看由其改篇的电视剧。可以说，精英文化和主流文化的民主化、世俗化的过程就是一个大众文化的普及过程。

其次，这一时期的电视文化更关切现实生活，注重家庭伦理和传统道德。80年代中期以前的电视节目大多是空泛之谈，电视新闻习惯于口号式的报道领导相关信息，电视纪录片则大多来源于国外的科普类读物，故事片则更是虚言妄语，内容大多是远离现实的战争英雄或是来源于武侠小说的打斗场景，电视内容与普通大众的现实生活之间有着一道鸿沟。相似于历经千年黑暗迎来文艺复兴的光明，这一时期的电视则更关注大众与大众生活，用老百姓的观点、视角以及生活体验来创作电视作品，因此，电视文化也具有较强的现实主义特征。以电视剧为例，80年代中期以前，有较大影响力的电视剧作品基本来自国外或我国港台地区，国内自制的基本没有，引进的这些电视剧作品大多远离现实生活。到了20世纪80年代中期以后，绝大多数有影响力的电视剧都是国内自制，除了改编文学名著的电视剧作品以外，其他有影响力的作品与现实生活有着较大的紧密联系，如《渴望》《北京人在纽约》等。

最后，这一时期的电视文化通过仿像的电视内容和生动的电视画面召唤起个体的感官需求和消费欲望。当电视启蒙成为新的神话以后，它就走向了启蒙的反面，成为一种桎梏。当受众被异彩纷呈的电视内容和形象逼真的电视画面感染以后，他们必然会从以往由于历史原因造成的混沌无知的集体无意识状态中清醒过来，转而寻求个性表达和个人价值的实现。电视成为他们寻求外部世界信息的最佳渠道，而电视文化所内蕴的大众文化的通俗甚至庸俗化的特质使得他们从一个极端走向另一个极端，电视文化唤醒了消费文化这头"巨兽"，使得个体陷入视觉幻象中无法自知且无法自拔。

总的来说，这一时期是以电视文化为代表的大众文化彻底战胜精英文化，并与主流文化实现权力交接的阶段，精英文化只能偏安一隅。而电视也开始从高高在上的神坛迈向普通大众，特别是全面市场经济以后，电视文化开始与商业文化相互勾结，进而表现出十足的大众文化特点，电视创作者也不得不臣服于经济利润的淫威，电视文化的艺术性或者寻找最佳结合点，与电视的市场经济融合，或者湮没于电视的市场经济中。

三、2000 年以来，电视承载大众文化与消费文化的传播

进入 21 世纪以后，电视产业不断整合与精细化耕作，电视产业集团化与电视频道专业化是这一时期电视产业发展的两大特点。随着经济的发展，西方国

家出现的消费主义思潮涌入到文化领域当中。计划经济时代，国民的休闲与娱乐基本是由国家供给，甚至带有明显的意识形态特征，个体的选择性极少，休闲与娱乐资源也十分匮乏。随着改革的深入，休闲与娱乐的经济属性被激活，市场条件下的相关资源供给也充裕起来，消费主义开始出现并迅速发展。消费经济不断影响文化，最终形成消费文化。而电视媒体在这一时期一方面要承担起大众文化传播的重任，另一方面也受到消费主义文化的影响，或主动或被动地陷入其中。

消费文化的一个重要的特点就是倡导商品符号价值，引导人们从实物消费转向符号消费。电视在这一过程中起到十分重要的作用，通过电视的符号生产创造出拟象世界替代真实世界，人们经常迷失在这样的超现实环境中，消费成为一种意识形态。产品生产者已不再仅仅关注商品使用价值，转而更注重商品的包装、设计、品牌等形象要素，社会经济重心也因此从制造业转向服务业，以休闲娱乐为主的服务业成为社会的主要经济支持。整个社会虽然也存在着多元化的文化形式，但大多是消费文化的伪包装，电影、电视、文学、艺术、各种设计元素等都是以符号化和商品化为创作核心，操纵观众的兴趣与意愿。例如，现在都市消费者购买商品大多基于对电视广告的印象，电视广告事实上在控制消费者的消费行为。电视荧屏充斥着各类穿越剧、魔幻剧，这类剧种本质上就是一种电视消费文化，历史被剥离出来，作为一种电视消费符号而存在，以满足当代人的视觉化、猎奇、感官刺激、精神意淫需求。按照鲍德里亚的观点，电视就是世界。电视在传播消费文化的同时，以各种隐喻的方式来引导消费者迷失在消费幻境当中。这也使得主流文化越来越边缘化，形式越来越趋同化、西方化，个别主流文化甚至披起消费文化或大众文化的外衣，游走在政策的边缘地带，失去了主流文化本身应有的传统与道义，例如，有些电视新闻节目开始走向庸俗新闻、媚俗新闻。

精英文化在这一时期开始缓慢复苏，各类知识精英包括经济学家、文学家、专栏作家、时事评论家、艺术家、科学家、传媒业内人士等开始活跃在媒体特别是新媒体上，借助于网络技术所提供的平台优势，他们通过社交媒体不断发表自己的观点和意见，形成事实上的舆论领袖。但同时也出现了知识精英利用媒介平台进行"文化寻租"的现象，为利益集团代言，甚至被西方势力所利用，进行反政府活动，造成较坏的社会影响，正如当下人们对"公知""专家"这一类词汇的负面评价。但总的来说，精英文化依然是这个时代的文化最强音符，如果说大众文化把社会文化水准降低到一个临界低点上的话，精英文化则把社会文化水准抬高到一个临界高点，精英文化在承担民族文化责任唤醒社会文化意识方面起着不可替代的作用，这一时期的精英文化经常也会与电视融合，通过电视媒体传播精英意识,形成电视精英文化,提高了整个电视文化的品位与水平,同时也使得各类知识精英开始依托电视媒介平台传播自己的声音,甚至参与到电视内容的创作当中,实现电视文化的建构,形成电视精英话语。

我国电视以及电视艺术的发展历经半个多世纪,与西方国家相似的是,大众文化的兴起与电视及电视文化的流行有着密不可分的联系,整个过程就是大众文化与主流文化、精英文化博弈的过程,电视文化在传播大众文化的过程中一马当先。然而我国的电视文化与电视艺术的发展始终与国情结合在一起,与国外的电视艺术有着许多不同之处,具体如下。

1. 创作思想的差异

中、西方深受不同文化的影响,在思维模式上有着很大不同,中国人更注重抽象思维与感性思维,中国的传统哲学更关注人与自然、精神与肉体之间的关系。西方则关注理性与逻辑思维,注重从物质世界去探索哲学命题。这种思维模式影响到电视艺术的创作,体现为中西电视文化表现过程中,西方对现实题材的电视作品把握得较好,而我国在历史题材的电视作品中表现出色。以电视剧为例,国人喜欢看的美剧大多是以刑侦剧、罪案剧为代表的逻辑性较强的电视剧剧种,如近几年火爆的《越狱》《绝命毒师》《国土安全》等。当然,也包括现实题材的情景喜剧类型。

2. 内容表现上的差异

中、西方对某些人类终极命题有着截然相反的态度与认识,比如:民主与人权、个人与集体等。中国有着悠久的历史,脱胎于传统农耕社会,农耕社会最重要的特点就是合作,否则无法安身立命,一直到新中国成立,始终没有一次完整的工业革命。而西方世界历经文艺复兴、宗教改革、工业革命各个阶段,在摆脱农耕社会的同时唤醒了对个体与现世的关注,因而更加重视个人权利与个体的利益表达,在这样的语境下,人权与民主自然成为西方世界观的价值核心。大多数中国人会认为:为了国家和集体利益牺牲个人利益是可取的,是一种爱国和奉献精神。而西方人则认为:如果个人利益都无法保障,何谈国家与集体利益,他们甚至会认为,为了个人利益损失一部分集体利益也是可行的。因此,西方的影视文化中大多具有强烈的个人英雄主义特征,典型如史泰龙《第一滴血》系列。而中国的影视作品中除了某个特定时期对革命英雄主义的推崇,大多还是以集体主义为导向,兼具强烈的爱国主义特色。同时,从风格方面来说,中国的电视艺术更注重整体,西方电视艺术则更注重细节。

3. 文化表达上的差异

中国人喜欢内敛自省,尊崇圣道先言,恪守中庸之道。而西方文化则表现出热情奔放、习惯于个性自由表达。中国人崇尚道德,强调修身;西方人崇尚法治,强调教育。因此,西方电视艺术的表达和演员的表现总是更加直接、有张力;国内的电视艺术表现则更加内敛含蓄。再加上长期实施计划经济的原因,国内电视题材较为单一。

　　作为大众文化的一部分,电视文化具备市场经济环境下的商业特点,这种文化形式并不为受众控制,主导权始终被资本和商业力量所操纵,其作用就在于加强社会控制,汲取最大化的商业利益。电视文化与其他大众文化形式不一样的地方在于,电视文化更多地借助了科技的力量,从而确保了越来越逼真的光影效果,甚至是超现实的魔幻效果,这是其他大众文化形式很难做到的。但技术的优势并没有让电视文化走向深邃与真实的理智空间,反而滑向反面,且有越陷越深之势。这使得我们在提倡电视文化走入大众的同时,不得不思考如何提高电视文化的艺术性问题,以免电视文化走向深渊。

第二节　电视文化的技术形态变迁

　　尼尔·波兹曼曾经在其《技术垄断》一书中按照人类技术发展的三个阶段把人类文化划分为三类:工具使用文化、技术统治文化和技术垄断文化:在工具使用文化阶段,技术从属于社会和文化;在技术统治文化阶段,技术向文化发起攻击,并试图取而代之,但难以撼动文化;在技术垄断文化阶段,技术使信息泛滥成灾,使传统世界观消失得无影无形。电视便是技术垄断文化阶段的典型代表,在这一阶段,文化只能依附于技术而存在,所以文化的产生必须依靠技术的土壤,技术才是文化的核心内容。电视垄断时代当中,电视内容和理念也置入那个时代的精神内核,成为那个时代的文化代表,电视因此取得了神话般的地位。就像网络时代中,网络语言和网络词汇成为网络时代的精神图腾一样。按照波兹曼的观点,电视在技术垄断时代实质上是一种"元媒介"的地位。"对于他们来说,电视是他们首选的、最容易接近的老师。在他们的很多人看来,电视也是他们最可靠的朋友和伙伴。电视是新认识论的指挥中心,没有什么人会因为年幼而禁止看电视,没有什么人会因为贫穷而不得不舍弃电视,没有什么教育崇高得不受电视的影响"。[①] 电视也因此超越了其他媒介,成为时代的一面镜子。电视文化也因此成为当代文化的主导形式与场所。

　　在媒介环境学派学者看来,技术是一种创世的力量。而电视技术的发展在很大程度上解构了社会文化形式。在印刷时代下,信息的传播与人际的交流主

---

① 尼尔·波兹曼.娱乐至死[M].章艳,译.桂林:广西师范大学出版社.2004.

要依靠文字,因此,以线性、静态和逻辑思维为主的印刷时代更多地需要人的主动介入。而电视时代下的传播更多地具有双向、非线性、动态以及非介入的特点,它可以把社会文化的各种形式如传统文化、精英文化、先锋文化等全部纳入到这个家庭媒介平台,让各种文化走下神坛,回归大众。比如,古典文学名著《红楼梦》和电视剧《红楼梦》都是经典,但文学名著《红楼梦》更带有精英文化的艺术特质,电视剧《红楼梦》则更像是大众文化的代表。电视作为一种时空艺术,时间和空间成为电视叙事的基本内容,电视时间拓展了现实时间的连续性和线性结构,电视空间则拓展了现实空间的广延性和现场感。早期的电视作品大多是时空同步的结构方式,重时间轻空间,比如,电视新闻基本上是主持人在电视机前念稿子,无空间变化,时间表现也呈线性结构。而随着电视技术的进步,空间结构在电视作品中的作用越来越大。而随着电视技术和电视表现的发展,电视文化在叙事上也表现出时空分离、时间压缩等结构特点,如近年来火爆荧屏的穿越剧、魔幻剧之类的剧种。

电视技术的发展历史也证明,电视技术的每一次进步会对电视文化甚至整个社会文化产生巨大影响。电影先于电视而产生,但电影在产生之初的几十年中始终无法解决一个技术问题:影像与声音的问题无法统一。在近 40 年的时间里,电影只能以"默片"的形式出现,而这类"默片"已经成为那个时代的视觉烙印。在今人眼中,这类"默片"可以说是由电磁技术发展出来的经典艺术,但事实上它却是被当时电磁技术所局限而成为经典艺术。从 20 世纪 30 年代开始,历经 80 年的发展,电视已经集所有艺术与传播技术于一身,吸收了磁带录音技术、光电转换技术、晶体管技术、彩色显像技术、人造卫星技术、立体声技术、激光、数字技术、有线传播技术等技术精髓,并且实现了在时间上或空间上使信息传播与艺术传播的开放性都达到了前所未有的程度。

(1)磁带录像机的出现解决了电视传播过程中的时空限制,使得人们可以在个体"缺席"状态下不受时间和空间限制地体验电视内容,这也让电视作为一种媒介超越了广播和电影,成为一种大众媒介。

(2)微波传送特别是卫星直播使得电视成为一种跨越民族、语言、国界的全球性媒介。也因此形成容易造成"媒介主权""媒介霸权"等一系列问题。而这些问题在电视出现之前并不存在。

(3)从电视特效、同声传译、高清晰、立体声、等离子、3D 电视等一直到最新的曲面电视,这一系列电视技术的变革从不同层次完善了电视内容的表现力,拓展了电视语言,同时也带给观众更新的视觉体验和艺术表达,电视文化也更加绚丽多彩。

(4)数字电视、有线电视、卫星电视、移动电视、网络电视甚至是网络视频等新的电视传输方式改变了电视传播和电视消费的行为,使得电视制作、生产、传播、接收等电视产业链发生巨大变化,形成以电视为主的多元化整合媒介,颠覆了传统电视单一的媒介功能。

电视的发展史也是技术的发展史,电视技术历经无线通信技术、有线通信技术、卫星通信技术、数字网络通信技术四个阶段,信号传输也由模拟到数字,电视的画面感越来越强,并且把电视与通信技术和数字技术融合一起,形成多媒体的发展态势。电视技术的进步与发展不仅提升了电视制播的质量,而且改变了用户的收视与观看习惯。

一、电视技术的发展改变了受众的媒介消费行为

传统的电视观看行为是以家庭为单位的,很多时候,用户观看电视关注的可能不只是内容,而是这样一种观看电视的行为所带来的家庭观,比如:安全、和谐、亲情等,某种程度上电视已经成为现代家庭交流情感的场合。哪怕电视播放的是大家都不喜欢的内容,比如广告之类,但大家还是静坐在电视机前,或交流,或等待。电视的内容对于用户来说已经不重要,重要的是这样的一种媒介消费行为所带来的媒介消费习惯,恰好愈合了现代快节奏和高强度的都市生活所带给家庭的无形裂痕,守护了传统的家庭价值观。但是,传统的电视播映是线性的流程,它具有即时性、瞬时性特点,转瞬即逝,遇到感兴趣的节目内容,全家人只能静候在电视机前定时定点收看,无法重复。如果遇到各自感兴趣的不同节目内容时,往往家庭中的强势角色会手握遥控器,掌握电视观看的主导权。随着数字技术和网络技术的发展,传统以家庭为单位的电视观看行为转向个体化,新的接收终端的出现使得用户观看电视的行为变得越来越容易,越来越便捷,手机、iPad、车载电视等,这也使得传统的电视收视统计方法在数字时代中逐渐"失灵"。传统电视收视调查只需要通过仪器记录一台或几台家庭中的电视机收视行为就可以了,但个性化媒体的出现使得这一方法彻底被颠覆。很可能会出现这样的一种情况:全家一起坐在电视机前收看电视,电视虽然开着,但每个人都在盯着自己的手机或者 iPad 浏览网络视频,电视机的内容反而没有人关注。传统电视时代的群体媒介消费行为逐渐演变为一种个体媒介消费,传统电视时代下全家为共同的电视剧情相互讨论的场景逐渐被个性化媒体所隔膜,每个个体都沉浸于个性化媒体所带来的个性化内容中,人际关系和家庭关系再次出现割裂。

二、电视技术的发展改变了电视节目的接收方式

我国电视技术的发展同样历经了三次大的飞跃,第一次是 20 世纪 50 年代

到 70 年代末,主要依靠电影摄像设备和录像机来录制电视节目,但电影摄像机和录像机有很多不足,比如设备笨重、冲洗复杂导致新闻的时效性不足、成本高昂等。第二次飞跃出现在 70 年代末到 2000 年,以 1978 年中央电视台使用 ENG(电子新闻采集)设备为标志,使得电视节目的制作流程大大缩短,同时摆脱以往电影摄录的模式,拥有电视制作的技术标准。同时,这一时期,电视制作技术与卫星传输技术的结合使得电视制作与传送更加方便、经济,电视直播也得到迅速发展,提高了电视新闻的时效性。第三次飞跃出现在 21 世纪以来,最重要的特点就是电视技术与多媒体技术相互融合,如数字网络技术、手机通信技术以及计算机信息处理技术等,解决了原来的模仿信号在制作、传输、保存过程中的信号损耗问题,同时,在政府大力提倡三网融合的背景下,带来了电视技术的深刻革命,新的电视接收终端也不断出现。

1. 移动电视终端

移动电视依靠数字传输技术,通过地面接收终端接收信号,具有可移动、轻便易携带、即时传播的特点,比如车载电视、手机电视、pad 设备等。车载电视通常安装在公交车、地铁等公共交通场所,具有覆盖面广、反应迅速、移动性强等特点,这使得无论车辆在静止还是高速运转时电视信号都具有稳定性与持久性。同时,公共交通场所决定观众无论愿意与否都不得不观看电视内容,使得车载电视的传播效率显著,信息到达率较高,广告价值大。手机电视则是以手机作为接收终端,完成电视信号的接入。它不仅具有车载电视的优点,还具有轻便易携带、个性化选择、主动介入的特点,甚至可以与电视视频进行交互,进行信息增值服务等。当然,由于市场发展的不完善,目前我国的手机电视依然集中在视频播放的服务上,但随着相关政策法规以及相关技术配套的完善,手机电视今后将朝向内容个性化的方向发展,并且能够提供更好的电视增值服务。可以说,无论手机电视还是车载电视,都必须依托于移动互联网的技术基础,"移动互联"已经成为现代人生活的一部分,对于这类移动电视来说,精准的内容推送才是价值所在。

2. 楼宇电视、户外电视

其实早在 1995 年,国外就已经有了楼宇电视,但直到 2000 年初才传入我国,并最早在上海建立楼宇电视网。2005 年,以楼宇电视起家的分众传媒在纳斯达克成功上市,引起业界对楼宇电视这一新的电视信息平台的关注,使得楼宇电视在全国各大城市得以迅速发展起来。楼宇电视兼具强制性、分众性、经济性等特点,其电视内容到达率和信息转化率都很高,其目标人群主要是在都市高楼大厦、楼堂会所,这部分人群通常教育程度高,有一定的经济实力,是商业广告重点追逐的对象。

3. 网络电视

网络电视是以网络宽带为基础,以网络视频资源为主体的电视收看方式。网络电视的发展得益于日渐成熟的互联网技术、广电技术和数字通信技术的发展,打破了三者之间的界限,将电视节目与互联网运用、电邮、社交等结合在一起,与传统电视相比,其最重要的特点在于实现了人机互动,观众可以根据自己的个性、兴趣及偏好,自由地选择电视节目。在大数据的技术支持下,还可以建立基于影视传输网络和数字技术交互式平台的大数据系统,通过数据采集系统收集数量庞大的机顶盒、服务器、运营支撑系统(BOSS)、地理信息系统(GIS)、广告投放和监测系统、媒资系统等多个异构的业务系统数据,对用户进行精准营销。目前而言,国内网络电视的发展还有很多有待解决的问题:首先,相关的政策法规有待健全,广电总局对网络电视的监管不断加强,牌照的发放也越来越严苛,但相关的法律法规仍较欠缺,现有管理主要依靠行政监管,但行政监管总是落后于网络电视的现实发展的,因此,有必要未雨绸缪,为网络电视的发展建立良好的法律秩序。其次,现有网络电视发展特别是网络电视盒子的发展呈现出乱象,许多盗版节目、低俗节目充斥在网络中,严重违反相关政策。比如,有的网络盒子未经许可,擅自对电视台节目进行直播或转播,甚至还有下载、回看等功能,严重侵犯了电视台的利益。有的网络盒子中的视频资源库存储大量未经版权许可的影视作品。有的则擅自播映未经引进许可的国外电视节目,其中不乏侵权、黄色、暴力以及诋毁政府的内容。

三、电视技术的发展拓展了电视节目的播放渠道

电视技术在融合无线通话技术和互联网技术之后,使得电视媒体有朝向多媒体发展的趋向,多媒体技术也被广泛运用于电视的制播过程中。比如说制作电视节目内容时充分利用互联网资源,变被动观看节目内容的电视观众为主动上传视频节目内容的传播者,电视台可以将用户上传的视频资源进行刷选,在电视台播放。而在播映渠道上,传统电视台也可以与互联网结合,采用线上加线下的方式。线下主要目标受众是大众化的电视观众,传播内容也是大众化内容,由传统电视台负责线下部分。同时,可以将线下的节目内容放到线上去,吸引年轻化、个性化的观众。通常来说,线下内容主导权控制在电视台手上,采用的是集中统一播放的方式,而线上的内容主导权由用户控制,更多的是用户主动点播自己喜欢的电视节目内容。芒果 TV 是 2008 年上线的网络视频平台,也是最受年轻观众喜欢的湖南卫视的唯一互联网视频供应平台,由于湖南广电集团占有绝大部分股份,事实上是湖南广电的下属企业。近几年,网络视频企业异常火热,好的电视节目通常被网络视频企业抢购,《中国好声音》第二、三季的播映权被

搜狐与腾讯买断,《康熙来了》则被爱奇艺买断,为了与这些国内视频企业竞争,2014 年 5 月,湖南广电宣布实施芒果 TV 的独播战略,内容就是把湖南卫视所有的电视节目资源只通过芒果 TV 播映,不再转售转播权给其他网络视频企业,此举迅速使得芒果 TV 的流量爆发式增长,把线下湖南卫视年轻化、女性为主的传统受众吸引到线上,一时风光无限。可以说,独播战略的实施是线下湖南卫视"内容为王"的策略在线上的具体实施,快节奏的现代生活以及新的传播技术的涌现使得传统电视观众呈现碎片化特征,而网络视频资源刚好能够满足这部分人群个性化、情绪化的需求。但精品的视频节目内容总是稀有资源,意味着谁拥有内容,谁就占领了网络视频产业的制高点。正是基于这样的考量,尽管独播战略会使湖南卫视损失几个亿的转播版权收益,但此举却迅速地打造了一个价值与内容合二为一的网络视频新平台。当然,芒果 TV 仅只是网络时代下传统电视企业发展的一个缩影,尽管取得了巨大成功,但也有隐忧:首先,优质节目资源依托传统电视平台,但优质节目的稀缺性决定了流量的波动性。一旦有优质节目上线,芒果 TV 的流量很快达到一个峰尖,但一段时间以后如果没有新的优质节目上线,流量很快达到峰谷。这种流量的波动性直接影响广告价值。其次,传统电视优质节目烘托起网络视频企业的同时,没有区隔出二者之间的差异,给用户留下芒果 TV 仅是湖南卫视的网络版的印象。最后,线下与线上观众有明显重合现象。下载芒果 TV 的用户大多是湖南卫视的忠实观众,个体在选择线下或线上观看的同时意味着观看内容的同一性,这也会减少线上视频节目内容的广告价值。

第三节　电视文化:广告决定一切的时代

自 1979 年上海电视台播放第一条电视广告以来,电视广告日渐发展,已经成为电视节目内容的重要组成部分,并且已经成为电视台生存与发展的主要经济来源。反过来,电视广告则是我国广告产业的重要组成部分,也是广告产业发展的支柱。广告通过电视作为信息传播的载体,利用电视传播范围广、影响大、时效强、高权威的特点,把商业信息传送给电视观众,不仅影响到受众的日常购买行为,还影响到受众的精神世界,促进了消费文化的传播。历经 30 多年的发展,目前,我国的电视广告已经呈现形式多样、创意十足、多元融合的形态,时段广告、栏目广告、赞助广告、新闻广告等多种形式并存。以 2014 年为例,全年电视广告总经营额达到 5605.6 亿元,虽然受到网络媒体的冲击,但国内电视广告依然强势不减,达到两位数的增长,远超 GDP 的增长幅度。

一、作为经济生产力的电视广告

电视广告发展的 30 年,国内信息产业历经信息匮乏到信息爆炸两个极端。20 世纪 80 年代,我国刚开始改革开放,生产要素包括信息生产要素都十分紧缺,并且大众化媒体普及程度不高,人们主要依靠报纸和广播来了解外部世界,对于农村偏远地区来说,广播的影响力反而超过其他媒体,计划经济依然占据主要经济地位,再加上大众化的媒体属于意识形态领域,"左"的思想依然影响着媒体的传播效果,因此,初开民智的大众对信息的渴求与混沌未开的媒介现状之间形成矛盾,这使得信息成为一种稀缺资源,任何一种信息的介入都是对民众精神世界的满足,因此,在那个时代,很多电视广告能够一炮而红,甚至成为那个时代的烙印,比如"燕舞"收录机广告,"燕舞,燕舞,一曲歌来一片情"唱遍全国;"威力"洗衣机,"献给母亲的爱";再如,表现更为夸张的"东方奇洛瓦"广告,一位穿着波西米亚风格的大叔在沙漠里痛苦地找水,突然莫名其妙地出现了一台冰箱。用现代广告的观点来看,整则电视广告显得十分的无厘头,创意贫乏,缺乏剧情逻辑,特效很差,但出人意料的是广告效果奇好。这也反映出那个时代的特点。因此那个时代能够创出很多大家耳熟能详的电视广告,虽然这些电视广告可能制作并不精良,缺乏创意。

进入 21 世纪以来,随着互联网的发展,整个社会迅速进入到信息爆炸的时代,走入另一个极端。信息爆炸时代最重要的特点就是:太多的信息选择反而让人无从选择。注意力经济也被经济学界频频论及,美国著名经济学家赫伯特·西蒙(Herbert A·Simon)指出:"随着信息的发展,有价值的不是信息,而是注意力。"在这样的背景下,信息内容本身也不是稀缺资源,注意力才是稀缺资源。而要获取注意力,前提有二:一是信息内容本身必须有价值;二是必须有合适的传播渠道。电视广告天然具备这两个要素的其中之一,即合适的传播渠道,因此,在信息爆炸时代,电视广告要有效果,还必须使得广告本身有价值。对于电视广告来说,其价值体现还主要是在于创意表现和制作精良程度上,因此,21 世纪的电视广告要取得成功必须有创意,能够吸引观众的注意,否则,很容易就会被湮没在其他的电视广告中。正如恒源祥在两个不同时期推出的电视广告一样,恒源祥在 90 年代推出"恒源祥,羊羊羊"的广告,收效颇佳,一时间传遍中国。然而在 2008 年,恒源祥推出"十二生肖"广告却被观众评为"史上最恶俗广告""史上最雷人广告",很显然,恒源祥依然在互联网时代中想用 90 年代的行销方法,虽然博得了眼球,却失去了品牌美誉,实在是得不偿失。

广告作为市场经济的晴雨表和体制完善程度的度量计,为我国社会主义经济建设做出了突出贡献,而电视广告作为广告的支柱,对市场经济的推动和商品经济的发展起到催化剂的作用。首先,电视广告刺激了消费者的购买需求,电视广告通过各种商标、图像、音响等形成消费时代下的消费符号,刺激了消费者的感官。消费时代下的消费文化通过电视广告潜移默化地影响到消费者,电视广告赋予商品各种符号以满足消费者的消费欲望。其次,电视广告降低了消费者的购前准备和交易成本,商业广告通过电视这一大众媒体传播表现出经济学中的边际成本递减效应,一方面降低了企业的营销成本,另一方面节省了消费者的时间成本。从消费者的角度来看,其获取电视广告的信息是无偿的,但却可以大大减少获取相关信息的时间、经济成本,这也使得电视广告客观上促进了商业经济的活跃。再次,电视广告提升了产业门槛,确保了产品质量。假设某个行业如汽车、空调等,几乎所有厂家都在做电视广告,而且广告费用不菲,如果有的厂家要进入这个行业,它面临的第一个问题就是必须要让消费者迅速了解它的产品,否则根本无法与其他厂家进行竞争,这实际上是在无形中提升了整个产业的行业门槛,使得没有实力的企业不敢踏足。而已进入的企业则必须实现规模化生产,特别是加强产品质量的保证,否则之前所有的高成本投入都可能付之东流。最后,电视广告还可以促进竞争,满足差异化的受众市场。电视广告可以实现商品信息的快速传播和重叠效应,有效降低区域市场的垄断,促进竞争,而竞争的结果能够改变市场结构和商业业态,以满足日渐增多的消费者的个性需求。

二、消费文化中的电视广告

电视广告兼具商业意识和大众文化的特点,通过符号化的表达,不断迎合大众趣味。电视广告通过意识、情感和行为三个层面完成对大众的影响,意识层面是大众心理的浅层,也是最容易刺激的部分,电视广告通过形象的画面、生动的语言、优美的音乐、理想化的生活情景展示来刺激大众,唤起大众的消费意识,引导大众的消费行为。伴随着利销性特点,维护社会主流价值观的同时,也对大众需求媚俗地迎合。在消费时代中,这一特征表现得尤其明显,电视广告直接推动并促成了消费文化的形成。大众在电视广告制造的符号幻境中迷失自我,丧失理性判断,正如鲍德里亚所言:"消费系统并非建立在对需求和享受的迫切要求之上,而是建立在某种符号和区分的编码之上。"消费时代下,电视广告赋予商品符号价值,通过特定的价值附加,使得商品具有使用价值以外的价值。比如,周杰伦和江语晨代言的优乐美广告,整个画面表现根本没有凸显奶茶的使用价值,而是通过情感渲染的方式,把"优乐美"与美好的爱情联系在一起,"优乐美"成为一种都市青年男女纯真爱情的符号,吸引目标消费人群。香奈儿 NO.5 香水的电视广告则大多使用国际著名明星,主打"时尚"价值观。不仅如此,广告主还通过电视广告将商品植入特定的情感意义,用以弥补大众的心理缺失,或者彰显个人身份。典型如钻石产品,营销学界早有一种说法,认为钻石是人类20世纪以来最大的营销骗局。人类发现钻石已有三千年左右的历史,但一直仅为王室或者贵族阶层的使用专利,工业革命以后,被大量用来工业切割,普通阶层对钻石的兴趣远不如黄金。20 世纪 30 年代以来,绝大多数钻石的开采被少数几家公司所垄断,如戴比尔斯,为了把钻石作为一种商品推向市场,广告成为一把利刃,"A diamond is forever"这句广告语最终把钻石作为一种商品推向普通市民阶层。1993 年,这句话被译为中文"钻石恒久远,一颗永流传",至此,钻石彻底打破中国传统婚庆中以黄金和玉器为主角的格局。钻石象征着男女之间纯洁和坚韧的爱情,成为一种爱情符号。发展到现在,以至于出现"无婚不钻"的现象。电视广告就像是一台"符号机器",无时无刻不在创造消费符号,编织现代社会的各类迷梦,满足现代人从物质到精神的各种需求,引导消费者消费行为更加感性、随机和带有符号象征。

此外,电视广告在消费社会里通过创造消费符号使得消费者产生一种"替代性满足"。所谓"替代性满足",指的是当人们在现实世界中的需求得不到满足,人们可以转而诉之于精神层面的满足,这种满足只是一种替代性的,但却是对现实世界缺失的一种弥补。电视广告通过优美的画面和轻柔的音乐展现出这样一个场景:如果使用某种商品,消费者就可以获得某种社会地位与尊贵身份,从而为现实世界中得不到满足的消费者提供一种幻景。它将这个时代的商业意识形态深深植入消费者的脑海中,使得无意识的消费者形成一种观念:商品就是一种现代生活。正如费斯克所言:"两个薪水不高的女秘书,利用仅仅一小时的午餐时间去尽情尽兴地浏览高档成衣专卖店,将店里的衣服随心所欲地试来试去,却没有任何购买的意思。她们在镜子里和对方的眼睛里享受了自己'窃来'的动人形象,而后换了衣服从容而去。"比如,苹果公司的大多数电视广告都是通过系列化的生活场景展示告诉消费者:苹果不仅只是手机、手表、计算机,它更是一种现代生活方式,使用苹果产品,你就融入了现代生活。苹果系列产品的使用价值已经被忽略,电视广告只是在全方位地表现它的符号价值。

广告是社会的镜像。从广告的发展史中可以看出社会变迁的历史,它反映了社会政治、经济、制度、文化等各个方面。比如,20 世纪 80 年代的广告诉求点主要是产品的实用功能,基上还是满足马斯洛"需要层次"理论中所述的低级层次要求,实际上反映的是改革开放之初我国物质生活的窘境;90 年代的广告重点在塑造品牌,处于马斯洛需要层次理论的中级层次,反映的是当低级层次需求得到满足以后,个体消费向情感和归属层次的趋向;进入到 21 世纪以后,消费者的消费偏好和兴趣逐渐离散,个性化消费增加,这一时期的广告诉求基本上是强调产品个性,满足细分化的消费市场,反映出马斯洛需要层次理论中自我实现的高层次需求。从流行广告语中也可以看出这一点,见表9-1。

表9-1　不同历史阶段的电视广告流行语

	电视广告流行语
20世纪80年代	"西铁城领导钟表新潮流,石英技术誉满全球。"　　"味道好极了。" "滴滴香浓,意犹未尽。"　　　　　　"车到山前必有路,有路必有丰田车。" "中原之行哪里去? 郑州亚细亚。"　　"今年二十,明年十八。" "容声,容声,质量的保证。"　　　　"燕舞,燕舞,一曲歌来一片情。"
20世纪90年代	"一股浓香,一缕温暖。"　　　　　"人头马一开,好事自然来。" "亚细亚,太阳升起的地方。"　　　"康师傅方便面,好吃看得见。" "不要太潇洒。"　　　　　　　　　"喝孔府宴酒,做天下文章。" "海尔,真诚到永远。"　　　　　　"鄂尔多斯羊绒衫,温暖全世界。" "维维豆奶,欢乐开怀。"　　　　　"其实,男人更需要关怀。" "我的眼里只有你。"　　　　　　　"我们一直在努力。" "非常可乐,非常选择。"　　　　　"农夫山泉有点甜。" "飘柔,就是这么自信。"
21世纪	"不走寻常路。"　　　　　　　　　"今年流行第五季。" "城市让生活更美好。"　　　　　"我的地盘听我的。" "心有多大,舞台就有多大。"　　"一切皆有可能。" "酸酸甜甜就是我。"　　　　　　"我要我的滋味。" "我选择我喜欢。"　　　　　　　"青春没有失败,亮出你自己。"

很明显,进入21世纪以后,受到消费主义影响,电视与广告共谋,不断向消费者传播消费主义价值观,广告不仅仅是传递商品信息,还影响着社会文化的发展,对社会文化进行重新建构,正是在这样的大背景下,意识形态广告开始产生。意识形态广告是指随着消费文化的盛行,消费主义影响到广告的创作,以表达消费对象内心感觉、个人主张、潜意识想法的一种广告创意,其呈现的广告内容,可能完全和商品无关,而只是一种内心的呐喊、片断记忆、纠葛的心结,以意象的方式宣泄。它具有先锋艺术的典型特点,体现后工业化时代下的广告创作特色。以德芙巧克力电视广告为例,在广告片中,充满"明星""时尚""丝滑""小资"等元素,这些元素与巧克力产品本身并无直接相关性,但通过电视画面的展现,把元素进行任意搭配,就可以传递一种印象:德芙代表一种小资、时尚的生活,这种生活十分光鲜亮丽。都市青年可能面临各种压力:工作、薪水、购房、情感、家庭等,但这些生活中的压力在唯美的符号背后都可以被暂时掩盖。

三、数字时代下电视为广告服务的途径和方式

如今,电视频道赢利的方式虽然很多,但不可否认的是,广告收入依然是电视的主要利润来源,电视频道要想获得高额收入,就必须扩大广告的来源、渠道和数量,在这一过程中,电视台遵循的是双重售卖的原则:一方面,电视频道以远低于制作成本的价格甚至免费向观众赠送电视内容,包括新闻、电视剧、娱乐节目等电视节目形式,这类节目形式的制作或者购买成本很高,但电视台在大多数情况下都是免费推送给观众的,以获取观众的注意力,也就是所谓的收视率,收视率隐含着收视人口、影响力、权威性等指标体系。另一方面,电视频道将获得的收视率按照价值原则而非成本原则售卖给广告客户,以获得高额的广告收入。事实上,国内很多电视台依靠一档高收视率的电视节目就可以获得其他电视台全年都难以获得的广告收入,在浙江卫视 2014 年度广告资源招标会上,仅《中国好声音》一档栏目就吸引了 13 亿元的广告招标总额,但其三季版权引进费用仅为 350 万元,而江苏卫视的《非诚勿扰》2013 年度狂揽 21.76 亿元广告费用,这一数字甚至远超很多省级卫视全年的广告赢收。因此,电视为广告服务具有其天然合理性,但随着时代的进步和社会的发展,电视为广告服务的途径和方式也在不断发生改变。

20 世纪 80 年代,由于整个中国国内社会电视频道数量极少,而收视人群庞大且分布广泛,整个社会对外部世界和信息的需求也处于一种求知若渴的情势,站在经济学的角度来看就是处于供不应求的状态,任何内容只要是通过电视播映,在社会层面都会产生巨大轰动。到了 90 年代,尽管电视频道有所增加,但相对于受众人群来说,电视节目依然是稀缺资源。因此,在这样的时代背景下,电视广告比较容易产生社会影响。但到了网络时代下,消费主义的盛行和数字时代的来临,受众的媒介消费越来越偏向于个性化需求,传统电视广告的大众化营销特征慢慢趋向于个性化营销,受众的口味、兴趣和审美水平不断提高,能够广受好评且能产生巨大社会影响的电视广告作品越来越少,电视频道必须多方面入手,做好电视广告的服务工作。

1. 电视广告时段

传统电视的广告时段与广告价格之间关系较为稳定,一般来说,黄金时段广告价格最高。主要依据在于传统电视节目编排所造成的思维定式,人们总是认为晚上 18:00—22:00 是一天中收视率最高、电视观众数量最多的时段,因此,这一时段的广告价格最高。但数字化时代下,用户呈现的碎片化特征影响到了其媒介消费行为,换而言之,黄金时段很有可能不是收视率最高的时间段,广告客户如果还是依照旧有的思维定式,很有可能无法取得预期效果。因此,数字化时

代下的电视频道必须运用大数据技术,对电视受众进行数据梳理、筛选和甄别,为广告客户提供针对性的广告投放策略。事实上,许多高收视率的电视节目都不是安排在传统的黄金时间段播放的,特别是娱乐真人秀节目,比如《爸爸去哪儿》《我是歌手》等,当然,这其中有政策原因,但无论是电视台还是广告客户都应当了解,数字时代下的电视受众与传统电视受众在本质上已经有了巨大差异。2012年东方卫视推出一档深夜脱口秀节目《今晚80后脱口秀》,每周日晚22:45播映。出人意料的是,不到一个月的时间,这档节目的收视率就排名全国第二。无论是播映时间还是节目形式,这档节目都没有明显优势,但其内容符合了当代"80后"喜欢吐槽、追求娱乐、幽默讽刺的特点,其最初的广告客户用了并不高昂的电视广告成本获取了巨大影响。另外,重大事件或典型事件时期的电视收视率也是比较高的,比如奥运会、国庆阅兵、"五一"、"十一"等,因此,精准的电视广告时段投放必须基于电视受众碎片化特征的分析基础之上。

2. 电视广告价格

可以说,电视广告价格是所有大众传播媒体中最高的,其价格主要与电视广告平台紧密相联,比如说,央视的广告价格大多数情况下总是高于其他省级卫视,这其中,电视频道本身的品牌和收视人群起决定作用。通常来说,在电视广告播映过程中,人们总是有一种心理投射:一个高权威、有着良好品牌形象的电视频道播映的电视广告其广告产品相对来说总是具有更高的品质与保障。这实际上也是品牌形象所带来的附加值,这种附加值最终也会反映到广告价格上。也就是说,电视广告价格不仅仅是由收视总人口决定的,而且还应当考虑到媒体品牌形象、目标观众人群等有效因素,比如一件奢侈品电视广告,与其投放到拥有更多收视人群的央视,还不如投放到总收视人群少但目标受众人群集中的旅游卫视,无论是从电视广告价格、有效受众人群还是从到达率与转化率等方面来考虑,旅游卫视很明显更加适合奢侈品电视广告。因此,数字化时代下的电视广告价格不能仅仅依赖于总收视人群这一标准,而应当引入更多的评价机制,如有效受众人群、到达率与转化率,等等。

3. 电视广告平台

自2000年以来,我国电视产业朝向频道专业化方向发展,电视频道的细分程度与专业化程度越来越高,电视由传统的大众传播走向小众传播,且不说央视旗下的十几套电视频道,即便是一家地方性的电视集团下面也至少有数家细分化的电视频道,而且电视频道也不断进行精细化运作,寻找贴合自身特点的频道定位。电视频道专业化使得电视频道可以通过对观众进行归类与划分,根据同一类观众的兴趣与特点制作电视节目,同时为观众提供更专业的服务。电视频道在专业化发展的同时,不断与数字技术进行融合,电视广告也借着数字技术的东风,不断乘风破浪。

数字电视已经成为一种现实。数字电视是指从演播室到发射、传输、接收的所有环节都使用数字电视信号,其信号损失小,接收效果好。按照有关部门规定,我国大多数地区在 2015 年前都已实现电视节目数字传输。然而,对于大部分地区来说,仅仅只是实现了数字化传输,还没有实现内容上的交互。而内容上的交互是数字电视与传统电视在传播方式方面的主要区别之一,这也将是未来数字电视发展的方向。电视广告也必将改变以往的电视频道强制推送的方式,转变为由用户主动检索、主动点播的趋势。数字电视广告可以在用户界面上显示一个链接按钮,用户一旦点击这个按钮,就可以获取相关广告客户的产品信息或者企业信息等音视频或文字资料,甚至可以实现订购服务,一站式全流程解决用户需求。

同时,可以利用数字电视建立动态数据收集系统。在用户观看数字电视过程中,运营商可以通过数字机顶盒双向自动回传的方式进行海量数据的采集,还可以在用户按键上增加一些主动评价功能,或者播放过程中提示用户进行主动评价。还可以通过后台技术建立大数据收集系统,记录用户的每一个行为,从而掌握每一个用户的收视兴趣点。深化用户信息的统计分析,将原来同类化的用户数据依据不同属性特征进行细分分析,如年龄、性别、收入、教育程度等属性,并建立动态化的数据采集系统,随时更新所采集到的数据,保证科学性,以利于电视广告的精准推送。

第十章 当代电视节目形态的变迁

作为 20 世纪人类最伟大的发明之一,电视的出现改变了人类的思维方式和生活方式,也使得人类对周围世界的认知从广度和深度上不断深入和强化,它声画并貌、远距离传播、实时传递的特点颠覆了人类思维,进而把人类从对周遭环境的关注转移到更宏大的社会环境当中,通过电视,人类可以与世界其他角落产生联系,这种联系未必是身处其中,但可以感同身受,由此可以产生人类共同的情感与价值观,这就是电视文化的力量。电视文化是一种内隐力量,不易察觉但一直影响人类的行为,就像是公园里盛开的水莲,人们看到艳丽的花朵只是它的外显特征,但起关键作用的是隐匿在水下的根茎。电视文化就是水莲的根茎,在很大程度上改变了人类社会生活的方方面面。按照麦克卢汉的观点,电视是眼睛的延伸,一些本来看不到的东西通过电视就可以看到,这种延伸反过来对人体功能器官来说是一种按摩,增加了人体感官刺激,因此,电视文化所反映的正是基于此的一种快感文化。随着信息时代的到来,人类也进入了读图时代,人类的抽象能力被直观和可视所取代,所有的信息都可以通过视觉和具象的方式体现出来,同时产生愉悦和快感。电视文化不断通过用户的观看行为让其浸淫其中,不能自拔,陷入集体无意识。在批判学派看来,电视媒介是一种重感性忽略理性的媒介,媒介行为常表现出短暂与多变,看似用户在控制电视,可以随意开启、关闭或转换电视频道,但事实上,用户的无权和受控制性随着他们对电视的依赖的增强而不断增加,长此以往,非但用户控制不了电视,反而被电视所控制,成为电视的奴隶。

纵观媒介的发展历史,可以发现,媒介的发展与技术的进步紧密相联,可以说,每一次的技术变革不仅会带来媒介的巨大变化,还会影响人类的思维。中世纪以前,在很长一段时期内,欧洲人对知识的认识就是对以《圣经》为代表的基督教的认识,而所有有关于《圣经》的解释与布道都被僧侣阶层所掌握,原因在于印刷术的落后导致《圣经》的出版周期十分长,出版数量也十分少,仅有的《圣经》只能被僧侣阶层或贵族掌握。再加上当时欧洲人对现实世界近乎冷漠,只关心自己死后能否进天堂,却从不自问"现世能否幸福",一切有关于知识的理解都是基于对《圣经》的理解。但在 15 世纪中叶,德国人古腾堡发明了活字印刷术,使得相关宗教书籍的出版周期大大缩短,数量也剧增。增加的这部分书籍慢慢流传到民间,导致不同人对宗教有着不同的理解,形成不同的宗教思维,由此而产生宗教改革运动,产生类似加尔文派、路德宗等不同的宗教派别。这一现象几百年后被法国文化理论家德·塞托总结归纳,在他的《日常生活实践》一书中德·塞托指出,被支

约翰内斯·古腾堡
(1400—1468)

配的社会集团可以通过采用某些策略从占支配地位的文化体系中夺取某些有利于自身的局部利益。与此同时,资产阶级力量的发展和地理大发现为同一时期产生但延续时间更长的文艺复兴做好了外部条件准备,进一步推动宗教改革,由此,资产阶级通过文艺复兴和宗教改革两大运动,在思想领域彻底推翻封建主义,促进了近代欧洲的思想解放与文化繁荣。某种程度上,欧洲宗教改革与古腾堡发明了活字印刷术有着很强的逻辑相关性,当然,从恢宏的人类发展历史中来看,古腾堡发明活字印刷术仅仅只是一个微小的媒介技术变革,本质上来说只是技术事件,但在客观上却改变了人类发展的历史,通过零散、偶发或者微小的局部改变导致系统性的巨大变革,产生"蝴蝶效应"。与此相似,赫兹发现无线电波以及贝尔德发明电视机都仅仅只是技术事件,却影响了人类社会的长远发展。以思维、态度而言,人类把传统社会中对媒介的表征从"敬神者"转向了"相互作用的使用者",其中体现的正是人类对于工具的使用与思维变革两者之间的辩证关系,见表 10-1。

表 10-1　不同社会下对媒介的表征①

社会类型	表征模式	相关立场
传统社会	亲笔绘制的图像	敬神者(畏惧)
现代社会	摄影图像	观察者(反思)
后现代社会	数字图像	相互作用的使用者(接受)

① 阿雷思·鲍尔德温,等. 文化研究导论[M].陶东风,译. 北京:高等教育出版社,2004.

事实上,电视的发展也是如此,每一次电视技术的进步都会导致电视产业的变革,1884年,尼普科夫发明螺盘旋转扫描器,实现了原始的电视图像传输和显示,而贝尔德则通过机械扫描电视系统发明了最早的电视机,再后来实现黑白电视到彩色电视的发展阶段,直至现在的卫星电视、高清电视、网络电视,等等。这里面的每一次技术进步都使得电视产业发生结构性变化,并且导致电视节目内容的变化。贝尔德发明电视机的时候仅仅只能传输模糊不清的影子和闪烁不定的轮廓,而今天已经能实现电视节目的实时直播。现代电视技术集电子技术、光学、电磁学、材料学、卫星技术等多种学科于一体,利用这些学科知识,电视节目形态形式多样,电视节目内容异彩纷呈。

第一节　电视节目形态的概念及分类

电视节目历经近百年发展现已形成一套丰富的节目体系,但无论其如何发展,电视节目形态始终是观众直接体验的艺术形式,它是电视节目设计的基本模式,对节目内容的表达与节目思想的提炼有着巨大的影响作用。由于节目形态是基于媒介的艺术表达,因此,我们在论述节目形态的时候,必须了解媒介形态。

一、媒介形态及节目形态概念

迄今为止,人类历史一共有三次媒介形态的大变革:印刷媒介、电子媒介以及数字媒介。文字、电波和数字是这三次媒介形态大变革的诱因,罗格·菲德勒在他的《媒介形态变化:认识新媒介》一书中依据语言、结构、内容等元素把形态归为一种传播形式,认为"传播媒介的形态变化,通常是由可感知的需要、竞争和政治压力以及社会和技术革新的复杂相互作用所引起",并且认为新媒介形态是对旧媒介形态的继承与创新。后人对此的相关研究也都延续了罗格·菲德勒的媒介形态理论,特别是在互联网背景下,媒介形态理论为研究新媒体与旧媒体的关系提供了一种新的研究视角。如果说媒介形态是媒介本身的一种外显的话,那么,节目形态则是节目内容的外显。不同于媒介形态的概念,节目形态指的是节目内容的主要呈现,电视媒介形态的显著特征如传播方式、图像、语言以及各类艺术表现都必须通过节目形态才能表现出来,可以说,电视节目形态是电视节目制作的核心,给不同电视节目内容提供不同的处理方法。比如,同一社会重大事件,可以通过新闻的方式表现出来,也可以通过访谈的形式表现出来,还可以通过纪录片的形式表现出来,不同的表现方法使这一事件的传播效果有较大差异。

关于节目形态的定义，不同学者有不同观点，具体如下。

有学者认为，电视节目形态是指与电视内容相对应的电视节目表现形式。这一定义把电视节目形态和电视节目类型混为一谈。但实际上，电视节目形态所涵盖的范围远远大于电视节目类型，二者之间有着巨大差异。

也有学者认为，电视节目形态是指节目组合形式。但这一概念只描述了节目形态的程式化框架与显像表达，没有触及节目形态的核心。

还有部分学者认为，电视节目形态是电视节目设计模版。这一观点认为电视节目形态是电视节目形式的自然延伸和个性化拓展，即由电视节目形式、内容等所构成的电视节目设计模板。

总体而言，国内学者对此没有统一的定义。但我们必须认识到，电视节目形态并非是一个静态的存在，而是动态的展现节目内容和神韵的过程，电视制作者把想要表达的内容通过电视技术以各类形式、融合时间与空间中流动的符号，进而呈现出来，因此，它既有文化上的审美特征，也有经济上的商品特征；既迎合主流文化，又抗拒主流文化。正如文化学派代表人物费斯克所说，大众文化的两种经济"金融经济"和"文化经济"①。"金融经济"关注的是电视节目的交换价值，以价格为衡量标准，"文化经济"注重的是电视节目的使用价值，以意义和快感为标准，流通的是形象、思想和符号。因此，从金融经济角度而言，节目形态必须迎合主流文化，主流文化蕴含着大众普遍价值观，具有高度的融合力和情感贴近性，同时也是电视文化价值的最大公约数，迎合主流文化意味着可以吸引观众，创造经济价值。但在现实生活中，主流文化在商业利益的侵蚀下，慢慢走向"庸俗、低俗、媚俗"，在缺乏理性思维的观众眼中，这类电视节目表现出来的"三俗"文化反而成为真正的主流文化，但事实上，这类"三俗"文化只是"伪主流文化"，它在商业包装下取代了真正的主流文化。而观众对这类"三俗"文化是又爱又恨：一方面，"三俗"文化表现出的视觉冲击力与消费快感能使观众忘记现实世界的不愉快和不如意，成为逃离现实生活的"避难所"；另一方面，当观众发现"三俗"文化并不能解决其所遇到的现实问题的时候，常常产生挫折感，进而多有抱怨。巴赫金认为，这类充满了宣泄性、颠覆性和大众性的文化是一种对等级秩序和权威控制进行抵抗的重要资源，大众在"狂欢"当中解构严肃文化。"狂欢"有着不朽的生命力量，即便在不同的文化体系内，依然能够唤起反响与共鸣。从文化经济角度而言，电视节目文化必须与主流文化之间保持一定距离，避免"不识庐山真面目，只缘身在此山中"，在法兰克福学派看来，以电视为代表的大众文化工业利用"标准化"和"伪个人化"的方式，破坏了文化艺术的审美价

---

① 约翰·费斯克. 理解大众文化[M]. 王晓珏，宋伟强，译. 北京：中央编译出版社，2001.

值。从文化的传承来看,往往呈现出这样的脉络:精英文化——大众文化——经典文化,而电视节目形态往往只是满足中间层面"大众文化"的需求,"精英文化"和"经典文化"很难顾及,英国的伯明翰学派认为"先锋艺术保持着艺术的最高标准",很显然在电视节目形态中,"先锋艺术"只能归类于小众文化,很难通过电视这一大众传播媒体表现,电视的功能属性和"先锋艺术"的内容属性产生冲突。但这种冲突并非不可调和,比如,戏曲艺术对于现代人来说应当属于小众文化,同时也是经典文化。这种表现戏曲艺术的电视节目形态很难获得大众普遍欢迎,但电视频道可以开创小众化的戏曲频道,满足小众人群的需求,同时,树立电视媒体本身的电视文化形象。

二、电视节目形态的分类

依据不同的划分标准,电视节目形态有着不同的分类方式。

(一) 根据节目内容定位的划分

(1) 一般型节目。节目内容定位具有广泛受众人群,内容宽泛。如电视新闻、电视剧等。

(2) 综合型节目。节目内容综合多种电视艺术表现形式,各类形式之间相互兼容和渗透,如电视文艺节目。

(3) 专题型节目。与一般型节目不同之处在于专题型节目有固定的受众人群,内容相对狭窄,并且有特定的指向性和集中性,通常有固定的名称和播出时间。

(二) 根据节目来源的划分

(1) 自办节目。主要指电视台自己制作的节目,在频道专业化时代背景下,这类节目通常与电视台本身定位有密切联系。

(2) 合办节目。主要指电视台与其他电视制作机构或企业相互合作制作的节目,如多家电视联合举办春节联欢晚会等。

(3) 引进节目。指电视台引进其他电视制作机构制作的节目,这其中包含两种形式,一种形式是直接引进,如地理频道。另一种是引入版权再加以改造创新,如《非诚勿扰》《奔跑吧,兄弟》等。

(三) 根据选题范围的划分

电视节目形态根据选题范围可分为:电视综合节目、电视时政节目、电视经济节目、电视综艺节目、电视服务类节目、电视体育节目等。

（四）根据观众是否参与的划分

（1）参与性电视节目。是指电视观众直接或间接参与到节目的制作和演播过程中,将传播和接受融为一体的电视节目,这类电视节目注重与观众的交互,随着网络和社交媒体的发展,这类电视节目越来越多,如电视综艺节目。

（2）非参与性电视节目。它是单向的电视传播节目形式,观众不能够直接或间接参与到节目制作和节目播放过程中,只能被动接受节目内容。

（五）根据传播范围的划分

（1）全球性电视节目。借助于卫星转播覆盖范围遍及全球的电视台的电视节目,如 CCTV 4。

（2）全国性电视节目。传播范围仅限于一国范围的电视节目。

（3）区域性电视节目。传播范围在某个地区的电视节目。

 第二节 国内电视节目形态的发展历程

全球范围内,美国是电视事业发展最为成熟、发达程度最高的国家,这与世界政治经济中心由欧洲转移到美国有着必然联系。作为经济发展的一部分,电视产业一直依附于经济体系,历经几十年的发展,美国的电视事业已经成为其经济支柱产业之一,因此,通过对美国电视产业的考察,应当能给我们提出一些启示。

美国电视产业的发展主要经过以下几个阶段:起步阶段(1925—1945)、发展与冻结阶段(1945—1952)、快速发展阶段(1953—1962)、稳定发展时期(1963—1975)及竞争重组时期(1975 至今)。这种划分方式主要以电视产业的外部特征为标准,如电视发展规模、重组与兼并、公司性质等,并且其中的几个重要时间点与当时的政治生活密切相关,也可以反映出政治对经济的重大影响。事实上,从 1926 年贝尔德发明电视机起的近二十年时间,全球的电视产业发展速度极为缓慢,这一方面是由于技术水平限制无法突破技术瓶颈,导致电视内容的表现力不足,吸引力不够;另一方面则是因为当时人们仅此把它当作一种图像传输技术,并没想到能够成为日后影响力最大的大众传播媒介。第二次世界大战的爆发给电视产业的发展提供了外部条件,一方面战争加速了政府对无线电技术的研发投入,技术瓶颈很快得到突破;另一方面,战争也为电视制作和报道

提供了内容资源和素材表现,并且因其声画结合、报道快速等优势吸引了大批民众。珍珠港事件后,哥伦比亚广播公司利用试验性电视台首次对这一事件进行长达 9 小时的实况报道,并且把电视摄像机搬到战争现场,实现直播拍摄。而且这一时期出现了在电视史上鼎鼎大名的新闻记者,如爱德华·默罗等,使得新闻记者这个职业获得社会尊重与推崇。但当时的电视事业仍然处于起步阶段,电视制作设备沉重,电视节目成本居高不下,因此,电视节目数量较少,内容有限,主要是一些时事新闻,广播和报纸依然是当时美国人获取信息的主要来源。第二次世界大战结束以后,由于电视技术的发展,百老汇的歌剧、电影明星、流行歌手、各类杂技、动物表演等瞬间占据了电视屏幕,这类表演类型的节目非常贴近第二次世界大战后轻松、愉悦的社会生活,因此,很快受到美国人的喜爱。1948 年,共有 300 多家电视台到美国联邦通信委员会申请执照,并且全国性的电视广播网已经形成。与此同时,电视开始通过对总统选举的一系列直播和报道介入美国的政治生活,为日后成为政府喉舌奠定基础。20 世纪 50 年代到 60 年代是美国电视产业快速发展的黄金时期,主要是因为这一时期美国通过"马歇尔计划"大大刺激了本国的经济发展,并且紧紧抓住第三次科技革命的机遇发展经济,电视产业也搭上经济顺风车,进入黄金时期。据《1954 年美国广播年鉴》载,1950 年,只有 13% 的美国家庭拥有电视机,而到 1955 年,这一数字攀升到 68% 。因此,这一时期,不仅各地的电视台如雨后春笋,覆盖全国的广播电视网也迅速崛起,ABC、NBC、CBS 三大电视网通过不断的兼并和扩张,在这一时期树立日后风光无限的地位。这一时期,各大电视网开始重视节目收视率,新闻、娱乐节目、电视剧成为三大法宝,如克朗凯特的《晚间新闻》,丹·拉瑟的《60 分钟》、巴巴拉的《今天》等新闻节目;《根》《我爱露西》等电视剧。

此后,由于竞争加剧,以及有线电视、卫星技术的应用,电视频道开始分化,逐渐走向细分化和专业化道路。节目内容也表现出个性化的特点,这一时期的美国人经历和越战以后,对政治生活趋向平淡,转向追求个人解放和自由精神,因此,电视节目中的政治、战争、选举等题材日渐淡漠,个性化、家庭化的节目开始流行。70 年代末,HBO 开播 16 个收费电影频道;80 年代,CNN 建立有线电视新闻网;Discovery 公司建立发现、健康、动物世界、儿童、旅游等十个频道等。各类专业化频道开始成为市场主流,并且拥有固定的忠实受众。特别是 1996 年美国政府通过新的《电信法》,打破了电视垄断的一些规定,使得电视网和电视台的竞争进一步加剧,也使得新的电视频道不断出现,见表 10 - 2。

表 10 - 2　电视频道专业化分类进程

频道名称	频道定位	成立年份	频道名称	频道定位	成立年份
CSPAN	政府政策	1979	A&E	娱乐、历史、人物	1984
ESPN	体育	1979	Discovery	科学、地理	1985
BRAVO	电影	1980	Guide	收视指南	1993
CNN	新闻、财经	1980	GOLF	高尔夫	1995
USA	法制电影	1980	E!	时尚娱乐	1996
MTV	音乐电视	1981	Oxgen	女性生活	1998
Weather	天气	1982	Fox Family	家庭	1998
TNT	动作电影	1983	Soap	肥皂剧	1999
Lifetime	生活时尚	1984	Speed	赛车	2001

　　进入 21 世纪以后,经济全球化、数字技术和网络新媒体的发展导致美国电视媒体高度垄断化,尽管全美共有 1200 多家商业电视台、2000 多个电视频道,但通用电气、新闻集团、维亚康姆、迪士尼、时代华纳和 CBS 共六家媒介集团控制着 90% 美国人的阅读和收看内容,而在 30 年前的 1983 年,共有 50 多家公司控制着 90% 美国人的阅读和收看内容;同时,这六家媒介超级航母控制着全美 70% 的有线电视频道,剩下的 30% 由 3752 家公司拥有。纵观美国电视媒体发展的历程,可以发现,政府总的政策趋向是由管制趋向扶持,美国电视产业政策的制定与美国精神密不可分,特别是基于思想上的意见自由市场和多元化原则使得电视媒体蓬勃发展,意见自由市场允许人们不同的意见在大众传媒上交锋,本质上也是一种思想的竞争,让受众自行判断优劣正误;多元化原则坚持平衡,满足不同利益群体的思想观点诉求。

　　而在我国,电视发展的历史还较短,但发展轨迹与美国相似。一般可以将我国国内电视发展历程概括为:早期(1958—1966)、"文化大革命"时期(1967—1976)、改革开放时期(1977—1992)、市场期(1993 年至今),这种划分方式与社会经济的大变迁紧密相联。

　　上述划分方法主要基于电视产业发展的外部特征,但如果以电视节目内容的叙事方式和发展变迁来划分的话,可以将我国电视发展历程分为三个时期:电视节目化发展阶段(1958—1984)、电视栏目化发展阶段(1985—1999)、电视频道化发展阶段(21 世纪以来)。

一、电视节目化发展阶段(1958—1984)

1958年9月2日,中国第一座电视台北京电视台正式开播,标志着新中国电视事业的起步,这次播出从晚上7点05分开始,内容有新闻、舞蹈、科教影片等,时间为两个多小时。但由于当时的技术水平有限,再加上人们普遍缺乏对电视以及电视节目的认知和定位,所以节目内容和节目编排显得零乱,节目缺少系统性编排。从1958年到1960年一年多的时间里,北京电视台只有沈力一个播音员,要完成台里所有的播音任务,大到新闻稿,小到节目串联。而沈力被选中播音员时,"不知道电视是什么东西,更别说什么是播音员了"。由此可见,当时的人们对电视节目只是处于探索阶段,对电视节目的认知完全没有达到今天的水平。以1958年9月2日当晚的节目安排为例,一个小时的时间内安排了五档节目,并且形式各异,从诗朗诵到科教片,不一而足,见表10-3。当时,每周播出两次节目,每次2~3小时,但每次的节目形式不断变化,没有固定栏目和时间编排。直到1960年1月1日,北京电视台才试行新的固定节目时间表,每周播出8次(星期日上午增加一次节目),而节目时长到1978年北京电视台改名为中央电视台之后才有所延长。

表10-3　1958年9月2日当晚的节目安排

时间	节目名称	节目形式
19:05	工业先进生产者和农业合作社主任庆祝"五一"节座谈	座谈讲话,中间穿插生产图表及社员劳动情景的照片
19:15	《到农村去》	新闻纪录影片
19:25	《工厂里来了三个姑娘》《大跃进的号角》	诗朗诵
19:30	《四小天鹅舞》《牧童与村姑》《春江花月夜》	舞蹈
19:50	《电视》	科学教育影片

按照马克思主义消费文化观点,物质条件的差异导致精神追求的不同,进而产生不同类型的消费文化,并形成多样化、个性化的文化追求。但在这一阶段,国内物质生活条件十分坚苦,贫富差距很小,再加上特定的政治社会环境,因此,整个社会对于精神文化的追求趋同化,对于审美的判断和文化的评价标准近乎于一致。基于物质条件的匮乏和文化追求的一致性,这一时期的电视文化发展乏力,表现不足。电视文化是一种内容宽泛的泛文化形态,由围绕电视传播活动所形成的电视生产、设备生产、内容生产、电视内容交易流通和电视消费等行为共同建构而成,它包含三个层面的内容:电视物质文化、电视制度文化和电视精

神文化。电视物质文化主要涉及电视生产、传输等设备条件,这些设备条件会在潜移默化中形成自身的电视文化,如高清信号更有利于电视内容的表达和节目形态的表现,优良的摄像设备可以创造出更好的电视效果,进而拓展节目形态。然而在这一时期,受限于当时的政治经济条件,整个社会的物质条件相对简陋,电视物质文化欠缺。电视制度文化则是电视产业得以发展的制度保证,同时也体现了统治阶级的阶级意识,电视产业作为公共产业,兼具商业属性和公共属性,既便是在美国这样的商业社会中也不例外,因此也会采取各类规制来保证电视产业的健康发展,一旦有违规现象,就有诸如联邦电视委员会之类的机构来进行监管或者直接诉诸法律。我国的电视产业在创始之初就具有强烈的公共属性特征,商业属性极其微弱。电视一直被认为是党和政府的喉舌,所以这一阶段的节目内容和节目形态主要围绕着如何让党和政府的政策有效的宣传而展开,大部分的功能只是作为党和政府的执政工具,节目内容和节目形态十分单一,说教性很强。电视精神文化则是指电视文化太多是当时社会生活在精神文化层面的具体体现,或者说,电视节目内容是现实现状的一面"镜子",同时也是社会生活的缩影。由于物质条件的相对匮乏,这一阶段的电视精神文化极其单一,形式单调。

总的来说,这一时期国内电视发展有以下特点。

1. 电视台数量少,但发展迅速

截止到 1976 年底,全国共有电视台 39 座,转播台 144 座,分布全国各地,有 3 亿多人口居住的地区可以看到电视,但主要目标受众人群集中在经济较发达的几个大城市和东南沿海一带,农村受众人口极少。1979 年,全国共有电视接收机 485 万台,其中大多为 9 英寸或 14 英寸的黑白样式;到 1983 年,这个数字猛增到 3622 万台。而且大部分都是进口的彩色电视接收机。电视制作技术和传输技术也得到很大提升,各地可以及时将制作的电视节目传输到北京电视台,北京电视台也能及时将自己的电视节目传输到各个地方。

2. 节目内容较少,形式单调,时间短

这一时期受限于当时的电视制作认知水平,节目内容主要是电视新闻、纪录片(科教类)以及少儿类节目,且内容较为简短,节目形式也十分有限。以纪录片为例,这一阶段的电视纪录片侧重于宣教和纪念,与后来纪录片的写实主义主流风格形成较大差异。1977 年 9 月,北京电视台女编导王娴等拍摄了《毛主席在中南海居住过的地方》;1977 年 12 月中旬,戴维宇等仅利用革命历史博物馆"周总理办公室复原展览"修正的 48 小时空隙,抓紧拍摄了《周总理办公室》。这两部纪录片,表达和寄托了人民对革命领袖的哀思和无限怀念的心情,影响很广、很深远。同一时期,两部由国际电影执导的名为《中国》的纪录片备受世人关注,一部是 1972 年由意大利电影导演米开朗基罗·安东尼奥尼用 22 天时间跨越北京、苏州、南京和上海等地,拍成的纪录片《中国》,被当时的政府以触及中国黑暗面为由,视为大毒草,进行了长时间揭批,引出轩然大波。另一部是1977 年,英国独立电视网(ITV)纪录片导演查理·耐恩拍摄的一部纪录片,反映"十年动乱"中一出芭蕾舞剧(《天鹅湖》)从被禁演到恢复排练、重新演出的故事,在英国播出后获得热烈的反响。

20 世纪 70 年代北京电视台一周电视节目安排表

3. 反映当时社会生活,政治性较强

从 1958 年第一座电视台开播到 1966 年这一期间,电视发展水平极其有限,电视节目内容主要为政治服务,而从 1966 年到 1976 年十年"文化大革命"这一时期,社会生活的各个方面都受到巨大冲击,文化领域受到的冲击更为严重,而隶属于文化工作领域的电视艺术工作者也不可避免地受到迫害。"文革"结束以后迎来了电视艺术的春天,但节目内容依然摆脱不了为政治服务的特点,这与当时的时代背景有很大关系,一方面需要对十年"文革"期间的错误拨乱反正,另一方面文艺工作者需要借助电视媒体表达革命情感。所以当时电视的三大节目类型:电视新闻、电视纪录片以及电视文艺节目都表现出贴近政治的特点,受到群众的热烈欢迎。以文艺节目为例,从 1977 年开始,各类怀念性节目层出不穷,如诗歌朗诵会、话剧、晚会等,主要内容就是怀念毛泽东、周恩来、朱德等领导人或者纪念十年浩劫中逝世的著名学者、科技工作者等。除此之外,各类戏曲类

节目也开始活跃在电视屏幕中。

同时，这一时期也迎来了国内历史上播出时间最长的一档电视节目《新闻联播》。《新闻联播》的前身是北京电视台（更名为中央电视台）于1958年9月2日开播的《电视新闻》，而《电视新闻》的节目模式、运行机制则移植于1955年正式更名的《新闻简报》，《新闻简报》是由中央新闻纪录电影制片厂制作的新闻电影专集，这三个栏目前后一脉相承，源远流长。1958年9月在北京电视台开播的《电视新闻》在这中间充当了"继承传统，推陈出新，承上启下"的角色。其栏目的定位、内容的设置、节目模式、运作机制，甚至是叙事风格及价值体系都很大程度上继承了《新闻简报》。当时主管全国广播电视工作的中央广播事业局为《电视新闻》做了如下定位："尽可能反映当前国家和人民政治生活中的重要事件，报道社会主义建设的成就"，这一取材和编排特点随着社会的逐步发展而一步步确立。除此之外，《电视新闻》以贯彻中央高层宣传为中心的节目模式也逐渐形成，并慢慢沉淀、固化，成为日后一些必须遵循的模式。直到1978年1月1日，使用电影胶片直播，每次长约20分钟的《新闻联播》节目才正式与观众见面，最初的节目只有国内新闻，采用单人主持，后又增加了国际新闻和天气预报及男女双人串联播音。1979年9月央视创办新栏目——《国际新闻》，1980年《国际新闻》保留栏目名称并入《新闻联播》，播出时间增至30分钟。从1982年报道中国共产党十二大开始，中央把重大时政的发布时间从20点提前至《新闻联播》的播出时间19点，重要新闻首先在《新闻联播》中发布。《新闻联播》在诞生之初，其意义和价值便已经超出了作为一档新闻节目本身固有的功能和作用，而成为了一种隐性的政治手段。由于我国政治的特殊性，用一种隐性的、间接的方式，通过特定的媒体栏目节目将国家各级领导人的形象及国家的政策法规传达给基层民众，通过主流媒体的宣传，引导舆论、传达政令、潜移默化、不知不觉地影响公众的意识，以维持社会的稳定运转。《新闻联播》已经成为中国政治体制运作中一个必不可少的成分，它扮演着政府"喉舌"的角色，它的政治性与宣传中国社会主义社会的主流价值观有着密切的关系，其存在的价值在于宣扬社会主义，维护社会秩序，展现国家的形象风貌。由此，《新闻联播》的价值标准既不能以最高的职业要求来界定，也不能由市场取向来取决，而是受政府的干预和影响，这也就演变成了《新闻联播》的价值体系。在这种价值体系下，《新闻联播》的重心在于政治性，而不在于新闻性；在于内容，而不在于受众；在于内容的宣教性，而不在于内容的重要性（见表10-4、表10-5）。《新闻联播》节目编排在特定的历史背景下有着合理性，但随着社会的发展进步及环境的变化，必然要求节目有新变化。

表 10-4　近三十年《新闻联播》政治性新闻在国内新闻中所占比例变化①

年份 类型	1982	1986	1990	1994	1998	2002	2006
国内新闻总条数	457	730	750	680	551	587	195
领导人活动	77	115	115	135	142	158	43
会议	36	50	84	50	54	55	12
二者合计占国内新闻的比例(%)	24.9	22.6	26.5	27.2	35.6	36.3	28.3

表 10-5　近三十年《新闻联播》经济性新闻在国内新闻中所占比例变化②

年份	1982	1986	1990	1994	1998	2002	2006
条数	161	287	274	239	104	163	42
占国内新闻比例/%	35.2	37.9	36.5	35.1	18.9	27.8	21.5

二、电视栏目化发展阶段(1985—1999)

美国是电视节目栏目化最早也是最成熟的国家,各个电视台从编排到结构各个方面加强节目栏目化。从栏目内容来看,涉及政治、经济、生活、娱乐、体育、军事等各个方面,而在栏目播出时间上也十分灵活,有些一天一次,有些一周一次,其至针对一些突发的社会重大事件推出临时的特别专栏,如"9·11"事件期间各大电视网推出的新闻报道。许多电视台都有自己的名牌栏目,如哥伦比亚广播公司的《60 分钟》1968 年创办至今,PBS 在 1968 年开播《芝麻街》,这些节目不仅播出时间长,而且受众广,有些节目通过版权输出的方式传播到世界其他国家。《芝麻街》开播的 60 年代恰恰是美国"二战"以后最为动荡的时期,美苏争霸、民权运动、越南战争、肯尼迪遇刺等一系列政治事件引发民众内心的不安,《芝麻街》创始人吉姆·汉森(Joan Ganz Cooney)正是在这样的时代背景下想要通过电视手段解决儿童早期教育问题,历程近半个世纪时间,现在《芝麻街》已经在全球 150 多个国家或地区推出不同类型的儿童节目。

与美国电视商业经营体制不同的是,在欧洲,英、法、德等国目前都采用公私混合的电视经营体制,20 世纪 80 年代以前,这三个国家采用的都是公共电视体

---

① 艾红红.新闻联播研究[M].北京:中国广播电视出版社,2008.
② 同上

制,但在 20 世纪 80 年代初,欧洲国家掀起了一股以减少国家干预、减少赋税以刺激投资、紧缩银根和公共开支、大规模地推行企业私有化、强调市场决定一切为特征的自由化浪潮。受此影响,欧洲大多数国家的电视经营体制由公共电视转向公共电视与商业电视并存的经营体制,如英国在公共电视台 BBC 之外允许私营机构建立商业电视——英国天空电视台(BSkyB);法国则直接将原来公营的 TF1(法国电视一台)私有化。尽管私有化在当时的欧洲电视产业成为一股热潮,但欧洲传统的理性和思辩的哲学思维依然牢牢地坚守在各个产业领域,与美国倡导的自由、个性精神不同,欧洲素有一种"灵魂的忧虑",这从史上有名的哲学家大多来自于欧洲这一点就可以看出。1935 年,哲学家胡塞尔甚至预言:欧洲的未来无非走向两端,要么在仇恨和野蛮中沉沦,要么在哲学的精神中重生[1]。源于古希腊的欧洲文化在塑造"欧洲精神"的过程中起到重要作用,这种"欧洲精神"也直接影响了 20 世纪 80 年代的电视产业私有化,事实上,直到今天,欧洲电视产业经营体制仍然是公营占主要地位。因此,在电视栏目化过程中,欧洲国家的电视节目编排大多都表现出公益的特征,例如,BBC 的新闻栏目和一些传播科技、人文类的纪录片等。当然,这与电视台本身的综合能力有密切关系,BBC 节目制作能力强,资金技术保障雄厚。而法国的许多电视台由于缺乏资金,节目自制能力弱,很多节目只能从美国引进。

在我国国内,1978 年党的十一届三中全会认真反思和总结了党的历史经验,提出"解放思想、事实求是"的路线方针,促使国内各个领域从思想上开展反思,积极投入到社会主义建设当中来,这也使得国内电视产业出现了迅猛发展,电视节目大幅增加,电视机也得到普及,但人民群众对每天播出的电视节目要求也越来越高,其中意见较大的一条就是准时性。由于电视节目的栏目和播出时间没有固定化,栏目本身的时间长度也没有规范化,使得人民群众无法及时有效地收看到喜欢的节目,在此背景下,中央电视台于 1985 年制定《中央电视台播出栏目方针、任务说明》,提出在中央电视台播出的各类栏目、节目制作的规范、要求和播出量,同时也向全国各地电视台通报了中央电视台 1984 年对全国播出的第一套节目情况,从此,国内电视开始进入栏目化阶段,中央电视台全台共设了 80 多个栏目,各地电视台也纷纷按时播出专栏节目,改变了之前的节目化播出方式,电视节目被分成多个专栏的编辑形式和播出方式,将反映同一内容和同一类型的节目归为一栏,使它有固定的名称、标志、开始曲和时间长度,并安排固定的时间播出。

---

① 亚历山德拉·莱涅尔－拉瓦斯汀.欧洲精神[M].范炜炜,戴巧,翁珊珊,等译.长春:吉林出版集团有限责任公司,2009.

电视栏目化的特点主要包括以下几个方面。

1. 栏目标准化

栏目标准化是指栏目时长、播出时间以及播出内容都摆脱以往无序零散的状态,通过电视制作人员的电视编排技术以统一样式播出(表10-6),从形式和内容上把电视节目风格都统一起来。

表10-6   1989年11月23日山东电视节目单

06:00	旅游节目	07:00	早间广告文艺
07:15	评书节目	07:55	一天节目导视
08:00	山东新闻	08:40	电视剧
11:30	道德与法制	12:00	正午时光
12:35	经典电视连续剧	16:15	环球掠影
18:00	儿童节目	18:30	山东新闻联播
18:55	天气预报	19:00	转中央台新闻联播
19:40	电视剧	21:35	天南地北山东人
22:00	旅游景区天气预报	22:15	电视剧
00:30	午夜影视场	03:00	电视剧

2. 栏目类型化

电视节目按照不同的内容类别进行系统编排,并进行分类制作管理。比如20世纪90年代初,电视节目基本可以划分为新闻类、教育类、文艺类、服务类和电教类等几大类节目形式。新闻类节目又可以分为综合新闻节目、分类新闻节目、专题新闻节目、国际新闻类节目、新闻谈话类节目,等等。以中央电视台为例,在此期间,央视新闻节目又固定为晨间新闻节目、午间新闻节目和晚间新闻节目。1993年5月1日,中央电视台开播首个杂志性新闻栏目《东方时空》,《东方时间》和在它之前的《早间新闻》共同构成一个时长60分钟的晨间新闻板块,改变了国人早间不看电视的收视习惯,也促使各个地方电视台开播同类新闻节目;1995年4月,中央电视台把原来的《午间新闻》延时到时长为30分钟,并更名为《新闻30分》,创造了可观的收视成绩和社会影响力;1996年4月,中央电视台把《世界报道》《晚间新闻》《体育新闻》合而为一,开播《晚间新闻报道》,把原先的非黄金时间段打造成黄金时间段。

3. 栏目个性化

20世纪90年代中后期,地方电视台出现一波上星热潮,电视台之间的竞争加剧,单纯依靠栏目化策略导致同质化现象的出现,同时,众多的电视台和电视节目内容为观众提供了多样化选择的空间,因此,个性化成为栏目化发展的基础。包括形式个性化、内容鲜明化、主持人的独特化等。比如《半边天》和《夕阳红》分别定位于不同的受众群体;《动物世界》和《今日说法》分别表现不同的内容;《焦点访谈》和《东方时空》虽然都是央视的知名新闻栏目,但《焦点访谈》更注重新闻评论,而《东方时空》更注重新闻杂志化。

同时,通过电视节目栏目化的方式培养了国内早期的忠诚受众,观众个体差异较大,收视习惯也各不相同,通过节目栏目化的方式培养观众对某一类型、时间、风格、主持人等的收视习惯,形成统一的播出秩序,有助于电视频道收视率的提高。而这也反过来促使电视台投入更多的成本制作类型化、栏目化的电视节目,形成品牌特色和传播个性,提高同业竞争力,这为后来的频道专业化提供了实践基础和理论沃土。

这一期间国内电视发展取得了巨大成绩,具体包括以下几个方面。

首先,电视台数量呈几何级数增长,节目内容更加丰富多彩(见表10-7)。

表10-7 不同时期电视产业发展状况

年份	电视机数量(万)	电视剧部(集)	重大事件
1982	2761	348	
1983	3000	383	广播电视部召开了全国1984年电视剧题材规划会议。会上议定1984年要把反映现实生活的题材放在主要位置,并具体安排了各录制电视剧单位1984年题材规划。
1985	5000	1300	—
1988	12000	1800	1988年10月开始,中央电视台对电视剧的规格、长度作出规范化、标准化的要求:连续剧(3集及3集以上)、单本剧(1集或2集)每集50分钟;短剧30分钟;小品15分钟。
1991	—	5000	1991年底,我国共有543个电视频道,年制作节目91572小时。
1992	22000	5000	—

表中数字说明,无论是电视机数量还是电视剧播出量在这一阶段都呈现出巨大增长,而在1979年,央视播出的电视剧数量仅仅只有19部(集)。同时,节目内容也呈现多样化。

其次,新闻和电视剧成为收视法宝,新闻立台成为业内共识,央视成为业内标杆。从 1992 年开始，新闻类节目逐渐成为各个电视台的立台之本，全国有800 多家电视台和频道自办新闻节目。特别是央视从 1993 年开始对新闻时段的开发和利用，央视一套新闻节目播出时间增加到每天 13 次，实现了整点播出和重要新闻滚动播出，《东方时空》《新闻 30 分》《晚间新闻报道》等一系列新闻精品栏目的出现改变了电视受众和其他地方电视台对新闻节目的认知，各个地方电视台纷纷效仿，北京电视台开播《北京您早》，天津电视台开播《今晨相会》，浙江电视台有《早间新闻》，上海电视台有《上海早晨》，湖南电视台有《潇湘晨光》等。新闻立台是重塑媒体形象、建立媒体权威的有效途径，观众对新闻节目的关注实际上也是电视媒体发挥媒体社会效益功能的重要体现。通过新闻立台，电视媒体实现了由传统的宣传机器向现代传媒的转变，为电视台下一步的市场运营战略奠定了基础。

这一时期，国产电视剧也逐渐成熟起来，从央视 1980 年拍摄的第一部连续剧《敌营十八年》开始，电视剧的产出量逐年增加，并且生产出很多有影响力的电视剧作品如《渴望》《红楼梦》《西游记》《编辑部的故事》《北京人在纽约》等，有的作品至今还在播映，影响了几代人。这些电视剧作品基本遵循现实主义创作原则，有些改编自古典文学、精品文学或者神话故事，有些则直接来源于生活，反映当时的时代特征，内容、形式和风格都呈现多样化特点。

最后，90 年代中后期，娱乐节目开始初试锋芒。20 世纪八九十年代的文艺节目已初具娱乐节目的雏形，比如中央电视台的《正大综艺》和《综艺大观》，摆脱了原有电视节目的严肃、呆板的风格，让电视节目呈现多样化和丰富多彩的节目效果，这一阶段的电视文艺节目以专业歌舞和曲艺为主，明星参与程度低，与现场观众互动较少，节目内容也缺少亲和力。而到了 90 年代中后期，以光线传媒为代表的民营资本的介入，激活了电视娱乐产业这"一池春水"，电视娱乐节目迅速成为继新闻、电视剧之后的又一大争夺收视率的利器。1997 年，湖南电视台制作了《快乐大本营》和《玫瑰之约》两档栏目，掀起了国内电视娱乐节目的高潮，这一阶段节目的娱乐性增强，观众的参与性和互动性增强，现场观众甚至有直接参与节目的机会。各个电视台竞相模仿，北京有线电视台的《欢乐总动员》、江苏卫视的《非常周末》、福建东南台的《开心 100》等，这些节目无论是形式还是内容，都大同小异，而这股娱乐节目相互模仿抄袭的风气一直延续到今天。

三、电视频道专业化发展阶段(2000 年至今)

社会进步的重要标志就是技术的进步和社会分工的细化，由此产生专业化的劳动分工。而频道专业化正是电视产业发展的必然结果。电视频道专业化可以根据受众不同需求培养固定受众,提高市场收益。电视频道专业化指的是电视媒体根据电视市场的内在规律和电视观众的特定需求,以频道为单位进行内容定位划分,使节目内容和频道风格能较集中地满足某些特定领域受众的需求。频道专业化打破了原来的电视媒体格局,对电视行业进行全新的组合,它不仅带来了各频道内容上的变化,而且导致了人员分配、运行模式、受众群体、市场规划等各方面的改变。美国的频道专业化始于 20 世纪 70 年代末,一方面,经济的发展使得电视机得到普及,许多家庭拥有两台以上的电视机,加上当时的社会环境的变化,使得越来越多的用户趋向个性化的频道选择;另一方面,几家大的电视网在抢占收视市场的过程中发现专业化的频道有着公共频道难以实现的优势,也开始注重实施频道专业化战略。因此各个频道甚至是电视网都有较清晰的定位,例如 CBS 主要定位于中产阶级的男性精英,ABC 定位于女性观众,NBC 定位于广谱受众,FOX 定位于年轻观众[①]。现如今,普通美国家庭的电视频道基本涵盖免费频道、一级收费频道、二级收费频道和卫星网套餐这四个层次,这里面大多数是专业化的频道,这些频道的开播最大化地促使电视资源的开发利用,避免了重复投入和资源浪费。例如,一级付费频道大约有 70 多个,涉及各类题材,但内容定位重复的只有几个频道。这就使得频道之间在保持适度竞争的同时又能够避免恶性竞争和电视资源浪费。以儿童节目为例,全美数百个电视频道中,只有 5 个左右的儿童专业频道,另外还有数个公共频道会在固定时间短暂播放儿童节目,以保证其公益属性。除此以外,其他电视频道基本不会播放儿童节目。这与国内的电视现状有很大不同,在国内,无论是省级卫视还是地方频道,大多数电视台都会在 16:00—18:00 期间播放儿童节目,虽然表面上看会提升收视率,但实际上这也反映出电视市场专业化程度不够,细分力度不足,市场失序的弊端。同时,频道专业化可以提升节目制作水平,降低节目制作成本,例如,赛车频道的开播使得整个节目制作团队必须深入系统地研究汽车相关知识和赛车运动规则赛制等,这使得以后有关于赛车类节目内容的相对质量精良,制作效率高,反过来,促使相关汽车、摩托车、配件甚至是饮料、食品企业针对性地投入广告,提高广告目标受众人群。美国有一家专门的气象频道,1982 年首播的时候,几乎没人会相信它会赢利,但如今已经形成有 7000 万订阅用户,平均收视率接近 CNN,创造了有线电视的一个奇迹。气象频道通过两个途径赚钱:一是收取每个 DBS 直接卫星或有线电视用户的执照费;二是出售广告时间。许多专门的或特殊的栏目,如气象云图,往往由大的全国品牌赞助,当地的气象预报部分则往往由地方公司赞助。对于这样多样化的专业频道来说,不仅可以给用户提供

① 苗棣,徐晓蕾. 从节目编排看美国商业电视网的差异化竞争策略[J]. 现代传播,2013(6):69-74.

细微的服务和个性的需求,通过分类的方式拓展受众信息检索的深度,而且有利于将大众媒介由广谱信息传播知识转向提高实用能力,优化媒介效果。再如,英国的 SKY TV 电视台是专业频道细分化的典范,它不仅有着其他频道的细分战略,而且还会进行深度细分见表 10 – 8 ~ 表 10 – 9。

表 10 – 8　英国 SKY 电视台的频道切分

大频道	频道细分
娱乐频道	音乐频道、电影频道、纪实频道、表演频道、赌博频道、流行频道、时装频道、成人信息频道
经济频道	财经频道、股票频道、房地产频道、购物频道
体育频道	足球频道、橄榄球频道、摔跤频道、拳击频道、高尔夫频道、棒球频道、篮球频道

表 10 – 9　英国 SKY 电视台的频道细分

小频道	小频道细分
音乐频道	摇滚频道、古典频道、流行频道、乡村频道、爵士频道
电影频道	老片频道、新片频道
纪实频道	真实频道、探索频道、国家地理、历史频道
表演频道	戏剧频道、歌剧频道、舞剧频道
购物频道	时装频道、珠宝频道、家庭用品频道、汽车频道、科技成品频道

在国内,频道专业化的历史还不是太长,但每个频道基本都形成了自己的节目特色和频道定位以及各自的品牌,比如中央电视台十几个频道分别定位于不同的受众人群,涵盖各个年龄层面;省级卫视中,湖南卫视的"快乐中国"、江苏卫视的"幸福中国"、东方卫视的"梦想中国"等等;省级卫视以外的其他电视台也有着自己的蓝海战略,各地的广电集团也通常都有新闻频道、都市频道、民生频道、经济频道等频道定位,它们在发展和变革中顺应时代潮流和发展需要,形成各自的形象。比如大众化的省级卫星专业频道有新闻、电视剧、娱乐节目、电影等频道;分众化的专业频道有少儿、地理、财经等频道;而小众化的专业频道有高尔夫、围棋等频道以及自治区地方语言频道等(见表 10 – 10)。它们细分化的主要和最终目的都是对于受众的分化和细化,针对不同的目标、受众作出专业化定位。通过频道专业化也有助于广告商宣传产品、资源合理化配置。因为频道专业化后,各频道锁定的是自己的目标客户群,因此广告商也可根据自己产品的受众需要选取有相同客户群的频道进行广告宣传,目的性更强,指向性更明确,

因而达到双赢的效果,不仅能使实现资源配置共享最大化,而且促进了经济的发展。

表 10-10　部分省级卫视频道定位一览表

省级卫视	频道定位	省级卫视	频道定位
东方卫视	梦想中国	陕西卫视	人文天下、陕耀中华
天津卫视	快乐生活	江苏卫视	幸福中国
浙江卫视	中国蓝、爱、梦想	宁夏卫视	财经
安徽卫视	电视剧	新疆卫视	歌舞特色
东南卫视	海峡文化	山东卫视	公平中国
海南卫视	旅游专业频道	江西卫视	红色人文,传奇天下
湖南卫视	快乐中国	吉林卫视	吉祥中国,幸福家
云南卫视	浪漫人文地理	四川卫视	大爱中国

进入 2000 年以后,国内电视产业发展迅猛,各个频道间的竞争也愈演愈烈,迫使各个电视频道需要走频道专业化道路,而市场经济规律和国外的可借鉴的电视媒体成功经营经验等都为频道专业化发展提供了理论和实践依据。

1. 频道之间竞争激烈

据统计,国内有 3000 多个电视频道,上万个栏目,包含国家、省、市、县四级电视机构,以及中央电视台、省级卫视、地方性电视台三个层面,这还没有包括近年随着网络媒体兴盛而出现的大量网络影视视频经营单位。最初,因为每个省份都只有一个省级卫星频道,各个省份为了实现受众效果、收视率、广告收益等利益和宣传效果的最大化,都选择了"大综合"电视频道定位这条路,即以电视剧为主,各种电视娱乐综艺节目和体育、新闻、社会等为一体的综合频道,企图把全国的电视观众"一网打尽",每个省级电视台的电视节目都差不多,形成了跟风效应,同质化现象十分严重。但随着市场化程度的深入,整个电视产业市场逐渐呈现出"马太效应",强者越强,弱者越弱,这种趋势还在不断加强,未来处于金字塔塔基的电视频道数量会越来越多,塔尖部分数量则越来越少。以省级卫视为例,强势省级卫视的一档综艺节目的广告收入甚至可以超过弱势省级卫视一年的广告收入,随着媒介融合和媒介竞争的加剧,越来越多的电视频道将难以为继,这使得各个电视频道不得不寻求频道定位,弘扬频道特色和风格,走频道专业化发展之路。

2. 科技进步带来数字技术的发展

数字电视是一种全新的有线电视服务内容,用户通过机顶盒利用现有有线电视网络,来收看数字电视系统播放的数字电视。"伴随国标的建立和推广,我国地面数字电视相关产业也逐步完善,为地面数字电视的普及奠定了基础。而随着 2012 年我国《地面数字电视广播覆盖网发展规划》的出台,地面数字电视的推广和应用被提到战略高度,这也标志着我国地面数字电视将进入加速普及阶段。"目前世界上很多国家都已经从电视模拟化走向了数字化,因为数字电视容量大,传输信息快,质量高,而且用户可以通过选择和控制观看自己喜爱的节目,比如用户可以通过回看功能进行观看。与以往不同的是,数字技术的发展改变了电视的传播模式。模拟信号时代,无论对电视内容是否感兴趣,观众只能被动地接受电视内容,而数字技术特别是网络技术的发展使得观众可以自行订阅和主动选择感兴趣的节目,这就使得模拟信号时代的电视大众传播模式在数字技术时代呈现出分化趋势,更多的是细分化的小众传播,观众接受电视节目由"被动"到"主动",节目内容变得越来越重要,成为电视台竞争的不二法门,"内容为王"已经不仅是一句口号,更应当是行动。

3. 网络新媒体以及其他传统媒体的挑战

新媒体的出现改变了原有的收视格局,多终端跨媒体的传播模式使得电视影响力已远不同从前,有统计数据表明,近年来国内电视的开机率显著下降,新一轮的"客厅革命"已势在必行,而电视节目内容成为这一场"客厅革命"的核心。电视观众通常有较为固定的兴趣、收视习惯和媒介消费惯性,电视频道想要培育固定观众,就必须依据这部分观众的兴趣、爱好、审美播送电视节目,久而久之,频道个性就此形成,电视品牌也得以塑造。

然而目前电视频道专业化过程中也遇到不少问题。虽然说,随着时代的发展和受众需求的进步,频道专业化是必经之路,但是当电视频道都投身于专业化建设的时候,要做到真正的专业却不太容易,其中技术和各方面的限制是重要的影响因素。现阶段我国的省级卫星频道虽然已经进行了各自的频道定位,但是基本上都比较守旧,都遵循原有的几个模式和特点。而且节目缺乏创新意识,而真正的专业频道特色节目收视效果并不理想。很多节目模仿成风,一个节目火了以后,就照搬照抄,只不过重新包装一下主持人、节目顺序、演出服装、人物设定等,只是"换汤不换药"。比如湖南卫视的《爸爸去哪儿》节目大火之后,各个卫视的亲子类节目开始相继跟风推出,比如《爸爸回来了》《宝贝在这儿》,等等。

以浙江卫视为例,2008 年 8 月 25 日,浙江卫视全面改版,从此"中国蓝,蓝动天下"成为浙江卫视改版后的全新定位和新的起点。浙江卫视的"中国蓝"作为一种先进的品牌理念,在策略创新上吸引着受众。浙江卫视采用了"全互动"的频道模式,与观众互动,与广告商互动。比如《我爱记歌词》节目,就是在节目上与观众互动,邀请现场观众上台进行歌词记忆比赛,并请不同的明星来现场互动唱歌,最后还有奖品竞赛等,收到了很好的效果。再如最新的《中国好声音》,在体现本台的娱乐节目定位以外,还有很多的互动环节。浙江卫视"中国蓝"在保持原有地域特征和文化底蕴的基础上,给予了"中国蓝"品牌新的文化内涵——"蓝无界,境自远"。在品牌重构后,具有了与别的省级卫视不同的特点,给观众带来了新鲜感和深刻印象。在一如既往注重浙江卫视本身的娱乐综艺节目为主的定位上,加入了自己的文化特色,使得"中国蓝"变得更加具有内涵和深意,从而取得成功。

就目前来说,浙江卫视的"中国蓝"品牌定位还是十分成功的,发展得也很好,一直在进步和寻求突破。其成功的策略在于:不断推出新的节目,保持新鲜度,不断推陈出新;采用平民化的定位,注重与观众互动,容易被观众接受和喜爱,贴近受众;面对如今的节目低俗化等现象,独辟蹊径,坚持频道节目的正统性和向上性,比如《中国好声音》等节目;节目排版灵活,不按部就班,比如通过"21点黄金综艺段",一周七天的21:00后都播放综艺节目,吸引受众;主播明星化,大力提拔主持新人,突出他们的性格特点、个人特色,使观众对每个主持人形成特定印象,使主播明星化,同时形成本台特色。可以说浙江卫视这一系列的策略运用成绩是显著的,但它仍然存在一些问题,如娱乐节目跟风严重、模仿其他台的成功节目、创新不足,等等。

浙江卫视的发展历程恰恰是国内各电视频道专业化发展的一个缩影,现在的电视媒体传播业已经从大众化传播走向了分众化传播,这也决定了电视频道要走向专业化这条道路。在未来,频道专业化发展将更加深入,具体体现为以下几个方面。

1. 差异化

很多省级卫视总是难以摆脱定位大一统的阴影,产生这类现象的原因就在于卫视频道"产业和事业"兼顾的双重属性。一方面,作为广电业进行市场化和产业化体制改革的重点和典型领域,卫视频道市场化竞争的环境最为明显,各卫视需要在市场垄断竞争的环境下以差异化来谋求生存。另一方面,卫视频道作为省级舆论和宣传平台的事业性定位,其播出体制上的硬性约束,使其差异化竞争策略的发挥空间极为有限,"带着镣铐跳舞"的要求让许多省级卫视无法放开手脚大展宏图,更难以从本质上突破差异化,只是停留在口号和形象等外在层面,给人一种用"新瓶装老酒"的感觉。因此,仍需从体制上寻求新的突破,处理好卫视频道双重属性之间的关系,让差异化策略真正落到实处。

2. 分众化、小众化

受众群体的年龄、性别、职业、收入、文化水平、生活习惯、价值观念、兴趣爱好等各方面都是不同的,因此电视观众的需求也是复杂多变、充满个性的。分众化、小众化的电视频道也就对应了分化的电视观众,但是要正确地定位自身频道的受众,并取得成功是有难度的。

3. 个性化

现在的电视频道基本上缺乏创新性,很多节目都是盲目模仿,跟风播出,缺乏自身的创意,因此将来的电视频道专业化也将走向个性化的道路。所谓个性化,就是指电视频道有自己的特色和明确的定位,区别于其他的电视频道,独树一帜,让观众听到这个电视频道,就形成对它的特色印象。而它面对的受众群体也应非常具有针对性,目标受众十分明确,能够达到很好的频道宣传效果,有鲜明的形象。

4. 品牌化

很多国际知名商家都把品牌建设视为开拓市场的最有力手段,都是依靠品牌战略为打赢商业仗打下良好的基础。"品牌是创新的动力",这对于电视频道来说同样适用。从央视到各个地方电视台,成功的电视台大部分都是进行了品牌建设的。做好电视品牌建设,需要一个过程,因为品牌不是一时形成的,而是经过长久的潜移默化而深入人心,所以要重视并做好,做到稀有性、独特性、创新性。打造品牌化节目、品牌化栏目可以借鉴成功的典例。由于品牌化可以树立电视频道在观众中的好口碑,达成深刻印象,形成电视频道自己的"招牌"。因此品牌化也是将来电视频道专业化的必然选择。

5. 专业化

现阶段电视频道专业化存在的问题之一就是专业频道不专业,因此,专业化道路任重道远,电视频道必须做到名副其实的专业化,而不是"挂羊头卖狗肉"。而专业化也意味着电视频道需要更加优化自己的创作团队,引进相关方面的人才,改进相关的设备,优化所有的设施和配置,而不是"一纸空文",做到真正的"专业化"。

6. 本土化

现阶段根据覆盖规模,我们将卫视归为以下四类:①全国性接收,影响面广,收视率高,主要有湖南、江苏、浙江、安徽、上海等卫视。②全国可接收,但有地区性影响力,受众人群带有区域性,收视率较高,如河南、辽宁、重庆、陕西等卫视。③全国可接收,但收视率不太高的频道。④接收人口较少,且影响主要集中在本省范围内的卫视。由以上卫视分类可以十分清楚地看出受众面情况,全国可接收人口越多,说明受众更广,市场更大,但同时也更难做到专业化,因此各有优劣。它们都是根据自己的区域位置而进行的定位,各有优势和缺点。因此电视频道应该针对自己所在的地理区域,进行自身的品牌定位,有所侧重,才能突出重围发展得更好。换言之,就是要做到本身电视节目的"本土化""接地气"。而定位也要依照两大法则:一是尽量避免和强大的对手正面交锋;二是宁可不做频道品牌的伸展,也不要使定位受到任何的动摇。比如浙江卫视属于影响面广、收视率高的省级卫视,受众相对比较多,市场也就更大,也应针对自己所在的浙江区域做好定位确定,浙江是中国发展较好的一个省份,经济排名靠前,市场发达,因此浙江卫视应针对这些区域特质做好调整,深化和推进"中国蓝"品牌之路,也符合其中一个概念:"江南之蓝——立足地域文化"。

7. 节目编排科学化

现阶段大部分的电视频道不仅存在不够专业化的问题,其频道节目的编排有时也不是十分科学,因此也需要改进。比如除去周末,各大电视频道基本上在19点到21点的黄金档时间均播放各类电视剧,大同小异,每到周末,一些综艺便扎堆现身。虽然这也是根据受众的观看习惯和现状来设定的,但是仍存在不合理性,比如一些观众可能希望在平时工作日下班回家在家里悠闲地观看综艺节目,娱乐放松身心,但此时却无法得到满足,而到了周末很多受众又都作了户外安排,各电视台精心准备的综艺节目就无人问津了。由于受众情况不一,因此要做好具体情况具体分析,而不是一味跟风。需要把本频道的节目进行精确科学的编排,才能达到更好的效果。

8. 盈利渠道多元化

现阶段我国的电视频道对于受众而言,还是免费的大众服务性的娱乐设施,因此电视频道若想提高经济效益进而促进自身电视频道的发展,就必须想办法扩展盈利渠道。当然首先也要立足于现有的广告盈利模式,广告盈利是电视媒体的得天独厚的盈利资源,是必备和主要的盈利渠道。广告是各个频道提高经济效益的重要途径,甚至可以说是重中之重,频道的收益很大一部分来自于广告收入。鉴于此,可以采取节约成本的策略,制定灵活的发展方略,开拓市场经济,发展后续产品和周边产品等,采用多方位、多方面的发展战略,摆脱陈旧的、单一的发展模式。此外还应开发新的经济增长项目,比如当初迪尼创始人制作的米老鼠的动画受到人们的热爱后,1955年迪尼斯创始人便建立了迪尼士主题乐园,获得了巨大成功,这是我国的电视频道可以借鉴的良好先例。目前国内很多电视台实行的版权销售、节目售卖、活动策划、艺员经纪、互动短信、影视投资等,都是电视频道扩展盈利渠道、提高经济效益的良好方式。

纵观近几年各省级卫视的收视排行情况,能上榜的卫视基本上已经走出定位模糊期,深韵频道定位的生存之道。最早实施频道定位战略的湖南卫视更是成为其中的翘楚,而浙江卫视和江苏卫视也紧跟其后,成为了近几年发展最迅猛的省级卫视,这都得益于他们明确独到的定位。值得关注的是,旅游卫视这个最后上星而且是唯一一个不以省名或是方位名命名的省级卫视,凭借着其专业化频道的特色定位也连续多年入围前十名,这充分说明频道专业化对电视产业发展的作用。

第十一章 新时期的电视节目形态

　　新时期,各个电视台不仅要与以新媒体为代表的其他媒体竞争,电视台之间的竞争也越来越激烈,节目形态也越来越多样化,以满足日益增长的人民群众精神文化的需求。电视频道定位也越来越细化,除了常见的综合、经济、文艺等频道以外,还有更小众化的频道如围棋、彩票、汽摩、母婴等专业频道。节目形态也呈现多种形式,包括新闻、电视剧、综艺、科教、纪录片、生活服务类等。在社会学领域,细分化和专业化是社会进步的重要标志,电视频道的这类精细化运作也反映了人类社会文化生活的进步,同时也是社会发展的必然。我们可以对当下最常见的几类节目形态进行分析。

第一节 新 闻

　　从 20 世纪 60 年代开始,电视新闻取代报纸新闻,电视也因此成为美国人心目中最受信赖的新闻来源,其原因在于人们更愿意身临其境,而不仅是看见拟化的文字表述。这种情况一直延续到现在,1960 年的美国总统选举更是把电视媒介带入到政治生活中,其最终结果是民主党参议员约翰·肯尼迪以极微弱优势击败时任美国副总统理查德·尼克松成为总统,相对于政治履历丰富的尼克松而言,约翰·肯尼迪只能算是初出茅庐的毛头小子,事后调查证明,肯尼迪之所以能在这场选举中胜出,主要是因为在总统选举史上的首场电视辩论中表现优于对手,据民意调查显示,超过一半的选民受到了

《60 分钟》节目组(1993 年)

电视辩论的影响,6%的人声称是电视辩论使他们作出最后的决定。时隔两年之后,尼克松在他所著的《六次危机》中不得不承认:"我应谨记,一张图片胜过千言万语。"之后的历届总统选举中,电视媒体都发挥着举足轻重的作用,有西方学者戏称现代选举就是"电视竞选"和"显像管民主",通过电视这一媒体,政治人物与普通公众建立了一种亲密互动的方式。再加上这一时代的其他重大社会事件中电视媒体不可替代的作用,各大电视台都把"新闻立台"奉如圭臬,创造了一批诸如《60分钟》《20/20》等知名新闻栏目。正如宾夕法尼亚大学传播学院前院长杰伯纳所言:"电视改变了这个国家的政治生活,改变了人们日常生活习惯,形成了一代人的风格,使地方事件一夜之间形成全球新闻。"但在具体电视新闻制播过程中,各大电视台仍然有一些禁忌[①]:20世纪60年代,NBC的保罗·克莱茵就提出过"最小反对节目理论",他认为,观众只要不是因为被冒犯而转换频道,便可以接受任何一种节目。直至今日,美国电视新闻中还很少涉及宗教、种族等社会敏感问题,电视新闻喜欢以一种中立和客观的视角来报道新闻事件,并且在一则具体的报道中对于正反双方的观点和说法都必须呈现出来,这也反映出美国电视新闻业的现实现状。

美国新闻节目的发展得益于几个方面:首先,发轫于传统的新教伦理、启蒙思想和建国精神的"美国信念"是其思想根源。"美国信念"提倡平等、自由和个人独立,为维护这一延续几百年的"美国信念",大众传媒不遗余力,电视媒体也因此成为这一体系的重要一环,因此,我们可以在"揭丑报道"、深度调查等新闻报道中塑造和捍卫这一价值观。其次,政府相关规制的完善和系统化为电视新闻的发展建立了良好的环境生态。在建国之初,美国就已经在宪法第一修正案中明确了言论自由这一原则,其后,20世纪60年代的《情报自由法》《阳光下的政府法》《隐私权法》等一系列法案的推出和实施确立了新闻报道自由的法律基础。另外,20世纪60年代及此后的电视技术的进步为电视新闻的发展提供了技术支撑,随着通信卫星的技术进步,电视新闻直播和远距离传送成为一种常态,这使得电视新闻制作机构有条件且有兴趣从事电视新闻制播,肯尼迪遇刺事件发生时,美日两国首次利用通信卫星传播这条新闻,使得世人直接感觉到通信卫星在传输电视新闻的作用,在1969年人类首次登月过程中的电视新闻实况直播更是把人们对电视传输技术的认知提高到新的水平。

而在文化社会学者看来,新闻是一种媒介的象征权力,法国学者布尔迪厄认为,新闻就是一个独立的场域,场域遵循专业的伦理规范,比如潜在的审查、新闻场的支配等。以审查为例,布氏认为:上电视的代价就是自主性的丧失,各媒体

---

① 苗棣,李黎丹.美国电视的约束机制[J].现代传播,2004(4):1-4.

之间互为参照,媒介竞争导致新闻内容的同质化,将某一事件通过新闻的形式表达出来,同时夸大其重要性、严重性以及悲剧性等特征,人们通过影像使得相信一切,这就造成一种政治危害,新闻成为一种权力。同时新闻场被商业利益所控制,新闻本身就不能代表真实和客观,它只能刻意去寻求受众人数最大化,在这种情况下,那些能吸引受众的软性新闻甚至是庸俗新闻就自然泛滥成灾。

在国内,早期的新闻节目只是作为一档栏目出现,时长、内容和编排都有所局限,1999 年 5 月,国内第一家全新闻频道福建电视台新闻频道开播,内容包括国内外最新消息、突发事件、深度报道、纪实访谈等,同时对于重大事件或者非常规事件采用直播的形式,应当说,福建电视台新闻频道的出现是对当时电视新闻事业的一次重大改革,但由于其主要受众群体是当地百姓,影响力远不如后来开播的央视新闻频道。2003 年 5 月 1 日,中央电视台新闻频道正式开播,频道定位是"以全面化的新闻报道,扩展资讯大视野;强化舆论导向,突出传播党和国家的声音"。经过多次大的改版,从全面化到标准化,从标准化到品牌化,从品牌化到专业化,从专业化到资讯化,从资讯化到国际化,特别是通过对社会重大事件如"神舟"宇宙飞船、伊拉克战争等事件的直播报道,目前已经形成在全球有重大影响力、国内最知名的专业新闻频道。在此之前,大多数新闻报道比较偏向于已经发生的新闻事件,而且偏向于国家的大问题,或是地方台的地方大事件。事件发生过后,记者赶过去现场报道,而不是对正在发生的事件进行现场报道。而央视新闻频道的出现使得重大事件的现场直播越来越常态化,并且出现了很多知名的现场记者。总体而言,央视新闻频道对重大灾害的直播报道做得相对有优势,如台风、地震等报道。相对贫乏的是对于军事冲突和民事纠纷的现场报道,而这方面正是西方专业新闻频道的强项,当我们长时间地观看西方关于社会、军事的电视新闻时,就会发现他们所报道的电视新闻都非常具有现场感,很贴近生活,或者是存在一些危险,对于一些受众所能看到的难以控制画面的军事冲突,也拍摄得非常详细。西方的媒体通常觉得,只要新闻适合于现场报道,就绝不采用照片、报纸等形式去报道。道理再也浅显不过,现场报道最能体现新闻事件的现场感,并且给观众以无懈可击的身临其境感。对于央视新闻频道而言,这方面仍有待加强。

各个省级卫视也出现很多优秀的新闻节目,2003 年,上海卫视改版为东方卫视,提出"坚持以新闻为骨,铸造媒体脊梁"的定位,直到现在,仍然是众多省级卫视中新闻立台的代表,《看东方》《东方午新闻》《子午线》《环球交叉点》《东方直播室》等各类新闻节目都有不错的收视率。这些年尽管东方卫视也在走娱乐化路线,但新闻栏目依然是立台之本。深圳卫视从 2012 年开始实施自制节目双轮驱动战略,双轮指"新闻"和"娱乐",在走娱乐化路线的同时,坚持新闻立台,创新新闻样态,培育了《直播港澳台》《军情直播间》《决胜制高点》等品牌新闻栏目,创下 26 次获得全国同时段所有节目排名第一的成绩,创造了省级卫视新闻节目叫好又叫座的"深圳现象",成为各家电视台竞相学习的样本。

同时,地方电视台的民生新闻节目也热火朝天,江苏城市频道 2002 年 1 月推出《南京零距离》,其所倡导的"民生新闻"理念引发全国各地的关注,掀起"民生新闻"热潮,甚至改变了各地方频道的新闻节目格局,在此基础上,江苏台又推出《绝对现场》《1860 新闻眼》等民生新闻栏目,与此同时,各地以民生新闻为代表的方言类节目也开始盛行起来,代表性的有南京电视台的《听我韶韶》、湖南经视的《越策越开心》、广州的《新闻日日睇》、杭州电视台的《阿六头说新闻》、上海电视台的《老娘舅》,等等。电视民生新闻基本原则是体现新闻的民众视角,民生新闻工作者需要用民众视角去记录现实生活中的每一个社会现象,这种民众视角奠定了民生新闻的亲和力和平民化基础。新闻工作者既要把新闻做给观众看,又要体现新闻的舆论导向作用。民生新闻以"民生"为主展现它与百姓生活天然的接近性,其巨大的亲和力和感染力能够让观众找到身份归属感和认同感,在同等归属感的基础上受众可以自由地发言,说出心中所想。这种话语权力公众化的表现正是电视民生新闻吸引受众的关键。

第二节 电视剧

电视剧的发展与电视产业的发展紧密相联,世界第一部电视剧是 1928 年 9 月 11 日美国的 W2XAD 电视台播出的《女王的信使》,虽然这部剧制作粗糙,但依然引起轰动,到 30 年代的时候,百老汇的戏剧被引入到电视节目当中,成为早期的美国电视情景剧雏形,第二次世界大战以后直至 60 年代,"系列直播剧"成为这一时期电视剧的热门品种,如当时十分流行的《剧场 90》《克兰福特电视剧场》等。自 60 年代开始,好莱坞的电影制作模式被引入电视剧制作当中,形成了电视剧生产、发行、播出的全价值产业链,标志着电视剧正式进入到商业运营模式当中,成为电视产业链的重要一环,到了 90 年代以后,随着制作能力更强的 FOX 电视网参与到传统三大电视网的电视剧市场竞争当中,电视剧市场更加兴盛起来。美国的电视剧一般分为肥皂剧、情景喜剧、系列剧等几大类别。

一、肥皂剧

肥皂剧可以分为日间肥皂剧和晚间肥皂剧。日间肥皂剧这一奇特的电视剧品种,从诞生之初就受到指责,它具备工业社会下商业电视模式下的一切特点:

情节模式化、制作工业化、投入成本低、生产周期短、产量高。其受众主要是 18 ～ 49 岁的家庭主妇，代表剧是《我们生活的时代》《综合医院》《我的孩子们》，播出时间从 20 世纪 60 年代开始，跨度长达四五十年。早期的日间肥皂剧大多遵循着一个简单的公式：把爱情、煽情和悬念糅合在一起，放置在一个乡村或者小镇上的日常生活环境中[①]。依靠这一肤浅的模式，日常肥皂剧占据着几大电视网大部分的白天时间段，成为电视台收入的重要来源，并且日常肥皂剧的制作模式深刻地影响着美国电视剧的其他类型。

晚间肥皂剧的制作模式与日常晚间肥皂剧相似，但其拍摄与制作更为精细，对灯光、布景等要求也比日常晚间肥皂剧要高，制作成本大，制作周期长。通常每周一集，在 18:30 ～ 22:30 的晚间黄金时段播出，代表剧包括《达拉斯》《豪门恩怨》等。但在 20 世纪八九十年代，由于受到娱乐节目的冲击，这类剧目已逐渐退出历史舞台。

二、情景喜剧

情景喜剧通常在室内布景，有固定的演员和每集剧情中安排某个矛盾冲突，情景喜剧源于 20 世纪 20 年代广受听众喜欢的广播喜剧。"二战"结束以后，随着经济生活水平的提高，人们对娱乐休闲节目的期待也在增加，电视情景喜剧应运而生。1947 年，第一部电视情景喜剧《玛丽·凯和琼尼》奠定了家庭喜剧模式。其中最为知名的当属 1994 年 NBC 的《老友记》，播出时间长达十年。这一类剧种直到今天依然广受欢迎，例如仍在热播的《生活大爆炸》，其影响甚至波及全球。当然，电视情景喜剧由于把生活过分喜剧化，也经常受到批评者的指责。通常他们会认为，三十分钟的剧集无法解决现实生活中的矛盾，而且情景喜剧超越传统戏剧和电视剧对社会禁忌题材的回避，这也会引起人们的争议。但不可否认的是，电视情景喜剧从一开始就是美国电视产业的重要部分。即便是在老法兰克福学派的学者们看来，类似喜剧的电视文化工业

《老友记》剧照

有利于资本主义社会的体系稳固，阿多诺曾经对喜剧节目进行过研究，认为：个人或家庭的命并不是以个人意志为转移的，个人只能向宰制的社会屈服，并在社会活动中不断调适自己。这种屈服，符合了资本主义意识形态的需要。

---

①　苗棣. 日间肥皂剧——一个美国式的奇迹[J]. 现代传播，1996(3)：58 - 64.

三、系列剧

系列剧是一种每周播出,由一系列不同故事组成的电视剧类型,它有几个主要人物贯穿全剧,但故事情节并不连贯,每集或几集都是一个完整的、独立的故事,观众可以连续收看,也可以任意选看其中的几集。可以分为西部剧、律政剧、医生剧、犯罪剧、科幻剧等,现如今系列剧已成为各大电视网黄金时段播出的主要电视剧剧种。

美国电视剧本质上是美国文化透过电视媒体的一个"镜像",通过美国电视剧,观众可以感受到它所代表的美国文化、社会秩序、意识形态和价值观,反映的是"美国精神"。美国可以通过电视剧的市场输出轻易地实现价值观和美国文化的输出。当前美国热播的电视剧主要是系列剧,西部剧、律政剧、医生剧、犯罪剧、科幻剧等各种类型反映出"美国信念"中的开拓精神、专业精神。另一方面,这也是资本主义专制力量在文化中的隐匿,福柯所提出的"全景敞视主义"表明,圆形监狱中,受众好比坐监室的犯人,高耸的监视塔成为犯人心目中随时下坠的达摩克利斯之剑,长此之往,犯人看到监视塔便会变得温顺老实。在受众媒介消费过程中,受众的观看活动和象征权力的电视媒介之间形成某种"规训",现代权力隐而不彰,但通过电视媒介的运作正当化和日常化,大众传媒实现了新的专制,受众在这一过程中受到潜移默化的影响。

相较于国内目前大热的清宫剧、婆媳剧、都市言情剧和红色经典剧,可以看出,中美两国在文化价值观的差异,这些都与不同国家的文化、历史、社会现实密切相关。就电视剧发展程度而言,两国之间仍有很大差距,以情景喜剧为例,我国国内在 20 世纪 90 年代才开始尝试情景喜剧的制作,并且很多模式有照搬美国之嫌,比如常见的现场(或合成)的笑声。总的来说,美国电视剧的发展历程及现状可以为国内电视剧产业的发展提供一种借鉴。

国内最早的电视剧是 1958 年北京电视台制作的《一口菜饼子》,全剧只有 20 分钟。经过半个多世纪的发展,已形成规模剧增、精品迭出的产业氛围,为构筑新时期的和谐文化、精品文化做出了重要贡献。以 2014 年为例,全国共计生产完成并获准发行剧目 429 部 15983 集。主要包括现实题材剧目、历史题材剧目、重大题材等电视剧类型。同时,视频网站的自制剧也成为新的制作热点,《中国电视剧(2014)产业调查报告》称,2014 年的网络自制剧数量超过了之前数年累计数量的总和,出现了一批有影响力的网络自制剧。当前的国内电视剧市场表现出如下特点。

1. 内容纷呈,题材广泛,改变以往宣传为主的传播方式

古装、现代、穿越、抗战、爱情、军旅、家庭、都市、悬疑等都是当前电视屏幕常见的类型,主旋律题材依然在电视剧市场中有很强的竞争力。以2014年上半年内地电视剧市场收视前十名来看(见表11-1),现代题材依然是主流,但古装题材收视率较高,有人数众多的固定受众。电视频道播送收视前十的电视剧中,主旋律题材就占了两部。值得注意的是,这10部电视剧全都来自央视和湖南卫视,其中央视占了6部,由此可见,电视剧市场中"马太效应"日渐明显。这两家电视频道有着截然不同的定位与受众人群,作为唯一的国家电视台,央视有着广泛的城乡覆盖率,湖南卫视作为省级卫视中的翘楚,主打娱乐路线,在青少年中有广泛的受众人群。相信未来国内的电视剧市场依然会出现"强者越强、弱者越弱"的态势。

表11-1 2014年上半年内地电视剧市场收视前十

顺序	电视剧名称	收视率	顺序	电视剧名称	收视率
1	父母爱情	2.637	6	毛泽东	1.756
2	湄公河大案	2.329	7	因为爱情有奇迹	1.756
3	武媚娘传奇	2.280	8	马向阳下乡记	1.669
4	历史转折中的邓小平	2.046	9	宫锁连城	1.64
5	我在北京挺好的	1.836	10	咱们结婚吧	1.631

2. 重视国际交流的同时,积极探索电视剧市场的"引进来"与"走出去"

引进剧,又称境外剧,即从境外(海外)引进的通过国家广电总局审批允许在国内(境内)播放的电视剧、电影、动画片的合称。目前国内电视频道上常见播映的引进剧主要是韩国、美国和泰国等几个国家的电视剧,曾经一段时间出现很多省级卫视一哄而上播映同一国家或地区的同一部电视剧的情况,有鉴于此,广电总局加强了对引进剧的规定,要求引进剧不得在黄金时间段播映,严格执行先审后播的政策。但总的来说,引进剧这几年在国内电视剧市场中有很大发展,特别是以韩国电视剧为代表的引进剧对国产电视剧形成较大冲击,特别是由于管制的相对宽松,在网络视频行业的电视剧市场中,引进剧依然方兴未艾。同时,国内电视剧的境外输出也取得进步,部分节目反向输出到日本、美国等传统影视强国,如国内热播的宫斗戏《甄嬛传》2014年外销美国,《媳妇的美好时代》2011年输出到非洲,瞬间红遍非洲,并先后到北美、日韩等国家播映。但与欧美、韩日等影视输出强国相比,国产电视剧的输出无论是数量还是出口范围,依然有很大空间。

3. 网络剧成为国产电视剧新的增长点

网络剧是传统电视剧在网络上的重塑,通过互联网播放的一类网络连续剧,是随着互联网发展产生的。优点包括播放准入门槛低,受众对节目具有内容选择性、时间选择性,且观看可操作等,满足了网民的碎片化收视习惯。美国的网络剧现已成为较成熟的剧种,有着工业流水线的生产和播出模式,网络剧对在传统电视台播映的电视剧颇有取而代之的态势。2013 年,作为代表美国电视剧最高水平的艾美奖提名中,超过一大半都是网络剧。《权力的游戏》《唐顿庄园》《国土安全》《绝命毒师》《纸牌屋》《广告狂人》等,而最后获得最佳剧集和最佳男主角两项最重要奖项的《绝命毒师》在传统电视台播映

《绝命毒师》剧照

时原本收视惨淡,却在网络视频点播中迎来春天。相较于欧美国家的成熟,网络剧在国内还处于萌芽状态,但已经表现出"小荷才露尖尖角,早有蜻蜓立上头"的趋势,一大批由网络视频企业自制在网络上播映的网络剧崭露头角,《苏菲日记》《嘻哈四重奏》《极品女士》《盗墓笔记》等网络剧获得巨大成功,个别剧集点播量甚至达到十多亿。相对于传统电视台播映的电视剧而言,网络剧迎合了碎片化受众的审美需求,再加上灵活自由的收看点播方式,特别容易受到网络年轻用户的喜欢。而且当前网络剧的制播管制政策较为宽松,因此,其制作周期短、播映更灵活。国内现有网络自制剧主要分为三类:一类是为广告客户量身订制的,如《爱情公寓·番外篇》;一类是网站联合制作公司制作的,如《老男孩》;还有一类是网络视频企业自制的、投入高、质量上乘的,如爱奇艺出品的《人生需要揭穿》等。网络剧的兴起有其必然性:首先它是转移网络视频企业的运营成本的需要,当前网络视企业的购剧成本成为影响其发展的主要因素,许多网络视频企业发现购剧不如自制。其次,网络视频的用户相对偏年轻化,审美特征偏向轻松、娱乐的节目题材,与传统电视剧严肃的风格有较大差异,因此,网络视频企业需要自制剧来吸引这部分用户。

4. 制播分离,民营资本大量介入电视剧制作

从早期的民营资本禁止介入电视剧行业,到如今 80% 以上的电视剧的制作是由民营资本完成,可以说,国内电视剧的制作完成了凤凰涅槃般的蜕变,当下电视剧生产的热火朝天与民营资本的介入密不可分。电视剧产业链中的制作、交易、传输任何一个环节都随处可见民营资本的力量,诞生了如华谊兄弟、华策影视、小马奔腾、海润影视等众多影视制作公司。现有 1100 多家民营影视企业中 2/3 以上主要从事电视剧制作与销售,在广电产业制播分离的背景下,这些民营资本的介入对于繁荣整个电视市场、拓展营销渠道起着重要作用。

同时,播出形式多样化,不仅有连续剧,还有周播、季播,首播、独播、联播等

各类播映形式,这也导致了电视剧播映过程中乱象丛生,电视剧每年虽然产出量大,但质量参差不齐,并且播映渠道有限,以至于出现"一剧多星"的情况,一旦有一部优秀电视剧,所有省级卫视一哄而上,都想分第一杯羹,导致电视台的购买成本大幅增加,同时几家电视台播映同一部电视剧分散了收视率,为此,广电总局出台了相关政策,规定从 2015 年 1 月 1 日起,一部电视剧最多只能同时在两家上星频道播出,实行了 10 年的"4 + X"政策将退出电视剧舞台,"一剧两星"政策的实施对央视和以独播见长的湖南卫视等几乎没有任何影响,但对其他的二线上星卫视造成的冲击巨大,同时,也是对电视剧制作市场的一次大洗牌,某种程度上将大大提升国产电视剧的制作水平。

第三节　娱乐真人秀节目

我们通常把大众传播分成两种类型:一是告知性(informative)传播,一是劝服性(persuasive)传播。前者主要以新闻的形式出现,其目的是告知信息,让受众知道某件事情的来龙去脉;而后者主要以政治宣传或商业宣传(广告)的形式出现,其目的在于劝服,在于受众态度乃至行为的改变。然而,当我们面对诸如电视剧、文艺晚会、脱口秀之类的节目时,却很难把这些节目形态归到上述两种分类中去,因为这些节目既不着眼于传递信息,又不着眼于受众态度的改变,它们的目的是为了让受众消费之后获得心理上的愉悦。因此,我们不妨把它们称为"娱乐性传播"。

当前关于电视娱乐节目的界定并不十分明确。从广义上看,电视娱乐节目是指综合舞台艺术与电视艺术的表现形式,具有娱乐性、趣味性的电视节目,包括影视剧、文艺专题片、各类晚会以及综艺类、游艺类、竞技类、音乐类电视节目等。从狭义上看,电视娱乐节目是指单纯为受众提供娱乐和消遣的趣味性节目,包括综艺类、游艺类、竞技类和音乐类等电视节目。事实上,这两种分类是从娱乐的两种属性来看的,广义的电视娱乐节目既考虑艺术性,也考虑游戏性;狭义的电视娱乐节目则主要考虑游戏性。

早期的电视娱乐节目主要是对其他娱乐形式的借鉴,换言之,是利用电视这个新的媒介来模仿、复制、再现既有的娱乐形式并对其进行传播。例如,电视转播文体节目是对现场观看的复制或再现;电视剧是对电影的模仿;电视肥皂剧是对广播肥皂剧的嫁接。电视是一个综合性的媒介,因而电视对其他娱乐形式的借鉴容易获得成功,电视利用其强大的穿透力,把音乐、舞蹈、游戏、体育、故事片等送到每个家庭的起居室,让人们足不出户便可获得娱乐体验。正如大卫·麦克奎恩在《理解电视》一书中所说，"和早期的电影一样，电视在它的初始阶段也充分利用了体育运动和政治性或社会性的事件作为素材，如赛马、乔治五世的加冕礼、古典音乐会和政治演讲。这些内容本身有着显而易见的吸引力，除了记录事件，人们并不对这些素材作任何处理。早期的电视也吸收了其他媒介的节目样式，如杂耍、戏剧以及好莱坞生产的故事片和系列电影"。①

随着电视人对电视传播特性的探索和受众对电视节目要求的不断刷新，电视工作者一方面开始修改既有的娱乐形式，使得它们与电视更加匹配，更加突出这些娱乐形式的电视属性，例如，把以往单部的电影变成电视系列剧或情景喜剧；增加文体节目转播时的摄像机数量，丰富各种角度各种景别的镜头，使得经过电视转播的娱乐节目比现场观看更加生动、更加真切。另一方面，电视工作者开始探索原创的娱乐节目形式，例如，请影视明星到节目中与观众一起参与游戏，设置高额奖金、奖品来刺激观众等。

国内电视从 1958 年起步后，娱乐节目一般以文化体育类节目的形式出现在电视荧屏上，在以阶级斗争为纲的年代，文艺几乎成为政治的附庸，电视节目的泛政治化显然不利于娱乐节目的存在。我国电视娱乐节目的春天始于 20 世纪80 年代，如 1981 年赵忠祥主持了"北京市中学生智力竞赛"，这是中央电视台第一次播出益智类节目；央视 1981 年《万紫千红》和 1982 年《舞台与荧屏》两个栏目开播，预示着电视娱乐节目将逐渐由剧场转播为主变为自办综艺节目为主；1983 年，央视第一届春节联欢晚会播出；1984 年，央视首次举办全国青年歌手电视大赛；等等。

一、娱乐节目的分类

近年来，娱乐节目在中国电视荧屏上所占份额越来越大，很多学者总结了20 世纪 90 年代以来中国电视娱乐节目的发展轨迹，基本认同以下四种形式。

（一）以综艺晚会为代表（20 世纪 90 年代初期至今）

这类节目仍然是以表演类为主的传统综艺节目，与春节联欢晚会一脉相承。如果说"春晚"是一年一度的盛会，那么 1990 年央视《综艺大观》开播则标志着电视娱乐的常态化。《综艺大观》每两周一期，每期 50 分钟，节目内容主要是歌舞、曲艺、相声、小品，编排紧凑，风格明快。《综艺大观》在拍摄上采用多机位，使得电视观众比现场关注更接近主持人和表演者。

早先的晚会类节目大多是录播，即事先录制完成，到时段播出。录播使得电

---

① 大卫·麦克奎恩. 理解电视[M]. 苗棣, 赵长军, 等译. 北京: 华夏出版社, 2003.

视编辑可以比较从容利用时间对节目进行修改和加工,把录制现场的一些失误去掉。从接受的角度说,录播降低了受众的心理期待程度,观众的观看主要是一个审美过程而没有太多的惊喜或激动。

(二)以游戏类节目为代表(20 世纪 90 年代中期至今)

此类节目较早出现的有 1994 年北京电视台推出的《午夜娱乐城》,但最有名的是湖南卫视的《快乐大本营》。《快乐大本营》于 1997 年 7 月开播,每周一期,时间为 100 分钟,内容包括明星嘉宾与现场观众合作的游戏、嘉宾访谈表演、场外观众的有奖竞猜等,辅以歌舞等传统节目。节目中游戏形式新颖,奖品丰厚,更有明星助阵,使人耳目一新,也给中国电视界带来一次震动。此外,《快乐大本营》启用了何炅和李湘两位青春偶像型的主持人,改变了以往央视综艺节目主持人端庄稳重的特点;整个节目采取直播的形式,明星出丑也照样播出,一些事先准备好的节目也以现场即兴的形式出现,很大程度上满足了观众的好奇心和期待;观众还可以用电话与现场进行互动,这个做法被很多后来的节目所采纳。

继《快乐大本营》之后,北京电视台创办了《欢乐总动员》,江苏台创办了《非常周末》,一时间每到周末多个电视台都在黄金时间推出游戏类节目,说到底,明星嘉宾与现场游戏是这类节目的两大王牌。事实上,《快乐大本营》模仿的是港台娱乐节目的套路,各地又竞相模仿《快乐大本营》,大量雷同的节目带来的是低层次的竞争,同时,部分游戏类节目格调不高,商业味过浓也招致了观众的反感。

进入 21 世纪以后,此类游戏节目逐渐发展,结合了许多适合现代都市年轻人的新元素,如"明星""搞笑""轻松"等,并且与明星真人秀节目自然融合,如近两年非常火热的《奔跑吧,兄弟》《两天一夜》等。

(三)以益智类节目为代表(20 世纪 90 年代末期至今)

这一阶段的益智类节目不同于早期电视上的智力竞赛,也不同于 1990 年央视开播的以旅游文化和智力问答为主要内容的《正大综艺》。这类节目以观众的广泛参与为基础,场外选拔,场内录制比赛过程。此类节目的代表是央视创办的《幸运 52》和《开心辞典》。

《幸运 52》于 1998 年 11 月开播,模仿的是英国 BBC 的博彩类节目"GOBIN-GO"。央视剥离了原有节目的博彩性质,将其进行了中国化的改造,例如用奖品代替高额奖金,淡化了负面效果;用亲友间的合作和对手间的沟通,减弱了激烈的对抗气氛。几轮答题加上参与者的现场表演,再加上主持人李咏的独特风格,使得《幸运52》打破了知识类节目和游戏类节目的藩篱,实现了寓教于乐,在2000年"中国电视节目排行"的评比活动中获得"年度电视节目""最佳游戏节目""最佳游戏节目主持人"三项大奖。

2010年以后,益智类节目相较真人秀节目有明显萎缩的态势,益智类节目依然有很大的收视群体,但是这类节目也面临着模式陈旧、理念落伍的危机,总体发展较为迟滞,但也不乏原创性和创新力较强的节目,如《汉字听写大会》《年代秀》等。益智类节目以后的发展,取决于节目自身的不断创新。

(四)以真人秀节目为代表(2000年至今)

2000年,美国CBS制作的《幸存者》的删节版在央视二套的《地球故事》播出,"真人秀"节目开始被引入中国。"真人秀"作为一种新的节目类型,尚没有很规范的定义。在国外,真人秀被称为Game show(游戏秀)、Trueman show(真人秀)、Reality TV(真实电视)、Reality soap opera(真实肥皂剧)、Constructed documentaries(创构式纪录片)等。在法国纪录片节上,真人秀还被称为Docusoap(纪录片式的肥皂剧)。在中国,真人秀多指"由普通人(非扮演者),在规定的情景中按照一定的游戏规则,为了一个明确的目的去做出自己的行动,同时被记录编辑成的一集节目";也泛指"由制作者制定规则,由普通人参与并录制播出的电视竞赛游戏节目";还有人将之定义为"特定虚拟空间中的真实故事,全方位、真实、近距离拍摄和以人物为核心的戏剧化的后期剪辑而做成的节目"。

娱乐真人秀节目融合纪录片的纪实性、影视剧的戏剧化以及游戏节目的娱乐化元素,甚至打破现实与虚拟的界限,融入多种电视节目形态产生的新节目形态,传播学者尹鸿认为:"真人秀作为一种电视节目,是对自愿参与者在规定情境中,为了预先给定的目的,按照特定的规则所进行的竞争行为的记录和加工。"娱乐真人秀节目结合了传统电视叙事模式"电影模式"和"艺术语言模式","电影模式"负责故事部分,"艺术语言模式"负责观众参与部分,从而达到吸引观众的目的。娱乐真人秀节目最早发源于20世纪50年代,当时的真人秀节目融合戏剧化元素,主要为了取悦观众,如《美国家庭滑稽录像》,直到1992年,美国有线音乐台推出《真实世界》,摄像机每天二十四小时拍摄住在一起的7名青年男女,这个节目已经具备现在娱乐真人秀节目的所有要素,并引起一定关注。真正被奉为娱乐真人秀节目经典的是荷兰埃德莫公司1999年推出的《老大哥》,通过实时记录并向观众展示室内参与者的一切活动,融合了友情、爱情、竞争、合作、传统道德与现代思想解放等元素于一体,迅速成为风靡全球的电视真人秀节目,在数十个国家和地区播出几十种不同版本。与之类型和制作模式相似的节目还有法国电视六台的《阁楼故事》、英国格林纳达传媒集团的《酒吧》和美国哥伦比亚广播公司的《幸存者 I》等,这类节目通过激发观众偷窥癖式的好奇心,以糅合性、隐私、庸俗化的内容等元素吸引观众,这也使得对这类节目的批评和争议越来越多。尽管如此,娱乐真人秀节目仍然在电视屏幕中占有重要地位,如美国的《美国偶像》《全美超模》、英国的《英国达人》等。

二、娱乐真人秀节目的传播特点

娱乐真人秀节目的兴起与当前的消费文化流行的整体社会环境有着极大相关性,它所代表的电视文化正是消费文化在商业背景下的具体体现,正如英国学者迈克·费瑟斯通(Mike Featherstone)所说:"在消费文化影响中,以及在独特的、直接产生了广泛的身体刺激与审美快感的消费场所中,情感快乐与梦想、欲望都是大众欢迎的。"快感,成为消费文化背景下的大众选择,这类快感大多是基于视觉、听觉、冲动、性等生理欲望的基础上,"本我"长期被现实和理性道德所压抑,但一旦遇到消费文化的"催化剂"作用,使得感官追求成为一种必然。消费文化在商业和资本的力量下不断影响电视文化的发展,而这种消费化的电视文化反过来促使电视制作机构生产和制作这类"快感"节目,它们无力进行现实关怀,只能以拟态的现实来麻醉普罗大众,让大众暂时忘却烦恼。"这一技术程式造成某一类非常具有强制性的信息:信息消费之信息,即对世界进行剪辑、戏剧化和曲解的信息以及把信息当成商品一样进行赋值的信息、对符号内容进行颂扬的信息"。① 后现代主义媒介研究代表人物鲍德里亚甚至认为,电视媒介创造出一个"拟像世界",在这个世界里,人们对真实世界失去兴趣,却沉湎在"拟像"中,但它不是真实世界的能指,而是与真实世界无关的"游戏",传媒以符号真实充当客观真实,利用符号真实影响受众,并从根本上瓦解了现代社会和现代主体。

同时,消费文化的流行造成"奇观社会","奇观"是法国学者德波提出来的,他认为,消费文化的到来使得从物的生产到物的呈现,再到主体的消费行为,这一过程不再简简单单只是物的使用价值和交换价值的实现,而且还是物的符号价值的生产和消费,是物在表征中抽象化的过程。"奇观"作为西方 20 世纪 60 年代随着消费文化的崛起而出现的一种新的社会文化现象,在大众传媒的刺激下,激发出来成为常态,反映在电视节目中并表现为电视节目被以各种形式包装,显示出艳丽的表征,从视觉角度上呈现出"奇观文化"。

以鲍德里亚和德波的观点来考察当今的各类娱乐真人秀节目,都得到广泛

① 鲍德里亚.消费社会[M].刘成富,全志钢,译.南京:南京大学出版社,2001.

验证。

不同于国外的娱乐真人秀节目,国内的电视娱乐节目的发展道路同时也是对节目形式与内容日益创新求变的进步之路。时至今日,中国的电视节目已经进入了一个泛真人秀娱乐的时代。从早期以益智类、竞技类真人秀为主,再到后来《超级女声》的出现,掀起了平民参加真人秀节目的火爆风潮,真人秀节目也在随后的发展中迅速占领了娱乐节目的主导地位。纵观娱乐节目在我国的发展,可以发现受众对娱乐节目需求的变化。从早期观众多数倾向于崇拜和欣赏演艺明星们,渐渐发展到让普通人参与。随着观众欣赏水平的不断提高,以及对娱乐节目有着不断更新的要求,从而使娱乐节目必须推陈出新,推出新的节目样式。

具体来说,这一类节目具有以下特点。

(一) 制作手法的纪实性与虚构性

真人秀是一种融纪实与虚构两种创作手法的电视节目,这是它最显著的特点。电视节目往往被分为纪实类和虚构类两种,前者如新闻、纪录片、访谈类节目等,它们具有真实性、实录性等特点,后者如影视剧和曲艺节目,它们具有表演性和戏剧性。真人秀之所以吸引人,最根本的原因就是它把分别代表不同创作手法的"真"与"秀"巧妙地结合在了一起。虚构的情节构成了某种对现实的"拟仿",看起来比真实还要"真实",也使真人秀节目游走在真实和虚构之间。

(二) 节目内容的刺激性与诱惑性

刺激和诱惑是一个问题的两个方面。人们观看真人秀节目,一方面想看到某些真实的情况记录,例如同样来自普通人的选手如何处理生活中各种问题,或是面对一些困难、私密乃至尴尬的境遇;另一方面,人们也想通过电视节目看到一些惊险的、刺激的场面,例如见证平民如何被塑造成明星、英雄,或是获得高额奖品、奖金。

与刺激性、诱惑性联系在一起的是人们的窥视欲。随着真人秀节目的兴起,图像把人们带到他们去不到的地方,图像把别人的生活场景呈现在个人面前。很多真人秀节目选手在录制节目前都要同主办方签订协议,其中的一项就是同意节目使用自己的肖像权,并且不得拒绝大部分的拍摄要求。

如果把电视比喻成一扇窗户,观众则像是窥视者,他们从"窗户"中看到别人的一切,从而得到快乐。为了尽可能详尽、真切地看到别人的情况,这个"窗户"越开越大,清晰度也越来越高。早在1985年,美国传播学家约书亚·梅罗维茨(Joshua Meyrowitz)在其出版的《空间感的消失》一书中就提出了"电子媒介促进情境合并"的观点。梅罗维茨认为,以电视为代表的电子媒体盛行带来的是公私情境的融合、后台隐匿行为的暴露、社会关系与原本的物质环境的分离,即在传统的戈夫曼的情境论中不会公开出现的东西也被电子媒介暴露了出来:"如非正式的服装、淫秽、裸体、亲密状态的自我泄露、情感,以及承认脆弱。"①梅罗维茨提及的这些,用最好的文笔来描写也未必有电视上几个镜头来得真切。

每个人都有求新求异的好奇心和认知世界的欲求,真人秀节目正是利用了电视媒介这样的功能,把真实和虚构结合在一起,让观众不知道接下来会发生什么,从而牢牢拉住观众的视线。从娱乐的角度看,适度的刺激和诱惑是合理的,问题在于"度"在哪里,能否做到"乐而不淫",避免把观众的好奇心推向极致。

(三) 传受双方的互动性与平等性

利用新的传播手段,实现节目与观众的互动,是真人秀节目的又一大特点。《老大哥》的观众可以通过声讯电话,选出自己本周最不喜欢的一个选手并将其驱逐。《幸存者》等节目也有专门的网站,在电视和网站上同时播出。观众通过电话、网络、短信的参与,大大增强了节目的互动性,而且带来了节目评判的平等性。2005年《超级女声》在节目安排上也借鉴了西方真人秀节目的做法,请观众为他们支持的选手发短信,通过短信数量决定选手的命运。

麦克卢汉曾经断言,电视是"冷媒介",需要受众高度的参与。这一点在真人秀节目中表现得淋漓尽致,通过各种途径,一部分受众参与到节目中,共同书写节目文本,建构节目的意义。其他受众虽然没有直接参与互动,但是他们可以在收看节目时产生类似的心理体验,因为虽然没有拿起电话,但是他们明白自己已经被赋予了评判的权利。

需要指出的是,真人秀节目推崇互动性与平等性,从根本上是为了聚拢人气,实现节目的商业价值。而且,节目制作方还可以通过各种电视手段影响受众的评判,使得自己中意的选手胜出。

三、娱乐真人秀节目的现状

在国内,广东电视台在2000年6月推出的《生存大挑战》被视为国内第一个真人秀节目,内容和形式都有了真人秀的雏形。节目拍摄横跨8个省3.8万

---

① Joshua. Meyrowitz. No Sense of Place[M]. London:Oxford University Press,1985.

千米,耗时 4 个月,资金投入数万元,在中国电视节目史的早期,规模之大、耗时之长、投入之多也实属少见。其作为我国首个真人秀节目,虽然有着经验不足和节目环节的不成熟等问题,但它作为一个开端,为国内真人秀的发展积累了宝贵的经验,观众自此也对真人秀节目有了初步的认识。

随着时间的推移,各种真人秀节目不断在各个省级卫视中推出,为了在收视率的角逐中获得有利排位,节目的样式和内容也逐渐丰富。《交换空间》这一家居装修类真人秀节目就在 CCTV 2 经济生活频道孕育而生,每周的节目有两个不同地域的不同家庭参与,规则是互换房子 48 小时,每家庭有 8000 元的装修预算,在专业人员的指导和帮助下展开装修。这个节目的特别之处是它很好地将电视的传播功能和服务功能有机结合,这也使其获得了不少观众的支持和喜爱。

作为地方电视台代表之一的东方卫视,也尝试推出了第一档公益真人秀《民星大行动》。节目中,让明星们乔装成车夫、商贩等不同角色,去从事许多不同的艰辛工作。他们的劳动报酬所得,再加上场外观众短信的投票收入,收益的总和用来资助受助对象完成心愿。节目传达和弘扬了助人为乐的传统美德,在社会上获得了良好的反应。

在 2004 年到 2006 年期间,湖南卫视推出的歌唱类选秀节目《超级女声》更是把真人秀节目推向了一个高峰,这个节目的火爆使得主要特征为"海选""平民造星""全民娱乐"的"选秀类真人秀"占据了主导地位,后来传播学的研究者把这一过程称为"真人秀的本土化改造"或"真人秀的衍生品"时期。在此之后《我型我秀》《加油,好男儿》等类似节目将我国的"选秀真人秀"节目推向了发展的顶峰。之前发展的并不尽如人意的真人秀节目,随着收视率的不断刷新终于进入了新的阶段,而一些优秀的真人秀节目也拥有了品牌知名度和在观众中的影响力。

选秀类真人秀是以举办某一类别的比赛为表现形式,从众多参赛者中选拔出获胜者并给予丰厚的奖励,从而获得经济效益的电视节目。2004 年至今,选秀类节目已走过十年,也面临着"选秀已死"的质疑声。"限娱令"的出台以及出现和兴起的更新颖的节目形态,给选秀类真人秀节目带来了史无前例的重大冲击。所以选秀类节目也开始纷纷创新,如东方卫视的《中国达人秀》,节目内容以感人励志为主,参加的选手也更多元化,表演形式除了唱歌、跳舞,还包括民间艺术或反串,甚至某些选手表演的是罕见的特殊技能。

除此之外,一些职场和相亲交友类真人秀节目也走进观众的视线,具有代表性的是天津卫视的《职来职往》、湖南卫视的《我们约会吧》等。这些节目成为国内真人秀的又一热点,并且也引发了人们的关注。这使得新节目和新创意也不断涌现，从而丰富了电视荧幕。

但是，目前中国的真人秀节目除了选秀类收获颇丰，其他类型的真人秀节目都还有很大的发展和上升空间。2013年大热的节目《爸爸去哪儿》以前所未有的节目形式吸引了观众，节目用暖心的亲情打动受众，全家观看、老少皆宜，极具观众缘。2014年的《奔跑吧，兄弟》齐聚"明星""游戏""搞笑"三大元素，从诸多娱乐真人秀节目中脱颖而出，迅速吸引了不少观众。

此外，由于选秀类真人秀节目的颓势，使生活服务类真人秀节目走进观众的视野，并得到众多观众的关注和喜爱。这类节目带给受众贴近感和熟悉感，也更具体化和人性化，有着极强的接近性和服务性。可以说生活服务类真人秀在我国的电视节目市场中有着很大的发展空间。

随着我国真人秀节目的不断发展，其节目的制作手法更娴熟，积累的经验更多，内容也更具体化。旅游休闲、美食家居、婚恋交友、职场竞争等不同类型的真人秀节目相继开播、各领风骚，从而更加全面地覆盖了观众的需求，收视率也一路攀升。如江苏卫视婚恋情感类真人秀电视节目《非诚勿扰》就打破了传统的婚恋交友形式，风格创新大胆，开播不久后收视率就获得了新高，更是引起了观众们的热烈讨论。这类婚恋情感类真人秀节目将相亲现场搬上了舞台，把录制过程中参与者之间的言语或矛盾冲突公开展现在受众面前，这在很大程度上满足了观众的好奇心及窥探他人隐私的收看心理。由此开始，婚恋情感类真人秀作为一种独立形态的节目登上了电视舞台，而《爸爸去哪儿》又将亲子户外真人秀节目推向了高潮。

四、娱乐真人秀节目的发展

随着社会的不断发展和受众需求的不断改变，真人秀节目的发展也应该是与时俱进的。在追求经济效益的基础上，也应该承担社会责任；在借鉴外来经验时，也应该注重本土化和创新。电视媒体应利用有效的宣传营销手段，建立完整的商业模式，让真人秀节目在未来有更加长足的发展。

（一）以内容为本，重在创新

1. 承担社会责任，向现实生活回归

我国真人秀节目在发展过程中存在着不少问题，但也产生了许多影响。收视率是当今电视媒体考核节目的一个重要指标，但是电视节目并不是普通商品，它对人的心灵和思想会产生作用力，对人生观和价值观也会产生影响。因此，电视媒体作为社会公共传播媒介，必须肩负起传播优秀文化、实现舆论监督的责任，要以社会责任为中心，把经济效益和社会效益相结合，才是当今电视媒体的

正确选择,也是构建和谐社会的必然要求。同样,在符合市场经济规律和顺应电视产业改革的同时,我国真人秀节目的发展,还要契合我国的文化传统,以适合我国国情又具有市场价值为目标,在弘扬和建设积极、健康向上的电视文化中发挥正能量。

当代的电视媒体是传播大众文化的重要媒介,也是大众娱乐的重要工具。电视节目传播娱乐的方式简单直接地作用于人的感官,受众不需要耗费太多精力去思考,满足了不同层次受众的需要,大众更易于接受。电视节目在传播信息和丰富电视文化的同时,更是有正确引导受众的职责,用高雅的文化产品带给受众强大的精神世界,进而在构建和谐社会文化的过程中发挥出重要的作用。如今,真人秀已经是一种日常性的电视节目,观众逐渐对思想肤浅、商业性过强、揭露人性黑暗的真人秀节目失去了兴趣。所以,一批以求职、美食、旅行、情感等为题材的日常生活类的真人秀节目逐渐风靡电视荧屏,这些类型的真人秀节目具有可看性并且符合中国社会经济快速发展的现实,给观众带去欢乐的同时,更是日益受到观众的欢迎和喜欢。

电视节目应该传播有用和有益的信息,更要贴近中国文化现实和满足受众需求,不能一味地迎合受众,更不能以纯粹的感官娱乐去刺激受众,要超越受众低层次的欲望,以乐观健康的文化娱乐受众,并调动受众对社会公共话题的关心和参与。大众传媒的重要使命是传播先进文化,应该通过积极向上的文化产品引导受众思想和整个社会文化的发展方向。

2. 本土化再创新,娱乐多样化

中国观众与西方观众在审美趣味上有较大的区别,在大多数东方观众的心中,传统的审美和道德规范已积重难返,所以西方真人秀节目里的部分娱乐元素,不能原封不动地植入到我国的真人秀节目中,这很可能造成水土不服。因此,中国的真人秀节目应该在符合我国文化传统和观众审美习惯的基础上,借鉴国外节目成功的经验,吸取积极上进的娱乐元素。应该在节目尺度与收视率、娱乐性与社会责任之间寻找到平衡,这样才能确保真人秀节目的长远发展。真人秀节目从最初的模仿和克隆到以原创为主,走好符合本国的本土化道路,是国内电视娱乐节目增强国际竞争力的必由之路。

21世纪以来,真人秀的浪潮席卷全球,我国也有各种尝试和探索,但目前我国的电视荧幕上还是以演艺类真人秀为主,但是由于相似或雷同节目泛滥,影响力随之下降,导致其开始走下坡路,这说明中国真人秀节目急需多样化的题材和内容来吸引受众的关注。这就意味着一方面要通过适当引进和吸收国外真人秀的形态和创意,使我国真人秀节目更丰富多彩;另一方面,我国的电视媒体要充分发挥主观能动性,从丰富多彩的现实生活中,创新出更多更吸引人的节目题材和类型。

随着时代的进步和发展,受众的观念、喜好也在发生着变化,借鉴优秀节目经验的同时,更要不断创新和完善自身。电视节目只有与时俱进,并根据观众的需求作出相应的调整,才能最大限度地满足受众的需要并吸引他们的注意力。中国传媒大学教授胡正荣就认为:"抄袭将毁坏这个产业,只有推进原创才能保证其可持续发展。在这一点上,电视产业和其他产业的发展是一致的,都要从'中国制造'过渡到'中国创造'。"

(二)成功运用宣传营销手段

1. 广告宣传营销

由于现今电视台唯"收视率"至上的现状,电视节目的生存法则之一便是依靠足够的广告冠名和植入。广告也是一档成功的真人秀节目中不可或缺的部分,从广告招商到品牌选择,再到节目中广告的播出和后期的网络传播营销等是一个整体过程。在如今的网络时代,要想获得广告价值的最大化,真人秀节目就必须在广告营销方面不断地发展创新。

电视真人秀节目是现在不少电视台的收视率较高的综艺节目,因此节目的广告营销人员应该用广告营销策划的理念,电视人更需要与广告客户沟通,精心设计真人秀节目的广告营销方案。无论是植入式还是隐藏式或是冠名广告都要安排合理,策划周全。当今电视真人秀节目的广告营销形式和观念应该不断创新。电视媒体要善于抓住机遇,正确把握政策导向,充分利用新媒体和新技术提供的便利传播平台,制定最佳的营销策略,通过合作实现共赢。

2. 网络媒介传播营销

随着各类社会媒体的兴起,其中网络社交媒体成为最主要的传播工具,其只是单纯的依赖低成本的互联网传播,而且用户有极大的主动权,还具有快捷、可检索、互动性强、信息海量等特征,被称为"有史以来最强大的媒体形式"。现今流行的传播媒介包括微博、论坛贴吧、社交软件、视频网站和搜索引擎等。在这样的媒体上,人与人之间的关系通过网络这种介质变得亲密,互联网上这些人际网络是现在人际传播的延伸,电视真人秀节目跟随时代的发展,利用好这些工具使更多的人参与节目的互动和讨论,从而赢得更多观众的心。

微博异军突起后,便迅速成为主要社交媒体之一,其影响力之大不容忽视。2009 年,新浪微博推出后,很快成为最受欢迎的传播媒介之一。它的出现使我们步入"微"时代,使每位用户都成为信息的发布者和制造者,即"自媒体"。它的信息传播速度远远超越了人际间口耳相传的速度,而且由于中国有将近 2.5亿的微博用户,也使微博有了更加广泛的传播范围。如今各类真人秀栏目都在微博上建立了自己的官方微博,通过发布最近动态吸引粉丝关注和互动等从而扩大节目的影响力。

随着网络发展的日新月异,网友们可以随着电视中节目的直播观看,更可以依据自己的时间过后在视频网站观看,或者下载留存。例如现在以娱乐节目在电视业立足的湖南卫视,还推出了视频网站芒果 TV,网站不仅提供本台各个节目的视频播放,也提供播放当下其他的热门节目或电影、电视剧,在电视播放节目的同时,网站也提供同步直播和互动评论。真人秀节目的宣传手段不再只是传统意义上的广告宣传,还包括通过网站论坛或微博社区及时发布关于节目动态信息,增加互动的频率。真人秀节目组要及时接收受众的反馈,及时把握受众的动态需求,与网友中掌握话语权的"意见领袖"进行沟通,并对意见或者建议及时回应。

(三) 建立属于自己风格的商业模式

1. 打造风格鲜明的节目品牌

电视品牌,是电视媒体的品质、个性和价值的标识化体现,是电视媒体文化本质的具象化表征,是一个电视媒体区别于其他的重要标志。尼尔·波兹曼在《娱乐至死》中提出了电视节目的几条戒律,第一是不能有前提条件,每一个电视节目都应该是独立完整的,观众在观看节目的时候不需要掌握节目的来龙去脉。那么,想要让观众持续地关注节目,节目组在进行品牌定位时就要开动脑筋,将自己节目的定位为走向大众化,让自己节目的品牌形象不断深入人心,打造具有鲜明风格的节目品牌。

虽然国内电视节目市场中的真人秀节目内容和形式日渐丰富,节目的流程、环节和播出方式也有很大改变,但本质上还是借鉴了国外的节目形式,只是对其中的细节进行了修改,缺少节目自身的本质创新。这需要我们不断地探索研究,改变目前国内真人秀节目简单模仿甚至复制的生产方式,应该把它打造成具有品牌效应的电视真人秀节目。支撑真人秀节目品牌的最基础的要素是优质的节目内容和独特的节目风格,只有满足了这个基础,节目才能吸引更多的观众,并受到关注和喜爱,节目也要通过一定的宣传推广获取知名度,在完备的准备下建立起自己的品牌。当品牌建立起来之后,必须保持节目的稳定和高质量来继续吸引观众,而且需要通过各种手段来进行品牌维护,提升观众对此品牌的信任感和忠诚度。

2. 节目品牌延伸策略

品牌延伸,又称品牌扩张或品牌扩展,它是指企业将某一知名品牌或某一具有市场影响力的成功品牌扩展到与成名产品或原产品完全不同的产品上,以凭借现有成功品牌推出新产品的过程。一个成功的真人秀节目品牌,除了节目自身的成功外,品牌延伸尤其是节目衍生品的营销推广也不容忽视。作为多元营销手段的一种,形式多样的衍生品也能推动节目的成功。如美国 FOX 广播公司的选秀真人秀节目《美国偶像》火爆荧屏后,辛迪加公司很快开始为观众提供该节目参赛歌曲的彩铃下载,而某电子游戏公司也开发一款名为《美国偶像》的游戏。节目的衍生产品能够帮助节目在市场中更顺利地流通,有利于把电视节目和消费市场以及节目参与者和消费市场更紧密地连接在一起,帮助节目获得更多的观众和产品消费者,取得丰厚的经济收益,缓解节目运营的资金风险。因此,随着节目的热播,适当开发受众喜欢的衍生产品,不失为扩大节目商业盈利和提高明星人气的极好方式。

娱乐节目的衍生产品可以分为两种:虚拟授权产品和实体形象授权产品,并且两种模式都要以观众为核心去生产。第一种虚拟形象授权的产品,要充分利用庞大观众资源和网络媒体资源,整体是一个双赢的过程。具体产品可以是高品质无损的原声音乐、动漫肖像图片、视频直播等。而第二种实体形象授权产品可以包括音像图书、服装、徽章挂饰、文具等。对于电视媒体和传媒公司而言,要为节目的衍生产品创造好流通渠道,充分地利用传统媒体和新媒体为其宣传产品价值,最终实现盈利。而对于网站和运营商而言,应当利用节目衍生产品的附加价值,增强用户对新业务的体验,实现电视媒体和传媒公司双赢。而这对商业模式的建立具有强大的推动作用。

美国学者梅罗维茨曾经提出过"媒介情境论",认为电视促成了社会情境交融,会把原来属于私人领域的个人情境通过电视媒介呈现在公共领域中,使得公私情境混合,这将放大个体的力量,同时也会侵害个人隐私。这种媒介文化将会影响儿童社会化过程,造成媒介文化者们所称的"儿童痴呆症"。某种意义上,娱乐真人秀节目正是这一理论的具体体现。

第四节 电视访谈节目

访谈节目是以演播室为主,在主持人与嘉宾之间就一定主题或者事件进行的对话。电视访谈节目兴起于西方国家,最早可以追溯到公共话语空间诞生之初的沙龙时代,人们就某些共同话题进行交流对话,随着广播的出现和普及,这种对话形式被移植到广播节目中,成为广播谈话节目,后来随着电视的发展又被移植到电视节目中,最初的名字叫作"Talk show",音译过来就是"脱口秀",原意是指一种观众聚集在一起讨论主持人提出的话题的广播或电视节目,其主要特征是无脚本、以谈话为主要方式以及即兴发挥。20 世纪 30 年代,美国全国广播公司推出过一系列访谈、谈话节目,如《芝加哥圆桌会议》和《美国城镇空中会议》,但影响有限。直到 1954 年,全国广播公司推出由斯蒂夫·阿伦主持的《今夜》,特别是斯蒂夫·阿伦幽默、诙谐的主持风格和娱乐化、喜剧性的节目内容使之迅速吸引了一批观众支持,也开创了美国电视史上夜间谈话节目的先河。整个五六十年代,由于麦卡锡主义盛行、美苏争霸过程中对意识形态的禁忌、广告商对现实题材电视节目的回避等因素,使得电视访谈和谈话节目只能流于喜剧、娱乐节目。这种情况一直持续到 70 年代,1972 年日间谈话节目《唐纳休访谈》播出,一改以往节目喜剧风格和缺少现实关怀色彩,以"倾听"作为节目主旨,注重对现实题材的关照。70 年代以后成为美国谈话节目发展最好的时期,并逐渐形成以《大卫深夜秀》为代表的夜间谈话节目和以《奥普拉访谈》为代表的日间谈话节目两种类型,夜间谈话节目通常是为了弥补晚间非黄金档的空缺而设置的,播出时间基本在晚间十一点以后,同时为了适应这样的播出时段和播出氛围,播出内容较为轻松,以娱乐、喜剧为主,以男性受众为主要目标,用诙谐和讽刺的喜剧化方式来解读时政和严肃的社会消息。而日间谈话节目较为严肃和保守,更关注个人现实题材,追求戏剧化的冲突,通常节目制作者会主动挑起矛盾,让嘉宾之间、观众之间甚至是嘉宾与主持人之间直接产生对立和冲突,日间谈话节目主持人话题通常也会比夜间谈话节目更加尖锐,其主要受众为家庭主妇,关注社会个体问题。进入 90 年代以后,由于联邦政府对电视台和电视网的管理逐渐放开,一大批新的电视频道开始涌现,各个电视台为了填补时间,购买成本较为低廉的日常和夜间谈话节目自然成为首选。谈话节目也因此成为各电视频道最常见的节目形态。

与美国不同,20 世纪 80 年代中国内地电视访谈节目才孕育而生,虽然晚了美国几十年,但发展速度却很惊人。1993 年上海东方电视台推出的《东方直播室》是我国内地最早的谈话节目。因为采取的是直播方式,这种方式在当时还不是多见的,所以在上海地区的影响十分广泛。1996 年中央电视台新闻评论部推出了《实话实说》,平和、幽默、交谈式的电视谈话节目从此跃然风行于电视荧屏,随后全国各级电视台相继推出各式各样的电视访谈类节目。据统计,至今我国谈话类节目多达 200 多个。访谈节目的兴起以及迅速发展有着各种各样的社会心理原因,之所以历经观众、媒体"风吹雨打"的苛责与筛选还能够成长,并不断地推陈出新,具体而言,是因为其具有如下优势:制作成本低,体现在低人员成本、低设备成本、低制作成本;制作周期短,一般的访谈节目是日播或者是周播,制作流程十分简洁,而且便利;选题便捷,全国 200 多个访谈节目,大部分以感情问题为主要内容,还涉及经济和新闻话题,涉及的题材很广,上至国家大事下至百姓生活等话题,生活在不断更新,新闻也会不断出现,从而话题也不断,所以选题很方便。现如今,存在于电视屏幕上大大小小的访谈节目数不胜数,如安徽电视台的《鲁豫有约》《非常静距离》、东方卫视的《杨澜访谈录》、湖南卫视的《背后的故事》,再加上北京卫视的《最佳现场》、天津卫视的《今夜有戏》、中央一套的《看见》等,风格各异。但总的来说,电视访谈节目基本元素包括以下几个方面。

一、主持人

不同访谈节目的主持人也有着不同的风格和特点,这一方面是因为主持人的风格往往直接影响节目的风格,所以主持人要打造自己不同的风格和特点来显示本节目与其他访谈节目的异处和深化节目内涵;另一方面是访谈节目本身要塑造主持人的形象和风格从而来打造自己在市场上的品牌,可以说,主持人的形象就是节目的形象。在中国,有许多知名的节目主持人深入人心。李静,被喻为国内最具风格的主持人,她主持的《非常静距离》《超级访问》收视率较高,2011年《非常静距离》获得"年度最具知名度社会制片栏目"奖项,《超级访问》获得"中国网络影响力十大社会制片栏目"奖项。从她主持的节目中我们可以发现,她的主持特立独行、机智幽默、自信、率真而且带着搞笑俏皮,从而征服了观众的心,得到了好口碑,她是为数不多的敢于在镜头面前毫不掩饰个性的女主持人。陈鲁豫,这个名字也许不是每家每户都知道,但是"鲁豫"这个名字却是家喻户晓的,这与她主持的《鲁豫有约》是分不开的,影响很广泛,可以说是在中国具有代表性的访谈节目。鲁豫曾获得"中央电视台最受欢迎的十大节目主持人"称号,被媒体称为"东方奥普拉",与李静不同的方面是,她的主持多了份温和、亲切、轻松。与观众有着亲和力,她的谈话存在于一种平等、轻松的氛围内。除此之外她还是国家形象人物,曾参加《国家形象系列宣传片》并入选。另外还有很多主持人有着自己独特的主持风格,例如:朱军的真诚、沉稳、煽情;李咏的幽默、洒脱;杨澜的温柔而深刻、绵里藏针、资深睿智;曹可凡的憨厚中不乏睿智、犀利而知性等,总之,主持人有着自己独特的风格才会使自身和节目更好地发展下去。尽管各个访谈节目主持人都有着各自的特点,但是他们还是有着很多共同之处的。例如,在访谈中他们对嘉宾及观众都很亲切、营造轻松的谈话氛围,都有着机智、随机应变的能力,有着深厚的文化功底、良好的文化素质和精神素质、准确的语言表达能力及掌握舞台整体表现的能力等。

二、谈话内容和形式

在谈话内容及形式上,多数的访谈节目基本没什么区别:首先,节目内容上基本都是由主持人引导,嘉宾向大家讲述自己及别人亲身经历的故事,向观众传达着一种深刻的道理或是情感。为通过讲故事来充实与丰富节目的内容。其次,在节目形式上,访谈节目大多选择主持人与嘉宾对坐谈话的形式,一对一地清谈,嘉宾可以是一个也可以是多个,如《鲁豫有约》《艺术人生》《咏乐汇》《背后的故事》等,这一形式下主持人在其中起到了很大的作用。还有另外一种形式即外景拍摄,在外景对嘉宾进行访谈或是拍一些嘉宾生活中场景,更真实、鲜活。

三、嘉宾选择

嘉宾是访谈节目中主要的讲述者,是访谈节目中故事情节的主要人物,嘉宾的选择直接决定了一期节目的话题内容及质量。每个访谈节目中对于嘉宾的选择虽然有倾向性,比如《艺术人生》倾向于艺术界的人士,《杨澜访谈录》倾向于政治界、外交界,但也不是一成不变的,会选择各个不同领域的人物,使节目更加丰富。当然也有专属类的访谈,比如宁夏卫视播出的《头脑风暴》,是立足国内,面向全球优秀企业总裁的大型财经深度访谈节目,力邀海内外最具知名度的财经风云人物,畅谈成功,倾吐创业的酸甜苦辣。一般节目中都是选择具有代表性的、对人有正面教育意义的嘉宾,或是一些在近期比较活跃和出名的人物,可以是影坛上或歌坛上资深、有丰富经验的人,也可以是社会上某行业内比较突出的人物,由于受人们关注较多,从他们身上自然能够找到很好的话题来分享。

随着时间的推移,国内很多优秀的访谈节目逐步进行了改版,特别是在时间安排上。很多访谈节目从以前的周播变成了日播,像《鲁豫有约》和《非常静距离》现在都变为了日播的形式,这样虽然播出的频率高了,但其中也存在着许多弊病,首先就表现为内容粗糙,访问形式单一。因为主持人在高度的工作状态下很少有时间浏览和全面地了解嘉宾的资料,使她们准备的不够充分就上台访问,导致现场准备不足,给人的感觉是她们不是为了交流而访谈,而是为了完成节目而访谈,这样就使节目的水准可能有所下降。

其次访谈类型越来越雷同,没有突破,缺乏新颖性。访谈的问题过于老套,话题陈旧,嘉宾重复率高,多是一些活跃于娱乐圈的名人,不能涵盖社会的各个领域。现场中谈到的多是嘉宾的陈年往事,大多谈嘉宾正面、积极的一面而很少涉及他们的负面,因而无法让观众了解嘉宾的另一面,给人的感觉就是他们闪闪发亮、完美无缺,因而某种程度上无法激励观众。另外,由于有些事情可能会影响嘉宾自身的形象,导致嘉宾在谈话中过于谨慎甚至不说真话,从而使得整个访谈看起来像是在作秀,缺乏真实性。例如,有些嘉宾对于主持人和观众的提问闪烁其辞,不敢大方地透露而是看眼神说话,这就体现出了一种不真诚,让观众反感。

此外,访谈现场常常缺乏互动性,一些被邀请到现场的观众只是坐在那里,必要的时候抒发下自己的情绪,没有什么实际的互动,使他们变成了真正的"观众"。节目本来就是追求收视率的,而收视率是要靠观众来提高的,所以不能忽视观众的作用。由于条件的限制,不能每个观众都到现场来感受气氛,为了达到效果这就要靠现场观众来传达,这时,互动就是必不可少的。所以应该设置专属时间留给观众让他们向嘉宾提问从而得到圆满的回答。场外的也可以通过电话专线来了解嘉宾。这样可以唤起他们的关注和认同。通过互动提高观众的地位,最终达到收视的效果。

第五节　纪　录　片

纪录片是以真实生活为创作素材,以真人真事为表现对象,并对其进行艺术的加工与展现的,以展现真实为本质,并用真实引发人们思考的电影或电视艺术形式。早期的电影大多带有纪录片的性质,如电影诞生之初卢米埃尔拍摄的《工厂的大门》《火车进站》以及国内第一部电影《定军山》等。19世纪20年代,纪录片美学的两大奠基者维尔托夫和弗拉哈迪用不同的影像记录方法赋予纪录片独特的魅力,由此形成了两个不同的纪录片美学流派。维尔托夫提倡真实记录,反对人为参与;而弗拉哈迪允许人为适当介入。这两个派别之间的争论以至于直接影响到50年代出现的两大纪录电影运动:以法国导演让·卢什(代表作:《夏日纪事》)为代表的"真实电影"运动和美国梅索斯兄弟(代表作:《推销员》)为代表的"直接电影"运动。"真实电影"运动允许导演直接介入到拍摄内容中,创造剧情,"直接电影"运动要求导演客观记录,不能参与拍摄内容。但这些纪录片美学的不同流派和不同运动主要以电影为载体,电视纪录片无论是制作规模、播放平台以及受众群都逊色于电影纪录片。70年代以后,随着经济的发展、电视机的普及以及频道专业化的确立,电视纪录片迎来了发展高潮,美国地理协会在公共广播公司PBS开播《国家地理特别节目》,该节目成为PBS收视率最高的节目。传统的三大电视网也开始利用商业模式制作电视纪录片,并把它放到辛迪加电视节目市场上进行交易。各种专业化的纪录片频道开始开播，并取得不俗成绩，如播放流行科学、展现科技和历史考古纪录片的 Discovery 频道，关注历史与人文、自然野生、地质探险的 National Geographic 频道，关注历史的 History，等等。甚至很多独立制作人或机构也参与到纪录片拍摄过程中，然后进入辛迪加电视节目市场，比如获得 2014 年第 87 届奥斯卡最佳纪录长片奖的反映斯诺登事件的《第四公民》，就是由独立制作人罗拉·柏翠丝执导的。

国内的电视纪录片诞生于 20 世纪 50 年代，1958 年，北京电视台播放了中国第一部电视纪录片《英雄的信阳人民》，当时的纪录片借鉴了电影的拍摄方式和制作方法，制作队伍几乎全都是电影制片厂的摄影制作人员，纪录片的拍摄方式与表现手法与纪录电影相同，这也是起步时期电视纪录片的典型特点之一。1979 年改革开放后，我国的电视纪录片走向了发展中的第一个高潮，电视纪录片栏目化播出也成为这一时期电视纪录片的一大特征，如《人民子弟兵》《动物世界》。纪录片专栏的出现，表明纪录片作为一个独立的片种已经能够依靠自身独特的魅力拥有收视群体，这标志着我国电视纪录片进入了一个新的阶段。到 90 年代初，电视纪录片迎来了发展的第二个高潮，纪录片发展在各方面都取得了巨大的进步。纪录片概念的进一步清理使纪录片和专题片的界限日益明朗，这使这一时期的纪录片栏目呈现另一番景象：专栏数量不断增加，纪录片在电视栏目中生存的地盘不断扩大，如《纪录片编辑室》、《地方台 30 分钟》《纪录》《纪录片之窗》等。从 90 年代后期开始，电视纪录片整体发展滞缓，影响大、效果好的作品极其有限。但在这一时期，纪录片体制外创作者开始日益壮大，在纪录片制作领域，他们更加关注底层和边缘人群，使得他们成为中国电视纪录片创作的一支重要力量。进入 21 世纪，中国电视纪录片的发展一直乏善可陈，在题材、制作、节目营销等各方面与国外同行之间的差距也日益明显，"伪纪录片"在这期间大行其道，很多电视台打着"纪录片"的旗帜制作"娱乐化"的节目，如在真人秀、情感访谈类节目里采用纪实拍摄、跟踪记录等，纪录片的纪实、真实的特点成为电视台煽情和娱乐的砝码。同时，由于制作成本大、周期长、受众群体小、营销渠道窄等因素的影响，使得电视纪录片的生产制作难以为继，很多商业电视台不愿意播映纪录片，纪录片市场日益萎缩。

针对电视纪录片发展的现实现状，2010 年 10 月，国家广电总局出台了《关于推动纪录片产业发展的若干意见》，其中明确表示，国产纪录片是展示中国发展进步的重要文化传播载体，并且硬性规定："各级电视播出机构每天播出国产纪录片与引进纪录片比例不得低于 7∶3"。显然，国家高层决策部门也已经认识到纪录片在国际传播中不可替代的作用和价值，意识到发展纪录片的紧迫性。正是在这样的背景下，2011 年 1 月 1 日，央视纪录频道开播，开播第一周，频道累计观众规模就已超过5000万。纪录片频道的开播成为我国纪录片发展中里程碑式的事件。从纪录片的发展历史来看,纪录片一直处于主流电视频道的非主流地位。2010年,央视纪录片频道在开播之前做过一次调查,结果显示,省级卫视中依然保留纪录片的部门或栏目的不到四分之一,更不用说三四线的城市电视台。而央视纪录片频道的开播意味着我国有着一个可以覆盖全国展示优秀纪录片的平台,从本质上来说,这也是这些年电视业界和学界对"娱乐至上"的电视改革运动的反思与批判,同时也是受众市场日益理性与分众化的结果。因此,可以说这是一件纪录片发展史上里程碑式的事件。

纪录片专业频道表现出与其他频道不同的特点:首先,淡化了栏目概念,取而代之以时段的概念,基本上都是以一小时或半小时作为一个节目的播映时段;其次,重播率高,纪录片的生产周期长、制作成本高,相对于一个频道全天候二十四小时的播映来说,重播是解决节目资源不足的一个途径。另一方面,频道的受众群体十分固定,对频道节目也有某种偏好,重播可以解决受众受到观赏时间和条件限制的问题。

纪录片频道能够整合体制内外的纪录片资源。长久以来,在纪录片创作过程中一直存在着"体制内"和"体制外"两种不同的管理体制,"体制内"创作人员大多是电视台的工作人员,创作的作品大多是符合社会主流价值观,具备舆论导向的功能,但在管理上则过于机械、死板,选题上缺少创意。而在20世纪90年代发展壮大起来的"体制外"的创作者由于"先天失血",身处国家电视台之外,没有国家拨款,也难以争取到公共基金的支持,只能依靠自己的力量成长,因此,他们在选题上足够的新颖,同时,也对社会现实加以更深切的关注。"体制外"创作人员和作品的数量近十多年来一直发展十分迅速,但作品的播映平台这么长时间以来却没有很大变化,甚至在萎缩。因此,作品的数量和播映平台的资源稀缺的矛盾十分突出,这就导致这样两种倾向:一是众多"体制外"的纪录片作品以人际传播的方式进行传播,其中也就难免使一些与主流导向并不吻合、思想内容并不健康的东西在私下流行和泛滥;二是一些纪录片作品直接与海外机构进行交易或合作,一则优秀的作品没能在国内展现,造成精神产品的流失,而且不利于进行思想导向方面的引导和调控。央视纪录片频道的开播在很大程度上缓冲了这个十分突出的矛盾,频道的开播拓展了纪录片渠道资源,并且整合了"体制内"和"体制外"两类创作人员的资源,比如通过"制播分离"的方式,"体制外"的导演也能向纪录频道申报选题、争取资金,把全国各地优秀的纪录片创作人员汇集在一起,把不同创作理念、不同价值体系聚集在统一的一个平台上。

辐射全国的纪录片专业频道的开播解决了纪录片播放的频道资源紧缺的问

题。央视纪录片开播以前,电视纪录片没有一个覆盖全国的频道,上海纪实频道、重庆科教频道等地方频道虽然以播映纪录片为主,但影响有限。纪录片发展过程中所遇到的各种不利局面一方面固然是和它制作成本高、周期长的因素有关,另一方面,缺少一个成熟并且有影响力的播映平台也是影响其发展的重要原因。从以往的经验来看,凡是取得较大影响力、获得良好经济效益的纪录片一定有一个很好的播映平台,比如通过院线渠道的《周恩来外交风云录》、通过主流电视频道播映的《话说长江》《丝绸之路》等。在娱乐时代中,各省级和地方电视频道更注重电视剧、综艺节目的传播,纪录片则成为各频道的"鸡肋",而央视纪录频道的开播则为解决这一问题提供了现实参考,通过纪录片频道,能够更好地整合纪录片资源,打造全国有较大影响力的频道品牌。

同时,纪录片频道的开播可以为我国电视频道打造一个国际化平台,形成展示我国国家形象的窗口。纪录片在表达历史文化、展示国家形象上有着其他频道节目所无法比拟的优势,它具备内容真实性、表现贴近性、叙事故事化、结构严谨逻辑等特点,以真实的影像描摹自然与社会,以理性的眼光透视历史与现实,是体现国家软实力的重要指标,也是塑造国家形象、展示国家形象的窗口。因此,许多国家都把纪录片当成宣传国家形象的一种有效手段。一部《舌尖上的中国》不仅获得海外媒体和观众的一致好评,创造了央视纪录片海外销售市场的历史性突破,更重要的是宣传了源远流长的中华饮食文化,让西方国家更深入地了解了中国,传播了中华民族的文化。正如美国的地理频道、探索频道在宣传美国的历史、社科、地理、考古等方面都有独特的优势,通过节目版权的海外销售传播了国家形象。

总体而言,当前国内电视节目形态已发展到了一个巅峰时期,但这一过程并没有停止,而且还在继续,发展的速度和力度仍十分强劲。但在数字化背景下,传统电视节目形态有一个新的发展趋势,就是利用互联网思维解决现有电视发展存在的问题,比如传统电视节目与受众的互动过程中可以充分利用微博、微信等网络社交媒体实现双向交流,利用大数据技术解决收视评估缺陷,利用"互联网+"实现传统广电与互联网融合发展的新形态、新业态,利用互联网技术实现传统电视产业的创新驱动战略等,这将是未来电视行业发展的新方向。对于电视节目形态而言,互联网思维已经成为变革与创新的前提,许多电视频道和网络视频企业已经着手开始这一方面的工作,比如爱奇艺运用大数据战略,根据用户不同偏好,推送不同内容,提升用户黏性,采用了大量的数据样本,对人群属性、地域分布、兴趣分布、需求图谱等影响影视剧收视的关键性数据进行取样分析,进而自制《奇葩说》等网络娱乐节目和《人生需要揭穿》等网络剧,在年轻网民中引起很大反响。湖南卫视通过芒果TV的App进行付费点播,将线下的电视节目放到线上,仅允许网民使用芒果 TV 免费或付费点播,甚至将旗下公司艺人的演唱会直接搬到芒果 TV 上进行付费直播,以满足全国各地不能参加演唱会现场的歌迷的需求,在创造巨大经济效益的同时也产生了良好的社会反响。此外,还有很多卫视与微信合作,通过微信"摇一摇"里的"电视"功能,通过奖品吸引用户参与节目互动。很好地利用了互联网思维解决传统电视播放过程中的问题,取得了不错的效果。

后　记

　　这本《电视文化新论》是在 2001 年《电视文化论》的基础上进行的修订,在当时的"后记"里我说是"基本完成",因为确实有很多问题囿于时间,没有充分展开,有很多问题尚未充分加以阐述。14 年来,特别是近几年新媒体兴起,电视内容、观看人群都在发生悄然变化,电视传播走向融媒体的今天,新形式、新内容层出不穷,在丰富电视荧屏的同时也给电视文化研究带来了新的课题。

　　当今西方学术界的媒介研究,大多着眼于媒介的社会性影响方面,媒介文化研究多是对媒介负面效果的批判。的确,现代文明的进步很难说就一定是好事。一开始,人们担心电视将人们束缚在家庭的圈子里,使人们成为"沙发土豆",但是现在,新生一代根本不会在客厅看电视。原属电视专有的内容,渐渐被网络视频所取代,在社交媒体时代来临、文化发生转型的今天,电视掀起的各种娱乐"真人秀"一类的泡沫文化、后现代文化充斥着人们的生活,青少年的偶像崇拜逐渐由"生产型"转换为"消费型",大众品位也由"经典化"转变为"通俗化"。高雅文化变得曲高和寡,甚至不得不借助通俗的形式,以求得在商业化社会中生存。电视正以它独有的威力影响和改变着人们的生活。在传媒市场化的浪潮中,商业化的运作不可避免,然而大众媒体毕竟不是纯粹意义上的商品,媒介节目从内容到形式的商业化很大程度上削弱了观赏价值,只是进一步刺激了受众的物质消费欲求。此外,电视媒体为寻求自身利润,出现"媒介寻租"行为,内容低俗或者电视媒体本身的媚俗行为随处可见。色情、凶杀、暴力、吸毒等新闻、畸形婚恋等"有卖点的"话题越来越多地在电视媒体出现。而电视媒体对这些负面现象的批判和理性反思甚少,却有把它们正常化甚至美化的趋势。最为突出的表现就是对于名人、明星八卦新闻的报道,很少从善恶是非的道德角度去审视这类现象。作为大众媒体典型代表的电视媒体对这种感官刺激的迎合和对某类欲望的渲染美化,正使其在走上低俗、媚俗道路的同时,蜕变为一个感官快乐的追求者,离理性的公共空间的建构越来越远。总的来说,在文化产业高速发展的今天,大众媒体高度商业化以至于出现上述情况似乎不可避免,然而如何保存文化属性,也成为当下电视文化需要探讨的一个重要方向。

本书修订过程中,吴卫华做了很多工作,他撰写了第九、第十和第十一章,并梳理、修订了前几章的格式和内容。

国防工业出版社的编辑为本书的编辑付出了辛勤的劳动,在此谨致谢意!

陈龙

2015 年 10 月 25 日

参 考 文 献

［1］Turner G. British Culture Studies［M］. London：Unwin Hyman,2002.

［2］Hall S. The Rediscovery of Ideology ：Return of the Repressed in Media Studies ［M］. London：Methuen,1998.

［3］McGowan,John. Postmodernism and Its Critics［M］. Ithaca：Connell University press,1991.

［4］Philo,G. Seeing Is Believing［M］. London：Routledge,1990.

［5］Merrill,John C. ,John Lee & Friedlander Jay Edward. Modern Mass Media g［M］. New York：Harper&Row Publishers,Inc. 1990.

［6］John Fiske. Understanding Popular Culture［M］. Boston：Unwin Hyman,1989.

［7］John Fiske. Television Culture［M］. London：Methuen,1987.

［8］Manley－Casimir & Luke,C. Children and Television：A challenge for Education［M］. New York：Preger Publishers,1987.

［9］Lazere&Donald. American Media And Mass Culture：Left Perspectives ［M］. Sacramento：University of California Press,1987.

［10］Meyrowitz J. No Sense of Place［M］. London：Oxford University Press,1985.

［11］Gitlin,Todd. Inside Prime Time［M］. New York：Pantheon,1985.

［12］Hammersley M,Atkinson P. Ethnography：Principles and Practice［M］. London：Tavistock Books,1983.

［13］Jonathan Culler. The Pursuit of Signs：Semiotics Literature and Deconstruction［M］. London：Routledge and Kegan Paul,1981.

［14］Culler,Jonathan. The Pursuit of Signs：Semiotics Literature and Deconstruction［M］. London：Routledge and Kegan Paul,1981.

［15］W Iser. The reading process：a phenomenological approach［M］. Baltimore：John Hopkins University Press,1980.

［16］Tompkins,Jane P. Reader－response criticism：from formalism to post－structuralism. ［M］. Baltimore：John Hopkins University Press,1980.

［17］Hall S. Encoding/decoding［M］. London：Hutchinson,1980.

［19］Raymond Williams. Marxism and Literature［M］. London：Oxford University Press,1977.

［20］安东尼奥·葛兰西. 狱中札记［M］.曹雷雨,等,译. 郑州:河南大学出版社,2014.

［21］尼尔·波兹曼. 娱乐至死［M］. 章艳,译. 北京:中信出版社,2015.

［22］马克斯·霍克海默、西奥多·阿多诺. 启蒙辩证法［M］.曹卫东,渠敬东,译. 上海:上海人民出版社,2006.

［23］赫伯特·马尔库塞. 单向度的人［M］.刘继,译. 上海:上海译文出版社,2014.

［24］尼克·史蒂文森. 认识媒介文化［M］.王文斌,译. 北京:商务印书馆,2013.

［25］赫伯特·马尔库塞. 爱欲与文明［M］.黄勇,薛明,译. 上海:上海译文出版社,2012.

[26] 威尔伯·施拉姆,威廉·波特. 传播学概论[M]. 何道宽,译. 北京:中国人民大学出版社,2010.

[27] 路易·阿尔杜塞. 保卫马克思[M]. 顾良,译. 北京:商务印书馆,2010.

[28] 洛厄里,德弗勒. 大众传播效果研究的里程碑[M]. 刘海龙,译. 北京:中国人民大学出版社,2009.

[29] 亚历山德拉·莱涅尔 - 拉瓦斯汀. 欧洲精神[M]. 范炜炜,等,译. 长春:吉林出版集团有限责任公司,2009.

[30] 勒内·韦勒克,奥斯汀·沃伦. 文学理论[M]. 刘象愚,译. 南京:江苏教育出版社,2009.

[31] 罗伯特·艾伦. 重组话语频道——电视与当代批评理论[M]. 第2版 牟岭,译. 北京:北京大学出版社,2008.

[32] 丹尼斯·麦奎尔,斯文·温德尔. 大众传播模式论[M]. 祝建华,译. 上海:上海译文出版社,2008.

[33] 艾红红. 新闻联播研究[M]. 北京:中国广播电视出版社,2008.

[34] 尼古拉斯·阿伯克龙比. 电视与社会[M]. 张永喜,等,译. 南京:南京大学出版社,2007.

[35] 胡伊青加. 人:游戏者[M]. 成穷,译. 贵阳:贵州出版集团,2007.

[36] 安吉拉·默克罗比. 后现代主义与大众文化[M]. 田晓菲,译. 北京:中央编译出版社,2001.

[37] 齐亚马丁·萨达尔. 东方主义[M]. 马雪峰,译. 长春:吉林人民出版社,2005.

[38] 约翰·费斯克. 电视文化[M]. 祁阿红,张鲲,译. 北京:商务印书馆,2004.

[39] 大卫·麦克奎恩. 理解电视[M]. 苗棣,赵长军,等,译. 北京:华夏出版社,2003.

[40] 约翰·费斯克. 理解大众文化[M]. 王晓珏,宋伟强,译. 北京:中央编译出版社,2001.

[41] 安德鲁·古德温加里·惠内尔等. 电视的真相[M]. 魏礼庆,王丽丽,译. 北京:中央编译出版社,2001.

[42] 让·鲍德里亚. 消费社会[M]. 刘成富,全志钢,译. 南京:南京大学出版社,2001.

[43] 皮埃尔·布厄迪约. 关于电视[M]. 许均,译. 沈阳:辽宁教育出版社,2000.

[44] 马克·波斯特. 第二媒介的时代[M]. 范静哗,译. 南京:南京大学出版社,2000.

[45] 陆扬,王毅. 大众文化与传媒[M]. 上海:上海三联书店,2000.

[46] 罗纲,刘象愚. 文化研究读本[M]. 北京:中国社会科学出版社,2000.

[47] 张健. 声电光影里的社会与人生:影视艺术导论[M]. 北京:中国人民大学出版社,2000.

[48] 孙有中,蔡骐. 现代美国大众文化[M]. 北京:中国经济出版社,2000.

[49] 罗杰·菲德勒. 媒介形态变化[M]. 明安香,译. 北京:华夏出版社,1999.

[50] 张令振. 电视与儿童[M]. 北京:人民教育出版社,1999.

[51] 陈犀禾. 当代美国电视[M]. 上海:复旦大学出版社,1998.

[52] 陆梅林. 西方马克思主义美学文选[M]. 桂林:漓江出版社,1998.

[53] 钟大年. 电视跨国传播与民族文化[M]. 北京:北京广播学院出版社,1998.

[54] 苗棣,范钟离. 电视文化学[M]. 北京:北京广播学院出版社,1997.

[55] 詹森,扬科夫斯基. 大众传播研究方法[M]. 唐维敏,译. 台北:五南图书出版公司,1996.

[56] 大卫·莫利. 电视、观众与文化研究[M]. 张锦华,译. 台北:远流出版事业股份有限公司,1995.

[57] 约翰·费斯克. 传播符号学理论[M]. 张锦华,译. 台北:远流出版事业股份有限公司,1995.

[58] 张锦华. 媒介文化、意识形态与女性[M]. 台北:正中书局,1994.

[59] 尤尔根·哈贝马斯. 交往行动理论(第1卷)[M]. 洪佩郁,蔺菁,译. 重庆:重庆出版社,1994.

[60] 约翰·费斯克,约翰·哈特利. 解读电视[M]. 郑明桥,译. 台北:远流出版事业股份有限公司,1993.

[61] 威尔伯·施拉姆. 大众传播的责任[M]. 程之行,译. 台北:远流出版事业股份有限公司,1992.

[62] 麦克卢汉. 人的延伸——媒介通论[M]. 何道宽,译. 成都:四川人民出版社,1992.

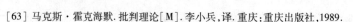

［63］马克斯·霍克海默.批判理论［M］.李小兵,译.重庆:重庆出版社,1989.

［64］特伦斯·霍克斯.结构主义和符号学［M］.瞿铁鹏,译.上海:上海译文出版社,1987.

［65］藤竹晓.电视社会学［M］.蔡林海,译.合肥:安徽文艺出版社,1987.

［66］席勒.美育书简［M］.徐恒醇,译.北京:中国文联出版公司,1984.

［67］陈世敏.大众传播与社会变迁［M］.台北:三民书局,1983.